CONRAD FERDINAND MEYER

SÄMTLICHE WERKE

HISTORISCH-KRITISCHE AUSGABE

BESORGT VON HANS ZELLER UND ALFRED ZÄCH

ZWÖLFTER BAND

CONRAD FERDINAND MEYER

NOVELLEN II

DIE HOCHZEIT DES MÖNCHS

DAS LEIDEN EINES KNABEN

DIE RICHTERIN

1961

BENTELI-VERLAG BERN

DURCH DEN KANTON ZÜRICH UND DEN
SCHWEIZERISCHEN NATIONALFONDS ZUR FÖRDERUNG
DER WISSENSCHAFTLICHEN FORSCHUNG UNTERSTÜTZTE AUSGABE

HERAUSGEBER DIESES BANDES:
ALFRED ZÄCH†

Zur zweiten, revidierten Auflage:

| *Ein dünner Marginalstrich
bezeichnet eine Stelle im Text der ersten Auflage,
die in der zweiten Auflage in den Nachträgen
S. 381 berichtigt ist.*

| *Ein starker Marginalstrich neben einer Zeile
markiert eine Stelle des «Anhangs»,
die in den Nachträgen ergänzt wird.*

| *Ein starker Marginalstrich zwischen zwei Zeilen des Anhangs gibt an,
daß in den Nachträgen ein in der ersten Auflage
nicht erörterter Sachverhalt behandelt wird.*

©

1961 BY BENTELI VERLAG BERN
ZWEITE, REVIDIERTE AUFLAGE 1998 BENTELI VERLAGS AG, BERN
DRUCK: BENTELI DRUCK AG, WABERN–BERN
PRINTED IN SWITZERLAND
ISBN 3-7165-0112-3

DIE HOCHZEIT DES MÖNCHS

Es war in Verona. Vor einem breiten Feuer, das einen weit-
räumigen Herd füllte, lagerte in den bequemsten Stellungen,
welche der Anstand erlaubt, ein junges Hofgesinde männlichen
und weiblichen Geschlechtes um einen ebenso jugendlichen
Herrscher und zwei blühende Frauen. Dem Herde zur Linken
saß diese fürstliche Gruppe, welcher die Übrigen in einem Viertelkreise sich anschlossen, die ganze andere Seite des Herdes nach
höfischer Sitte frei lassend. Der Gebieter war derjenige Scaliger,
welchen sie Cangrande nannten. Von den Frauen, in deren Mitte
er saß, mochte die nächst dem Herd etwas zurück und ins Halbdunkel gelehnte sein Eheweib, die andere, vollbeleuchtete, seine
Verwandte oder Freundin sein, und es wurden mit bedeutsamen
Blicken und halblautem Gelächter Geschichten erzählt.

Jetzt trat in diesen sinnlichen und mutwilligen Kreis ein gravi-
tätischer Mann, dessen große Züge und lange Gewänder aus
einer andern Welt zu sein schienen. «Herr, ich komme, mich an
deinem Herde zu wärmen», sprach der Fremdartige halb feierlich, halb geringschätzig, und verschmähte hinzuzufügen, daß
die lässige Dienerschaft trotz des frostigen Novemberabends vergessen oder versäumt hatte, Feuer in der hochgelegenen Kammer des Gastes zu machen.

«Setze dich neben mich, mein Dante», erwiderte Cangrande,
«aber wenn du dich gesellig wärmen willst, so blicke mir nicht
nach deiner Gewohnheit stumm in die Flamme! Hier wird erzählt, und die Hand, welche heute Terzinen geschmiedet hat –
auf meine astrologische Kammer steigend, hörte ich in der deinigen mit dumpfem Gesange Verse skandieren – diese wuchtige
Hand darf es heute nicht verweigern, das Spielzeug eines kurz-
weiligen Geschichtchens, ohne es zu zerbrechen, zwischen ihre
Finger zu nehmen. Beurlaube die Göttinnen» – er meinte wohl
die Musen – «und vergnüge dich mit diesen schönen Sterblichen.» Der Scaliger zeigte seinem Gaste mit einer leichten Hand-

7

bewegung die zwei Frauen, von welchen die größere, die scheinbar gefühllos im Schatten saß, nicht daran dachte zu rücken, während die kleinere und aufgeweckte dem Florentiner bereitwillig neben sich Raum machte. Aber dieser gab der Einladung seines Wirtes keine Folge, sondern wählte stolz den letzten Sitz, am Ende des Kreises. Ihm mißfiel entweder die Zweiweiberei des Fürsten – wenn auch vielleicht nur das Spiel eines Abends – oder dann ekelte ihn der Hofnarr, welcher, die Beine vor sich hingestreckt, neben dem Sessel Cangrandes auf dem herabgeglittenen Mantel desselben am Boden saß.

Dieser, ein alter zahnloser Mensch mit Glotzaugen und einem schlaffen, verschwätzten und vernaschten Maul – neben Dante der einzige Bejahrte der Gesellschaft – hieß Gocciola, das heißt das Tröpfchen, weil er die letzten klebrigen Tropfen aus den geleerten Gläsern zusammenzunaschen pflegte, und haßte den Fremdling mit kindischer Bosheit, denn er sah in Dante seinen Nebenbuhler um die nicht eben wählerische Gunst des Herrn. Er schnitt ein Gesicht und erfrechte sich, seine hübsche Nachbarin zur Linken auf das an der hellen Decke des hohen Gemaches sich abschattende Profil des Dichters höhnisch grinsend aufmerksam zu machen. Das Schattenbild Dantes glich einem Riesenweibe mit langgebogener Nase und hangender Lippe, einer Parze oder dergleichen. Das lebhafte Mädchen verwand ein kindliches Lachen. Ihr Nachbar, ein klug blickender Jüngling, der Ascanio hieß, half ihr dasselbe ersticken, indem er sich an Dante wendete mit jener maßvollen Ehrerbietung, in welcher dieser angeredet zu werden liebte.

«Verschmähe es nicht, du Homer und Virgil Italiens», bat er, «dich in unser harmloses Spiel zu mischen. Laß dich zu uns herab und erzähle, Meister, statt zu singen.»

«Was ist euer Thema?» warf Dante hin, weniger ungesellig, als er begonnen hatte, aber immer noch mürrisch genug.

«Plötzlicher Berufswechsel», antwortete der Jüngling bündig, «mit gutem oder schlechtem oder lächerlichem Ausgange.»

Dante besann sich. Seine schwermütigen Augen betrachteten

die Gesellschaft, deren Zusammensetzung ihm nicht durchaus zu mißfallen schien; denn er entdeckte in derselben neben mancher flachen einige bedeutende Stirnen. «Hat einer unter euch den entkutteten Mönch behandelt?» äußerte der schon milder Gestimmte.

«Gewiß, Dante!» antwortete, sein Italienisch mit einem leichten deutschen Akzent aussprechend, ein Kriegsmann von treuherzigem Aussehen, Germano mit Namen, der einen Ringelpanzer und einen lang herabhangenden Schnurrbart trug. «Ich selbst erzählte den jungen Manuccio, welcher über die Mauern seines Klosters sprang, um Krieger zu werden.»

«Er tat recht», erklärte Dante, «er hatte sich selbst getäuscht über seine Anlage.»

«Ich, Meister», plauderte jetzt eine kecke, etwas üppige Paduanerin, namens Isotta, «habe die Helena Manente erzählt, welche eben die erste Locke unter der geweihten Schere verscherzt hatte, aber schnell die übrigen mit den beiden Händen deckte und ihr Nonnengelübde verschluckte, denn sie hatte ihren in barbareske Sklaverei geratenen und höchst wunderbar daraus erretteten Freund unter dem Volk im Schiff der Kirche erblickt, wie er die gelösten Ketten» – sie wollte sagen: an der Mauer aufhing, aber ihr Geschwätze wurde von dem Munde Dantes zerschnitten.

«Sie tat gut», sagte er, «denn sie handelte aus der Wahrheit ihrer verliebten Natur. Von alledem ist hier die Rede nicht, sondern von einem ganz andern Falle: wenn nämlich ein Mönch nicht aus eigenem Triebe, nicht aus erwachter Weltlust oder Weltkraft, nicht weil er sein Wesen verkannt hätte, sondern einem andern zuliebe, unter dem Druck eines fremden Willens, wenn auch vielleicht aus heiligen Gründen der Pietät, untreu an sich wird, sich selbst mehr noch als der Kirche gegebene Gelübde bricht und eine Kutte abwirft, die ihm auf dem Leibe saß und ihn nicht drückte. Wurde das schon erzählt? Nein? Gut, so werde ich es tun. Aber sage mir, wie endet solches Ding, mein Gönner und Beschützer?» Er hatte sich ganz gegen Cangrande gewendet.

9

«Notwendig schlimm», antwortete dieser ohne Besinnen. «Wer mit freiem Anlaufe springt, springt gut; wer gestoßen wird, springt schlecht.»

«Du redest die Wahrheit, Herr», bestätigte Dante, «und nicht anders, wenn ich ihn verstehe, meint es auch der Apostel, wo er schreibt: daß Sünde sei, was nicht aus dem Glauben gehe, das heißt aus der Überzeugung und Wahrheit unserer Natur.»

«Muß es denn überhaupt Mönche geben?» kicherte eine gedämpfte Stimme aus dem Halbdunkel, als wollte sie sagen: jede Befreiung aus einem an sich unnatürlichen Stande ist eine Wohltat.

Die dreiste und ketzerische Äußerung erregte hier kein Ärgernis, denn an diesem Hofe wurde das kühnste Reden über kirchliche Dinge geduldet, ja belächelt, während ein freies oder nur unvorsichtiges Wort über den Herrscher, seine Person oder seine Politik, verderben konnte.

Dantes Auge suchte den Sprecher und entdeckte denselben in einem vornehmen jungen Kleriker, dessen Finger mit dem kostbaren Kreuze tändelten, welches er über dem geistlichen Gewande trug.

«Nicht meinetwegen», gab der Florentiner bedächtig zur Antwort. «Mögen die Mönche aussterben, sobald ein Geschlecht ersteht, welches die beiden höchsten Kräfte der Menschenseele, die sich auszuschließen scheinen, die Gerechtigkeit und die Barmherzigkeit, vereinigen lernt. Bis zu jener späten Weltstunde verwalte der Staat die eine, die Kirche die andere. Da aber die Übung der Barmherzigkeit eine durchaus selbstlose Seele fordert, so sind die drei mönchischen Gelübde gerechtfertigt; denn es ist weniger schwer, wie die Erfahrung lehrt, der Lust ganz als halb zu entsagen.»

«Gibt es aber nicht mehr schlechte Mönche als gute?» fragte der geistliche Zweifler weiter.

«Nein», behauptete Dante, «wenn man die menschliche Schwachheit berücksichtigt. Es müßte denn mehr ungerechte Richter als gerechte, mehr feige Krieger als beherzte, mehr schlechte Menschen als gute geben.»

«Und ist das nicht der Fall?» flüsterte der im Halbdunkel.

«Nein», entschied Dante und eine himmlische Verklärung erleuchtete seine strengen Züge. «Fragt und untersucht unsere Philosophie nicht: wie ist das Böse in die Welt gekommen? Wären die Bösen in der Mehrzahl, so frügen wir: wie kam das Gute in die Welt?»

Diese stolzen und dunkeln Sätze imponierten der Gesellschaft, erregten aber auch die Besorgnis, der Florentiner möchte sich in seine Scholastik vertiefen statt in seine Geschichte.

Cangrande sah, wie seine junge Freundin ein hübsches Gähnen verwand. Unter solchen Umständen ergriff er das Wort und fragte: «Erzählst du uns eine wahre Geschichte, mein Dante, nach Dokumenten? oder eine Sage des Volksmundes? oder eine Erfindung deiner bekränzten Stirne?»

Dieser antwortete langsam betonend: «Ich entwickle meine Geschichte aus einer Grabschrift.»

«Aus einer Grabschrift?»

«Aus einer Grabschrift, die ich vor Jahren bei den Franziskanern in Padua gelesen habe. Der Stein, welcher sie trägt, lag in einem Winkel des Klostergartens, allerdings unter wildem Rosengesträuch versteckt, aber doch den Novizen zugänglich, wenn sie auf allen Vieren krochen und sich eine von Dornen zerkritzte Wange nicht reuen ließen. Ich befahl dem Prior – will sagen, ich ersuchte ihn, den fraglichen Stein in die Bibliothek zu versetzen und unter die Hut eines Greises zu stellen.»

«Was sagte denn der Stein?» ließ sich jetzt die Gemahlin des Fürsten nachlässig vernehmen.

«Die Inschrift», erwiderte Dante, «war lateinisch und lautete: ‹Hic jacet monachus Astorre cum uxore Antiope. Sepeliebat Azzolinus.›»

«Was heißt denn das?» fragte die andere neugierig.

Cangrande übersetzte fließend: «Hier schlummert der Mönch Astorre neben seiner Gattin Antiope. Beide begrub Ezzelin.»

«Der abscheuliche Tyrann!» rief die Empfindsame. «Gewiß hat er die beiden lebendig begraben lassen, weil sie sich liebten, und das Opfer noch in der Gruft gehöhnt, indem er es die Gattin des Mönches nannte. Der Grausame!»

«Kaum», meinte Dante. «Das hat sich in meinem Geiste anders gestaltet und ist auch nach der Geschichte unwahrscheinlich. Denn Ezzelin bedrohte wohl eher den kirchlichen Gehorsam als den Bruch geistlicher Gelübde. Ich nehme das ‹sepeliebat› in freundlichem Sinne: er gab den beiden ein Begräbnis.»

«Recht», rief Cangrande freudig, «du denkst wie ich, Florentiner! Ezzelino war eine Herrschernatur und, wie sie einmal sind, etwas rauh und gewaltsam. Neun Zehntel seiner Frevel haben ihm die Pfaffen und das fabelsüchtige Volk angedichtet.»

«Möchte dem so sein!» seufzte Dante. «Wo er übrigens in meiner Fabel auftritt, ist er noch nicht das Ungeheuer, welches uns, wahr oder falsch, die Chronik schildert, sondern seine Grausamkeit beginnt sich nur erst zu zeichnen, mit einem Zug um den Mund sozusagen –»

«Eine gebietende Gestalt», vollendete Cangrande feurig das Bildnis, «mit gesträubtem schwarzen Stirnhaar, wie du ihn in deinem zwölften Gesange als einen Bewohner der Hölle malst. Woher hast du dieses schwarzhaarige Haupt?»

«Es ist das deinige», versetzte Dante kühn und Cangrande fühlte sich geschmeichelt.

«Auch die übrigen Gestalten der Erzählung», fuhr er mit lächelnder Drohung fort, «werde ich, ihr gestattet es?» – und er wendete sich gegen die Umsitzenden – «aus eurer Mitte nehmen und ihnen eure Namen geben: euer Inneres lasse ich unangetastet, denn ich kann nicht darin lesen.»

«Meine Miene gebe ich dir preis», sagte großartig die Fürstin, deren Gleichgültigkeit zu weichen begann.

Ein Gemurmel der höchsten Aufregung lief durch die Zuhörer, und: «Deine Geschichte, Dante!» raunte es von allen Seiten, «deine Geschichte!»

«Hier ist sie», sagte dieser und erzählte.

Wo sich der Gang der Brenta in einem schlanken Bogen der Stadt Padua nähert, ohne diese jedoch zu berühren, glitt an einem himmlischen Sommertage unter gedämpftem Flötenschall eine bekränzte, von festlich Gekleideten überfüllte Barke auf dem schnellen, aber ruhigen Wasser. Es war die Brautfahrt des Umberto Vicedomini und der Diana Pizzaguerra. Der Paduaner hatte sich seine Verlobte aus einem am obern Laufe des Flusses gelegenen Kloster geholt, wohin, kraft einer alten städtischen Sitte, Mädchen von Stande vor ihrer Hochzeit zum Behufe frommer Übungen sich zurückzuziehen pflegen. Sie saß in der Mitte der Barke auf einem purpurnen Polster zwischen ihrem Bräutigam und den drei blühenden Knaben seines ersten Bettes. Umberto Vicedomini hatte vor fünf Jahren, da die Pest in Padua wütete, das Weib seiner Jugend begraben und, obwohl in der Kraft der Männlichkeit stehend, nur schwer und widerwillig, auf das tägliche Drängen eines alten und siechen Vaters, zu diesem zweiten Ehebunde sich entschlossen.

Mit eingezogenen Rudern fuhr die Barke, dem Willen des Stromes sich überlassend. Die Bootsknechte begleiteten die sanfte Musik mit einem halblauten Gesange. Da verstummten beide. Aller Augen hatten sich nach dem rechten Ufer gerichtet, an welchem ein großer Reiter seinen Hengst bändigte und mit einer weiten Gebärde nach der Barke herüber grüßte. Scheues Gemurmel durchlief die Reihen der Sitzenden. Die Ruderer rissen sich die roten Mützen vom Kopfe und das ganze Fest erhob sich in Furcht und Ehrerbietung, auch der Bräutigam, Diana und die Knaben. Untertänige Gebärden, grüßende Arme, halbgebogene Knie wendeten sich gegen den Strand mit einem solchen Ungestüm und Übermaße der Bewegung, daß die Barke aus dem Gleichgewicht kam, sich nach rechts neigte und plötzlich überwog. Ein Schrei des Entsetzens, ein drehender Wirbel, eine leere Strommitte, die sich mit Auftauchenden, wieder Versinkenden und den schwimmenden Kränzen der verunglückten Barke bevölkerte. Hilfe war nicht ferne, denn wenig weiter unten lag ein kleiner Port, wo Fischer und Fährleute hausten und

13

heute auch die Rosse und Sänften warteten, welche die Gesellschaft, die jetzt im Strome unterging, vollends nach Padua hätten bringen sollen.

Die zwei ersten der rettenden Kähne strebten sich von den entgegengesetzten Ufern zu. In dem einen stand neben einem alten Fergen mit struppigem Barte Ezzelin, der Tyrann von Padua, der unschuldige Urheber des Verderbens, in dem andern, vom linken Ufer kommenden ein junger Mönch und sein Fährmann, welcher den staubigen Waller über den Strom stieß gerade in dem Augenblicke, da sich darauf das Unheil zutrug. Die beiden Boote erreichten sich. Zwischen ihnen schwamm im Flusse etwas wie eine Fülle blonden Haares, in das der Mönch entschlossen hineingriff, knielings, mit weit ausgestrecktem Arme, während sein Schiffer aus allen Kräften sich auf die andere Seite des Nachens zurückstemmte. An einer dicken Strähne hob der Mönch ein Haupt, das die Augen geschlossen hielt, und dann, mit Hilfe des dicht herangekommenen Ezzelin, die Last eines von triefendem Gewande beschwerten Weibes aus der Strömung. Der Tyrann war von seinem Nachen in den andern gesprungen und betrachtete jetzt das entseelte Haupt, das einen Ausdruck von Trotz und Unglück trug, mit einer Art von Wohlgefallen, sei es an den großen Zügen desselben, sei es an der Ruhe des Todes.

«Kennst du sie, Astorre?» fragte er den Mönch. Dieser schüttelte verneinend den Kopf und der andere fuhr fort: «Siehe, es ist das Weib deines Bruders.»

Der Mönch warf einen mitleidigen scheuen Blick auf das bleiche Antlitz, welches unter demselben langsam die schlummernden Augen öffnete.

«Bringe sie ans Ufer!» befahl Ezzelin, allein der Mönch überließ sie seinem Fährmann. «Ich will meinen Bruder suchen», rief er, «bis ich ihn finde.» «Ich helfe dir, Mönch», sagte der Tyrann, «doch ich zweifle, daß wir ihn retten: ich sah ihn, wie er seine Knaben umschlang und, von den dreien umklammert, schwer in die Tiefe ging.»

Inzwischen hatte sich die Brenta mit Fahrzeugen bedeckt. Es wurde gefischt mit Stangen, Haken, Angeln, Netzen, und in der rasch wechselnden Szene vervielfältigte sich über den Suchenden und den gehobenen Bürden die Gestalt des Herrschers. «Komm, Mönch!» sagte er endlich. «Hier gibt es für dich nichts mehr zu tun. Umberto und seine Knaben liegen nunmehr zu lang in der Tiefe, um ins Leben zurückzukehren. Der Strom hat sie verschleppt. Er wird sie ans Ufer legen, wann er ihrer müde ist. Aber siehst du dort die Zelte?» Man hatte deren eine Zahl am Strande der Brenta zum Empfange der mit der Hochzeitsbarke Erwarteten aufgeschlagen und jetzt die Toten oder Scheintoten hineingelegt, welche von ihren schon aus dem nahen Padua herbeigeeilten Verwandten und Dienern umjammert wurden. «Dort, Mönch, verrichte, was deines Amtes ist: Werke der Barmherzigkeit! Tröste die Lebenden! Bestatte die Toten!»

Der Mönch hatte das Ufer betreten und den Reichsvogt aus den Augen verloren. Da kam ihm aus dem Gedränge Diana entgegen, die Braut und Witwe seines Bruders, trostlos, aber ihrer Sinne wieder mächtig. Noch trieften die schweren Haare, aber auf ein gewechseltes Gewand: ein mitleidiges Weib aus dem Volke hatte ihr im Gezelt das eigene gegeben und sich des kostbaren Hochzeitskleides bemächtigt. «Frommer Bruder», wendete sie sich an Astorre, «ich bin verlassen: die mir bestimmte Sänfte ist in der Verwirrung mit einer andern, Lebenden oder Toten, in die Stadt zurückgekehrt. Begleite mich nach dem Hause meines Schwiegers, der dein Vater ist!»

Die junge Witwe täuschte sich. Nicht in der Bestürzung und Verwirrung, sondern aus Feigheit und Aberglauben hatte das Gesinde des alten Vicedomini sie im Stiche gelassen. Es fürchtete sich, dem jähzornigen Alten eine Wittib und mit ihr die Kunde von dem Untergange seines Hauses zu bringen.

Da der Mönch viele seinesgleichen unter den Zelten und im Freien mit barmherzigen Werken beschäftigt sah, willfahrte er dem Gesuch. «Gehen wir», sagte er und schlug mit dem jungen Weibe die Straße nach der Stadt ein, deren Türme und Kuppeln

15

auf dem blauen Himmel wuchsen. Der Weg war bedeckt mit Hunderten, die an den Strand eilten oder vom Strande zurückkehrten. Die beiden schritten, oft von einander getrennt, aber sich immer wieder findend, in der Mitte der Straße, ohne mit einander zu reden, und wandelten jetzt schon durch die Vorstadt, wo die Gewerbe hausen. Hier standen überall – das Unglück auf der Brenta hatte die ganze Bevölkerung auf die Beine gebracht – laut plaudernde oder flüsternde Gruppen, welche das zufällige Paar, das den Bruder und den Bräutigam verloren hatte, mit teilnehmender Neugierde betrachteten.

Der Mönch und Diana waren Gestalten, die jedes Kind in Padua kannte. Astorre, wenn er nicht für einen Heiligen galt, hatte doch den Ruf des musterhaften Mönches. Er konnte der Stadtmönch von Padua heißen, den das Volk verehrte und auf den es stolz war. Und mit Grund: denn er hatte auf die Vorrechte seines hohen Adels und den unermeßlichen Besitz seines Hauses tapfer, ja freudig verzichtet und gab sein Leben in Zeiten der Seuche oder bei andern öffentlichen Fährlichkeiten, ohne zu markten, für den Geringsten und die Ärmste preis. Dabei war er mit seinem kastanienbraunen Kraushaar, seinen warmen Augen und seiner edeln Gebärde ein anmutender Mann, wie das Volk seine Heiligen liebt.

Diana war in ihrer Weise nicht weniger namhaft, schon durch die Vollkraft des Wuchses, welche das Volk mehr als die zarten Reize bewundert. Ihre Mutter war eine Deutsche gewesen, ja eine Staufin, wie einige behaupteten, freilich nur dem Blute, nicht dem Gesetze nach. Deutschland und Welschland hatten zusammen als gute Schwestern diese große Gestalt gebaut.

Wie herb und strenge Diana mit ihresgleichen umging, mit den Geringen war sie leutselig, ließ sich ihre Händel erzählen, gab kurzen und deutlichen Bescheid und küßte die zerlumptesten Kinder. Sie schenkte und spendete ohne Besinnen, wohl weil ihr Vater, der alte Pizzaguerra, nach Vicedomini der reichste Paduaner, zugleich der schmutzigste Geizhals war und Diana sich des väterlichen Lasters schämte.

So verheiratete das ihr geneigte Volk in seinen Schenken und Plauderstuben Diana monatlich mit irgend einem vornehmen Paduaner, doch die Wirklichkeit trug diesen frommen Wünschen keine Rechnung. Drei Hindernisse erschwerten eine Brautschaft: die hohen und oft finstern Brauen Dianas, die geschlossene Hand ihres Vaters und die blinde Anhänglichkeit ihres Bruders Germano an den Tyrannen, bei dessen möglichem Falle der treue Diener mit zu Grunde gehen mußte, seine Sippe nach sich ziehend.

Endlich verlobte sich mit ihr, ohne Liebe wie es stadtkundig war, Umberto Vicedomini, der jetzt in der Brenta lag.

Übrigens waren die beiden so versunken in ihren gerechten Schmerz, daß sie das eifrige Geschwätze, welches sich an ihre Fersen heftete, entweder nicht vernahmen oder sich wenig um dasselbe bekümmerten. Nicht das gab Anstoß, daß der Mönch und das Weib neben einander schritten. Es erschien in der Ordnung, da der Mönch an ihr zu trösten hatte und sie wohl beide denselben Weg gingen: zu dem alten Vicedomini, als die nächsten und natürlichen Boten des Geschehenen.

Die Weiber bejammerten Diana, daß sie einen Mann habe heiraten müssen, der sie nur als Ersatz für eine teure Gestorbene genommen, und beklagten sie in demselben Atemzuge, daß sie diesen Mann vor der Ehe eingebüßt habe.

Die Männer dagegen erörterten mit wichtigen Gebärden und den schlausten Mienen eine brennende Frage, welche sich über den in der Brenta versunkenen vier Stammhaltern des ersten paduanischen Geschlechtes eröffnet hatte. Die Glücksgüter der Vicedomini waren sprichwörtlich. Das Familienhaupt, ein ebenso energischer als listiger Mensch, der es fertig gebracht hatte, mit beiden, dem fünffach gebannten Tyrannen von Padua und der diesen verdammenden Kirche, auf gutem Fuße zu bleiben, hatte sich lebelang nicht im geringsten mit etwas Öffentlichem beschäftigt, sondern ein zähes Dasein und prächtige Willenskräfte auf ein einziges Ziel gewendet: den Reichtum und das Gedeihen seines Stammes. Jetzt war dieser vernichtet. Sein Ältester und die Enkel lagen in der Brenta. Sein Zweiter und Dritter waren in eben diesem Unglücksjahre, der eine vor zwei, der andere vor drei Monden von der Erde verschwunden. Den Ältern hatte der Tyrann verbraucht und auf einem seiner wilden Schlachtfelder zurückgelassen. Der andere, aus welchem der vorurteilslose Vater einen großartigen Kaufmann in venezianischem Stile gemacht, hatte sich an einer morgenländischen Küste auf dem Kreuze verblutet, an welches ihn Seeräuber geschlagen, verspäteten Lösegeldes halber. Als Vierter blieb Astorre der Mönch. Daß er diesen mit dem Aufwande seines letzten Pulses den Klostergelübden zu entreißen versuchen werde, daran zweifelten die schnellrechnenden Paduaner keinen Augenblick. Ob es ihm gelinge und der Mönch sich dazu hergebe, darüber stritt jetzt die aufgeregte Gasse.

Und sie stritt sich am Ende so laut und heftig, daß selbst der trauernde Mönch nicht mehr im Zweifel darüber bleiben konnte, wer mit dem ‹egli› und der ‹ella› gemeint sei, welche aus den versammelten Gruppen ertönten. Dergestalt schlug er, mehr noch seiner Gefährtin als seinethalben, eine mit Gras bewachsene verschattete Gasse ein, die seinen Sandalen wohlbekannt war, denn sie führte längs der verwitterten Ringmauer seines Klosters hin. Hier war es bis zum Schauder kühl, aber die ganz Padua erfüllende Schreckenskunde hatte selbst diese Schatten erreicht. Aus den offenen Fenstern des Refektoriums, das in die dicke Mauer gebaut war, scholl an der verspäteten Mittagstafel – die Katastrophe auf der Brenta hatte in der Stadt alle Zeiten und Stunden gestört – das Tischgespräch der Brüder so zänkisch und schreiend, so voller ‹-inibus› und ‹-atibus› – es wurde lateinisch geführt oder dann stritt man sich mit Zitaten aus den Dekretalen –, daß der Mönch unschwer erriet, auch hier werde dasselbe oder ein ähnliches Dilemma wie auf der Straße verhandelt. Und wenn er sich vielleicht nicht Rechenschaft gab, wovon, so wußte er doch, von wem die Rede ging. Aber was er nicht entdeckte, waren –

Mitten im Sprechen suchte Dante unter den Zuhörern den vornehmen Kleriker, der sich hinter seinen Nachbar verbarg.

– waren zwei brennende hohle Augen, welche durch eine Luke in der Mauer auf ihn und das Weib an seiner Seite starrten. Diese Augen gehörten einer unseligen Kreatur, einem verlorenen Mönche, namens Serapion, welcher sich, Seele und Leib, im Kloster verzehrte. Mit seiner voreiligen Einbildungskraft hatte dieser auf der Stelle begriffen, daß sein Mitbruder Astorre zum längsten nach der Regel des heiligen Franciscus gedarbt und gefastet habe, und beneidete ihn rasend um den ihm von der Laune des Todes zugeworfenen Besitz weltlicher Güter und Freuden. Er lauerte auf den Heimkehrenden, um die Mienen desselben zu erforschen und darin zu lesen, was Astorre über sich beschlossen hätte. Seine Blicke verschlangen das Weib und hafteten an ihren Stapfen.

Astorre lenkte die Schritte und die seiner Schwägerin auf einen kleinen von vier Stadtburgen gebildeten Platz und trat mit ihr in das tiefe Tor der vornehmsten. Auf einer Steinbank im Hofe erblickte er zwei Ruhende, einen vom Wirbel zur Zehe gepanzerten blutjungen Germanen und einen greisen Sarazenen. Der hingestreckte Deutsche hatte seinen schlummernden rotblonden Krauskopf in den Schoß des sitzenden Ungläubigen gelegt, der, ebenfalls schlummernd, mit seinem schneeweißen Barte väterlich auf ihn niedernickte. Die zweie gehörten zur Leibwache Ezzelins, welche sich in Nachahmung derjenigen seines Schwiegers, des Kaisers Friedrich, aus Deutschen und Sarazenen zu gleichen Teilen zusammensetzte. Der Tyrann war im Palaste. Er mochte es für seine Pflicht gehalten haben, den alten Vicedomini zu besuchen. In der Tat vernahmen Astorre und Diana schon auf der Wendeltreppe das Gespräch, welches Ezzelin in kurzen ruhigen Worten, der Alte dagegen, der gänzlich außer sich zu sein schien, mit schreiender und scheltender Stimme führte. Mönch und Weib blieben am Eingange des Saales unter dem bleichen Gesinde stehen. Die Diener zitterten an allen Gliedern. Der Greis hatte sie mit den heftigsten Verwünschungen überhäuft und dann mit geballten Fäusten weggejagt, weil sie ihm verspätete Botschaft vom Strande gebracht und dieselbe hervorzustottern sich kaum getraut. Überdies hatte dieses Gesinde der gefürchtete Schritt des Tyrannen versteinert. Es war bei Todesstrafe verboten, ihn anzumelden. Unaufgehalten wie ein Geist betrat er Häuser und Gemächer.

«Und das berichtest du so gelassen, Grausamer», tobte der Alte in seiner Verzweiflung, «als erzähltest du den Verlust eines Rosses oder einer Ernte? Du hast mir die viere getötet, niemand anders als du! Was brauchtest du gerade zu jener Stunde am Strande zu reiten? Was brauchtest du auf die Brenta hinauszugrüßen? Das hast du mir zuleide getan! Hörst du wohl?»

«Schicksal», antwortete Ezzelin.

«Schicksal?» schrie der Vicedomini. «Schicksal und Sternguckerei und Beschwörungen und Verschwörungen und Enthauptungen, von der Zinne auf das Pflaster sich werfende Weiber und hundert pfeildurchbohrte Jünglinge vom Rosse sinkend in deinen verruchten waghalsigen Schlachten, das ist deine Zeit und Regierung, Ezzelin, du Verfluchter und Verdammter! Uns alle ziehst du in deine blutigen Gleise, alles Leben und Sterben wird neben dir gewaltsam und unnatürlich, und niemand endet mehr als reuiger Christ in seinem Bette!»

«Du tust mir Unrecht», versetzte der andere. «Ich zwar habe mit der Kirche nichts zu schaffen. Sie läßt mich gleichgültig. Aber dich und deinesgleichen habe ich nie gehindert, mit ihr zu verkehren. Das weißt du, sonst würdest du dich nicht erkühnen, mit dem heiligen Stuhle Briefe zu wechseln. Was drehst du da in deinen Händen und verbirgst mir das päpstliche Siegel? Einen Ablaß? Ein Breve? Gib her! Wahrhaftig, ein Breve! Darf ich es lesen? Du erlaubst? Dein Gönner, der heilige Vater, schreibt dir, daß, würde dein Stamm erlöschen bis auf deinen Vierten und Letzten, den Mönch, dieser ipso facto seiner Gelübde ledig sei, wenn er aus freiem Willen und eigenem Entschlusse in die Welt zurückkehre. Schlauer Fuchs, wie viele Unzen Goldes hat dich dieses Pergament gekostet?»

«Verhöhnst du mich?» heulte der Alte. «Was anderes blieb mir übrig nach dem Tode meines Zweiten und Dritten? Für wen hätte ich gesammelt und gespeichert? für die Würmer? für dich? Willst du mich berauben? ... Nein? So hilf mir, Gevatter», – der noch ungebannte Ezzelin hatte den dritten Knaben Vicedominis aus der Taufe gehoben, denselben, der sich für ihn auf dem Schlachtfelde geopfert, – «hilf mir den Mönch überwinden, daß er wieder weltlich werde und ein Weib nehme, befiehl es ihm, du Allgewaltiger, gib ihn mir statt des Sohnes, den du mir geschlachtet hast, halte mir den Daumen, wenn du mich liebst!»

«Das geht mich nichts an», erwiderte der Tyrann ohne die geringste Erregung. «Das mache er mit sich selbst aus. ‹Freiwillig›, sagt das Breve. Warum sollte er, wenn er ein guter Mönch ist, wie ich glaube, seinen Stand wechseln? Damit das Blut der Vicedomini nicht versiege? Ist das eine Lebensbedingung der Welt? Sind die Vicedomini eine Notwendigkeit?»

Jetzt kreischte der andere in rasender Wut: «Du Böser, du Mörder meiner Kinder! Ich durchblicke dich! Du willst mich beerben und mit meinem Gelde deine wahnsinnigen Feldzüge führen!» Da gewahrte er seine Schwiegertochter, welche vor dem zögernden Mönche durch das Gesinde und über die Schwelle getreten war. Trotz seiner Leibesschwachheit stürzte er ihr mit wankenden Schritten entgegen, ergriff und riß ihre Hände, als wollte er sie zur Verantwortung ziehen für das über sie beide gekommene Unheil. «Wo hast du meinen Sohn, Diana?» keuchte er.

«Er liegt in der Brenta», antwortete sie traurig und ihre blauen Augen dunkelten.

«Wo meine drei Enkel?»

«In der Brenta», wiederholte sie.

«Und dich bringst du mir als Geschenk? Dich behalte ich?» lachte der Alte mißtonig.

«Wollte der Allmächtige», sagte sie langsam, «mich zögen die Wellen und die andern stünden hier statt meiner!»

Sie schwieg. Dann geriet sie in einen jähen Zorn. «Beleidigt dich mein Anblick und bin ich dir überlästig, so halte dich an diesen: er hat mich, da ich schon gestorben war, an den Haaren gerissen und ins Leben zurückgezogen!»

Jetzt erst erblickte der Alte den Mönch, seinen Sohn, und sein Geist sammelte sich mit einer Kraft und Schnelligkeit, welche der schwere Jammer eher gestählt als gelähmt zu haben schien. «Wirklich? Dieser hat dich aus der Brenta geholt? Hm! Merkwürdig! Die Wege Gottes sind doch wunderbar!»

Er ergriff den Mönch an Arm und Schulter, als wollte er sich desselben, Leib und Seele, bemächtigen, und schleppte ihn und sich gegen seinen Krankenstuhl, auf welchen er hinfiel, ohne den gepreßten Arm des nicht Widerstrebenden freizugeben. Diana folgte und kniete sich auf der andern Seite des Sessels nieder mit hangenden Armen und gefalteten Händen, das Haupt auf die Lehne legend, so daß nur der Knoten ihres blonden Haares wie ein lebloser Gegenstand sichtbar blieb. Der Gruppe gegenüber saß Ezzelin, die Rechte auf das gerollte Breve wie auf einen Feldherrnstab gestützt.

«Söhnchen, Söhnchen», wimmerte der Alte mit einer aus Wahrheit und List gemischten Zärtlichkeit, «mein letzter und einziger Trost! Du Stab und Stecken meines Alters wirst mir nicht zwischen diesen zitternden Händen zerbrechen! ... Du begreifst», fuhr er in einem schon trockneren, sachlichen Tone fort, «daß, wie die Dinge einmal liegen, deines Bleibens im Kloster nicht länger sein kann. Ist es doch kanonisch, nicht wahr, Söhnchen, daß ein Mönch, dessen Vater verarmt oder versiecht, von seinem Prior beurlaubt wird, um das Erbgut zu bebauen und den Urheber seiner Tage zu ernähren. Ich aber brauche dich noch viel notwendiger. Deine Brüder und Neffen sind weg und jetzt bist du es, der die Lebensfackel unsers Hauses trägt! Du bist ein Flämmchen, das ich angezündet habe, und mir kann nicht dienen, daß es in einer Zelle verglimme und verrauche! Wisse eines», – er hatte in den warmen braunen Augen ein aufrichtiges Mitgefühl gelesen und die ehrerbietige Haltung des Mönches schien einen blinden Gehorsam zu versprechen – «ich bin kränker, als du denkst. Nicht wahr, Isaschar?» Er wendete sich rückwärts gegen eine schmale Gestalt, welche mit Fläschchen und Löffel in den Händen durch eine Nebentür leise hinter den Stuhl des Alten getreten war und jetzt mit dem blassen Haupte bestätigend nickte. «Ich fahre dahin, aber ich sage dir, Astorre: Lässest du mich meines Wunsches ungewährt, so weigert sich dein Väterchen, in den Kahn des Totenführers zu steigen, und bleibt zusammengekauert am Dämmerstrande sitzen!»

Der Mönch streichelte die fiebernde Hand des Alten zärtlich, antwortete aber mit Sicherheit zwei Worte: «Meine Gelübde!» Ezzelin entfaltete das Breve.

«Deine Gelübde?» schmeichelte der alte Vicedomini. «Lose Stricke! Durchfeilte Fesseln! Mache eine Bewegung und sie fallen. Die heilige Kirche, welcher du Ehrfurcht und Gehorsam schuldig bist, erklärt sie für ungültig und nichtig. Da steht es geschrieben.» Sein dürrer Finger zeigte auf das Pergament mit dem päpstlichen Siegel.

Der Mönch näherte sich ehrerbietig dem Herrscher, empfing die Schrift und las, von vier Augen beobachtet. Schwindelnd tat er einen Schritt rückwärts, als stünde er auf einer Turmhöhe und sähe das Geländer plötzlich weichen.

Ezzelin griff dem Wankenden mit der kurzen Frage unter die Arme: «Wem hast du dein Gelübde gegeben, Mönch? dir? oder der Kirche?»

«Natürlich beiden!» schrie der Alte erbost. «Das sind verfluchte Spitzfindigkeiten! Nimm dich vor dem dort in acht, Söhnchen! Er will uns Vicedomini an den Bettelstab bringen!»

Ohne Zorn legte Ezzelin die Rechte auf den Bart und schwur: «Stirbt Vicedomini, so beerbt ihn der Mönch hier, sein Sohn, und stiftet – sollte das Geschlecht mit ihm erlöschen und wenn er mich und seine Vaterstadt lieb hat – ein Hospital von einer gewissen Ausdehnung und Großartigkeit, um welches uns die hundert Städte» – er meinte die Städte Italiens – «beneiden sollen. Nun, Gevatter, da ich mich von dem Vorwurfe der Raubgier gereinigt habe, darf ich an den Mönch ein paar weitere Fragen richten? Du gestattest?»

Jetzt packte den Alten ein solcher Ingrimm, daß er in Krämpfe fiel. Noch aber ließ er den Arm des Mönches, welchen er wieder ergriffen hatte, nicht fahren.

Isaschar näherte den vollen, mit einer stark duftenden Essenz gefüllten Löffel vorsichtig den fahlen Lippen. Der Gefolterte wendete mit einer Anstrengung den Kopf ab. «Laß mich in Ruhe!» stöhnte er, «du bist auch der Arzt des Vogts!» und schloß die Augen.

Der Jude wandte die seinigen, welche glänzend schwarz und sehr klug waren, gegen den Tyrannen, als flehe er um Verzeihung für diesen Argwohn.

«Wird er zur Besinnung zurückkehren?» fragte Ezzelin.

«Ich glaube», antwortete der Jude. «Noch lebt er und wird wieder erwachen, aber nicht für lange, fürchte ich. Diese Sonne sieht er nicht untergehen.»

Der Tyrann ergriff den Augenblick, mit Astorre zu sprechen, der um den ohnmächtigen Vater beschäftigt war.

«Stehe mir Rede, Mönch!» sagte Ezzelin und wühlte – seine Lieblingsgebärde – mit den gespreizten Fingern der Rechten in dem Gewelle seines Bartes. «Wie viel haben dich die drei Gelübde gekostet, die du vor zehn und einigen Jahren, ich gebe dir dreißig» – der Mönch nickte – «beschworen hast?»

Astorre schlug die lautern Augen auf und erwiderte ohne Bedenken: «Armut und Gehorsam nichts. Ich habe keinen Sinn für Besitz und gehorche leicht.» Er hielt inne und errötete.

Der Tyrann fand ein Wohlgefallen an dieser männlichen Keuschheit. «Hat dir dieser hier deinen Stand aufgenötigt oder dich dazu beschwatzt?» lenkte er ab.

«Nein», erklärte der Mönch. «Seit langeher, wie der Stammbaum erzählt, wird in unserm Hause von dreien oder vieren der letzte geistlich, sei es damit wir Vicedomini einen Fürbitter besitzen oder um das Erbe und die Macht des Hauses zu wahren – gleichviel, der Brauch ist alt und ehrwürdig. Ich kannte mein Los, welches mir nicht zuwider war, von jung an. Mir wurde kein Zwang auferlegt.»

«Und das dritte?» holte Ezzelin nach – er meinte das dritte Gelübde. Astorre verstand ihn.

Mit einem neuen, aber dieses Mal schwachen Erröten erwiderte er: «Es ist mir nicht leicht geworden, doch ich vermochte es wie andere Mönche, wenn sie gut beraten sind, und das war ich. Von dem heiligen Antonius», fügte er ehrfürchtig hinzu.

Dieser verdienstliche Heilige, wie ihr wisset, Herrschaften, hat einige Jahre bei den Franziskanern in Padua gelebt», erläuterte Dante. «Wie sollten wir nicht?» scherzte einer unter den Zuhörern. «Haben wir doch die Reliquie verehrt, die in dem dortigen Klosterteiche herumschwimmt: ich meine den Hecht, welcher weiland der Predigt des Heiligen beiwohnte, sich bekehrte, der Fleischspeise entsagte, im Guten standhielt und jetzt noch in hohem Alter als strenger Vegetarier» – er verschluckte das Ende des Schwankes, denn Dante hatte gegen ihn die Stirn gerunzelt.

«Und was riet er dir?» fragte Ezzelin.

«Meinen Stand einfach zu fassen, schlecht und recht», berichtete der Mönch, «als einen pünktlichen Dienst, etwa wie einen Kriegsdienst, welcher ja auch gehorsame Muskeln verlangt, und Entbehrungen, die ein wackerer Krieger nicht einmal als solche fühlen darf: die Erde im Schweiße meines Angesichtes zu graben, mäßig zu essen, mäßig zu fasten, weder Mädchen noch jungen Frauen Beichte zu sitzen, im Angesichte Gottes zu wandeln und seine Mutter nicht brünstiger anzubeten, als das Breviarium vorschreibt.»

Der Tyrann lächelte. Dann streckte er die Rechte gegen den Mönch aus, ermahnend oder segnend, und sprach: «Glücklicher! Du hast einen Stern! Dein Heute entsteht leicht aus deinem Gestern und wird unversehens zu deinem Morgen! Du bist etwas und nichts Geringes; denn du übst das Amt der Barmherzigkeit, das ich gelten lasse, wiewohl ich ein anderes bekleide. Würdest du in die Welt treten, die ihre eigenen Gesetze befolgt, welche zu lernen es für dich zu spät ist, so würde dein klarer Stern zum lächerlichen Irrwisch und zerplatzte zischend nach ein paar albernen Sprüngen unter dem Hohne der Himmlischen!

Noch eines, und dies rede ich als der, welcher ich bin: der Herr von Padua. Dein Wandel war meinem Volke eine Erbauung, ein Beispiel der Entsagung. Der Ärmste getröstete sich deiner, den er seine karge Kost und sein hartes Tagewerk teilen sah. Wirfst du die Kutte weg, freiest du ein Vornehmer eine Vornehme, schöpfst du mit vollen Händen aus dem Reichtume deines Hauses, so begehst du Raub an dem Volke, welches dich als einen seinesgleichen in Besitz genommen hat, du machst mir Unzufriedene und Ungenügsame, und entstünde daraus Zorn, Ungehorsam, Empörung, mich sollte es nicht wundern. Die Dinge verketten sich!

Ich und Padua können dich nicht entbehren! Mit deiner schönen und ritterlichen Gestalt stichst du der Menge in die Augen und hast auch mehr oder wenigstens einen edlern Mut als deine bäurischen Brüder. Wenn das Volk nach seiner rasenden Art diesen hier» – er deutete auf Isaschar – «ermorden will, weil er ihm Hilfe bringt, was dem Juden in der letzten Pestzeit – wenig fehlte – geschehen wäre, wer verteidigt ihn, wie du tatest, gegen die wahnsinnige Menge, bis ich da bin und Halt gebiete?

Isaschar, hilf mir den Mönch überzeugen!» wendete sich Ezzelin gegen den Arzt mit einem grausamen Lächeln. «Schon deinetwegen darf er sich nicht entkutten!»

«Herr», lispelte dieser, «unter deinem Szepter wird sich die unvernünftige Szene, welche du so gerecht wie blutig gestraft hast, kaum wiederholen, und meinethalb, dessen Glaube die Dauer des Stammes als Gottes höchsten Segen preist, darf der Erlauchte» – so und schon nicht mehr den Ehrwürdigen nannte er den Mönch – «nicht unvermählt bleiben.»

Ezzelin lächelte über die Feinheit des Juden. «Und wohin gehen deine Gedanken, Mönch?» fragte er.

«Sie stehen und beharren! Doch ich wollte – Gott verzeihe mir die Sünde – der Vater erwachte nicht mehr, daß ich nicht hart gegen ihn sein muß! Hätte er nur schon die Zehrung emp-

26

fangen!» Er küßte heftig die Wange des Ohnmächtigen, welcher darüber zur Besinnung kam.

Der wieder Belebte tat einen schweren Seufzer, hob die müden Augenlider und richtete aus dem grauen Gebüsche seiner hangenden Brauen einen Blick des Flehens auf den Mönch. «Wie steht's?» fragte er. «Was hast du über mich verhängt, Geliebtester? Himmel oder Hölle?»

«Vater», bat Astorre mit bewegter Stimme, «deine Zeit ist um! Dein Stündlein ist gekommen! Entschlage dich der weltlichen Dinge und Sorgen! Denke an die Seele! Siehe, deine Priester» – er meinte die der Pfarrkirche – «sind nebenan versammelt und harren mit den hochheiligen Sterbesakramenten.»

Es war so. Die Türe des Nebengemaches hatte sich sachte geöffnet, aus demselben schimmerte schwaches, in der Tageshelle kaum sichtbares Kerzenlicht, ein Chor präludierte gedämpft und das leise Schüttern eines Glöckchens wurde hörbar.

Jetzt klammerte sich der Alte, der seine Kniee schon in die kalte Flut der Lethe versinken fühlte, an den Mönch, wie weiland Sankt Petrus auf dem See Genezareth an den Heiland. «Du tust es mir!» lallte er.

«Könnte ich! Dürfte ich!» seufzte der Mönch. «Bei allen Heiligen, Vater, denke an die Ewigkeit! Laß das Irdische! Deine Stunde ist da!»

Diese verhüllte Weigerung entzündete das letzte Leben des Vicedomini zur lodernden Flamme. «Ungehorsamer! Undankbarer!» zürnte er.

Astorre winkte den Priestern.

«Bei allen Teufeln», raste der Alte, «laßt mich zufrieden mit eurem Geknete und Gesalbe! Ich habe nichts zu verspielen, ich bin schon ein Verdammter und bliebe es mitten im himmlischen Reigen, wenn mein Sohn mich mutwillig verstößt und meinen Lebenskeim verdirbt!»

Der entsetzte Mönch, durch dieses grause Lästern im Tiefsten erschüttert, sah seinen Vater unwiderruflich der ewigen Unseligkeit anheimfallen. So meinte er und war fest davon überzeugt,

27

wie ich es an seiner Stelle auch gewesen wäre. Er warf sich vor dem Sterbenden in dunkler Verzweiflung auf die Kniee und flehte unter stürzenden Tränen: «Herr, ich beschwöre Euch, habet Erbarmen mit Euch und mit mir!»

«Laß den Schlaukopf seiner Wege gehen!» raunte der Tyrann. Der Mönch vernahm es nicht.

Wieder gab er den erstaunten Priestern ein Zeichen und die Sterbelitanei wollte beginnen.

Da kauerte sich der Alte zusammen wie ein trotziges Kind und schüttelte das graue Haupt.

«Laß den Arglistigen seine Straße ziehen!» mahnte Ezzelin lauter.

«Vater, Vater!» schluchzte der Mönch und seine Seele zerfloß in Mitleid.

«Erlauchter Herr und christlicher Bruder», fragte jetzt ein Priester mit unsicherer Stimme, «seid Ihr in der Verfassung, Euern Schöpfer und Heiland zu empfangen?» Der Alte schwieg.

«Steht Ihr fest im Glauben an die heilige Dreifaltigkeit? Antwortet mir, Herr!» fragte der Geistliche zum andern Male und wurde bleich wie ein Tuch, denn: «Geleugnet und gelästert sei sie!» rief der Sterbende mit starker Stimme, «gelästert und –»

«Nicht weiter!» schrie der Mönch und war aufgesprungen. «Ich bin Euch zu Willen, Herr! Machet mit mir, was Ihr wollt! Nur daß Ihr Euch nicht in die Flammen stürzet!»

Der Alte seufzte wie nach einer schweren Anstrengung. Dann blickte er erleichtert, ich hätte fast gesagt vergnügt um sich. Er ergriff mit tastender Hand den blonden Schopf Dianas, zog das sich von den Knieen erhebende Weib in die Höhe, nahm ihre Hand, die sich nicht weigerte, öffnete die gekrampfte des Mönches und legte beide zusammen.

«Gültig! vor dem hochheiligen Sakramente!» frohlockte er und segnete das Paar. Der Mönch widersprach nicht und Diana schloß die Augen.

«Jetzt rasch, ehrwürdige Väter!» drängte der Alte, «es eilt, wie ich meine, und ich bin in christlicher Verfassung.»

Der Mönch und seine Braut wollten hinter die priesterliche Schar zurücktreten. «Bleibt», murmelte der Sterbende, «bleibt, daß euch meine getrösteten Augen zusammen sehen, bis sie brechen!» Astorre und Diana, kaum einige Schritte zurückweichend, mußten mit vereinigten Händen vor dem erlöschenden Blicke des hartnäckigen Greises verharren.

Dieser murmelte eine kurze Beichte, empfing die letzte Zehrung und verschied, während sie ihm die Sohlen salbten und der Priester den schon tauben Ohren jenes großartige: «Brich auf, christliche Seele!» zurief. Das gestorbene Antlitz trug den deutlichen Ausdruck triumphierender List.

Der Tyrann hatte, während ringsum alles auf den Knieen lag, die heilige Handlung sitzend und mit ruhiger Aufmerksamkeit betrachtet, etwa wie man eine fremde Sitte beschaut oder wie ein Gelehrter das auf einem Sarkophag abgebildete Opfer eines alten Volkes besichtigt. Er näherte sich dem Toten und drückte ihm die Augen zu.

Dann wendete er sich gegen Diana. «Edle Frau», sagte er, «ich denke, wir gehen nach Hause. Eure Eltern, wenn auch von Eurer Rettung unterrichtet, werden nach Euch verlangen. Auch traget Ihr ein Gewand der Niedrigkeit, das Euch nicht kleidet.»

«Fürst, ich danke und folge Euch», erwiderte Diana, ließ aber ihre Hand in der des Mönches ruhen, dessen Blick sie bis jetzt gemieden hatte. Nun schaute sie dem Gatten voll ins Gesicht und sprach mit einer tiefen, aber wohlklingenden Stimme, während ihre Wangen sich mit dunkler Glut bedeckten: «Mein Herr und Gebieter, wir durften die Seele des Vaters nicht umkommen lassen. So wurde ich Euer. Haltet mir bessere Treue als dem Kloster. Euer Bruder hat mich nicht geliebt. Vergebet mir, wenn ich so rede: ich sage die einfache Wahrheit. Ihr werdet an mir ein gutes und gehorsames Weib besitzen. Doch habe ich zwei Eigenschaften, welche Ihr schonen müßt. Ich bin jähzornig, wenn man mir Recht oder Ehre antastet, und darin peinlich, daß man mir nichts versprechen darf, ohne es zu halten. Schon als Kind habe ich das schwer oder nicht gelitten. Ich bin von wenig Wünschen und verlange nichts über das Alltägliche hinaus; nur wo mir einmal etwas gezeigt und zugesagt wurde, da bedarf ich der Erfüllung, sonst verliere ich den Glauben und kränke mich schwerer als andere Frauen über das Unrecht. Doch wie darf ich so zu Euch reden, mein Herr und Gebieter, den ich kaum kenne? Laßt mich verstummen. Lebet wohl, mein Gemahl, und gebet mir neun Tage, Euern Bruder zu betrauern.» Jetzt löste sie langsam die Hand aus der seinigen und verschwand mit dem Tyrannen.

Inzwischen hatte die geistliche Schar den Leichnam weggehoben, um ihn in der Hauskapelle aufzubahren und einzusegnen. Astorre stand allein in seinem verscherzten Mönchsgewande, welches eine von Reue erfüllte Brust bedeckte. Ein Heer von Dienern, das den seltsamen Vorgang belauscht und genügend begriffen hatte, näherte sich in unterwürfigen Stellungen und mit furchtsamen Gebärden seinem neuen Herrn, verblüfft und eingeschüchtert weniger noch durch den Wechsel der Herrschaft als durch das vermeintliche Sacrilegium der gebrochenen Gelübde – das leise gelesene Breve war nicht zu ihren Ohren gelangt – und durch die Verweltlichung des ehrwürdigen Mönches. Diesem gelang es nicht, seinen Vater zu betrauern. Ihn beschlich, jetzt da er seines Willens wieder mächtig war, der Argwohn, was sage ich, ihn überkam die empörende Gewißheit, daß ein Sterbender seinen guten Glauben betrogen und seine Barmherzigkeit mißbraucht habe. Er entdeckte in der Verzweiflung des Alten den Schlupfwinkel der List und in der wilden Lästerung das berechnete Spiel an der Schwelle des Todes. Unwillig, fast feindselig wandte sich sein Gedanke gegen das ihm zugefallene Weib. Ihn versuchte der verzwickte mönchische Einfall, dasselbe nicht aus eigenem Herzen, sondern nur als Stellvertreter seines entseelten Bruders zu lieben; aber sein gesunder Sinn und sein redliches Gemüt verwarfen die schmähliche Auskunft. Da er sie nun als die Seinige betrachtete, erwehrte er sich einer gewissen Verwunderung nicht, daß ihm sein Weib mit so bündiger Rede und harter Wahrheitsliebe entgegengetreten und so sachlich mit ihm sich auseinandergesetzt habe, ohne Schleier und Wolke, eine viel derbere und wirklichere Gestalt als die zarten Erscheinungen der Legende. Er hatte sich die Frauen weicher gedacht.

Jetzt gewahrte der Mönch plötzlich sein Ordenskleid und den Widerspruch seiner Gefühle und Betrachtungen mit demselben. Er schämte sich vor seiner Kutte und sie wurde ihm lästig. «Gebt mir weltliches Gewand!» befahl er. Geschäftige Diener umringten ihn, aus welchen er bald in der Tracht seines ertrunkenen Bruders, mit dem er ungefähr von gleichem Wuchse war, hervortrat.

In demselben Augenblicke warf sich ihm der Narr seines Vaters, mit Namen Gocciola, zu Füßen und huldigte ihm, nicht um wie die andern Verlängerung seines Dienstes sich zu erbitten, sondern seinen Abschied und die Erlaubnis, den Stand zu wechseln, denn er sei der Welt überdrüssig, seine Haare ergrauen und es stünde ihm schlecht an, mit der läutenden Schellenkappe ins Jenseits zu gehen. Mit diesen weinerlichen Worten bemächtigte er sich der abgeworfenen Kutte, welche das Gesinde zu berühren sich gescheut hatte. Aber sein buntscheckiges Gehirn schlug einen Purzelbaum und er fügte lüstern bei: «Einmal möchte ich noch Amarellen essen, ehe ich der Welt und ihren Täuschungen Valet sage! Hochzeit läßt hier nicht auf sich warten, ich glaube.» Er beleckte sich die Maulwinkel mit seiner fahlen Zunge. Dann bog er ein Knie vor dem Mönche, schüttelte seine Schellen und entsprang, die Kutte hinter sich herschleifend.

Amarelle oder Amare», erläuterte Dante, «heißt das paduanische Hochzeitsgebäck wegen seines bittern Mandelgeschmackes und zugleich mit anmutiger Anspielung auf das Verbum der ersten Konjugation.» Hier machte der Erzähler eine Pause und verschattete Stirn und Augen mit der Hand, den weitern Gang seiner Fabel übersinnend.

Inzwischen trat der Majordom des Fürsten, ein Alsatier, namens Burcardo, mit abgemessenen Schritten, umständlichen

Bücklingen und weitläufigen Entschuldigungen, daß er die Unterhaltung stören müsse, vor Cangrande, welchen er in irgend einer häuslichen Angelegenheit um Befehl bat. Deutsche waren dazumal an den ghibellinischen Höfen Italiens keine eben seltene Erscheinung, ja sie wurden gesucht und den Einheimischen vorgezogen wegen ihrer Redlichkeit und ihres angeborenen Verständnisses für Zeremonien und Gebräuche.

Als Dante das Haupt wieder hob, gewahrte er den Elsässer und hörte sein Welsch, das Weich und Hart beharrlich verwechselte, den Hof ergötzend, das feine Ohr des Dichters aber empfindlich beleidigend. Sein Blick verweilte dann mit sichtlichem Wohlgefallen auf den zwei Jünglingen, Ascanio und dem bepanzerten Krieger. Zuletzt ließ er ihn sinnend ruhen auf den beiden Frauen, der Herrin Diana, die sich belebt und deren marmorne Wange sich leicht gerötet hatte, und auf Antiope, der Freundin Cangrandes, einem hübschen und natürlichen Wesen. Dann fuhr er fort.

Hinter der Stadtburg der Vicedomini dehnte sich vormals – jetzt da das erlauchte Geschlecht längst erloschen ist, hat sich jener Platz völlig verändert – ein geräumiger Bezirk bis an den Fuß der festen und breiten Stadtmauer aus, so geräumig, daß er Weideplätze für Herden, Gehege für Hirsche und Rehe, mit Fischen gefüllte Teiche, tiefe Waldschatten und sonnige Weinlauben enthielt. An einem leuchtenden Morgen, sieben Tage nach der Totenfeier, saß im schwarzen Schatten einer Zeder, den Rücken an den Stamm gelehnt und die Schnäbel seiner Schuhe in das brennende Sonnenlicht streckend, der Mönch Astorre; denn diesen Namen behielt er unter den Paduanern, obwohl er weltlich geworden war, während seines kurzen Wandels auf der Erde. Er saß oder lag einem Brunnen gegenüber, der aus dem Mund einer gleichgültigen Maske eine kühle Flut sprudelte, unfern einer Steinbank, welcher er das weiche Polster des schwellenden Rasens vorgezogen hatte.

Während er sann oder träumte, ich weiß nicht was, sprangen auf dem beinahe schon mittäglich übersonnten Platze vor dem

Palast zwei junge Leute von staubbedeckten Gäulen, der eine gepanzert, der andere mit Wahl gekleidet, obschon im Reisegewand. Ascanio und Germano, so hießen die Reiter, waren die Günstlinge des Vogtes und zugleich die Jugendgespielen des Mönches, mit welchen er brüderlich gelernt und sich ergötzt hatte bis zu seinem fünfzehnten Jahre, dem Beginne seines Noviziates. Ezzelin hatte sie an seinen Schwieger, Kaiser Friedrich, gesendet.

Dante hielt inne und verneigte sich vor dem großen Schatten.

Mit beantworteten Aufträgen kehrten die zweie zu dem Tyrannen zurück, welchem sie noch überdies die Neuigkeit des Tages mitbrachten: eine in der kaiserlichen Kanzlei verfertigte Abschrift des an den christlichen Klerus gerichteten Hirtenbriefes, worin der heilige Vater den geistvollen Kaiser vor dem Angesichte der Welt der äußersten Gottlosigkeit anklagt.

Obwohl mit wichtigen, vielleicht Eile heischenden Aufträgen und dem unheilschweren Dokumente betraut, brachten die beiden es nicht über sich, an dem Heim ihres Jugendgespielen vorbei nach dem Stadtturm des Tyrannen zu sprengen. Sie hatten in der letzten Herberge vor Padua, wo sie, ohne den Bügel zu verlassen, ihre Pferde fressen und saufen ließen, von dem geschwätzigen Schenkwirt das große Stadtunglück und das größere Stadtärgernis: den Untergang der Hochzeitsbarke und die weggeschleuderte Kutte des Mönches, erfahren, so ziemlich mit allen Umständen, ohne die vereinigten Hände Dianas und Astorres jedoch, welche noch nicht offenbar geworden waren. Unzerstörliche Bande, die uns an die Gespielen unserer Kindheit fesseln! Von dem seltsamen Schicksale Astorres betroffen, konnten die beiden keine Ruhe finden, bis sie ihn mit Augen gesehen, den Wiedergewonnenen. Während langer Jahre waren sie nur dem Mönche begegnet, zufällig auf der Straße, ihn mit einem zwar freundlichen, aber durch aufrichtige Ehrfurcht vertieften und etwas fremden Kopfnicken begrüßend.

Gocciola, den sie im Hofe des Palastes fanden, wie er mit einer Semmel beschäftigt auf einem Mäuerlein saß und die Beine baumeln ließ, führte sie in den Garten. Ihnen voranwandelnd unterhielt der Narr die Jünglinge nicht von dem tragischen Schicksale des Hauses, sondern nur von seinen eigenen Angelegenheiten, welche ihm als das weit Wichtigere erschienen. Er erzählte, daß er brünstig nach einem seligen Ende strebe, und verschluckte darüber den Rest der Semmel, ohne ihn mit seinen wackligen Zähnen gekaut zu haben, sodaß er fast daran erstickte. Über die Gesichter, die er schnitt, und über seine Sehnsucht nach der Zelle brach Ascanio in ein so lustiges Gelächter aus, daß er damit den Himmel entwölkte, wenn dieser heute nicht schon aus eigener Freude in leuchtenden Farben geschwelgt hätte.

Ascanio versagte sich nicht das Tröpfchen zu foppen, schon um den lästigen Begleiter los zu werden. «Ärmster», begann er, «du wirst die Zelle nicht erreichen, denn, unter uns, im tiefsten Vertrauen, mein Ohm der Tyrann hat ein begehrliches Auge auf dich geworfen. Laß dir sagen: er besitzt vier Narren, den Stoiker, den Epikuräer, den Platoniker, den Skeptiker, wie er sie benennt. Diese viere stellen sich, wann der Ernste spaßen will, auf seinen Wink in die vier Ecken eines Saales, an dessen Wölbung der gestirnte Himmel und die Planetenbilder prangen. Der Ohm, im Hauskleide, tritt in die Mitte des Raumes, klatscht in die Hände und die Philosophen wechseln hopsend die Winkel. Vorgestern ist der Stoiker heulend und winselnd draufgegangen, weil der Unersättliche viele Pfunde Nudeln auf einmal verschlang. Der Ohm hat mir flüchtig angedeutet, er gedenke ihn zu ersetzen und werde sich von dem Mönche, deinem neuen Herrn, als Erbsteuer dich, o Gocciola, erbitten. So steht es. Ezzelin fahndet nach dir. Wer weiß, ob er nicht hinter dir geht.» Dieses war eine Anspielung auf die Allgegenwart des Tyrannen, welche die Paduaner in Furcht und beständigem Zittern hielt. Gocciola stieß einen Schrei aus, als falle die Hand des Gewaltigen auf seine Schulter, blickte sich um, und obwohl niemand hinter ihm ging als sein kurzer Schatten, flüchtete er sich zähneklappernd in irgend ein Versteck.

Ich streiche die Narren Ezzelins», unterbrach sich Dante mit einer griffelhaltenden Gebärde, als schriebe er seine Fabel, statt sie zu sprechen, wie er tat. «Der Zug ist unwahr, oder dann log Ascanio. Es ist durchaus undenkbar, daß ein so ernster und ursprünglich edler Geist wie Ezzelin Narren gefüttert und sich an ihrem Blödsinn ergötzt habe.» Diesen geraden Stich führte der Florentiner gegen seinen Gastfreund, auf dessen Mantel Gocciola saß, den Dichter angrinsend.

Cangrande tat nicht dergleichen. Er versprach sich im stillen, bei erster Gelegenheit mit Wucher heimzuzahlen.

Befriedigt, fast heiter setzte Dante seine Erzählung fort.

Endlich entdeckten die beiden den entmönchten Mönch, welcher, wie gesagt, den Rücken an den Stamm einer Pinie lehnte –

«An den Stamm einer Zeder, Dante», verbesserte die aufmerksam gewordene Fürstin.

– einer Zeder lehnte und sich die Fußspitzen sonnte. Er bemerkte die sich ihm von beiden Seiten Nähernden nicht, so tief war er in sein leeres oder volles Träumen versunken. Jetzt bückte sich der mutwillige Ascanio nach einem Grashalm, brach denselben und kitzelte damit die Nase des Mönches, daß dieser dreimal kräftig nieste. Astorre ergriff freundlich die Hände seiner Jugendgespielen und zog sie rechts und links neben sich auf den Rasen nieder. «Nun, was saget ihr dazu?» fragte er in einem Tone, der eher schüchtern als herausfordernd klang.

«Zuerst mein aufrichtiges Lob deines Priors und deines Klosters!» scherzte Ascanio. «Sie haben dich frisch bewahrt. Du schaust jugendlicher als wir beide. Freilich die knappe weltliche Tracht und das glatte Kinn mögen dich auch verjüngen. Weißt du, daß du ein schöner Mann bist? Du liegst unter deiner Riesenzeder gleich dem ersten Menschen, den Gott, wie die Gelehrten behaupten, als einen Dreißigjährigen erschuf, und ich», fuhr er mit einer unschuldigen Miene fort, da er den Mönch über seinen Mutwillen erröten sah, «bin wahrlich der Letzte dich zu tadeln, daß du dich aus der Kutte befreitest, denn sein Geschlecht zu erhalten, ist der Wunsch alles Lebenden.»

«Es war nicht mein Wunsch noch freier Entschluß», bekannte der Mönch wahrhaft. «Widerstrebend tat ich den Willen eines sterbenden Vaters.»

«Wirklich?» lächelte Ascanio. «Erzähle das niemandem, Astorre, als uns, die dich lieben. Andern würde dich diese Unselbständigkeit lächerlich oder gar verächtlich machen. Und, weil wir vom Lächerlichen reden, gib acht, ich bitte dich, Astorre, daß du den Menschen aus dem Mönche entwickelst, ohne den guten Geschmack zu beleidigen! Der heikle Übergang will sorgfältig geschont und abgestuft sein. Nimm Rat an! Du reisest ein Jährchen, zum Beispiel an den Hof des Kaisers, von wo nach Padua und zurück die Boten nicht zu laufen aufhören. Du lässest dich von Ezzelin nach Palermo senden! Dort lernst du neben dem vollkommensten Ritter und dem vorurteilslosesten Menschen – ich meine unsern zweiten Friedrich – auch die Weiber kennen und gewöhnst dir die Mönchsart ab, sie zu vergöttern oder gering zu schätzen. Das Gemüt des Herrschers färbt Hof und Stadt. Wie das Leben hier in Padua geworden ist, unter meinem Ohm dem Tyrannen, wild und übertrieben und gewalttätig, gibt es dir ein falsches Weltbild. Palermo, wo sich unter dem menschlichsten aller Herrscher Spiel und Ernst, Tugend und Lust, Treue und Unbestand, guter Glaube und kluges Mißtrauen in den richtigen Verhältnissen mischen, bietet das wahrere. Dort vertändelst du den Reigen eines Jahres mit unsern Freundinnen und Feindinnen in erlaubter oder läßlicher Weise» – der Mönch runzelte die Stirn – «machst etwa einen Feldzug mit, ohne jedoch unbesonnen dich auszusetzen – denke an deine Bestimmung – nur daß du dich wieder erinnerst, wie Pferd und Klinge geführt wird – als Knabe verstundest du das – behältst deine muntern braunen Augen, die – bei der Fackel der Aurora! – leuchten und sprühen, seit du das Kloster verlassen hast, überall offen und kehrst uns als ein Mann zurück, der sich und andere besitzt.»

«Er muß dort beim Kaiser eine Schwäbin heiraten», riet der Gepanzerte gutmütig. «Sie sind frömmer und verläßlicher als unsere Weiber.»

«Schweigst du wohl?» drohte ihm Ascanio mit dem Finger. «Mache mir keine Langeweile mit semmelblonden Zöpfen!» Der Mönch aber drückte die Rechte Germanos, welche er noch nicht hatte fahren lassen.

«Aufrichtig, Germano», forschte er, «was sagst du dazu?»

«Wozu?» fragte dieser barsch.

«Nun, zu meinem neuen Stande?»

«Astorre, mein Freund», antwortete der Schnurrbärtige etwas verlegen, «ist es getan, frägt man nicht mehr herum nach Beirat und Urteil. Man behauptet sich, wo man steht. Willst du aber meine Meinung durchaus wissen, nun, schau, Astorre, verletzte Treue, gebrochenes Wort, Fahnenflucht und so weiter, dem gibt man in Germanien grobe Namen. Natürlich bei dir ist's etwas ganz anderes, das läßt sich gar nicht vergleichen – und dann der sterbende Vater – Astorre, mein lieber Freund, du hast ganz hübsch gehandelt, nur wäre das Gegenteil noch hübscher gewesen. Das ist meine Meinung», schloß er treuherzig.

«So hättest du mir, wärest du dagewesen, die Hand deiner Schwester verweigert, Germano?»

Dieser fiel aus den Wolken. «Die Hand meiner Schwester? der Diana? derselben, die deinen Bruder betrauert?»

«Derselben. Sie ist meine Verlobte.»

«O herrlich!» rief jetzt der weltkluge Ascanio, und: «Erfreulich!» fiel Germano bei. «Laß dich umarmen, Schwager!» Der Gepanzerte hatte trotz seiner Geradheit gute Lebensart. Aber er unterdrückte einen Seufzer. So herzlich er die herbe Schwester achtete, dem Mönche, wie dieser neben ihm saß, hätte er, nach seinem natürlichen Gefühle, ein anderes Weib gegeben.

So drehte er den Schnurrbart und Ascanio das Steuerruder des Gespräches. «Eigentlich, Astorre», plauderte der Heitere, «müssen wir damit anfangen, uns wieder kennen zu lernen; nicht weniger als deine fünfzehn beschaulichen Klosterjahre liegen zwischen unserer Kindheit und heute. Nicht daß wir inzwischen unser Wesen geändert hätten, wer ändert es? doch wir haben uns ausgewachsen. Dieser zum Beispiel» – er deutete gegen Germano – «freut sich jetzt eines schönen Waffenruhmes; aber ich habe ihn zu verklagen, daß er ein halber Deutscher geworden ist. Er» – Ascanio krümmte den Arm, als leere er den Becher, – «und hernach wird er tiefsinnig oder händelsüchtig. Auch verachtet er unser süßes Italienisch. ‹Ich werde deutsch mit euch reden!› prahlt er und brummt die Bärenlaute einer unmenschlichen Sprache. Dann erbleicht sein Gesinde, seine Gläubiger fliehen und unsere Paduanerinnen kehren ihm die stattlichen Rücken zu. Dergestalt ist er vielleicht so jungfräulich geblieben als du, Astorre», und er legte dem Mönch traulich die Hand auf die Schulter.

Germano lachte herzlich und erwiderte auf Ascanio zeigend: «Und dieser hier hat seine Bestimmung gefunden, indem er der perfekte Höfling wurde.»

«Da irrst du dich, Germano», widersprach der Günstling Ezzelins. «Meine Bestimmung war, das Leben leicht und heiter zu genießen.» Und zum Beweise dessen rief er freundlich gebietend das Kind des Gärtners herbei, das er in einiger Entfernung sich vorüberstehlen und nach seiner neuen Herrschaft, dem Mönche, schielen sah. Das hübsche Ding trug einen mit Trauben und Feigen überhäuften Korb auf dem lachenden Haupte und schaute eher schelmisch als schüchtern. Ascanio war aufgesprungen. Er legte die Linke um die schlanke Seite des Mädchens und holte sich mit der Rechten aus dem Korb eine Traube. Zugleich suchte sein Mund die schwellenden Lippen. «Mich durstet», sagte er. Das Mädchen tat schämig, hielt aber stille, weil es seine Früchte nicht verschütten wollte. Unmutig wendete sich der Mönch von den zwei Leichtsinnigen ab und das erschreckende Dirnchen entrann, da es die harte mönchische Gebärde erblickte, den Pfad ihrer Flucht mit rollenden Früchten bestreuend. Ascanio, der seine

Traube in der Hand hielt, hob hinter den flüchtigen Stapfen noch zwei andere auf, deren eine er Germano bot, welcher aber die ungekelterte verächtlich ins Gras warf. Die andere reichte der Mutwillige dem Mönche, der sie eine Weile ebenfalls unberührt ließ, dann aber gedankenlos eine saftige Beere und bald noch eine zweite und die dritte kostete.

«Ein Höfling?» fuhr Ascanio fort, der sich, belustigt durch die Zimperlichkeit des dreißigjährigen Mönches, wieder neben ihn auf den Rasen geworfen hatte. «Glaube das nicht, Astorre! Glaube das Gegenteil! Ich bin der einzige, welcher meinem Ohm leise, aber verständlich zuredet, daß er nicht unbarmherzig werde, daß er ein Mensch bleibe.»

«Er ist nur gerecht und sich selbst getreu!» meinte Germano.

«Über seine Gerechtigkeit!» jammerte Ascanio, «und über seine Logik! Padua ist Reichslehen. Ezzelin ist Vogt. Wer ihm mißfällt, lehnt sich gegen das Reich auf. Hochverräter werden –» Er brachte es nicht über die Lippen. «Abscheulich!» murmelte er. «Und überhaupt: warum dürfen wir Welsche kein eigenes Leben unter unserer warmen Sonne führen? warum dieses Nebelphantom des Reiches, das uns den Atem beengt? Ich rede nicht für mich. Ich bin an den Ohm gefesselt. Stirbt der Kaiser, den Gott erhalte, so wirft sich ganz Italien mit Flüchen und Verwünschungen über den Tyrannen Ezzelin und den Neffen erwürgen sie so nebenbei.» Ascanio betrachtete über der üppigen Erde den strahlenden Himmel und stieß einen Seufzer aus.

«Uns beide», ergänzte Germano kaltblütig. «Das aber hat Weile. Der Gebieter besitzt eine feste Prophezeiung. Der gelehrte Guido Bonatti und Paul von Bagdad, welcher mit seinem langen Barte den Staub der Gasse zusammenfegt, haben ihm, so sehr sich die auf einander Eifersüchtigen gewöhnlich widersprechen, ein neues seltsames Sternbild einmütig folgendergestalt enträtselt: in einer Kürze oder Länge wird ein Sohn der Halbinsel die ungeteilte Krone derselben erringen mit Hilfe eines germanischen Kaisers, der für sein Teil jenseits der Gebirge alles Deutsche in einen harten Reichsapfel zusammenballt. Ist Friedrich dieser

Kaiser? Ist dieser König Ezzelin? Das weiß Gott, der Zeit und Stunde kennt, aber der Gebieter hat darauf seinen Ruhm und unsere Köpfe verwettet.»

«Geflechte von Vernunft und Wahn!» ärgerte sich Ascanio, während der Mönch erstaunte über die Macht der Sterne, den weiten Ehrgeiz der Herrscher und den alles mitreißenden Strom der Welt. Auch erschreckte ihn das Gespenst der beginnenden Grausamkeit Ezzelins, in welchem der Unschuldige die verkörperte Gerechtigkeit gesehen hatte.

Ascanio beantwortete seine schweigenden Zweifel, indem er fortfuhr: «Mögen sie beide einen bösen Tod finden, der stirnrunzelnde Guido und der bärtige Heide! Sie verleiten den Ohm, seinen Launen und Lüsten zu gehorchen, indem er das Notwendige zu tun glaubt. Hast du ihm schon zugeschaut, Germano, wie er bei seinem kargen Mahle in dem durchsichtigen Kristall des Bechers sein Wasser mit den drei oder vier blutroten Tropfen Sizilianers färbt, welche er sich gönnt? wie sein aufmerksamer Blick das Blut verfolgt, das sich langsam wölkt und durch den lautern Quell verbreitet? oder wie er den Toten die Lider zuzudrücken liebt, so daß es zur Höflichkeit geworden ist, den Vogt wie zu einem Fest an die Sterbelager zu bitten und ihm diese traurige Handlung zu überlassen? Ezzelin, mein Fürst, werde mir nicht grausam!» rief der Jüngling aus, von seinem Gefühl überwältigt.

«Ich denke nicht, Neffe», sprach es hinter ihm. Es war Ezzelin, welcher ungesehen herangetreten war und, obwohl kein Lauscher, den letzten schmerzlichen Ausruf Ascanios vernommen hatte.

Die drei Jünglinge erhoben sich rasch und begrüßten den Herrscher, der sich auf die Bank niederließ. Sein Gesicht war ruhig wie die Maske des Brunnens.

«Ihr meine Boten», stellte er Ascanio und Germano zur Rede, «was kam euch an, diesen hier» – er nickte leicht gegen den Mönch – «vor mir aufzusuchen?»

«Er ist unser Jugendgespiele und hat Seltsames erfahren», entschuldigte der Neffe und Ezzelin ließ es gelten. Er empfing die

Briefschaften, die ihm Ascanio das Knie biegend überreichte. Alles schob er in den Busen außer der Bulle. «Siehe da», sagte er, «das Neueste! Lies vor, Ascanio! Du hast jüngere Augen als ich.»

Ascanio rezitierte den apostolischen Brief, während Ezzelin die Rechte in den Bart vergrub und mit dämonischem Vergnügen zuhörte.

Zuerst gab der dreigekrönte Schriftsteller dem geistreichen Kaiser den Namen eines apokalyptischen Ungeheuers. «Ich kenne das, es ist absurd», sagte der Tyrann. «Auch mich hat der Pontifex in seinen Briefen ausschweifend betitelt, bis ich ihn ermahnte, mich, welcher Ezzelin der Römer heißt, fortan in klassischer Sprache zu schelten. Wie nennt er mich diesesmal? Ich bin neugierig. Suche nur die Stelle, Ascanio, – es wird sich eine finden – wo er meinem Schwieger seinen bösen Umgang vorhält. Gib her!» Er ergriff das Schreiben und fand bald den Ort: hier beschuldigte der Papst den Kaiser, den Gatten seiner Tochter zu lieben, ‹Ezzelino da Romano, den größten Verbrecher der bewohnten Erde›.

«Korrekt!» lobte Ezzelin und gab Ascanio das Schreiben zurück. «Lies mir die Gottlosigkeiten des Kaisers, Neffe», lächelte er.

Ascanio las, Friedrich habe geäußert, es gebe neben vielem Wahn nur zwei wahre Götter: Natur und Vernunft. Der Tyrann zuckte die Achseln.

Ascanio las ferner, Friedrich habe geredet: drei Gaukler, Moses, Mohammed und – er stockte – hätten die Welt betrogen. «Oberflächlich», tadelte Ezzelin, «sie hatten ihre Sterne; aber, gesagt oder nicht, der Spruch gräbt sich ein und wiegt für den unter der Tiara ein Heer und eine Flotte. Weiter.»

Nun kam eine wunderliche Mär an die Reihe: Friedrich hätte, durch ein wogendes Kornfeld reitend, mit seinem Gefolge gescherzt und in lästerlicher Anspielung auf die heilige Speise den Dreireim zum besten gegeben:

So viele Ähren, so viele Götter sind,
Sie schießen empor in der Sonne geschwind
Und wiegen die goldenen Häupter im Wind –

Ezzelin besann sich. «Seltsam!» flüsterte er. «Mein Gedächtnis hat dieses Verschen aufbewahrt. Es ist durchaus authentisch. Der Kaiser hat es mir mit fröhlich lachendem Munde zugerufen, da wir zusammen im Angesichte der Tempeltrümmer von Enna jene strotzenden Ährenfelder durchritten, mit welchen Göttin Ceres die sizilische Scholle gesegnet hat. Darauf besinne ich mich mit derselben Klarheit, welche an jenem Sommertage über der Insel glänzte. Ich bin es nicht, der diesen heitern Scherz dem Pontifex mitgeteilt hat. Dazu bin ich zu ernsthaft. Wer tat es? Ich mache euch zu Richtern, Jünglinge. Wir ritten zu dreien und der dritte – auch dessen bin ich gewiß, wie dieser leuchtenden Sonne» – sie warf gerade einen Strahl durch das Laub – «war Petrus de Vinea, der Unzertrennliche des Kaisers. Hätte der fromme Kanzler für seine Seele gebangt und sein Gewissen durch einen Brief nach Rom erleichtert? Reitet ein Sarazene heute? Ja? Rasch, Ascanio. Ich diktiere dir eine Zeile.»

Dieser zog Täfelchen und Stift hervor, ließ sich auf das rechte Knie nieder und schrieb, das gebogene linke als Pult gebrauchend:

«Erhabener Herr und geliebter Schwieger! Ein schnelles Wort. Das Verschen in der Bulle – Ihr seid zu geistreich, um Euch zu wiederholen, – haben nur vier Ohren gehört, die meinigen und die Eures Petrus, in den Kornfeldern von Enna, vor einem Jahre, da Ihr mich an Euern Hof beriefet und ich mit Euch die Insel durchritt. Kein Hahn kräht danach, wenn nicht der im Evangelium, welcher den Verrat des Petrus bekräftigte. Wenn Ihr mich und Euch liebet, Herr, so versuchet Euern Kanzler mit einer scharfen Frage.»

«Blutiges Wortspiel! Das schreibe ich nicht! Die Hand zittert mir!» rief der erblassende Ascanio. «Ich bringe den Kanzler nicht auf die Folter!» und er warf den Stift weg.

«Dienstsache», bemerkte Germano trocken, hob den Stift auf und beendigte das Schreiben, welches er unter seine Eisenhaube schob. «Es läuft noch heute», sagte er. «Mir für meine einfache Person hat der Capuaner nie gefallen: er hat einen verhüllten Blick.»

Der Mönch Astorre schauderte zusammen trotz der Mittagssonne. Zum ersten Male griff der aus dem Klosterfrieden Geschiedene, gleichsam mit Händen, wie die schlüpfrigen Windun-
gen einer Natter, den Argwohn oder den Verrat der Welt. Aus
seinem Brüten weckte ihn ein strenges Wort Ezzelins, welches
dieser an ihn richtete, von seiner Steinbank sich erhebend.

«Sprich, Mönch, warum vergräbst du dich in dein Haus? Du
hast es noch nie verlassen, seit du weltliches Gewand trägst. Du
scheust die öffentliche Meinung? Tritt ihr entgegen! Sie weicht
zurück. Machst du aber eine Bewegung der Flucht, so heftet sie
sich an deine Sohle wie eine heulende Meute. Hast du deine
Braut Diana besucht? Die Trauerwoche ist vorüber. Ich rate dir:
heute noch lade deine Sippen, und heute noch vermähle dich mit
Diana!»

«Und dann rasch mit euch auf dein entlegenstes Schloß!» beendigte Ascanio.

«Das rate ich nicht», verbot der Tyrann. «Keine Furcht. Keine
Flucht. Heute vermählst du dich und morgen hältst du Hochzeit
mit Masken. Valete!» Er schied, Germano winkend ihm zu folgen.

«Darf ich unterbrechen?» fragte Cangrande, der höflich genug
gewesen war, eine natürliche Pause der Erzählung abzuwarten.

«Du bist der Herr», versetzte der Florentiner mürrisch.

«Traust du dem unsterblichen Kaiser jenes Wort von den drei
großen Gauklern zu?»

«Non liquet.»

«Ich meine: in deinem innersten Gefühle?»

Dante verneinte mit einer deutlichen Bewegung des Hauptes.

«Und doch hast du ihn als einen Gottlosen in den sechsten
Kreis deiner Hölle verdammt. Wie durftest du das? Rechtfertige
dich!»

«Herrlichkeit», antwortete der Florentiner, «die Komödie
spricht zu meinem Zeitalter. Dieses aber liest die fürchterlichste
der Lästerungen mit Recht oder Unrecht auf jener erhabenen

43

Stirne. Ich vermag nichts gegen die fromme Meinung. Anders vielleicht urteilen die Künftigen.»

«Mein Dante», fragte Cangrande zum andern Mal, «glaubst du Petrus de Vinea unschuldig des Verrates an Kaiser und Reich?»

«Non liquet.»

«Ich meine: in deinem innersten Gefühle?»

Dante verneinte mit derselben Gebärde.

«Und du lässest den Verräter in deiner Komödie seine Unschuld beteuern?»

«Herr», rechtfertigte sich der Florentiner, «werde ich, wo klare Beweise fehlen, einen Sohn der Halbinsel mehr des Verrates bezichtigen, da schon so viele Arglistige und Zweideutige unter uns sind?»

«Dante, mein Dante», sagte der Fürst, «du glaubst nicht an die Schuld und du verdammst! Du glaubst an die Schuld und du sprichst frei!» Dann führte er die Erzählung in spielendem Scherze weiter:

«Auch der Mönch und Ascanio verließen jetzt den Garten und betraten die Halle.» Doch Dante nahm ihm das Wort.

Keineswegs, sondern sie stiegen in eine Turmstube, dieselbe, die Astorre als Knabe mit ungeschorenen Locken bewohnt: denn dieser mied die großen und prunkenden Gemächer, welche er sich erst gewöhnen mußte als sein Eigentum zu betrachten, wie er auch den ihm hinterlassenen goldenen Hort noch mit keinem Finger berührt hatte. Den beiden folgte, auf einen gebietenden Wink Ascanios, der Majordom Burcardo in gemessener Entfernung mit steifen Schritten und verdrießlichen Mienen.

Der gleichnamige Haushofmeister Cangrandes war nach verrichtetem Geschäfte neugierig lauschend in den Saal zurückgetreten, denn er hatte gemerkt, daß es sich um wohlbekannte Personen handle; da er nun sich selbst nennen hörte und unversehens und lebensgroß im Spiegel der Novelle erblickte, fand er diesen Mißbrauch seiner Ehrenperson verwegen und durchaus

unziemlich im Munde des beherbergten Gelehrten und gedulde-
ten Flüchtlings, welchem er in gerechter Erwägung der Verhältnisse und Unterschiede auf dem obern Stockwerke des fürstlichen Hauses eine denkbar einfache Kammer eingeräumt hatte.
Was die andern lächelnd gelitten, empfand er als ein Ärgernis.
Er runzelte die Brauen und rollte die Augen. Der Florentiner
weidete sich mit ernsthaftem Gesichte an der Entrüstung des Pedanten und ließ sich in seiner Fabel nicht stören.

«Würdiger Herr», befragte Ascanio den Majordom – habe ich
gesagt, daß dieser von Geburt ein Alsatier war? – «wie heiratet
man in Padua? Astorre und ich sind unerfahrene Kinder in dieser
Wissenschaft.»

Der Haushofmeister warf sich in Positur, starr seinen Herrn
anschauend, ohne Ascanio, der ihm nach seinen Begriffen nichts
zu befehlen hatte, eines Blickes zu würdigen.

«Distinguendum est», sagte er feierlich. «Es ist auseinander zu
halten: Werbung, Vermählung und Hochzeit.»

«Wo steht das geschrieben?» scherzte Ascanio.

«Ecce!» antwortete der Majordom, indem er ein großes Buch
entfaltete, das ihn niemals verließ. «Hier!» und er wies mit dem
gestreckten Finger der linken Hand auf den Titel, welcher lautete: ‹ Die Zeremonien von Padova nach genauer Erforschung
zu Nutz und Frommen aller Ehrbaren und Anständigen zu-
sammengestellt von Messer Godoscalco Burcardo.› Er blätterte
und las: «Erster Abschnitt: Die Werbung. Paragraph eins: Der
ernsthafte Werber bringt einen Freund gleichen Standes als gültigen Zeugen mit –»

«Bei den überflüssigen Verdiensten meines Schutzheiligen»,
unterbrach ihn Ascanio ungeduldig, «laß uns zufrieden mit ante
und post, mit Werbung und Hochzeit, serviere uns das Mittel-
stück: wie vermählt man sich in Padua?»

«In Batova», krähte der gereizte Alsatier, dessen barbarische
Aussprache in der Gemütsbewegung noch mehr als gewöhnlich
hervortrat, «werden zu den adeligen Sbosalizien geladen die

zwölf großen Geschlechter» – er zählte sie aus dem Gedächtnisse her – «zehn Tage voraus, nicht früher, nicht später, von dem Majordome des Bräutigams, gefolgt von sechs Dienern. In dieser erlauchten Versammlung werden die Ringe gewechselt. Man schlürft Cybrier und verzehrt als Hochzeitsgepäcke die Amarellen –»

«Gott gebe, daß wir uns nicht die Zähne ausbeißen!» lachte Ascanio, und dem Majordom das Buch entreißend, durchlief er die Namen, von welchen sechs Familienhäupter – sechse von zwölfen – und einige Jünglinge mit breiten Strichen ausgelöscht waren. Sie mochten sich in irgend eine Verschwörung gegen den Tyrannen verwickelt und darin den Untergang gefunden haben.

«Merk auf, Alter!» befahl Ascanio, für den Mönch handelnd, welcher in einen Sessel gesunken war und in Gedanken verloren die freundliche Bevormundung sich gefallen ließ. «Du hältst deinen Umgang mit den sechs Tagedieben zur Stunde, jetzt gleich, ohne Verzug, verstehst du? und ladest auf heute zur Vesperzeit.»

«Zehn Tage voraus», wiederholte Herr Burcardo majestätisch, als verkünde er ein Reichsgesetz.

«Heute und auf heute, Starrkopf!»

«Unmöglich», sprach der Majordom ruhig. «Ändert Ihr den Lauf der Gestirne und Jahreszeiten?»

«Du rebellierst? Jückt dich der Hals, Alter?» warnte Ascanio mit einem sonderbaren Lächeln.

Das genügte. Herr Burcardo erriet. Ezzelin hatte befohlen und der hartnäckigste der Pedanten fügte sich ohne Murren, so eisern war die Rute des Tyrannen.

«Dann ladest du die beiden Herrinnen Canossa nicht, die Olympia und die Antiope.»

«Warum diese nicht?» fragte der Mönch plötzlich, wie von einem Zauberstabe berührt. Die Luft färbte sich vor seinem Blicke und ein Bild entstand, dessen erster Umriß schon seine ganze Seele fesselte.

«Weil die Gräfin Olympia eine Törin ist, Astorre. Kennst du
die Geschichte des armen Weibes nicht? Doch du stakest ja damals noch in den Windeln, will sagen in der Kutte. Es war vor
drei Jahren, da die Blätter gilbten.»

«Im Sommer, Ascanio. Eben jährt es sich», widersprach der
Mönch.

«Du hast recht – kennst du denn die Geschichte? Doch wie
solltest du? Zu jener Zeit munkelte der Graf Canossa mit dem
Legaten, wurde belauscht, ergriffen und verurteilt. Die Gräfin
tat einen Fußfall vor dem Ohm, der sich in sein Schweigen
hüllte. Sie wurde dann auf die sträflichste Weise von einem hab-
gierigen Kämmerer getäuscht, welcher ihr Gewinnes wegen
vorspiegelte, der Graf werde vor dem Blocke begnadigt werden. Das ging nicht in Erfüllung, und da man der Gräfin einen
Enthaupteten brachte, warf sich ihm die aus der Hoffnung kopfüber in die Verzweiflung Geschleuderte durch das Fenster entgegen, wunderbarerweise ohne sich zu verletzen, außer daß sie
sich den Fuß verstauchte. Aber von jenem Tage an war ihr Geist
zerrüttet. Wenn natürliche Stimmungen sich unmerklich in einander verlieren wie das erlöschende Licht in die wachsende Dämmerung, wechseln die ihrigen in rasendem Umschwung von
Hell und Dunkel zwölfmal in zwölf Stunden. Von beständiger
Unruhe gestachelt, eilt das elende Weib aus ihrem verödeten
Stadtpalast auf ihr Landgut und aus diesem in die Stadt zurück,
in ewigem Irrgange. Heute will sie ihr Kind einem Pächterssohn
vermählen, weil nur Niedrigkeit Schutz und Frieden gewähre,
morgen wäre ihr der edelste Freier, der übrigens aus Scheu vor
einer solchen Mutter sich nicht einstellt, kaum vornehm genug–»

Hätte Ascanio, während seine Rede floß, den flüchtigsten
Blick auf den Mönch geworfen, er hätte staunend inne gehalten,
denn das Antlitz des Mönches verklärte sich vor Mitleid und Erbarmen.

«Wenn der Tyrann», fuhr der Achtlose fort, «an der Behausung Olympias vorüber auf die Jagd reitet, stürzt sie ans Fenster
und erwartet, er werde an ihrer Schwelle vom Pferde steigen

und die in Ungnade Geratene, aber nun genug Geprüfte günstig und gnädig an seinen Hof zurückführen, wozu er wahrlich keine Lust hat. Eines andern Tages, oder noch an demselben, wähnt sie sich von Ezzelin, welcher sich nicht um sie bekümmert, verfolgt und geächtet. Sie glaubt sich verarmt und ihre Güter, die er unberührt ließ, eingezogen. So brennt und friert sie im Wechselfieber der schroffsten Gegensätze, ist nicht nur selbst verrückt, sondern verrückt auch, was sie in die wirbelnden Kreise ihres Kopfes zieht, und stiftet – denn sie ist nur eine halbe Törin und redet mitunter treffend und witzig – überall Unheil, wo ihr geglaubt wird. Es kann nicht die Rede davon sein, sie unter die Leute und an ein Fest zu bringen. Ein Wunder ist, daß ihr Kind, die Antiope, welches sie vergöttert und dessen Verheiratung sich im Mittelpunkte ihrer Phantasie dreht, auf diesem schwanken Boden den Verstand behält. Aber das Mädchen, das in seiner Frühblüte steht und leidlich hübsch ist, hat eine gute Natur ...» So ging es noch eine Weile fort.

Astorre aber versank in seinem Traume. So sage ich, weil das Vergangene Traum ist. Denn der Mönch sah, was er vor drei Jahren erlebt hatte: einen Block, den Henker daneben, und sich selbst an der Stelle eines erkrankten Mitmönches als geistlichen Tröster, der einen armen Sünder erwartet. Dieser – der Graf Canossa – erschien gefesselt, wollte aber durchaus nicht herhalten, sei es weil er wähnte, seine Begnadigung werde, jetzt da er vor dem Blocke stehe, nicht säumen, sei es einfach, weil er die Sonne liebte und die Gruft verabscheute. Er ließ den Mönch hart an und verschmähte seine Gebete. Ein entsetzliches Ringen stand bevor, wenn er fortfuhr, sich zu sträuben und zu stemmen; denn er hielt sein Kind an der Hand, welches ihm – von den Wachen unbemerkt – zugesprungen war und ihn umklammerte, die ausdrucksvollsten Augen und die flehendsten Blicke auf den Mönch heftend. Der Vater drückte das Mädchen fest an seine Brust und schien sich mit diesem jungen Leben gegen die Vernichtung decken zu wollen, wurde aber von dem Henker nieder und mit dem Haupte auf den Block gedrückt. Da legte das Kind Kopf und Nacken neben den väterlichen. Wollte es das Mitleid des Henkers erwecken? Wollte es den Vater ermutigen, das Unabwendbare zu leiden? Wollte es dem Unversöhnten den Namen eines Heiligen ins Ohr murmeln? Tat es das Unerhörte ohne Besinnen und Überlegung, aus überströmender kindlicher Liebe? Wollte es einfach mit ihm sterben?

Jetzt leuchteten die Farben so kräftig, daß der Mönch die zwei neben einander liegenden Hälse, den ziegelroten Nacken des Grafen und den schneeweißen des Kindes mit dem gekräuselten goldbraunen Flaume, wenige Schritte vor sich in voller Lebenswahrheit erblickte. Das Hälschen war von der schönsten Bildung und ungewöhnlicher Schlankheit. Astorre bebte, das fallende Beil möchte sich irren, und fühlte sich in tiefster Seele erschüttert, nicht anders als das erste Mal, nur daß ihm die Sinne nicht schwanden, wie sie ihm damals geschwunden waren, als die schreckliche Szene in Wahrheit und Wirklichkeit sich ereignete und er erst wieder zu sich kam, als alles vorüber war.

«Hat mir mein Gebieter einen Auftrag zu geben?» störte den Verzückten die schnarrende Stimme des Majordoms, der es schwer ertrug, von Ascanio gemeistert zu werden.

«Burcardo», antwortete Astorre mit weicher Stimme, «vergiß nicht, die zwei Frauen Canossa, Mutter und Tochter, zu laden. Es sei nicht gesagt, daß der Mönch die von der Welt Gemiedenen und Verlassenen von sich fernhält. Ich ehre das Recht einer Unglücklichen» – hier stimmte der Majordom mit eifrigem Nicken bei – «von mir geladen und empfangen zu werden. Würde sie übergangen, es dürfte sie schwer kränken, wie sie beschaffen ist.»

«Beileibe!» warnte Ascanio. «Tu dir doch das nicht zuleide! Dein Verlöbnis ist schon abenteuerlich genug! Und das Abenteuerliche begeistert die Törichten. Sie wird nach ihrer Art etwas Unglaubliches beginnen und irgend ein tolles Wort in die Feier schleudern, welche sonst schon alle Paduanerinnen aufregt.»

Herr Burcardo aber, der die Berechtigung einer Canossa, ob sie bei Verstande sei oder nicht, sich zu den Zwölfen zu versammeln, mit den Zähnen festhielt und seinen Gehorsam dem Vicedomini und keinem andern verpflichtet glaubte, verbeugte sich tief vor dem Mönche. «Deiner Herrlichkeit allein wird gehorcht», sprach er und entfernte sich.

«O Mönch, Mönch», rief Ascanio, «der die Barmherzigkeit in eine Welt trägt, wo kaum die Güte ungestraft bleibt!»

Doch wie wir Menschen sind», flocht Dante ein, «oft zeigt uns ein prophetisches Licht den Rand eines Abgrundes, aber dann kommt der Witz und klügelt und lächelt und redet uns die Gefahr aus.

Dergestalt fragte und beruhigte sich der Leichtsinnige: Welche Beziehung auf der Welt hat die Närrin zu dem Mönche, in dessen Leben sie nicht die geringste Rolle spielt? Und am Ende – wenn sie zu lachen gibt, so würzt sie uns die Amarellen! Er ahnte nicht von ferne, was sich in der Seele Astorres begab, aber auch wenn er geraten und geforscht, dieser hätte sein keusches Geheimnis dem Weltkinde nicht preisgegeben.

So ließ Ascanio es gut sein, und sich des andern Befehles des Tyrannen erinnernd, den Mönch unter die Leute zu bringen, fragte er lustig: «Ist für den Ehereif gesorgt, Astorre? Denn es steht in den Zeremonien geschrieben, Abschnitt zwei, Paragraph so und so: Die Reife werden gewechselt.» Dieser erwiderte, es werde sich dergleichen in dem Hausschatze finden.

«Nicht so, Astorre», meinte Ascanio. «Wenn du mir folgst, kaufst du deiner Diana einen neuen. Wer weiß, was für Geschichten an den gebrauchten Ringen kleben. Wirf das Alte hinter dich. Auch schickt es sich ganz allerliebst: du kaufst ihr einen Ring bei dem Florentiner auf der Brücke. Kennst du den Mann? Doch wie solltest du! Höre: als ich heute in der Frühstunde mit Germano in die Stadt zurückkehrend unsere einzige Brücke über den Kanal beschritt – wir mußten absitzen und die Pferde führen, so dicht war dort das Gedränge – hatte, meiner Treu, auf dem verwitterten Kopfe des Brückenpfeilers ein Goldschmied seinen Laden aufgetan und ganz Padua kramte und feilschte vor demselben. Warum auf der engen Brücke, Astorre, da wir so viele Plätze haben? Weil in Florenz die Schmuckläden auf der Arnobrücke stehen. Denn – bewundere die Logik der Mode! – wo kauft man feinen Schmuck, als bei einem Florentiner, und wo legt ein Florentiner aus, wenn nicht auf einer Brücke? Er tut es einmal nicht anders. Sonst wäre seine Ware ein plumpes Zeug und er selbst kein echter Florentiner. Doch dieser ist es, ich meine. Hat er doch mit riesigen Buchstaben über seine Bude geschrieben: Niccolò Lippo dei Lippi der Goldschmied, durch einen feilen und ungerechten Urteilsspruch, wie sie am Arno gebräuchlich sind, aus der Heimat vertrieben. Auf, Astorre! gehen wir nach der Brücke!»

Dieser weigerte sich nicht, da er selbst das Bedürfnis fühlen mochte, den Bann des Hausbezirkes zu brechen, welchen er, seit er seine Kutte niedergestreift, nicht mehr verlassen hatte.

«Hast du Geld zu dir gesteckt, Freund Mönch?» scherzte Ascanio. «Dein Gelübde der Armut ist hinfällig und der Florentiner wird dich überfordern.» Er pochte an das Schiebfensterchen des im untern Flure, welchen die Jünglinge eben durchschritten, gelegenen Hauskontores. Es zeigte sich ein verschmitztes Gesicht, jede Falte ein Betrug, und der Verwalter der Vicedomini – ein Genuese, wenn ich recht berichtet bin, – reichte seinem Herrn mit kriechender Verbeugung einen mit Goldbyzantinern gefüllten Beutel. Dann wurde der Mönch von einem Diener in den bequemen paduanischen Sommermantel mit Kapuze gehüllt.

Auf der Straße zog sich Astorre dieselbe tief ins Gesicht, weniger gegen die brennenden Strahlen der Sonne als aus langer Gewöhnung, und wandte sich freundlich gegen seinen Begleiter. «Nicht wahr, Ascanio», sagte er, «diesen Gang tue ich allein? Einen einfachen Goldring zu kaufen, übersteigt meinen Mönchsverstand nicht? Das traust du mir noch zu? Auf Wiedersehen bei meiner Vermählung, wann es Vesper läutet!» Ascanio ging und rief noch über die Schulter zurück: «Einen, nicht zweie! Den deinigen gibt dir Diana! Merke dir das, Astorre!» Es war eine

jener farbigen Seifenblasen, deren der Lustige mehr als eine täglich von den Lippen in die Luft jagte.

Fraget ihr mich, Herrschaften, warum der Mönch den Freund
beurlaubte, so sage ich: er wollte den himmlischen Ton, welchen
die junge Märtyrerin der Kindesliebe in seinem Gemüte geweckt hatte, rein ausklingen lassen.

Astorre hatte die Brücke erreicht, welche trotz des Sonnen-
brandes randvoll war und von den nahen zwei Ufern ein dop-
peltes Menschengedränge vor den Laden des Florentiners führte.
Der Mönch blieb unter seinem Mantel unerkannt, ob auch hin
und wieder ein Auge fragend auf dem unbedeckten Teile seines
Gesichtes ruhte. Adel und Bürgerschaft suchte sich den Vortritt
abzugewinnen. Vornehme Weiber stiegen aus ihren Sänften und
ließen sich drängen und drücken, um ein Paar Armringe oder
ein Stirnband von neuester Mache zu erhandeln. Der Florentiner
hatte auf allen Plätzen mit der Schelle verkündigen lassen, er
schließe heute nach dem Ave Maria. Er dachte nicht daran. Doch
was kostet einen Florentiner die Lüge!
    Endlich stand der Mönch, von Menschen eingeengt, vor der
Bude. Der bestürmte Händler, der sich verzehnfachte, streifte
ihn mit einem erfahrenen Seitenblick und erriet sofort den Neu-
ling. «Womit diene ich dem gebildeten Geschmacke der Herrlichkeit?» fragte er. «Gib mir einen einfachen Goldreif», antwortete der Mönch. Der Kaufmann ergriff einen Becher, auf welchem, nach florentinischer Kunst und Art, in erhabener Arbeit
irgend etwas Üppiges zu sehen war. Er schüttelte den Kelch, in
dessen Bauche hundert Reife wimmelten, und bot ihn Astorre.
    Dieser geriet in eine peinliche Verlegenheit. Er kannte den
Umfang des Fingers nicht, welchen er mit einem Reife beklei-
den sollte, und deren mehrere heraushebend, zauderte er sichtlich zwischen einem weitern und einem engern. Der Florentiner
konnte den Spott nicht lassen, wie denn ein versteckter Hohn aus
aller Rede am Arno hervorkichert. «Kennt der Herr die Gestalt

des Fingers nicht, welchen er doch wohl zuweilen gedrückt hat?»
fragte er mit einem unschuldigen Gesichte, aber als ein kluger
Mann verbesserte er sich alsobald und in der heimischen Meinung, der Verdacht der Unwissenheit sei beleidigend, derjenige
der Sünde aber schmeichle, gab er Astorre zwei Ringe, einen
größern und einen kleinern, die er aus Daumen und Zeigefinger
seiner beiden Hände geschickt zwischen die Daumen und Zeigefinger des Mönches hinübergleiten ließ. «Für die zwei Liebchen
der Herrlichkeit», wisperte er sich verneigend.

Ehe noch der Mönch über diese lose Rede ungehalten werden
konnte, erhielt er einen harten Stoß. Es war das Schulterblatt
eines Roßpanzers, das ihn so unsanft streifte, daß er den kleinern
Ring fallen ließ. In demselben Augenblicke schmetterte ihm der
betäubende Ton von acht Tuben ins Ohr. Die Feldmusik der
germanischen Leibwache des Vogtes ritt in zwei Reihen, beide
vier Rosse hoch, über die Brücke, den ganzen Menscheninhalt
derselben auseinander werfend und gegen die steinernen Geländer pressend.

Sobald die Bläser vorüber waren, stürzte der Mönch, den fest-
gehaltenen größern Ring rasch in seinem Gewande bergend,
dem kleinern nach, welcher unter den Hufen der Gäule weg-
gerollt war.

Das alte Bauwerk der Brücke war in der Mitte ausgefahren
und vertieft, so daß der Reif die Höhlung hinab und dann durch
seine eigene Bewegung getrieben die andere Seite hinanrollte.
Hier hatte eine junge Zofe, namens Isotta oder, wie man in Padua den Namen kürzt, Sotte, das rollende und blitzende Ding
gehascht, auf die Gefahr hin, von den Pferden zerstampft zu
werden. «Ein Glücksring!» jubelte das unkluge Geschöpf und
steckte einer jugendlichen Herrin, welcher sie das Begleite gab,
mit kindischem Frohlocken den Fund an den schlanken Finger,
den vierten der linken Hand, welcher ihr durch seine zierliche
Bildung des engen Schmuckes besonders würdig und fähig
schien. In Padua aber, wie auch hier in Verona, wenn mir recht
ist, pflegt man den Trauring an der linken Hand zu tragen.

Das Edelfräulein zeigte sich unwillig über die Posse der Magd, war aber doch auch ein bißchen belustigt davon. Sie bemühte sich eifrig, den fremden Ring, der ihr wie angegossen saß, dem Finger wieder abzuziehen. Da stand unversehens der Mönch vor ihr und hob die Arme in freudiger Verwunderung. Seine Gebärde aber war, daß er die geöffnete rechte Hand vor sich hin streckte, die linke in der Höhe des Herzens hielt; denn er hatte, trotz der entfalteten Blüte, an der auffallenden Schlankheit des Halses und wohl mehr noch an der Bewegung seiner Seele das Kind wieder erkannt, dessen zartes Haupt er auf dem Blocke gesehen hatte.

Während das Mädchen bestürzte, fragende Augen auf den Mönch richtete und immerfort an dem widerspenstigen Ringe drehte, zauderte Astorre, denselben zurückzuverlangen. Doch es mußte geschehen. Er öffnete den Mund. «Junge Herrin», begann er – und fühlte sich von zwei starken gepanzerten Armen umfaßt, die sich seiner bemächtigten und ihn emporzogen. Im Augenblicke sah er sich, mit Hilfe eines andern Gepanzerten, ein Bein rechts, ein Bein links, auf ein stampfendes Roß gesetzt. «Laß schauen», schallte ein gutmütiges Gelächter, «ob du das Reiten nicht verlernt hast!» Es war Germano, welcher an der Spitze der von ihm befehligten deutschen Kohorte ritt, die der Vogt auf eine Ebene unweit Padua zur Musterung befohlen hatte. Da er unvermutet den Freund und Schwager im Freien erblickte, hatte er sich den unschuldigen Spaß gemacht, denselben neben sich auf ein Pferd zu heben, von welchem ein junger Schwabe auf seinen Wink abgesprungen war. Das feurige Tier, welches den veränderten Reiter spürte, tat ein paar wilde Sprünge, es entstand ein Rossegedräng auf der nicht geräumigen Brücke und Astorre, dem die Kapuze zurückgefallen war und der sich mit Mühe im Bügel hielt, wurde von dem entsetzt ausweichenden Volke erkannt. «Der Mönch! der Mönch!» rief und deutete es von allen Seiten, aber schon hatte der kriegerische Tumult die Brücke hinter sich und verschwand um eine Straßenecke. Der unbezahlt gebliebene Florentiner rannte nach, aber kaum zwanzig Schritte, denn ihm wurde bange um seine unter der schwachen Hut eines Jüngelchens gelassene Ware, und dann belehrte ihn der Zuruf der Menge, daß er es mit einer bekannten und leicht aufzufindenden Persönlichkeit zu tun habe. Er ließ sich den Palast Astorres bezeichnen und meldete sich dort heute, morgen, übermorgen. Die zwei ersten Male richtete er nichts aus, weil in der Behausung des Mönches alles drunter und drüber ging, das dritte Mal fand er die Siegel des Tyrannen an das verschlossene Tor geheftet. Mit diesem wollte der Feigling nichts zu schaffen haben und so ging er der Bezahlung verlustig.

Die Frauen aber – zu Antiope und der leichtfertigen Zofe hatte sich noch eine dritte, durch den Brückentumult von ihnen abgedrängte wiedergefunden – schritten in der entgegengesetzten Richtung. Diese war ein seltsam blickendes, vorzeitig wie es schien gealtertes Weib mit tiefen Furchen, grauen Haarbüscheln, aufgeregten Mienen, und schleppte ihr vernachlässigtes, aber vornehmes Gewand mitten durch den Straßenstaub.

Sotte erzählte eben der Alten, offenbar der Mutter des Fräuleins, mit dummem Jubel den Vorgang auf der Brücke: Astorre – auch ihr hatte der Zuruf des Volkes ihn genannt – Astorre der Mönch, der stadtkundig freien müsse, habe Antiope verstohlener Weise einen Goldring zugerollt, und als sie – Sotte – den Wink der Vorsehung und die Schlauheit des Mönches verstehend, ihn dem lieben Mädchen angesteckt, sei der Mönch selbst vor dasselbe hingetreten, und da Antiope ihm den Ring in Züchten habe zurückgeben wollen, habe er – sie ahmte den Mönch nach – die Linke zärtlich auf das Herz gelegt, so! die Rechte aber zurückweisend ausgestreckt mit einer Gebärde, die in ganz Italien nichts anderes sage und bedeute als: Behalte, Schatz!

Endlich kam die erstaunte Antiope zu Worte und beschwor die Mutter, auf das alberne Geschwätz Isottens nichts zu geben, aber umsonst. Madonna Olympia erhob die Arme gen Himmel und dankte auf offener Straße dem heiligen Antonius mit Inbrunst, daß er ihre tägliche Bitte über alles Hoffen und Erwarten erhört und ihrem Kleinod einen ebenbürtigen und tugendhaften

Mann, einen seiner eigenen Söhne beschert habe. Dabei gebärdete sie sich so abenteuerlich, daß die Vorbeigehenden lachend auf die Stirne wiesen. Die verwirrte Antiope gab sich alle erdenkliche Mühe, der Mutter das blendende Märchen auszureden; aber diese hörte nicht und baute leidenschaftlich an ihrem Luftschlosse weiter.

So langten die Frauen in dem Palaste Canossa an und begegneten im Torbogen einem steif geputzten Majordom, dem sechs verschwenderisch gekleidete Diener folgten. Herr Burcardo ließ, ehrerbietig zurücktretend, Madonna Olympia die Treppe voraufgehen, dann, in einer öden Halle angelangt, machte er drei abgezirkelte Verbeugungen, eine immer näher und tiefer als die andere, und redete langsam und feierlich: «Herrlichkeiten, mich sendet Astorre Vicedomini, hochdieselben untertänigst zu seinen Sbosalizien zu laden, heute» – er verschluckte schmerzhaft «in zehn Tagen» – «wann es Vesper läutet.»

Dante hielt inne. Seine Fabel lag in ausgeschütteter Fülle vor ihm; aber sein strenger Geist wählte und vereinfachte. Da rief ihn Cangrande.

«Mein Dante», hub er an, «ich wundere mich, mit wie harten und ätzend scharfen Zügen du deinen Florentiner umrissen hast! Dein Niccolò Lippo dei Lippi ist verbannt durch ein feiles und ungerechtes Urteil. Er selbst aber ist ein Überteurer, ein Schmeichler, ein Lügner, ein Spötter, ein Schlüpfriger und eine Memme, alles ‹nach Art der Florentiner›. Und das ist nur ein winziges Flämmchen aus dem Feuerregen von Verwünschungen, womit du dein Florenz überschüttest, nur eine tröpfelnde Neige jener bittern von Essig und Galle triefenden Terzinen, die du in deiner Komödie der Vaterstadt zu kosten gibst. Lasse dir sagen, es ist unedel, seine Wiege zu schmähen, seine Mutter zu beschämen! Es kleidet nicht gut! Glaube mir, es macht einen schlechten Eindruck!

Mein Dante, ich will dir erzählen von einem Puppenspiele, dem ich jüngst, verkappt unter dem Volke mich umtreibend in unserer Arena zuschaute. Du rümpfst die Nase, daß ich den niedrigen Geschmack habe, in müßigen Augenblicken an Puppen und Narren mich zu vergnügen. Dennoch begleite mich vor die kleine Bühne! Was schaust du da? Mann und Weib zanken sich. Sie wird geprügelt und weint. Ein Nachbar streckt den Kopf durch die Türspalte, predigt, straft, mischt sich ein. Doch siehe! das tapfere Weib erhebt sich gegen den Eindringling und nimmt Partei für den Mann. ‹Wenn es mir beliebt, geprügelt zu werden!› heult sie.

Ähnlicherweise, mein Dante, spricht ein Hochherziger, welchen seine Vaterstadt mißhandelt: Ich will geschlagen sein!»

Viele junge und scharfe Augen hafteten auf dem Florentiner. Dieser verhüllte sich schweigend das Haupt. Was in ihm vorging, weiß niemand. Als er es wieder erhob, war seine Stirn vergrämter, sein Mund bitterer und seine Nase länger.

Dante lauschte. Der Wind pfiff um die Ecken der Burg und stieß einen schlecht verwahrten Laden auf. Monte Baldo hatte seine ersten Schauer gesendet. Man sah die Flocken stäuben und wirbeln, von der Flamme des Herdes beleuchtet. Der Dichter betrachtete den Schneesturm und seine Tage, welche er sich entschlüpfen fühlte, erschienen ihm unter der Gestalt dieser bleichen Jagd und Flucht durch eine unstete Röte. Er bebte vor Frost.

Und seine feinfühligen Zuhörer empfanden mit ihm, daß ihn kein eigenes Heim, sondern nur wandelbare Gunst wechselnder Gönner bedache und vor dem Winter beschirme, welcher Landstraße und Feldweg mit Schnee bedeckte. Alle wurden es inne und Cangrande, der von großer Gesinnung war, zuerst: Hier sitzt ein Heimatloser!

Der Fürst erhob sich, den Narren wie eine Feder von seinem Mantel schüttelnd, trat auf den Verbannten zu, nahm ihn an der Hand und führte ihn an seinen eigenen Platz, nahe dem Feuer. «Er gebührt dir», sagte er und Dante widersprach nicht. Cangrande aber bediente sich des freigewordenen Schemels. Er konnte dort bequem die beiden Frauen betrachten, zwischen welchen jetzt der Wanderer durch die Hölle saß, den das Feuer glühend beschien und der seine Erzählung folgendermaßen fortsetzte.

Während die mindern Glocken in Padua die Vesper läuteten, versammelte sich unter dem Zedergebälke des Prunksaales der Vicedomini, was von den zwölf Geschlechtern übrig geblieben war, den Eintritt des Hausherrn erwartend. Diana hielt sich zu Vater und Bruder. Ein leises Geschwätze lief um. Die Männer besprachen ernst und gründlich die politische Seite der Vermählung zweier großer städtischer Geschlechter. Die Jünglinge scherzten halblaut über den heiratenden Mönch. Die Frauen schauderten, trotz dem Breve des Papstes, vor dem Sacrilegium, welches nur die von knospenden Töchtern umringten in milderem Lichte sahen, mit dem Zwang der Umstände entschuldigten oder aus der Herzensgüte des Mönches erklärten. Die Mädchen waren lauter Erwartung.

Die Anwesenheit der Olympia Canossa erregte Verwunderung und Unbehagen, denn sie war in auffallendem, fast königlichem Staate, als ob ihr bei der bevorstehenden Feier eine Hauptrolle zustünde, und redete mit unheimlicher Zungenfertigkeit in Antiope hinein, welche bangen Herzens die aufgebrachte Mutter flüsternd und flehend zu beschwichtigen suchte. Madonna Olympia hatte sich schon auf den Treppen gewaltig geärgert, wo sie – Herr Burcardo beschäftigte sich eben mit dem Empfange zweier anderer Herrschaften – von Gocciola, der eine neue scharlachrote Kappe mit silbernen Schellen in der Hand hielt, ehrfürchtig willkommen geheißen wurde. Jetzt mit den andern im Kreise stehend, belästigte oder ängstigte sie durch ihr maßloses Gebärdenspiel ihre Standesgenossen. Mit Augenwinken und Kinnheben wurde auf die Ärmste gedeutet. Keiner hätte sie an des Mönches Statt geladen und jeder machte sich darauf gefaßt, sie werde diesem einen ihrer Streiche spielen.

Burcardo meldete den Hausherrn. Astorre hatte sich von den Germanen bald losgemacht, war auf die Brücke zurückgeeilt, ohne dort den Ring noch die Frauen mehr zu finden, und sich darüber Vorwürfe machend, obschon im Grunde nur der Zufall anzuklagen war, hatte er in der ihm bis zur Vesper bleibenden Stunde den Entschluß gefaßt, in Zukunft immerdar nach den Regeln der Klugheit zu handeln. Mit diesem Vorsatze trat er in den Saal und in die Mitte der Versammelten. Der Druck der auf ihn gerichteten Aufmerksamkeit und die sozusagen in der Luft fühlbaren Formen und Forderungen der Gesellschaft ließen ihn empfinden, daß er nicht die Wirklichkeit der Dinge sagen dürfe, energisch und mitunter häßlich wie sie ist, sondern ihr eine gemilderte und gefällige Gestalt geben müsse. So hielt er sich unwillkürlich in der Mitte zwischen Wahrheit und schönem Schein und redete untadelig.

«Herrschaften und Standesbrüder», begann er, «der Tod hat eine reiche Ernte unter uns Vicedomini gehalten. Wie ich in Schwarz gekleidet vor euch stehe, trage ich Trauer um den Vater, drei Brüder und drei Neffen. Daß ich, von der Kirche freigelassen, den Wunsch eines sterbenden Vaters, in Sohn und Enkel fortzuleben, nach ernster Erwägung» – hier verhüllte sich der Klang seiner Stimme – «und gewissenhafter Prüfung vor Gott nicht glaubte ungewährt lassen zu dürfen, dieses werdet ihr verschieden beurteilen, billigend oder tadelnd, nach der Gerechtigkeit oder Milde, die euch innewohnt. Darin aber werdet ihr einig gehen, daß es mir bei meiner Vergangenheit nicht angestanden hätte zu zaudern und zu wählen, und daß hier nur das Nächstliegende und Ungesuchte Gott gefällig sein konnte. Wer aber stand mir näher als die schon mit mir durch die trostlose Trauer um meinen letzten Bruder vereinigte jungfräuliche Witwe desselben? Dergestalt ergriff ich über einem teuern Sterbebette diese Hand, wie ich sie jetzt ergreife» – er trat zu Diana und führte sie in die Mitte – «und ihr den Trauring um den Finger lege.» So tat er. Der Ring paßte. Diana tat dasselbe, indem sie dem Mönch einen goldenen Reif anlegte. «Es ist der meiner Mutter», sagte sie, «die ein wahrhaftes und tugendsames Weib war. Ich gebe dir einen Ring, der Treue gehalten hat.» Ein feierlich gemurmelter Glückwunsch aller Anwesenden beschloß die ernste Handlung, und der alte Pizzaguerra, ein würdiger Greis, – denn der Geiz ist ein gesundes Laster und läßt zu Jahren kommen – weinte die übliche Träne.

Madonna Olympia sah ihr Traumschloß auflodern und brennen mit sinkenden Säulen und krachenden Balken. Sie tat einen Schritt vorwärts, als wolle sie ihre Augen überführen, daß sie sich betrügen, dann einen zweiten in wachsender Wildheit, und jetzt stand sie dicht vor Astorre und Diana, die grauen Haare gesträubt, und ihre rasenden Worte rannten und stürzten wie ein Volk in Aufruhr.

«Elender!» schrie sie. «Gegen den Ring an dem Finger dieser da zeugt ein anderer und zuerst gegebener.» Sie riß Antiope, welche ihr in wachsender Angst und mit den flehendsten Gebärden gefolgt war, hinter sich hervor und hob die Hand des Mädchens. «Den Ring hier hast du meinem Kinde vor nicht einer Stunde auf der Brücke bei dem Florentiner an den Finger gesteckt!» So hatte ihr ein falscher Spiegel den Vorgang verschoben. «Ruchloser Mensch! Ehebrecherischer Mönch! Öffnet sich die Erde nicht, dich zu verschlingen? Hängt den Bruder Pförtner, der im Rausche schnarchte und dich deiner Zelle entspringen ließ! Deinen Lüsten wolltest du frönen, aber du durftest dir eine andere Beute wählen als eine ungerecht verfolgte, ratlose Wittib und eine unbeschützte Waise!»

Die Marmordiele öffnete sich nicht und in den Blicken der Umstehenden las die Unglückliche, die einem gerechten Mutterzorne arme und schwache Worte zu geben glaubte, den hellen Hohn oder ein Mitleid anderer Art, als sie es zu finden hoffte. Sie vernahm hinter sich das verständlich geflüsterte Wort: «Närrin!» und ihr Zorn schlug in ein wahnsinniges Gelächter um. «Ei, seht mir einmal den Toren», hohnlachte sie, «der so dumm zwischen diesen beiden wählen konnte! Ich mache euch zu Richtern, Herrschaften, und jeden, der Augen hat. Hier das herzige Köpfchen, die schwellende Jugend» – das übrige vergaß ich, aber ich weiß eines: alle Jünglinge im Saale Vicedominis, und mehr als einer unter ihnen mochte locker leben, alle Jünglinge, die enthaltsamen und die es nicht waren, wendeten Ohr und Auge ab von den empörenden Worten und Gebärden einer Mutter, welche Zucht und Scham unter die Füße trat vor dem Kinde, das sie geboren, und dieses preisgab wie eine Kupplerin.

Alle im Saale bemitleideten Antiope. Nur Diana, so wenig sie an der Treue des Mönches zweifelte, empfand ich weiß nicht welchen dumpfen Groll über die ihrem Bräutigam frech gezeigte Schönheit.

Antiope mochte es verschuldet haben dadurch, daß sie den unseligen Reif am Finger behielt. Vielleicht tat sie es, um die sich selbst betörende Mutter nicht zu reizen, in dem Gedanken, diese werde, durch die Wirklichkeit enttäuscht, aus dem Hochmut, nach ihrer Art, in Kleinmut verfallen und alles mit einem Augenrollen und ein paar gemurmelten Worten vorübergehen. Oder dann hatte die junge Antiope selbst eine Fingerspitze in den sprudelnden Märchenbrunnen getaucht. War die Begegnung auf der Brücke nicht wunderbar, und wäre ihre Erkiesung durch den Mönch wunderbarer gewesen als das Schicksal, das ihn dem Kloster entriß?

Jetzt erlitt sie grausame Strafe. Soweit es eine zügellose Rede vermag, beraubte sie die eigene Mutter der schützenden Hüllen.

Eine dunkle Röte und eine noch dunklere fuhr ihr über Stirn und Nacken. Darauf begann sie in der allgemeinen Stille laut und bitterlich zu weinen.

Selbst die graue Mänade lauschte betroffen. Dann zuckte ihr ein entsetzlicher Schmerz über das Gesicht und verdoppelte ihre Wut. «Und die andere!» kreischte sie, auf Diana zeigend, «dieses kaum aus dem Rohen gehauene breite Stück Marmor! Diese verpfuschte Riesin, die Gott Vater stümperte, als er noch Gesell war und kneten lernte! Pfui über den plumpen Leib ohne Leben und Seele! Wer hätte ihr auch eine gespendet? Die Bastardin ihre Mutter? die stupide Orsola? Oder der dürre Knicker dort? Nur widerstrebend hat er ihr ein karges Almosen von Seele verabfolgt!»

Der alte Pizzaguerra blieb gelassen. Mit dem klaren Verstande der Geizigen vergaß er nicht, wen er vor sich hatte. Seine Tochter Diana aber vergaß es. Durch die rohe Verhöhnung ihres Leibes und ihrer Seele aufgebracht, tief empört, zog sie die Brauen zusammen und ballte die Hände. Jetzt geriet sie außer sich, da die Närrin ihre Eltern ins Spiel zog, ihr die Mutter im Grabe beschimpfte, den Vater an den Pranger stellte. Ein bleicher Jähzorn packte und übermannte sie.

«Hündin!» schrie sie und schlug – in Antiopes Angesicht; denn das verzweifelnde und beherzte Mädchen hatte sich vor die Mutter geworfen. Antiope stieß einen Laut aus, der den Saal und alle Herzen erschütterte.

Nun drehte sich das Rad in dem Kopfe der Törin vollständig um. Die höchste Wut ging unter in unsäglichem Jammer. «Sie haben mir mein Kind geschlagen!» stöhnte sie, sank auf die Kniee und schluchzte: «Gibt es keinen Gott mehr im Himmel?»

Jetzt war das Maß voll. Es wäre schon früher überlaufen, doch das Verhängnis schritt rascher, als mein Mund es erzählte, so rasch, daß weder der Mönch noch der nahestehende Germano den gehobenen Arm Dianas ergreifen und aufhalten konnten. Ascanio umschlang die Törin, ein anderer Jüngling faßte sie bei den Füßen, die sich kaum Sträubende wurde fortgetragen, in ihre Sänfte gehoben und nach Hause gebracht.

Noch stunden sich Diana und Antiope gegenüber, eine bleicher als die andere, Diana reuig und zerknirscht nach schnell verrauchtem Jähzorn, Antiope nach Worten ringend; sie konnte nur nicht stammeln, sie bewegte lautlos die Lippen.

Wenn jetzt der Mönch Antiopes Hand ergriff, um der von seinem verlobten Weibe Mißhandelten das Geleite zu geben, so erfüllte er damit nur die ritterliche und die gastwirtliche Pflicht. Alle fanden es selbstverständlich. Besonders Diana mußte wünschen, das Opfer ihrer Gewalttat aus den Augen zu verlieren. Auch sie entfernte sich dann mit Vater und Bruder. Die versammelten Gäste aber hielten es für das Zarteste, gleichfalls bis auf die letzte Ferse zu verschwinden.

Es klingelte unter dem mit Amarellen und Cyperwein bestellten Kredenztisch. Eine Narrenkappe kam zum Vorschein und

Gocciola kroch auf allen Vieren aus seinem leckern Verstecke hervor. Alles war köstlich verlaufen nach seiner Ansicht; denn er hatte jetzt die volle Freiheit, Amarellen zu naschen und ein Gläschen um das andere zu leeren. So vergnügte er sich eine Weile, bis er nahende Schritte vernahm. Er wollte entwischen, aber einen verdrießlichen Blick nach dem Störer werfend, erachtete er jede Flucht für unnötig. Es war der Mönch, der zurückkehrte, und der Mönch war ebenso frohlockend und ebenso berauscht wie er; denn der Mönch –

«Liebte Antiope», unterbrach den Erzähler die Freundin des Fürsten mit einem krampfhaften Gelächter.

«Du sagst es, Herrin, er liebte Antiope», wiederholte Dante in tragischem Tone.

«Natürlich!» «Wie anders?» «Es mußte so kommen!» «So geht es gewöhnlich!» scholl es dem Erzähler aus dem ganzen Hörerkreise entgegen.

«Sachte, Jünglinge», murrte Dante. «Nein, so geht es nicht gewöhnlich. Meinet ihr denn, eine Liebe mit voller Hingabe des Lebens und der Seele sei etwas Alltägliches, und glaubet wohl gar, so geliebt zu haben oder zu lieben? Enttäuschet euch! Jeder spricht von Geistern, doch wenige haben sie gesehen. Ich will euch einen unverwerflichen Zeugen bringen. Es schleppt sich hier im Hause ein modisches Märenbuch herum. Darin mit vorsichtigen Fingern blätternd, habe ich unter vielem Wuste ein wahres Wort gefunden. ‹ Liebe›, heißt es an einer Stelle, ‹ ist selten und nimmt meistens ein schlimmes Ende.›» Dieses hatte Dante ernst gesprochen. Dann spottete er: «Da ihr alle in der Liebe so ausgelernt und bewandert seid und es mir überdies nicht ansteht, einen von der Leidenschaft überwältigten Jüngling aus meinem zahnlosen Munde reden zu lassen, überspringe ich das verräterische Selbstgespräch des zurückkehrenden Astorre und sage kurz: da ihn der verständige Ascanio belauschte, erschrak er und predigte ihm Vernunft.

«Wirst du deine rührende Fabel so kläglich verstümmeln, mein Dante?» wendete sich die entzündliche Freundin des Fürsten mit bittenden Händen gegen den Florentiner. «Laß den Mönch reden, daß wir teilnehmend erfahren, wie er sich abwendete von einer Rohen zu einer Zarten, einer Kalten zu einer Fühlenden, von einem steinernen zu einem schlagenden Herzen –»

«Ja, Florentiner», unterbrach die Fürstin in tiefer Bewegung und mit dunkel glühender Wange, «laß deinen Mönch reden, daß wir staunend vernehmen, wie es kommen konnte, daß Astorre, so unerfahren und täuschbar er war, ein edles Weib verriet für eine Verschmitzte – hast du nicht gemerkt, Dante, daß Antiope eine Verschmitzte ist? Du kennst die Weiber wenig! In Wahrheit, ich sage dir» – sie hob den kräftigen Arm und ballte die Faust – «auch ich hätte geschlagen, nicht die arme Törin, sondern wissentlich die Arglistige, die sich um jeden Preis dem Mönch vor das Angesicht bringen wollte!» Und sie führte den Schlag in die Luft. Die andere erbebte leise.

Cangrande, welcher die zwei Frauen, denen er jetzt gegenüber saß, nicht aufhörte zu betrachten, bewunderte seine Fürstin und freute sich ihrer großen Leidenschaft. In diesem Augenblicke fand er sie unvergleichlich schöner als die kleinere und zarte Nebenbuhlerin, welche er ihr gegeben hatte, denn das Höchste und Tiefste der Empfindung erreicht seinen Ausdruck nur in einem starken Körper und in einer starken Seele.

Dante für sein Teil lächelte zum ersten und einzigen Mal an diesem Abende, da er die beiden Frauen so heftig auf der Schaukel seines Märchens sich wiegen sah. Er brachte es sogar zu einer Neckerei. «Herrinnen», sagte er, «was verlangt ihr von mir? Selbstgespräch ist unvernünftig. Hat je ein weiser Mann mit sich selbst gesprochen?»

Nun erhob sich aus dem Halbdunkel ein mutwilliger Locken-kopf und ein Edelknabe, der hinter irgend einem Sessel oder einer Schleppe in traulichem Verstecke mochte gekauert haben, rief herzhaft: «Großer Meister, wie wenig du dich kennst oder zu kennen vorgibst! Wisse, Dante, niemand plaudert geläufiger mit sich selbst als du, in dem Grade, daß du nicht nur uns dumme Buben übersiehst, sondern selbst das Schöne dicht an dir vorübergehen lässest, ohne es zu begrüßen.»

«Wirklich?» sagte Dante. «Wo war das? wo und wann?»

«Nun gestern auf der Etschbrücke», lächelte der Knabe. «Du lehntest am Geländer. Da ging die reizende Lucrezia Nani vorüber, deine Toga streifend. Wir Knaben folgten, sie bewundernd, und ihr entgegen schritten zwei feurige Kriegsleute, nach einem Blicke aus ihren sanften Augen haschend. Sie aber suchte die deinigen: denn nicht jeder hat mit heiler Haut in der Hölle gelustwandelt! Du, Meister, betrachtetest eine rollende Welle, welche in der Mitte der Etsch daherfuhr, und murmeltest etwas.»

«Ich ließ das Meer grüßen. Die Woge war schöner als das Mädchen. Doch zurück zu den zwei Toren! Horch, sie sprechen mit einander! Und bei allen Musen, fortan unterbreche mich keiner mehr, sonst findet uns Mitternacht noch am Märchenherde.

Als der Mönch, nachdem er Antiope heimgeführt, seinen Saal wieder betrat – doch ich vergaß zu sagen, daß er Ascanio nicht begegnete, obwohl dieser mit der Sänfte und Madonna Olympia darin denselben Weg gemacht hatte. Denn der Neffe, nachdem er die gänzlich Vernichtete ihrer Dienerschaft übergeben, war schleunig zu seinem Ohm dem Tyrannen geeilt, ihm den tollen Vorgang als frisches Gebäcke aufzutischen. Er hinterbrachte Ezzelin lieber eine Stadtgeschichte als eine Verschwörung.

Ich weiß nicht, ob der Mönch so wohlgestaltet war, wie der Spötter Ascanio ihn genannt hatte. Aber ich sehe ihn, der wie der blühendste Jüngling schreitet. Mit beflügelten Füßen durchschwebt er den Saal, als trüge ihn Zephyr oder führte ihn Iris. Seine Augen sind voller Sonne und er murmelt Laute aus der Sprache der Seligen. Gocciola, der viel Cyperwein geschluckt hatte, fühlte sich gleichfalls beherzt und verjüngt. Auch unter seinen Sohlen löste sich der Marmorboden in weißes Gewölk auf. Er verspürte einen unbesiegbaren Durst, das Gemurmel auf den frischen Lippen Astorres, wie man sich über eine Quelle beugt, zu belauschen, und begann neben demselben die Länge des Saales zu durchmessen, bald mit gespreizten, bald mit hüpfenden Schritten, das Narrenszepter unter dem Arme.

«Das zärtliche Haupt, das sich für den Vater bot, hat sich auch für die Mutter geboten und gegeben!» lispelte Astorre. «Das schamhafte! wie es brannte! Das mißhandelte! wie es litt! Das geschlagene! wie es aufschrie! Hat es mich je verlassen, seit es auf dem Blocke lag? Es wohnte in meinem Geiste. Es begleitete mich allgegenwärtig, schwebte in meinem Gebete, strahlte in meiner Zelle, bettete sich auf mein Kissen! Lag das herzige Haupt mit dem weißen schmalen Hälschen nicht neben dem des heiligen Paulus –»

«Des heiligen Paulus?» kicherte das Tröpfchen.

«Des heiligen Paulus auf unserm Altarbilde –»

«Mit dem schwarzen Kraushaar und dem roten Hals auf dem breiten Blocke und dem Beile des Henkers darüber?» Gocciola verrichtete bei den Franziskanern zeitweilig seine Andacht.

Der Mönch nickte. «Sah ich lange hin, so zuckte das Beil und ich bebte zusammen. Habe ich es nicht dem Prior gebeichtet?»

«Und was sagte der Prior?» examinierte Gocciola.

«Mein Sohn», sagte er, «was du sahest, war ein vorausgeeiltes Kind des himmlischen Triumphzuges. Fürchte nichts! Dem ambrosischen Hälschen geschieht kein Leid!»

«Aber», reizte der böse Narr, «das Kind ist gewachsen, so hoch!» Er hob die Hand. Dann senkte er sie und hielt sie über dem Boden. «Und die Kutte Euer Herrlichkeit», grinste er, «liegt so tief!»

Das Gemeine konnte den Mönch nicht berühren. Ein schöpferisches Feuer war aus der Hand Antiopes in die seinige gefahren und begann zuerst zart und sanft, dann immer heißer und schärfer in seinen Adern zu brennen. «Gepriesen sei Gott Vater», frohlockte er plötzlich, «der Mann und Weib geschaffen hat!»

«Die Eva?» fragte der Narr.

«Die Antiope!» antwortete der Mönch.

«Und die andere? die Große? Was fängst du mit der an? Schickst du sie betteln?» Gocciola wischte sich die Augen.

«Welche andere?» fragte der Mönch. «Gibt es ein Weib, das nicht Antiope wäre!»

Dies war selbst dem Narren zu stark. Er glotzte Astorre erschreckt an, wurde aber von einer Faust am Kragen gepackt, gegen die Pforte geschleppt und auf den Flur gesetzt. Dieselbe Hand legte sich dann auf Astorres Schulter.

«Erwache, Traumwandler!» rief der zurückgekehrte Ascanio, welcher die letzte schwärmerische Rede des Mönches belauscht hatte. Er zog den Verzückten auf eine Fensterbank nieder, heftete fest Augen auf Augen, und: «Astorre, du bist von Sinnen!» sprach er ihn an.

Dieser wich zuerst den prüfenden Blicken wie geblendet aus, dann begegnete er ihnen mit den seinigen, die noch voller Jubel waren, um sie scheu niederzuschlagen. «Wunderst du dich?» sagte er dann.

«So wenig als über das Lodern einer Flamme», versetzte Ascanio. «Aber da du kein blindes Element, sondern eine Vernunft und ein Wille bist, so tritt die Flamme aus, sonst frißt sie dich und ganz Padua. Muß dir das Weltkind göttliches und menschliches Gesetz predigen? Du bist vermählt! So redet dieser Ring an deinem Finger. Wenn du, wie erst dein Gelübde, jetzt dein Verlöbnis brichst, brichst du Sitte, Pflicht, Ehre und den Stadtfrieden. Wenn du dir den Pfeil des blinden Gottes nicht rasch und heldenmütig aus dem Herzen ziehst, ermordet er dich, Antiope und noch ein paar andere, wen es gerade treffen wird. Astorre! Astorre!»

Ascanios mutwillige Lippen erstaunten über die großen und ernsten Worte, welche er in seiner Herzensangst ihnen zu reden gab. «Dein Name, Astorre», sagte er dann halb scherzend, «schmettert wie eine Tuba und ruft dich zum Kampfe gegen dich selbst!»

Astorre ermannte sich. «Man hat mir ein Philtrum gegeben!» rief er aus. «Ich rase, ich bin ein Wahnsinniger! Ascanio, ich gebe dir Macht über mich, feßle mich!»

67

«An Dianen will ich dich fesseln!» sagte Ascanio. «Folge mir, daß wir sie suchen!»

«War es nicht Diana, die Antiope schlug?» fragte der Mönch.

«Das hast du geträumt! Du hast alles geträumt! Du warst deiner Sinne nicht mächtig! Komm! Ich beschwöre dich! Ich befehle es dir! Ich ergreife und führe dich!»

Wenn Ascanio die Wirklichkeit verjagen wollte, so führte sie der auf dem Flur klirrende Schritt Germanos zurück. Mit einem entschlossenen Gesichte trat der Bruder Dianens vor den Mönch und faßte seine Hand. «Ein gestörtes Fest, Schwager!» sagte er. «Die Schwester schickt mich – ich lüge, sie schickt mich nicht. Denn sie hat sich in ihre Kammer eingeschlossen und drinnen flennt sie und verflucht ihren Jähzorn – heute ersaufen wir in Weibertränen! Sie liebt dich, nur bringt sie es nicht über die Lippen – es ist in der Familie: ich kann es auch nicht. An dir hat sie keinen Augenblick gezweifelt. Es ist einfach: du hast irgendwo einen Ring verschleudert – wenn es der deinige war, den die kleine Canossa – wie heißt sie doch? richtig: die Antiope! – am Finger trug. Die närrische Mutter fand ihn und hat daraus ihr Märchen gesponnen. Antiope ist natürlich an alledem unschuldig wie ein neugeborenes Kind – wer es anders meint, hat es mit mir zu tun!»

«Nicht ich!» rief Astorre. «Antiope ist rein wie der Himmel! Der Ring wurde von einem Zufall gerollt!» und er erzählte mit fliegenden Worten.

«Aber auch der Schwester, die zufuhr, darfst du es nicht anrechnen, Astorre», behauptete Germano. «Ihr schoß das Blut zu Kopfe, sie sah nicht, wen sie vor sich hatte. Sie glaubte die Närrin zu treffen, die ihr die Eltern verhunzte, und schlug die liebe Unschuld. Diese aber muß vor Gott und Menschen wieder zu Ehren und Würden gezogen werden. Laß das meine Sache sein, Schwager! Ich bin der Bruder. Es ist einfach.»

«Du redest in einem fort und bleibst doch dunkel, Germano! Was hast du vor? Wie vergütest du es der Ärmsten?» fragte Ascanio.

«Es ist einfach», wiederholte Germano. «Ich biete Antiope Canossa meine Hand und mache sie zu meinem Weibe.»

Ascanio griff sich an die Stirn. Der Streich betäubte ihn. Als er dann aber, schnell besonnen, näher zusah, fand er das heroische Mittel gar nicht so übel; doch warf er einen ängstlichen Blick auf den Mönch. Dieser, seiner selbst wieder mächtig, hielt sich mäuschenstille und horchte aufmerksam. Das Ehrgefühl des Kriegers scholl wie ein heller Ruf durch die Wildnis seiner Seele.

«So treffe ich zwei Fliegen mit einem Schlage, Schwager», erläuterte Germano. «Das Mädchen wird in ihren Züchten und Ehren hergestellt. Den möchte ich sehen, der hinter meinem Weibe zischelte! Dann stifte ich Frieden zwischen euch Eheleuten. Diana braucht sich nicht länger vor dir noch vor sich selbst zu schämen und ist von ihrem Jähzorne gründlich geheilt. Ich sage dir: sie ist davon genesen, zeitlebens!»

Astorre drückte ihm die Hand. «Du bist brav!» sagte er. Der Wille, seine himmlische oder irdische Lust tapfer zu überwinden, erstarkte in dem Mönche. Doch dieser Wille war nicht frei und diese Tugend nicht selbstlos; denn sie klammerte sich an einen gefährlichen Sophismus: nicht anders als ich selbst eine Ungeliebte umarmen werde, tröstete sich Astorre, wird auch Antiope von einem Manne sich umfangen lassen, welcher sie kurzerdinge freit, um fremdes Unrecht gut zu machen. Wir verzichten alle! Entsagung und Kasteiung in der Welt wie im Kloster!

«Was geschehen muß, verschiebe ich nicht», drängte Germano. «Sonst würde sie sich schlummerlos wälzen.» Ich weiß nicht, meinte er Diana oder Antiope. «Schwager, du begleitest mich als Zeuge: ich tue es in den Formen.»

«Nein, nein!» schrie Ascanio erschreckt. «Nicht Astorre! Nimm mich!»

Germano schüttelte den Kopf. «Ascanio, mein Freund», sagte er, «dazu eignest du dich nicht. Du bist kein ernsthafter Zeuge in Ehesachen! Auch wird mein Bruder Astorre es sich nicht nehmen lassen, für mich zu werben. Es ist ja zum großen Teil seine eigene Angelegenheit. Nicht wahr, Astorre?» Dieser nickte. «So bereite dich, Schwager. Mache dich hübsch! Hänge dir eine Kette um!»

«Und», scherzte Ascanio gezwungen, «wann du über den Hof gehst, tauche den Kopf in den Brunnen! Du selbst aber, Germano, trägst Panzer? So kriegerisch? Schickt sich das zur Freite?»

«Ich bin lange nicht aus der Rüstung gekommen und sie kleidet mich. Was betrachtest du mich von Kopf zu Füßen, Ascanio?»

«Ich frage mich, woher dieser Gepanzerte seine Sicherheit nimmt, nicht mitsamt der Sturmleiter in den Graben geworfen zu werden?»

«Das kann nicht in Frage stehen», meinte Germano seelenruhig. «Wird sich eine Beschämte und Geschlagene einem Ritter verweigern? Da wäre sie eine noch größere Närrin als ihre Mutter. Das ist doch sonnenklar, Ascanio. Komm, Astorre.»

Während der Zurückbleibende mit verschlungenen Armen diese neue Wendung der Dinge bedachte, zweifelnd, ob dieselbe auf einen Spielplatz blühender Kinder oder auf ein Camposanto führe, schritten seine Jugendfreunde den nicht langen Weg zu dem Palaste Canossa.

Der wolkenlose Tag verglomm in einem reinglühenden Abendgolde, und horch! es läutete Ave. Der Mönch sprach innerlich die Gewohnheitsgebete und sein etwas erhöht liegendes Kloster verlängerte zufällig das vertraute Geläute um ein paar friedlich wehmütige Schläge, welchen die andern Stadtglocken den Luftraum nicht länger streitig machten. Auch der Mönch wurde des allgemeinen Friedens teilhaft.

Da traf sein Blick das Gesicht des Freundes und ruhte auf den wetterharten Zügen. Sie waren hell und freudig, von erfüllter Pflicht ohne Zweifel, aber doch auch von dem unbewußten oder unbewachten Glück, unter dem von Ehre geschwellten Segel einer ritterlichen Handlung den Port einer seligen Insel zu erreichen. «Die süße Unschuld!» seufzte der Krieger.

Rasend schnell begriff der Mönch, daß der Bruder Dianens sich selbst täuschte, wenn er sich für uneigennützig hielt, daß Germano Antiope zu lieben begann und sein Nebenbuhler war.

Seine Brust empfand einen scharfen Biß, dann einen zweiten noch schärfern, daß er hätte aufschreien mögen. Und jetzt wühlte und wimmelte schon ein ganzes Nest grimmiger Schlangen in seinem Busen. Herrschaften, Gott möge uns alle, Männer und Weiber, vor der Eifersucht behüten! Sie ist die qualvollste der Peinen, und wer sie leidet, ist unseliger als meine Verdammten!

Mit verzogenem Gesichte und gepreßtem Herzen folgte der Mönch dem selbstbewußten Freier die Treppen des erreichten Palastes hinauf. Dieser stand leer und verwahrlost. Madonna Olympia mochte sich eingeschlossen haben. Kein Gesinde und alle Türen offen. Sie durchschritten ungemeldet eine Reihe schon dämmernder Gemächer: vor der Schwelle der letzten Kammer hielten sie stille, denn die junge Antiope saß am Fenster.

Sein in den Umriß eines Kleeblattes endigender Bogen war voller Abendglorie, welche die liebreizende Gestalt im Halbkreise von Brust zu Nacken umfing. Ihre gezauste Haarkrone ähnelte den Spitzen eines Dornenkranzes und die schmachtenden Lippen schlürften den Himmel. Das geschlagene Mädchen lag müde unter dem Druck der erduldeten Schande, mit zugefallenen Augendeckeln und erschlafften Armen; aber in der Stille ihres Herzens frohlockte sie und pries ihre Schmach, denn diese hatte sie mit Astorre auf ewig vereinigt.

Und entzündet sich nicht heute noch und bis ans Ende der Tage aus tiefstem Erbarmen höchste Liebe? Wer widersteht dem Anblicke des Schönen, wenn es ungerecht leidet? Ich lästere nicht und kenne die Unterschiede, aber auch das Göttliche wurde geschlagen und wir küssen seine Striemen und Wunden.

Antiope grübelte nicht, ob Astorre sie liebe. Sie wußte es. Da war kein Zweifel. Sie war davon überzeugter als von den Atemzügen ihrer Brust und den Schlägen ihres Herzens. Keine Silbe hatte sie mit Astorre gewechselt vom ersten Schritt des Weges an, den sie zusammengingen. Die Hände hielten sich nicht fester beim letzten: sie verwuchsen, ohne sich zu drücken. Sie durchdrangen sich, wie zwei leichte geistige Flammen, und waren doch beim Scheiden wie die Wurzel aus der Erde kaum auseinander zu lösen.

Antiope vergriff sich an fremdem Eigentum und beging Raub an Dianen fast in Unschuld, denn sie hatte weder Gewissen mehr noch auch nur Selbstbewußtsein. Padua, das mit seinen Türmen vor ihr lag, Mutter, des Mönches Verlöbnis, Diana, die ganze Erde, alles war vernichtet: nichts als der Abgrund des Himmels, und dieser gefüllt mit Licht und Liebe.

Astorre hatte von der ersten zur letzten Stufe der Treppe mit sich gerungen und meinte den Sieg erkämpft zu haben. Ich werde das Opfer vollbringen, prahlte er gegen sich selbst, und Germano bei seiner Werbung zur Seite stehen. Auf dem obersten Tritte rief er noch alle seine Heiligen an, voraus Sankt Franciscus, den Meister der Selbstüberwindung. Er griff in die Brust und glaubte, durch den himmlischen Beistand stark wie Hercules, die Schlangen erwürgt zu haben. Aber der Heilige mit den vier Wundmalen hatte sich abgewendet von dem untreuen Jünger, der seinen Strick und seine Kutte verschmähte.

Der daneben stehende Germano entwarf indessen seine Rede, konnte aber nicht über die zwei Argumente hinauskommen, welche ihm gleich anfänglich eingeleuchtet hatten. Übrigens war er guten Mutes – hatte er doch schon öfter im Reiterkampfe seine Germanen angeredet – und fürchtete sich nicht vor einem Mädchen. Nur das Warten ertrug er ebenso wenig als vor der Schlacht. Er klirrte leis mit dem Schwert an den Panzer.

Antiope schrak zusammen, blickte hin, erhob sich rasch und stand, den Rücken gegen das Fenster gewendet, mit dunkelm Antlitz den sich im Dämmerlichte vor ihr verbeugenden Männern gegenüber.

«Sei getrost, Antiope Canossa!» redete Germano. «Ich bringe dir diesen mit, Astorre Vicedomini, welchen sie den Mönch nennen, den Gatten meiner Schwester Diana, als gültigen Zeugen: siehe, ich bin gekommen, dich – ohne Vater wie du bist und bei einer solchen Mutter – von dir selbst zum Weibe zu begehren. Meine Schwester hat sich gegen dich vergessen» – er sträubte sich, ein stärkeres Wort zu brauchen und damit Dianen, die er verehrte, preiszugeben – «und ich, der Bruder, bin da, gut zu machen, was die Schwester schlecht gemacht hat. Diana mit Astorre, du mit mir, so euch entgegenkommend, werdet ihr Weiber euch die Hände geben.»

Das empfindliche Gemüt des lauschenden Mönches verwundete diese rohe Gleichstellung des Mißhandelns und des Leidens, der Schlagenden und der Geschlagenen – oder krümmte sich eine Natter? – «Germano, so wirbt man nicht!» raunte er dem Gepanzerten zu.

Dieser vernahm es, und da die dunkle Antiope mäuschenstille blieb, verstimmte er sich. Er fühlte, daß er weicher reden sollte, und redete barscher. «Ohne Vater und mit einer solchen Mutter», wiederholte er, «bedürfet Ihr einer männlichen Hut! Das konntet Ihr heute lernen, junge Herrin. Ihr werdet nicht zum andern Male vor ganz Padua beschämt und geschlagen werden wollen! Gebet Euch mir, wie Ihr seid, und ich schirme Euch vom Wirbel zur Zehe!» Germano dachte an seinen Panzer.

Astorre fand diese Werbung von empörender Härte: Germano, so schien ihm, behandelte Antiope wie seine Kriegsgefangene – oder zischte die Schlange? – «So wirbt man nicht, Germano!» keuchte er. Dieser wendete sich halb. «Wenn du es besser verstehst», sagte er mißmutig, «wirb du für mich, Schwager.» Er trat raumgebend beiseite.

Da näherte sich Astorre, das Knie gebogen, hob die Hände mit sich einander berührenden Fingerspitzen und seine bangen Blicke befragten das zarte Haupt auf dem blassen Goldgrunde. «Findet Liebe Worte?» stammelte er. Dämmerung und Schweigen.

Endlich lispelte Antiope: «Für wen wirbst du, Astorre?» «Für diesen hier, meinen Bruder Germano», preßte er hervor. Da barg sie das Antlitz mit den Händen.

Jetzt riß Germano die Geduld. «Ich werde deutsch mit ihr reden», brach er los und: «Kurz und gut, Antiope Canossa», ließ er das Mädchen rauh an, «wirst du mein Weib oder nicht?»

Antiope wiegte das kleine Haupt sanft und sachte, aber trotz der wachsenden Nacht mit deutlicher Verneinung.

«Ich habe meinen Korb», sprach Germano trocken. «Komm, Schwager!» und er verließ den Saal mit ebenso festen Schritten, als er ihn betreten hatte. Der Mönch aber folgte ihm nicht.

Astorre verharrte in seiner flehenden Stellung. Dann ergriff er, selbst zitternd, Antiopes zitternde Hände und löste sie von dem Antlitz. Welcher Mund den andern suchte, weiß ich nicht, denn die Kammer war völlig finster geworden.

Auch wurde es darin so stille, daß, wäre ihr Ohr nicht voll stürmischen Jubels und seliger Chöre gewesen, die Liebenden leicht in einem anstoßenden Gelasse gemurmelte Gebete hätten vernehmen können. Das verhielt sich so: neben Antiopes Kammer, einige Stufen tiefer, lag die Hauskapelle, und morgen jährte sich zum dritten Male der Tod des Grafen Canossa. Nach überschrittener Mitternacht sollte in Gegenwart der Witwe und der Waise die Seelenmesse gelesen werden. Schon hatte sich der Priester eingestellt, den Ministranten erwartend.

Ebenso wenig als das unterirdische Gemurmel vernahm das Paar die schlurfenden Pantoffeln der Madonna Olympia, welche die Tochter suchte und nun bei dem spärlichen Scheine der Hausleuchte, die sie in der Hand trug, die Liebenden still und aufmerksam betrachtete. Daß die frechste Lüge einer ausschweifenden Einbildungskraft vor ihren Augen in diesen zärtlich verschlungenen Gestalten zu Tat und Wahrheit wurde, darüber wunderte sich Madonna Olympia nicht; aber, es sei der Törin zum Lobe gesagt, ebenso wenig kostete sie einen Genuß der Rache. Sie weidete sich nicht an dem der gewalttätigen Diana bevorstehenden bittern Leiden, sondern es überwog die einfache mütterliche Freude, ihr Kind zu seinem Preise gewertet, begehrt und geliebt zu sehen.

Da jetzt, von einem scharfen Strahl aus ihrer Leuchte getroffen, die beiden verwundert aufblickten, fragte sie mit einer weichen und natürlichen Stimme: «Astorre Vicedomini, liebst du die Antiope Canossa?»

«Über alles, Madonna!» antwortete der Mönch.

«Und verteidigst sie?»

«Gegen eine Welt!» rief Astorre verwegen.

«So ist es recht», begütigte sie, «aber nicht wahr, du meinst es redlich? Du verstoßest sie nicht, wie Dianen? Du närrst mich nicht? Du machst eine arme Törin, wie sie mich nennen, nicht unglücklich? Du lässest mein Kindchen nicht wieder zu Schanden kommen? Du suchst keine Ausflüchte noch Aufschübe? Du gibst den Augen die Gewißheit und führst die Antiope gleich, als ein frommer Christ und wackerer Edelmann, zum Altar? Auch hast du nicht weit nach dem Pfaffen zu gehen. Hörst du es murmeln? Da unten kniet einer.»

Und sie öffnete eine niedrige Tür, hinter welcher ein paar steile Stufen in das häusliche Heiligtum hinabführten. Astorre warf einen Blick: unter dem plumpen Gewölbe vor einem kleinen Altar bei dem ungewissen Licht einer Kerze betete ein Barfüßer, welcher ihm an Alter und Gestalt nicht unähnlich war und auch die Kutte und den Strick des heiligen Franciscus trug.

Ich glaube, daß dieser Barfüßer hier und gerade zu dieser Stunde durch göttliche Schickung knieen und beten mußte, um Astorre zum letzten Male zu erschrecken und zu warnen. Doch in seinen lodernden Adern wurde die Arznei zum Gifte. Da er die Verkörperung seines Klosterlebens erblickte, kam ein trotziger Geist des Frevels und der Sicherheit über ihn. Mit gleichen Füßen habe ich über mein erstes Gelübde weggesetzt, lachte er, und siehe, die Schranke fiel unter meinem Sprunge – warum nicht über das zweite? Meine Heiligen haben mich unterliegen lassen! Vielleicht retten und beschützen sie den Sünder! Der Verwildernde bemächtigte sich Antiopes und trug sie, mehr als daß er sie führte, die Stufen hinunter; Madonna Olympia aber, die sich nach einem kurzen lichten Momente wieder verwirrte, schlug hinter dem Mönch und ihrem Kinde die schwere Türe zu, wie hinter einem gelungenen Fange, einer gehaschten Beute, und lauschte durch das Schlüsselloch.

Was sie sah, bleibt ungewiß. Nach der Meinung des Volkes

hätte Astorre den Barfüßer mit gezogenem Schwerte bedroht und vergewaltigt. Das ist unmöglich, denn der Mann Astorre hat niemals den Leib mit einem Schwerte gegürtet. Der Wahrheit näher mag es kommen, daß der Barfüßer – traurig zu sagen – ein schlechter Mönch war und vielleicht derselbe Beutel unter seine Kutte wanderte, den Astorre zu sich gesteckt hatte, da er für Diana den Ehereif kaufen ging.

Daß aber anfänglich der Priester sich sperrte, daß die zwei Mönche mit einander rangen, daß das schwere Gewölbe eine häßliche Szene verbarg – solches lese ich in dem verzerrten und entsetzten Gesichte der Lauscherin. Donna Olympia verstand, daß da unten ein Frevel begangen werde, daß sie als die Anstifterin und Mitschuldige desselben der Strenge des Gesetzes und der Rache der Verratenen sich preisgebe, und da sich die Hinrichtung des Grafen, ihres Gemahls, jährte, glaubte sie auch ihr törichtes Haupt dem Beile unrettbar verfallen. Sie wähnte den nahenden Schritt Ezzelins zu vernehmen: da floh sie und schrie: «Hilfe! Mörder!»

Die Gequälte stürzte auf den Flur und an das in den engen innern Hof blickende Fenster. «Mein Maultier! Meine Sänfte!» rief sie hinunter, und lachend über den doppelten Befehl – das Maultier war für das Land, die Sänfte für die Stadt – erhob sich das Gesinde der Törin langsam und bequem aus einem Winkel, wo es bei einer Kürbislaterne trank und würfelte. Ein alter Stallmeister, welcher allein der unglücklichen Herrin Treue hielt, sattelte bekümmert zwei Maultiere und führte sie durch den Torweg auf den an der Gasse liegenden Vorplatz des Palastes: er hatte Donna Olympia schon auf mancher Irrefahrt begleitet. Die andern folgten witzereißend mit der Sänfte.

Auf der großen Treppe stieß die flüchtige Törin, welche der auch bei den Unseligen übermächtige Trieb der Selbsterhaltung ihr geliebtes Kind vergessen ließ, gegen den besorgten Ascanio, der, ohne Nachricht gelassen und von Unruhe getrieben, auf Kundschaft ausgegangen war.

«Was ist geschehen, Signora?» fragte er eilig.

«Ein Unglück!» krächzte sie wie ein auffliegender Rabe, rannte die Treppe hinab, saß auf ihrem Tiere, stachelte es mit rasender Ferse und verschwand im Dunkel.

Ascanio suchte durch die finstern Gemächer bis in die von der stehen gebliebenen Ampel der Madonna Olympia erhellte Kammer Antiopes. Wie er sich darin umblickte, wurde die Tür der Hauskapelle geöffnet und zwei schöne Gespenster entstiegen der Tiefe. Der Mutige begann zu zittern. «Astorre, du bist mit ihr vermählt!» Der schallvolle Name dröhnte im Echo des Gewölbes wie die Tuba jenes Tages. «Und trägst Dianens Ring am Finger!» Astorre riß ihn ab und schleuderte ihn.

Ascanio stürzte an das offene Fenster, durch welches der Ring gesprungen war. «Er ist in eine Spalte zwischen zwei Quadern geglitscht», sprach es aus der Gasse herauf. Ascanio erblickte Turbane und Eisenkappen. Es waren die Leute des Vogtes, welche ihre nächtliche Runde begannen.

«Auf ein Wort, Abu Mohammed!» rief er, rasch besonnen, einen weißbärtigen Greis, der höflich erwiderte: «Dein Wunsch ist mir Befehl!» und mit zwei andern Sarazenen und einem Deutschen im Tore des Palastes verschwand.

Abu-Mohammed-al-Tabîb überwachte nicht nur die Sicherheit der Straße, sondern betrat auch das Innerste der Häuser, um Reichsverräter – oder was der Vogt so benannte – zu verhaften. Kaiser Friedrich hatte ihn seinem Schwiegersohne, dem Tyrannen, gegeben, damit er diesem eine sarazenische Leibwache werbe, und an deren Spitze war er in Padua verblieben. Abu Mohammed war eine feine Erscheinung und hatte gewinnende Formen. Er nahm Anteil an dem Schmerze der Familie, deren Glied er in den Kerker oder zum Blocke führte, und tröstete die betrübte in seinem gebrochenen Italienisch mit Sprüchen arabischer Dichter. Ich vermute, daß er seinen Beinamen ‹al Tabîb›, das ist der Arzt, wenn er auch einige chirurgische Kenntnisse und Griffe besitzen mochte, zuerst und voraus gewissen ärztlichen Manieren verdankte: ermutigenden Handgebärden, beruhigenden Worten, wie zum Beispiel: «Es tut nicht weh», oder: «Es geht vorüber», womit die Jünger Galens eine schmerzliche Operation einzuleiten pflegen. Kurz, Abu Mohammed behandelte das Tragische gelinde und war zur Zeit meiner Fabel trotz seines strengen und bittern Amtes in Padua keine verhaßte Persönlichkeit. Später, da der Tyrann eine Lust daran fand, menschliche Leiber zu martern, woran du nicht glauben kannst, Cangrande! verließ ihn Abu Mohammed und kehrte zu seinem gütigen Kaiser zurück.

Auf der Schwelle des Gemaches winkte Abu Mohammed seinen drei Begleitern, stehen zu bleiben. Der Deutsche, der die Fackel trug, ein trotzig blickender Geselle, verharrte nicht lange. Er hatte heute zur Vesperstunde Germano nach dem Palaste Vicedomini begleitet und dieser ihm zugelacht: «Laß mich jetzt! Ich verlobe hier mein Schwesterchen Diana dem Mönche!» Der Germane kannte die Schwester seines Hauptmanns und hatte eine Art stiller Neigung zu ihr, ihres hohen Wuchses und ihrer redlichen Augen halber. Da er nun den Mönch, welchem er heute mittag zur Seite geritten, Hand in Hand mit einem kleinen und zierlichen Weibe sah, das ihm, neben dem großen Bilde Dianens, als eine Puppe erschien, witterte er Treubruch, schmiß erzürnt die lodernde Fackel auf den Steinboden, wo sie der eine der Sarazenen behutsam aufhob, und eilte davon, Germano den Verrat des Mönches zu melden.

Ascanio, der den Deutschen erriet, bat Abu Mohammed, ihn zurückzurufen. Dieser aber weigerte sich. «Er würde nicht gehorchen», sagte er sanft, «und mir zwei oder drei meiner Leute niederhauen. Mit welchem andern Dienste, Herr, bin ich dir gefällig? Verhafte ich diese blühenden Jugenden?»

«Astorre, sie wollen uns trennen!» schrie Antiope und suchte Schutz in den Armen des Mönches. Die am Altare Frevelnde hatte mit einer schuldlosen Seele auch die natürliche Beherztheit eingebüßt. Der Mönch, welchen seine Schuld vielmehr ermutigte und begeisterte, tat einen Schritt gegen den Sarazenen und riß ihm unversehens das Schwert aus der Scheide. «Vorsichtig, Knabe, du könntest dich schneiden», warnte dieser gutmütig.

«Laß dir sagen, Abu Mohammed», erklärte Ascanio, «dieser Rasende ist der Gespiele meiner Jugend und war lange Zeit der Mönch Astorre, den du sicherlich auf den Straßen Paduas gesehen hast. Der eigene Vater hat ihn um sein Klostergelübde geprellt und mit einem ungeliebten Weibe vermählt. Vor wenigen Stunden wechselte er mit ihr die Ringe, und jetzt, wie du ihn hier siehst, ist er der Gatte dieser andern.»

«Verhängnis!» urteilte der Sarazene mild.

«Und die Verratene», fuhr Ascanio fort, «ist Diana Pizzaguerra, die Schwester Germanos! Du kennst ihn. Er glaubt und traut lange, sieht und greift er aber, daß er ein Getäuschter und Betrogener ist, so spritzt ihm das Blut in die Augen und er tötet.»

«Nicht anders», bestätigte Abu Mohammed. «Er ist von der Mutter her ein Deutscher und diese sind Kinder der Treue!»

«Rate mir, Sarazene. Ich weiß nur e i n e Auskunft: vielleicht eine Rettung. Wir bringen die Sache vor den Vogt. Ezzelin mag richten. Inzwischen bewachen deine Leute den Mönch in seinem eigenen festen Hause. Ich eile zum Ohm. Diese aber bringst d u, Abu Mohammed, zu der Markgräfin Cunizza, der Schwester des Vogts, der frommen und leutseligen Domina, die hier seit einigen Wochen Hof hält. Nimm die hübsche Sünderin! Ich anvertraue sie deinem weißen Barte.» «Du darfst es», versicherte Mohammed.

Antiope umklammerte den Mönch und schrie noch kläglicher als das erste Mal: «Sie wollen mich von dir trennen! Laß mich nicht, Astorre! keine Stunde! keinen Augenblick! Oder ich sterbe!» Der Mönch hob das Schwert.

Ascanio, der jede Gewalttat verabscheute, blickte den Sarazenen fragend an. Dieser betrachtete die sich umschlungen Haltenden mit väterlichen Augen. «Laß die Schatten sich umarmen!» sagte er dann weichgestimmt, sei es daß er ein Philosoph war und das Leben für Schein hielt, sei es daß er sagen wollte: vielleicht verurteilt sie morgen Ezzelin zum Tode, gönne den verliebten Faltern die Stunde!

Ascanio zweifelte nicht an der Wirklichkeit der Dinge; desto zugänglicher war er dem zweiten Sinne des Spruches. Nicht allein als der Leichtfertige der er war, sondern auch als ein Gütiger und Menschlicher zauderte er, die Liebenden auseinander zu reißen.

«Astorre», fragte er, «kennst du mich?»

«Du warst mein Freund», antwortete dieser.

«Und bin es noch. Du hast keinen treuern.»

«O trenne mich nicht von ihr!» flehte jetzt der Mönch in einem so ergreifenden Tone, daß Ascanio nicht widerstand. «So bleibet zusammen», sagte er, «bis ihr vor das Gericht tretet.» Er flüsterte mit Abu Mohammed.

Dieser näherte sich dem Mönche, entwand ihm sachte das Schwert, Finger um Finger von dem Griffe lösend, und ließ es in die Scheide an seiner Hüfte zurückfallen. Dann trat er ans Fenster, winkte seiner Schar und die Sarazenen bemächtigten sich der auf dem Vorplatze stehen gebliebenen Sänfte Madonna Olympias.

Durch eine enge finstere Gasse bewegte sich die schleunige Flucht: Antiope voran, von vier Sarazenen getragen, ihr zur Seite der Mönch und Ascanio, dann die Turbane. Abu Mohammed schloß den Zug.

Dieser eilte an einem kleinen Platz und einer erhellten Kirche vorüber. In die dunkle Fortsetzung der Gasse einmündend, stieß er in hartem Anprall mit einem ihm entgegenkommenden andern, von zahlreichem Volke begleiteten Zuge zusammen. Heftiges Gezänk erhob sich. «Raum der Sposina!» rief die Menge. Chorknaben brachten aus der Kirche lange Kerzen herbei, deren wehende Flämmchen sie mit vorgehaltener Hand schützten. Der gelbe Schimmer zeigte eine geneigte Sänfte und eine umgestürzte Bahre. La Sposina war ein gestorbenes Bräutchen aus dem Volke, das zu Grabe getragen wurde. Die Tote regte sich nicht und ließ sich gelassen wieder auf ihre Bahre legen. Das versammelte Volk aber erblickte den Mönch, der die aus der Sänfte gesprungene Antiope schirmend umfing, und es wußte doch, daß der Mönch heute mit Diana Pizzaguerra sich vermählt hatte. Abu Mohammed schaffte Ordnung. Ohne weitern Unfall erreichte man den Palast.

Astorre und Antiope wurden von der Dienerschaft mit erstaunten und bestürzten Blicken empfangen. Sie verschwanden im Tore, ohne von Abu Mohammed und Ascanio Abschied genommen zu haben. Dieser wickelte sich in sein Kleid und begleitete noch einige Schritte weit den Sarazenen, welcher die Stadtburg, die er bewachen sollte, umging, ihre Tore zählend und mit dem Blicke die Höhe ihrer Mauern messend.

«Ein gefüllter Tag», sagte Ascanio.

«Eine selige Nacht», erwiderte der Sarazene, den sternbesäten Himmel betrachtend. Die ewigen Lichter, ob sie nun unsere Schicksale beherrschen oder nicht, wanderten nach ihren stillen Gesetzen, bis ein junger Tag, der jüngste und letzte Astorres und Antiopes, die göttliche Fackel schwang.

In einer Morgenstunde desselben lauschte der Tyrann mit seinem Neffen durch ein kleines Rundbogenfenster seines Stadtturmes auf den anliegenden Platz hinunter, den eine aufgeregte Menge füllte, murmelnd und tosend wie die wechselnde Meereswoge.

Die gestrige Begegnung der Sänfte mit der Bahre und der daraus entstandene Tumult hatte blitzschnell durch die ganze Stadt verlautet. Alle Köpfe beschäftigten sich wachend und träumend mit nichts anderm mehr als mit dem Mönche und seiner Hochzeit: nicht nur dem Himmel habe der Ruchlose sein Gelübde gebrochen, sondern jetzt auch der Erde, seine Braut habe er verraten, seinen Reif verschleudert, in rasend raschem Wechsel mit einmal aufgeloderten Sinnen ein neues Weib gefreit, ein fünfzehnjähriges Mädchen, die Blüte des Lebens, und aus der zerrissenen Kutte sei ein gieriger Raubvogel aufgeflattert. Aber der gerechte Tyrann, der kein Ansehen der Person kenne, lasse das Haus, das den Verbrecher und die Verbrecherin verberge, von seinen Sarazenen bewachen; er werde heute, bald, jetzt die Missetat der zwei Vornehmen – denn die junge Sünderin Antiope sei eine Canossa – vor seinen Stuhl ziehen, der keuschen Diana ihr Recht schaffen und dem durch das schlechte Beispiel seines Adels beleidigten tugendhaften Volke die blutenden Köpfe der zwei Schuldigen durch das Fenster zuwerfen.

Der Tyrann ließ sich, während er einen beobachtenden Blick auf die gärende Masse warf, von Ascanio das Gestrige berichten. Die Verliebung rührte ihn nicht, nur der zugerollte Ring beschäftigte ihn einen Augenblick als eine neue Form des Schicksals. «Ich tadle», sagte er, «daß du sie gestern nicht auseinander gerissen hast! Ich lobe, daß du sie bewachst! Die Vermählung mit Diana besteht zu Recht. Das mit dem Schwert erzwungene oder mit dem Beutel gekaufte Sakrament ist so nichtig als möglich. Der Pfaffe, der sich erschrecken oder bestechen ließ, verdient den Galgen, und wird er eingefangen, so baumelt er. Noch einmal: warum tratest du nicht zwischen den Unmündigen und das Kind? warum zerrtest du nicht einen Taumelnden aus den Armen einer Berauschten? Du gabest sie ihm! Jetzt sind sie Gatten.»

Ascanio, welcher sich wieder hell und leichtfertig geschlafen hatte, verbarg ein Lächeln. «Epikuräer!» strafte ihn Ezzelin. Er aber schmeichelte: «Es ist geschehen, gestrenger Ohm. Wenn du den Fall in deinen Machtkreis ziehst, ist alles gerettet! Beide Parteien habe ich vor deinen Richterstuhl beschieden auf diese neunte Stunde.» Ein gegenüberstehender Campanile schlug sie. «Wolle nur, Ezzelin, und deine feste und kluge Hand löst den Knoten spielend. Liebe verschwendet und Geiz kennt Ehre nicht. Der verliebte Mönch wird dem niederträchtigen Geizhals, als welchen wir alle diesen würdigen Pizzaguerra kennen, hinwerfen, was er verlangt. Germano freilich wird das Schwert ziehen, doch du heißest es ihn in die Scheide zurückstoßen. Er ist dein Mann. Er knirscht, aber er gehorcht.»

«Ich frage mich», sagte Ezzelin, «ob ich recht tue, den Mönch dem Schwerte meines Germano zu entziehen. Darf Astorre leben? Kann er es, jetzt da er nach verschleuderter Sandale auch den angezogenen ritterlichen Schuh zur Schlarpe tritt und der

Cantus firmus des Mönches in einem gellenden Gassenhauer vertönt? Ich – was an mir liegt – friste dem Wankelmütigen und Wertlosen das Dasein. Allein ich vermag nichts gegen sein Schicksal. Ist Astorre dem Schwerte Germanos bestimmt, so kann ich diesen es senken heißen, jener rennt doch hinein. Ich kenne das. Ich habe das erfahren.» Und er verfiel in ein Brüten.

Scheu wandte Ascanio den Blick seitwärts. Er wußte eine grausame Geschichte.

Einst hatte der Tyrann ein Kastell erobert und die Empörer, die es gehalten hatten, zum Schwerte verurteilt. Der erste beste Kriegsknecht schwang es. Da kniete, um den Todesstreich zu empfangen, ein schöner Knabe, dessen Züge den Tyrannen fesselten. Ezzelin glaubte die seinigen zu erkennen und fragte den Jüngling nach seinem Ursprunge. Es war der Sohn eines Weibes, das Ezzelin in seiner Jugend sündig geliebt hatte. Er begnadigte den Verdammten. Dieser, von der eigenen Neugierde und den neidischen Sticheleien derer, welche ihre Söhne oder Verwandten durch jenes Bluturteil eingebüßt hatten, gereizt und verfolgt, ruhte nicht, bis er das Rätsel seiner Bevorzugung löste. Er soll den Dolch gegen die eigene Mutter gezückt und ihr das böse Geheimnis entrissen haben. Die enthüllte unehrliche Geburt vergiftete seine junge Seele. Er verschwur sich von neuem gegen den Tyrannen, überfiel ihn auf der Straße und wurde von demselben Kriegsknechte, der zufällig der Erste war, Ezzelin zu Hilfe zu eilen, und mit demselben Schwerte niedergestoßen.

Ezzelin verbarg das Haupt eine Weile mit der Rechten und betrachtete den Untergang seines Sohnes. Dann erhob er es langsam und fragte: «Was aber wird aus Diana?»

Ascanio zuckte die Achseln. «Diana hat einen Unstern. Zwei Männer hat sie verloren, den einen an die Brenta, den andern an ein lieblicheres Weib. Und dazu der karge Vater! Sie geht ins Kloster. Was bliebe ihr sonst?»

Jetzt erhob sich drunten auf dem Platze ein Murren, ein Schelten, ein Verwünschen, ein Drohen. «Mordet den Mönch!» reizten einzelne Stimmen, doch da sie sich in einen allgemeinen

Schrei vereinigen wollten, ging der Volkszorn auf eine seltsame Weise in ein erstauntes und bewunderndes «Ach!» über. «Ach, wie schön ist sie!» Der Tyrann und Ascanio konnten durch ihr Fenster den Auftritt bequem beobachten: Sarazenen auf schlanken Berbern, den Mönch Astorre und sein junges Weib, die von Maultieren getragen wurden, umringend. Die neue Vicedomini ritt verhüllt. Aber wie die tausend Fäuste des Volkes sich gegen den Mönch, ihren Gemahl, ballten, hatte sie sich leidenschaftlich vor ihn geworfen. Die liebende Gebärde zerriß den Schleier. Es war nicht der Reiz ihres Antlitzes allein, noch die Jugend ihres Wuchses, sondern das volle Spiel der Seele, das gestaltete Gefühl, der Atem des Lebens, was die Menge entwaffnete und hinriß, wie gestern den Mönch, der jetzt als ein blühender Triumphator ohne die leiseste Furcht, denn er glaubte sich gefestet und gefeit, mit seiner warmen Beute einherzog.

Ezzelin betrachtete diesen Sieg der Schönheit fast verächtlich. Er wandte sein Auge teilnehmend gegen den zweiten Auftritt, welcher aus einer andern Gasse auf den Turmplatz mündete. Drei Vornehme, wie Astorre und Antiope zahlreich begleitet, suchten Bahn durch die Menge. In der Mitte ein schneeweißes Haupt: die würdige Erscheinung des alten Pizzaguerra. Ihm zur Linken Germano. Dieser hatte gestern schrecklich gezürnt, als ihm sein Deutscher die Kunde des Verrates brachte, und stürzte spornstreichs zur Rache, wurde aber von dem Sarazenen ereilt, welcher ihn, den Vater und die Schwester auf die nächste Frühstunde in den Turm und vor das Gericht des Vogtes lud. Er hatte darauf der Schwester den Frevel des Mönches, welchen er ihr lieber bis nach genommener Rache verheimlicht, offenbaren müssen und sich über ihre Fassung gewundert. Diana ritt zur Rechten des Vaters, keine andere als sonst, nur daß sie den breiten Nacken um einen schweren Gedanken tiefer als gestern trug.

Die Menge, welche die Gekränkte und ihr Recht Fordernde eine Minute früher mit zürnendem Jubel begrüßt hätte, begnügte sich jetzt, das Auge noch geblendet von dem Glanze Antiopes und den Verrat des Mönches begreifend und mitbegehend, der

84

Gedrückten ein mitleidiges: «Arme! Ärmste! Immer Geopferte!»
zuzumurmeln.

Jetzt erschienen die Fünfe vor dem Tyrannen, der in einem
nackten Saale auf einem nur um zwei Stufen über dem Boden
erhöhten Stuhle saß. Vor ihm standen Kläger und Verklagte sich
gegenüber: hier die beiden Pizzaguerra und, ein wenig beiseite,
die große Gestalt Dianas, dort, Hand in Hand verschlungen, der
Mönch und Antiope, alle in Ehrfurcht, während Ascanio an den
hohen Sessel des Tyrannen lehnte, als wolle er seine Unpartei-
lichkeit und die Mitte wahren zwischen zwei Jugendgespielen.

«Herrschaften», begann Ezzelin, «ich werde euern Fall nicht
als eine Staatssache, wo Treubruch Verrat, und Verrat Maje-
stätsverbrechen ist, behandeln, sondern als eine läßliche Fami-
lienangelegenheit. In der Tat, die Pizzaguerra, die Vicedomini,
die Canossa sind ebenso edeln Blutes als ich, nur daß die Erha-
benheit des Kaisers mich zu ihrem Vogte in diesen ihren Ländern
gemacht hat.» Ezzelin neigte das Haupt bei der Nennung der
höchsten Macht; er konnte es nicht entblößen, da er dasselbe,
wenn er es nicht mit dem Streithelm bedeckte, überall, selbst in
Wind und Wetter, nach antiker Weise bar trug. «So bilden die
zwölf Geschlechter eine große Familie, zu der auch ich durch
eine meiner Ahnfrauen gehöre. Aber wie sind wir zusammen-
geschmolzen durch unselige Verblendung und strafbare Auflehnung einiger unter uns gegen das höchste weltliche Amt!
Wenn ihr mir glaubet, so sparen wir nach Kräften, was noch
vorhanden ist. In diesem Sinne halte ich die Rache der Pizzaguerra gegen Astorre Vicedomini auf, obwohl ich sie ihrer Natur nach eine gerechte nenne. Seid ihr», er wendete sich gegen
die drei Pizzaguerra, «mit meiner Milde nicht einverstanden, so
höret und bedenket eines: ich, Ezzelino da Romano, bin der
erste und darum der Hauptschuldige. Hätte ich mein Roß nicht
an einem gewissen Tage und zu einer gewissen Stunde längs der
Brenta jagen lassen, Diana wäre standesgemäß vermählt und
dieser hier murmelte sein Brevier. Hätte ich meine Deutschen
nicht zur Musterung befohlen an einem gewissen Tage und zu

einer gewissen Stunde, so hätte mein Germano den Mönch nicht unzeitig auf einen Gaul gesetzt und dieser der Frau, welche er jetzt an der Hand hält, den ihr von seinem bösen Dämon –»

«Von meinem guten!» frohlockte der Mönch.

«– von seinem Dämon zugerollten Brautring wieder vom Finger gezogen. Darum, Herrschaften, begünstigt mich, indem ihr mir die verwickelte Sache entwirren und schlichten helfet; denn bestündet ihr auf der Strenge, so müßte ich auch mich und mich zuerst verurteilen!»

Diese ungewöhnliche Rede brachte den alten Pizzaguerra keineswegs aus der Fassung, und als ihn der Tyrann ansprach: «Edler Herr, Euer ist die Klage», sagte er kurz und karg: «Herrlichkeit, Astorre Vicedomini verlobte sich öffentlich und ganz nach den Gebräuchen mit meinem Kinde Diana. Dann aber, ohne daß Diana sich gegen ihn vergangen hätte, brach er sein Verlöbnis. Unbegründet, ungesetzlich, kirchenschänderisch. Diese Tat wiegt schwer und verlangt, wo nicht Blut, welches deine Herrlichkeit nicht vergossen sehen will, eine schwere Sühne», und er machte die Gebärde eines Krämers, der Gewichtstein um Gewichtstein in eine Waagschale legt.

«Ohne daß Diana sich vergangen hätte?» wiederholte der Tyrann. «Mich dünkt, sie verging sich. Hatte sie nicht eine Wahnsinnige vor sich? Und Diana schilt und schlägt. Denn Diana ist jähzornig und unvernünftig, wenn sie sich in ihrem Rechte gekränkt glaubt.»

Da nickte Diana und sprach: «Du sagst die Wahrheit, Ezzelin.»

«Das ist es auch», fuhr der Tyrann fort, «warum Astorre sein Herz von ihr abgekehrt hat: er erblickte eine Barbarin.»

«Nein, Herr», widersprach der Mönch, die Verratene von neuem beleidigend, «ich habe Diana nicht angeschaut, sondern das süße Antlitz, das den Schlag empfing, und mein Eingeweide erbarmte sich.»

Der Tyrann zuckte die Achseln. «Du siehst, Pizzaguerra», lächelte er, «der Mönch gleicht einem sittsamen Mädchen, das zum erstenmal einen starken Wein geschlürft hat und sich danach gebärdet. Wir aber sind alte nüchterne Leute. Sehen wir zu, wie die Sache sich austragen läßt.»

Pizzaguerra erwiderte: «Viel, Ezzelin, täte ich dir zu Gefallen wegen deiner Verdienste um Padua. Doch läßt sich beleidigte Hausehre sühnen anders als mit gezogenem Schwerte?» So redete der Vater Dianens und machte mit dem Arm eine edle Bewegung, welche aber in eine Gebärde ausartete, die einer geöffneten, wo nicht hingehaltenen Hand zum Verwechseln ähnlich sah.

«Biete, Astorre!» sagte der Vogt mit dem Doppelsinne: Biete die Hand! oder: Biete Geld und Gut!

«Herr», wendete sich jetzt der Mönch offen und edel gegen den Tyrannen, «wenn du einen Haltlosen, ja einen Sinnberaubten in mir erblickst, ich zürne dir es nicht, denn ein starker Gott, den ich leugnete, weil ich sein Dasein nicht ahnen konnte, hat sich an mir gerächt und mich überwältigt. Noch jetzt treibt er mich wie ein Sturm und jagt mir den Mantel über den Kopf. Muß ich mein Glück – bettelhaftes Wort! armselige Sprache! – muß ich das Höchste des Lebens mit dem Leben bezahlen: ich begreife es und finde den Preis niedrig gestellt! Darf ich aber leben und mit dieser leben, so markte ich nicht.» Er lächelte selig. «Nimm meine Habe, Pizzaguerra!»

«Herrschaften», verfügte der Tyrann, «ich bevormunde diesen verschwenderischen Jüngling. Unterhandeln wir zusammen, Pizzaguerra. Du hörtest es: ich habe weite Vollmacht. Was denkst du von den Bergwerken der Vicedomini?»

Der ehrbare Greis schwieg, aber seine nahe zusammen liegenden Augen glitzerten wie zwei Diamanten.

«Nimm meine Perlfischereien dazu!» rief Astorre, doch Ascanio, der die Stufen heruntergeglitten kam, verschloß ihm den Mund.

«Edler Pizzaguerra», versuchte jetzt Ezzelin den Alten, «nimm die Bergwerke! Ich weiß, die Ehre deines Hauses geht dir über alles und steht um keinen Preis feil, aber ich weiß ebenfalls, du bist ein guter Paduaner und tust dem Stadtfrieden etwas zuliebe.»

Der Alte schwieg hartnäckig.

«Nimm die Minen», wiederholte Ezzelin, der das Wortspiel liebte, «und gib die Minne!»

«Die Bergwerke und die Fischereien?» fragte der Alte, als wäre er schwerhörig.

«Die Bergwerke, sagte ich, und damit gut. Sie ertragen viele tausend Pfunde. Würdest du mehr fordern, Pizzaguerra, so hätte ich mich in deiner Gesinnung betrogen und du setztest dich dem häßlichen Verdachte aus, um Ehre zu feilschen.»

Da der Geizhals den Tyrannen fürchtete und nicht mehr erlangen konnte, verschluckte er seinen Verdruß und bot dem Mönche die trockene Hand. «Ein schriftliches Wort, Lebens und Sterbens halber», sagte er dann, zog Stift und Rechenbüchlein aus der Gürteltasche, entwarf mit zitternden Fingern die Urkunde ‹coram domino Azzolino› und ließ den Mönch unterzeichnen. Hierauf verbeugte er sich vor dem Vogt und bat, ihn zu entschuldigen, wenn er, obwohl einer aus den Zwölfen, Altersschwäche halber der Hochzeit des Mönches nicht beiwohne.

Germano hatte seine Wut verbeißend neben dem Vater gestanden. Jetzt löste er den einen seiner Eisenhandschuhe. Er schleuderte ihn dem Mönch ins Gesicht, hätte ihm nicht eine Machtgebärde des Tyrannen Halt geboten.

«Sohn, willst du den öffentlichen Frieden brechen?» mahnte jetzt auch der alte Pizzaguerra. «Mein gegebenes Wort enthält und verbürgt auch das deinige. Gehorche! Bei meinem Fluche! Bei deiner Enterbung!» drohte er.

Germano lachte. «Kümmert Euch um Eure schmutzigen Händel, Vater!» warf er verächtlich hin. «Doch auch du, Ezzelin, Herr von Padua, darfst es mir nicht verwehren! Es ist Mannesrecht und Privatsache. Verweigere ich dem Kaiser und dir, seinem Vogte, den Gehorsam, so enthaupte mich; aber du hinderst mich nicht, gerecht wie du bist, diesen Mönch zu erwürgen, der meine Schwester geäfft und mich beheuchelt hat. Wäre Untreue straflos, wer möchte leben? Es ist des Platzes auf der Erde zu wenig für den Mönch und mich. Das wird er selbst begreifen, wann er wieder zu Sinnen kommt.»

«Germano», gebot Ezzelin, «ich bin dein Kriegsherr. Morgen vielleicht ruft die Tuba. Du bist nicht dein eigen, du gehörst dem Reich!»

Germano erwiderte nichts. Er befestigte den Handschuh. «Vor Zeiten», sagte er dann, «unter den blinden Heiden gab es eine Gottheit, welche gebrochene Treue rächte. Das wird sich mit dem Glockengeläute nicht geändert haben. Ihr befehle ich meine Sache!» Rasch erhob er die Hand.

«So steht es gut», lächelte Ezzelin. «Heute Abend wird im Palaste Vicedomini Hochzeit mit Masken gefeiert, ganz wie gebräuchlich. Ich gebe das Fest und lade euch ein, Germano und Diana. Ungepanzert, Germano! Mit kurzem Schwerte!»

«Grausamer!» stöhnte der Krieger. «Kommt, Vater! Wie möget Ihr länger das Schauspiel unserer Schande geben?» Er riß den Alten mit sich fort.

«Und du, Diana?» fragte Ezzelin, da er vor seinem Stuhle nur noch diese und die Neuvermählten sah. «Begleitest du nicht Vater und Bruder?»

«Wenn du es gestattest, Herr», sagte sie, «habe ich ein Wort mit der Vicedomini zu reden.» An dem Mönche vorüber blickte sie fest auf Antiope.

Diese, deren Hand Astorre nicht losgab, hatte an dem Gerichte des Tyrannen einen leidenden, aber tief erregten Anteil genommen. Bald errötete das liebende Weib. Bald entfärbte sich eine Schuldige, die unter dem Lächeln und der Gnade Ezzelins sein wahres und ein sie verdammendes Urteil entdeckte. Bald jubelte ein der Strafe entwischtes Kind. Bald regte sich das erste Selbstgefühl der jungen Herrin, der neuen Vicedomini. Jetzt, von Diana ins Gesicht angeredet, warf sie ihr scheue und feindselige Blicke entgegen.

Diese ließ sich nicht beirren. «Schau her, Antiope!» sagte sie. «Hier mein Finger» – sie streckte ihn – «trägt den Ring deines Gatten. Den darfst du nicht vergessen. Ich bin nicht abergläubischer als andere, aber an deiner Stelle wäre mir schlimm zu Mute! Schwer hast du dich an mir versündigt, doch ich will gut und milde sein. Heute abend feierst du Hochzeit mit Masken nach den Gebräuchen. Ich werde dir erscheinen. Komme reuig und demütig und ziehe mir den Ring vom Finger!»

Antiope stieß einen Schrei der Angst aus und klammerte sich an ihren Gatten. Dann, in seinen Armen geborgen, redete sie stürmisch: «Ich soll mich erniedrigen? Was befiehlst du, Astorre? Meine Ehre ist deine Ehre! Ich bin nichts mehr als dein Eigentum, dein Herzklopfen, dein Atemzug und deine Seele. Wenn du willst und du gebietest, dann!»

Astorre sprach, sein Weib zärtlich beruhigend, gegen Diana: «Sie wird es tun. Möge dich ihre Demut versöhnen! und die meinige! Sei mein Gast heute nacht und bleibe meinem Hause günstig!» Er wendete sich zu Ezzelin, dankte ihm ehrerbietig für Gericht und Gnade, verneigte sich und entführte sein Weib. Auf der Schwelle aber wandte er sich noch fragend gegen Diana: «Und in welcher Tracht wirst du bei uns erscheinen, daß wir dich kennen und dir Ehre bezeigen?»

Diese lächelte verächtlich. Wieder wendete sie sich gegen Antiope. «Kommen werde ich als die, welche ich mich nenne und welche ich bin: die Unberührte, die Jungfräuliche!» sagte sie stolz. Dann wiederholte sie: «Antiope, denke daran: reuig und demütig!»

«Du meinst es ehrlich, Diana? Du führst nichts im Schilde?» zweifelte der Tyrann, da ihm jetzt die Pizzaguerra allein gegenüberstand.

«Nichts», erwiderte sie, jede Beteurung verschmähend.

«Und was wird aus dir, Diana?» fragte er.

«Ezzelin», antwortete sie bitter, «vor diesem deinem Richtstuhle hat mein Vater die Ehre und Rache seines Kindes um ein paar Erzklumpen verschachert. Ich bin nicht wert, daß mich die Sonne bescheine. Für solche ist die Zelle!» Und sie verließ den Saal.

«Allervortrefflichster Ohm!» jubelte Ascanio. «Du vermählst das seligste Paar in Padua und machst aus einer gefährlichen Geschichte ein reizendes Märchen, womit ich einst, als ein ehrwürdiger Greis, meine Enkel und Enkelinnen am Herdfeuer ergötzen werde!»

«Idyllischer Neffe!» spottete der Tyrann. Er trat ans Fenster und blickte auf den Platz hinunter, wo die Menge noch in fieberhafter Neugierde Stand hielt. Ezzelin hatte Befehl gegeben, die vor ihn Beschiedenen durch eine Hinterpforte zu entlassen.

«Paduaner!» redete er jetzt mit gewaltiger Stimme und Tausende schwiegen wie eine Einöde. «Ich habe den Handel untersucht. Er war verwickelt und die Schuld geteilt. Ich vergab, denn ich bin zur Milde geneigt jedesmal, wo die Majestät des Reiches nicht berührt wird. Heute abend halten Hochzeit mit Masken Astorre Vicedomini und Antiope Canossa. Ich, Ezzelin, gebe das Fest und lade euch alle. Lasset es euch schmecken, ich bin der Wirt! Euch gehören Schenke und Gasse! Den Palast Vicedomini aber betrete noch gefährde mir keiner, sonst, bei meiner Hand! – und jetzt kehre ruhig jeder in das Seinige, wenn ihr mich lieb habet!»

Ein unbestimmtes Gemurmel drang empor. Es verrieselte und verrann.

«Wie sie dich lieben!» scherzte Ascanio.

Dante schöpfte Atem. Dann endigte er in raschen Sätzen.

Nachdem der Tyrann sein Gericht gehalten hatte, verritt er um Mittag nach einem seiner Kastelle, wo er baute. Er begehrte rechtzeitig nach Padua zurückzukehren, um die vor Diana sich demütigende Antiope zu betrachten.

Aber gegen Voraussicht und Willen wurde er auf der mehrere Miglien von der Stadt entfernten Burg festgehalten. Dorthin kam ihm ein staubbedeckter Sarazene nachgesprengt und überreichte ihm ein eigenhändiges Schreiben des Kaisers, das umgehende Antwort verlangte. Die Sache war von Bedeutung. Ezzelin hatte vor kurzem eine kaiserliche Burg im Ferraresischen, in deren Befehlshaber, einem Sizilianer, sein Scharfblick den Verräter argwöhnte, nächtlicherweile überfallen, eingenommen und den zweideutigen kaiserlichen Burgvogt in Fesseln gelegt. Nun verlangte der Staufe Rechenschaft über diesen klugen, aber verwegenen Eingriff in seinen Machtkreis. Die arbeitende Stirn in die Linke gelegt, ließ Ezzelin die Rechte über das Pergament gleiten und sein Stift zog ihn vom Ersten zum Zweiten und vom Zweiten zu einem Dritten. Gründlich unterhielt er sich mit dem erlauchten Schwiegervater über die Möglichkeiten und Ziele eines bevorstehenden oder wenigstens geplanten Feldzuges. So verschwand ihm Stunde und Zeitmaß. Erst als er sich wieder zu Pferde warf, erkannte er aus dem ihm vertrauten Wandel der Gestirne – sie blitzten in voller Klarheit –, daß er Padua kaum vor Mitternacht erreichen werde. Sein Gefolge weit hinter sich lassend, schnell wie ein Gespenst, flog er über die nächtige Ebene. Doch er wählte seinen Weg und umritt vorsichtig einen wenig tiefen Graben, über welchen der kühne Reiter an einem andern Tage spielend gesetzt hätte: er verhinderte das Schicksal, seine Fahrt zu bedrohen und seinen Hengst zu stürzen. Wieder verschlang er auf gestrecktem Renner den Raum, aber Paduas Lichter wollten noch nicht schimmern.

Dort, vor der breiten Stadtfeste der Vicedomini, während sie sich in rasch wachsender Dämmerung schwärzte, hatte sich das trunkene Volk versammelt. Zügellose wechselten mit possierlichen Szenen auf dem nicht großen Platze. In der gedrängten Menge gor eine wilde, zornige Lust, ein bacchantischer Taumel, welchem die ausgelassene Jugend der Hochschule ein Element des Spottes und Witzes beimischte.

Jetzt ließ sich eine schleppende Kantilene vernehmen, in der Art einer Litanei, wie unsere Landleute zu singen pflegen. Es war ein Zug Bauern, alt und jung, aus einem der zahlreichen Dörfer im Besitze der Vicedomini. Dieses arme Volk, welches in seiner Abgelegenheit nichts von der Verweltlichung des Mönches, sondern nur in unbestimmten Umrissen die Vermählung des Erben erfahren, hatte sich vor Tagesanbruch mit den üblichen Hochzeitsgeschenken aufgemacht und erreichte nun sein Ziel nach einer langen Wallfahrt im Staube der Landstraße. Es hielt und duckte sich zusammen, langsam über den wogenden Platz vorrückend, hier ein lockiger Knabe, fast noch ein Kind, mit einer goldenen Honigwabe, dort eine scheue, stolze Dirne, ein blökendes bebändertes Lämmchen in den sorglichen Armen. Alle verlangten sie sehnlich nach dem Angesichte ihres neuen Herrn.

Nun verschwanden sie nach und nach in der Wölbung des Tores, wo rechts und links die angezündeten Fackeln in den Eisenringen loderten, mit der letzten Tageshelle streitend. Im Torwege befahl Ascanio, als Ordner des Festes, er der sonst so freundliche, mit einer schreienden und gereizten Stimme.

Von Stunde zu Stunde wuchs der Frevelmut des Volkes, und als endlich die vornehmen Masken anlangten, wurden sie gestoßen, dem Gesinde die Fackeln entrissen und auf den Steinplatten ausgetreten, die Edelweiber von ihren männlichen Begleitern abgedrängt und lüstern gehänselt, ungerächt von dem Schwertstiche, der an gewöhnlichen Abenden die Frechheit sofort gestraft hätte.

Dergestalt kämpfte unweit des Palasttores ein hohes Weib in der Tracht einer Diana mit einem immer enger sich schließenden Ringe von Klerikern und Schülern niedersten Ranges. Ein hagerer Mensch ließ seine mythologischen Kenntnisse glänzen. «Nicht Diana bist du», näselte er verbuhlt, «du bist eine andere! Ich erkenne dich. Hier sitzt dein Täubchen!» und er zeigte auf den silbernen Halbmond über der Stirne der Göttin. Diese aber schmeichelte nicht wie Aphrodite, sondern zürnte wie Artemis. «Weg, Schweine!» schalt sie. «Ich bin eine reinliche Göttin und verabscheue die Kleriker!» «Gurr, gurr!» girrte die Hopfenstange und tastete mit den Knochenhänden, stieß aber auf der Stelle einen durchdringenden Schrei aus. Wimmernd hob der Elende die Hand und zeigte seinen Schaden. Sie war durch und durch gestochen und überquoll von Blut: das ergrimmte Mädchen hatte hinter sich in den Köcher gelangt – den entwendeten Jagdköcher ihres Bruders – und mit einem der scharf geschliffenen Pfeile die ekle Hand gezüchtigt.

Schon wurde der rasche Auftritt von einem andern ebenso grausamen, wenn auch unblutigen verdrängt. Eine alle erdenklichen Widersprüche und schneidenden Mißtöne durcheinander werfende Musik, die einem rasenden Zanke der Verdammten in der Hölle glich, brach sich Bahn durch die betäubte und ergötzte Menge. Das niederste und schlimmste Volk – Beutelschneider, Kuppler, Dirnen, Betteljungen – blies, kratzte, paukte, pfiff, quiekte, meckerte und grunzte vor und hinter einem abenteuerlichen Paare. Ein großes, verwildertes Weib von zerstörter Schönheit ging Arm in Arm mit einem trunkenen Mönche in zerfetzter Kutte. Dieses war der Klosterbruder Serapion, der, von dem Beispiele Astorres aufgestachelt, nächtlicherweile aus der Zelle entsprungen war und sich seit einer Woche im Schlamm der Gasse wälzte. Vor einem aus der finstern Palastmauer vorspringenden erhellten Erker machte die Horde Halt, und mit einer gellenden Stimme und der Gebärde eines öffentlichen Ausrufers schrie das Weib: «Kund und zu wissen, Herrschaften: Über ein Kurzes schlummert der Mönch Astorre neben seiner Gattin Antiope!» Ein unbändiges Gelächter begleitete diese Verkündigung.

Jetzt nickte aus dem schmalen Bogenfenster des Erkers die läutende Schellenkappe Gocciolas und ein melancholisches Gesicht zeigte sich der Gasse.

«Gutes Weib, sei stille!» klagte der Narr weinerlich auf den Platz hinunter. «Du verletzest meine Erziehung und beleidigst mein Schamgefühl!»

«Guter Narr», antwortete die Schamlose, «stoße dich nicht daran! Was die Vornehmen begehen, dem geben wir den Namen. Wir setzen die Titel auf die Büchsen der Apotheke!»

«Bei meinen Todsünden», jubelte Serapion, «das tun wir! Bis Mitternacht soll die Hochzeit meines Brüderchens auf allen Plätzen Paduas ausgeschellt und hell verkündigt werden. Vorwärts, marsch. Hopsasa!» und er hob das nackte Bein mit der Sandale aus den hangenden Lumpen der besudelten Kutte.

Dieser von der Menge wütend beklatschte Schwank verscholl

an den steilen Mauern der nächtigen Burg, deren Fenster und Gemächer zum großen Teil gegen die innern Hofräume gingen.

In einem stillen, geschützten Gemache wurde Antiope von ihren Zofen, Sotte und einer andern, gekleidet und geschmückt, während Astorre den nicht enden wollenden Schwarm der Gäste oben an den Treppen empfing. Sie schaute in ihre eigenen bangen Augen, die ihr aus einem Silberspiegel begegneten, welchen die Unterzofe mit einem neidischen Gesicht in nackten frechen Armen hielt.

«Sotte», flüsterte das junge Weib zu der Dienerin, die ihr die Haare flocht, «du ähnelst mir und hast meinen Wuchs: wechsle mit mir die Kleider, wenn du mich lieb hast! Gehe hin und ziehe ihr den Ring vom Finger! Reuig und demütig! Verbeuge dich mit gekreuzten Armen vor der Pizzaguerra, wie die letzte Sklavin! Falle auf die Kniee! Wälze dich am Boden! Wirf dich ganz weg! Nur nimm ihr den Ring! Ich lohne fürstlich!» und da sie Sotte zaudern sah: «Nimm und behalte alles, was ich Köstliches trage!» flehte die Herrin und dieser Versuchung widerstand die eitle Sotte nicht.

Astorre, welcher der Pflicht des Wirtes einen Augenblick entwendete, um sein Liebstes zu besuchen, fand im Gemache zwei sich umkleidende Frauen. Er erriet. «Nein, Antiope!» verbot er. «So darfst du nicht durchschlüpfen. Es muß Wort gehalten werden! Ich verlange es von deiner Liebe. Ich befehle es dir!» Indem er diesen strengen Spruch mit einem Kuß auf den geliebten Nakken zu einem Koseworte machte, wurde er weggerissen von dem herbeieilenden Ascanio, welcher ihm vorstellte, seine Bauern wünschen ihm ihre Gaben ohne Verzug zu überreichen, um in der Kühle der Nacht den Heimweg anzutreten. Da sich Antiope wendete, um den Gatten wiederzuküssen, küßte sie die Luft.

Jetzt ließ sie sich rasch fertig kleiden. Selbst die leichtfertige Sotte erschrak vor der Blässe des Angesichtes im Spiegel. Nichts lebte darin als die Angst der Augen und der Schimmer der zusammengepreßten Zähnchen. Ein roter Streif, der Schlag Dianens, wurde auf der weißen Stirne sichtbar.

Nach beendigtem Putze erhob sich das Weib Astorres mit klopfenden Pulsen und hämmernden Schläfen, verließ die sichere Kammer und durcheilte die Säle, Dianen suchend. Sie wurde gejagt von dem Mute der Furcht. Sie wollte jubelnd mit dem zurückeroberten Ringe ihrem Gatten entgegeneilen, dem sie den Anblick ihrer Buße erspart hätte.

Bald unterschied sie aus den Masken die hochgewachsene Göttin der Jagd, erkannte in ihr die Feindin und folgte, bebend und zornige Worte murmelnd, der gemessen Schreitenden, welche den Hauptsaal verließ und sich gnädig in eines der schwach beleuchteten und nur halb so hohen Nebengemächer verlor. Die Göttin schien nicht öffentliche Demütigung, sondern Demut des Herzens zu verlangen.

Jetzt neigte sich im Halbdunkel Antiope vor Diana. «Gib mir den Ring!» preßte sie hervor und tastete an dem kräftigen Finger.

«Demütig und reuig?» fragte Diana.

«Wie anders, Herrin?» fieberte die Unselige. «Aber du treibst dein Spiel mit mir, Grausame! Du biegst deinen Finger, jetzt krümmst du ihn!»

Ob Antiope es sich einbildete? Ob Diana wirklich dieses Spiel trieb? Wie wenig ist ein gekrümmter Finger! Cangrande, du hast mich der Ungerechtigkeit bezichtigt. Ich entscheide nicht.

Genug, die Vicedomini hob den geschmeidigen Leib und rief, die flammenden Augen auf die strengen der Pizzaguerra gerichtet: «Neckst du eine Frau, Mädchen?» Dann bog sie sich wieder und suchte mit beiden Händen dem Finger den Ring zu entreißen – da durchfuhr sie ein Blitz. Ihr die linke Hand überlassend, hatte die strafende Diana mit der Rechten einen Pfeil aus dem Köcher gezogen und Antiope getötet. Diese sank zuerst auf die linke, dann auf die rechte Hand, drehte sich und lag, den Pfeil im Genick, auf die Seite gewendet.

Der Mönch, der nach Verabschiedung seiner ländlichen Gäste

zurückgeeilt kam und sehnlich sein Weib suchte, fand eine Entseelte. Mit einem erstickten Schrei warf er sich neben sie nieder und zog ihr den Pfeil aus dem Halse. Ein Blutstrahl folgte. Astorre verlor die Besinnung.

Als er aus seiner Ohnmacht erwachte, stand Germano vor ihm mit gekreuzten Armen. «Bist du der Mörder?» fragte der Mönch. «Ich morde keine Weiber», antwortete der andere traurig. «Es ist meine Schwester, die ihr Recht gesucht hat.»

Astorre tastete nach dem Pfeile und fand ihn. Aufgesprungen in einem Satze und das lange Geschoß mit der blutigen Spitze wie eine Klinge handhabend, fiel er in blinder Wut den Jugendgespielen an. Der Krieger schauderte leicht vor dem schwarzgekleideten fahlen Gespenste mit den gesträubten Haaren und dem Pfeil in der Faust.

Er wich um einen Schritt. Das kurze Schwert ziehend, welches der Ungepanzerte heute trug und den Pfeil damit festhaltend, sagte er mitleidig: «Geh in dein Kloster zurück, Astorre, das du nie hättest verlassen sollen!»

Da gewahrte er plötzlich den Tyrannen, der, gefolgt von dem ganzen Feste, welches dem längst Erwarteten bis ans Tor entgegengestürzt war, ihm gerade gegenüber durch die Tür trat.

Ezzelin streckte die Rechte, Friede gebietend, und Germano senkte ehrfürchtig seine Waffe vor dem Kriegsherrn. Diesen Augenblick ergriff der rasende Mönch und stieß dem Ezzelin Entgegenschauenden den Pfeil in die Brust. Aber auch sich traf er tödlich, von dem blitzschnell wieder gehobenen Schwerte des Kriegers erreicht.

Germano war stumm zusammengesunken. Der Mönch, von Ascanio gestützt, tat noch einige wankende Schritte nach seinem Weibe und bettete sich, von dem Freunde niedergelassen, zu ihr, Mund an Mund.

Die Hochzeitsgäste umstanden die Vermählten. Ezzelin betrachtete den Tod. Hernach ließ er sich auf ein Knie nieder und drückte erst Antiope, darauf Astorre die Augen zu. In die Stille klang es mißtönig herein durch ein offenes Fenster. Man verstand aus dem Dunkel: «Jetzt schlummert der Mönch Astorre neben seiner Gattin Antiope.» Und ein fernes Gelächter.

Dante erhob sich. «Ich habe meinen Platz am Feuer bezahlt», sagte er, «und suche nun das Glück des Schlummers. Der Herr des Friedens behüte uns alle!» Er wendete sich und schritt durch die Pforte, welche ihm der Edelknabe geöffnet hatte. Aller Augen folgten ihm, der die Stufen einer fackelhellen Treppe langsam emporstieg.

DAS LEIDEN EINES KNABEN

DER König hatte das Zimmer der Frau von Maintenon betreten und, luftbedürftig und für die Witterung unempfindlich wie er war, ohne weiteres in seiner souveränen Art ein Fenster geöffnet, durch welches die feuchte Herbstluft so fühlbar eindrang, daß die zarte Frau sich fröstelnd in ihre drei oder vier Röcke schmiegte.

Seit einiger Zeit hatte Ludwig der Vierzehnte seine täglichen Besuche bei dem Weibe seines Alters zu verlängern begonnen und er erschien oft schon zu früher Abendstunde, um zu bleiben, bis seine Spättafel gedeckt war. Wenn er dann nicht mit seinen Ministern arbeitete, neben seiner diskreten Freundin, die sich aufmerksam und schweigend in ihren Fauteuil begrub; wenn das Wetter Jagd oder Spaziergang verbot; wenn die Konzerte, meist oder immer geistliche Musik, sich zu oft wiederholt hatten, dann war guter Rat teuer, welchergestalt der Monarch vier Glockenstunden lang unterhalten oder zerstreut werden konnte. Die dreiste Muse Molières, die Zärtlichkeiten und Ohnmachten der Lavallière, die kühne Haltung und die originellen Witzworte der Montespan und so manches andere hatte seine Zeit gehabt und war nun gründlich vorüber, welk wie eine verblaßte Tapete. Maßvoll und fast genügsam wie er geworden, arbeitsam wie er immer gewesen, war der König auch bei einer die Schranke und das Halbdunkel liebenden Frau angelangt.

Dienstfertig, einschmeichelnd, unentbehrlich, dabei voller Grazie trotz ihrer Jahre, hatte die Enkelin des Agrippa d'Aubigné einen lehrhaften Gouvernantenzug, eine Neigung, die Gewissen mit Autorität zu beraten, der sie in ihrem Saint-Cyr unter den Edelfräulein, die sie dort erzog, behaglich den Lauf ließ, die aber vor dem Gebieter zu einem bescheidenen Sichanschmiegen an seine höhere Weisheit wurde. Dergestalt hatte, wann Ludwig schwieg, auch sie ausgeredet, besonders wenn etwa, wie heute, die junge Enkelfrau des Königs, die Savoyardin, das ergötzlichste Geschöpf von der Welt, das überallhin Leben und Gelächter brachte, mit ihren Kindereien und ihren trippelnden Schmeichelworten aus irgend einem Grunde wegblieb.

Frau von Maintenon, welche unter diesen Umständen die Schritte des Königs nicht ohne eine leichte Sorge vernommen hatte, beruhigte sich jetzt, da sie dem beschäftigten und unmerklich belustigten Ausdrucke der ihr gründlich bekannten königlichen Züge entnahm: Ludwig selbst habe etwas zu erzählen und zwar etwas Ergötzliches.

Dieser hatte das Fenster geschlossen und sich in einen Lehnstuhl niedergelassen. «Madame», sagte er, «heute mittag hat mir Père Lachaise seinen Nachfolger, den Père Tellier, gebracht.»

Père de Lachaise war der langjährige Beichtiger des Königs, welchen dieser, trotz der Taubheit und völligen Gebrechlichkeit des greisen Jesuiten, nicht fahren lassen wollte und sozusagen bis zur Fadenscheinigkeit aufbrauchte; denn er hatte sich an ihn gewöhnt, und da er – es ist unglaublich zu sagen – aus unbestimmten, aber doch vorhandenen Befürchtungen seinen Beichtiger in keinem andern Orden glaubte wählen zu dürfen, zog er diese Ruine eines immerhin ehrenwerten Mannes einem jüngern und strebsamern Mitgliede der Gesellschaft Jesu vor. Aber alles hat seine Grenzen. Père Lachaise wankte sichtlich dem Grabe zu und Ludwig wollte denn doch nicht an seinem geistlichen Vater zum Mörder werden.

«Madame», fuhr der König fort, «mein neuer Beichtiger hat keine Schönheit und Gestalt: eine Art Wolfsgesicht und dann schielt er. Er ist eine geradezu abstoßende Erscheinung, aber er wird mir als ein gegen sich und andere strenger Mann empfohlen, welchem sich ein Gewissen übergeben läßt. Das ist doch wohl die Hauptsache.»

«Je schlechter die Rinne, desto köstlicher das darin fließende himmlische Wasser», bemerkte die Marquise erbaulich. Sie liebte die Jesuiten nicht, welche dem Ehebunde der Witwe Scarrons mit der Majestät entgegengearbeitet und kraft ihrer weiten Moral das Sakrament in diesem königlichen Falle für überflüssig erklärt hatten. So tat sie den frommen Vätern gelegentlich gern etwas zu leide, wenn sie dieselben im Stillen krallen konnte. Jetzt schwieg sie und ihre dunkeln mandelförmigen, sanft schwermütigen Augen hingen an dem Munde des Gemahls mit einer bescheidenen Aufmerksamkeit.

Der König kreuzte die Füße, und den Demantblitz einer seiner Schuhschnallen betrachtend, sagte er leichthin: «Dieser Fagon! Er wird unerträglich! Was er sich nicht alles herausnimmt!»

Fagon war der hochbetagte Leibarzt des Königs und der Schützling der Marquise. Beide lebten sie täglich in seiner Gesellschaft und hatten sich auf den Fall, daß er vor ihnen stürbe, Asyle gewählt, sie Saint-Cyr, er den botanischen Garten, um sich hier und dort nach dem Tode des Gebieters einzuschließen und zu begraben.

«Fagon ist Euch unendlich anhänglich», sagte die Marquise.

«Gewiß, doch entschieden, er erlaubt sich zu viel», versetzte der König mit einem leichten halb komischen Stirnrunzeln.

«Was gab es denn?»

Der König erzählte und hatte bald zu Ende erzählt. Er habe bei der heutigen Audienz seinen neuen Beichtiger gefragt, ob die Tellier mit den Le Tellier, der Familie des Kanzlers, verwandt wären? Doch der demütige Père habe dieses schnell verneint und sich frank als den Sohn eines Bauers in der untern Normandie bekannt. Fagon habe unweit in einer Fensterbrüstung gestanden, das Kinn auf sein Bambusrohr gestützt. Von dort, hinter dem gebückten Rücken des Jesuiten, habe er unter der Stimme, aber vernehmlich genug, hergeflüstert: ‹Du Nichtswürdiger!› «Ich hob den Finger gegen Fagon», sagte der König, «und drohte ihm.»

Die Marquise wunderte sich. «Wegen dieser ehrlichen Verneinung hat Fagon den Pater nicht schelten können, er muß einen andern Grund gehabt haben», sagte sie verständig.

«Immerhin, Madame, war es eine Unschicklichkeit, um nicht mehr zu sagen. Der gute Père Lachaise, taub wie er endlich doch geworden ist, hörte es freilich nicht, aber mein Ohr hat es deutlich vernommen, Silbe um Silbe. ‹Niederträchtiger!› blies Fagon dem Pater zu und der Mißhandelte zuckte zusammen.»

Die Marquise schloß lächelnd aus dieser Variante, daß Fagon einen derbern Ausdruck gebraucht habe. Auch in den Mundwinkeln des Königs zuckte es. Er hatte sich von jung an zum Gesetze gemacht, wozu er übrigens schon von Natur neigte und was er dann bis an sein Lebensende hielt, niemals, auch nicht erzählungsweise, ein gemeines oder beschimpfendes, kurz ein unkönigliches Wort in den Mund zu nehmen.

Der hohe Raum war eingedämmert, und wie der Bediente die traulichen zwei Armleuchter auf den Tisch setzte und sich rücklings schreitend verzog, siehe da wurde ein leise eingetretener Lauscher sichtbar, eine wunderliche Erscheinung, eine ehrwürdige Mißgestalt: ein schiefer, verwachsener, seltsam verkrümmter kleiner Greis, die entfleischten Hände unter dem gestreckten Kinn auf ein langes Bambusrohr mit goldenem Knopfe stützend, das feine Haupt vorgeneigt, ein weißes Antlitz mit geisterhaften blauen Augen. Es war Fagon.

«‹Du Lump, du Schuft!› habe ich kurzweg gesagt, Sire, und nur die Wahrheit gesprochen», ließ sich jetzt seine schwache, vor Erregung zitternde Stimme vernehmen. Fagon verneigte sich ehrfürchtig vor dem Könige, galant gegen die Marquise. «Habe ich einen Geistlichen in Eurer Gegenwart, Sire, dergestalt behandelt, so bin ich entweder der Niedertracht gegenüber ein aufbrausender Jüngling geblieben, oder ein würdiges Alter berechtigt, die Wahrheit zu sagen. Brachte mich nur das Schauspiel auf, welches der Pater gab, da sich der vierschrötige und hartknochige Tölpel mit seiner Wolfsschnauze vor Euch, Sire, drehte und krümmte und auf Eure leutselige Frage nach seiner Verwandtschaft in dünkelhafter Selbsterniedrigung nicht Worte genug fand, sein Nichts zu beteuern? ‹Was denkt die Majestät?›» – ahmte Fagon den Pater nach – «‹Verwandt mit einem so vornehmen Herrn? Keineswegs! Ich bin der Sohn eines gemeinen Mannes! eines Bauers in der untern Normandie! eines ganz gemeinen Mannes!...› Schon dieses nichtswürdige Reden von dem eigenen Vater, diese kriechende, heuchlerische, durch und durch unwahre Demut, diese gründliche Falschheit verdiente vollauf schuftig genannt zu werden. Aber die Frau Marquise hat recht: es war noch etwas anderes, etwas ganz Abscheuliches und Teuflisches, was ich gerächt habe, leider nur mit Worten: eine Missetat, ein Verbrechen, welches der unerwartete Anblick dieses tückischen Wolfes mir wieder so gegenwärtig vor das Auge stellte, daß die karge Neige meines Blutes zu kochen begann. Denn, Sire, dieser Bösewicht hat einen edeln Knaben gemordet!»

«Ich bitte dich, Fagon», sagte der König, «welch ein Märchen!»

«Sagen wir: er hat ihn unter den Boden gebracht», milderte der Leibarzt höhnisch seine Anklage.

«Welchen Knaben denn?» fragte Ludwig in seiner sachlichen Art, die kurze Wege liebte.

«Es war der junge Boufflers, der Sohn des Marschalls aus seiner ersten Ehe», antwortete Fagon traurig.

«Julian Boufflers? Dieser starb, wenn mir recht ist», erinnerte sich der König und sein Gedächtnis täuschte ihn selten, «17.. im Jesuitencollegium an einer Gehirnentzündung, welche das arme Kind durch Überarbeitung sich mochte zugezogen haben, und da Père Tellier in jenen Jahren dort Studienpräfekt sein konnte, hat er allerdings, sehr figürlich gesprochen», spottete der König, «den unbegabten, aber im Lernen hartnäckigen Knaben in das Grab gebracht. Der Knabe hat sich eben übernommen, wie mir sein Vater, der Marschall, selbst erzählt hat.» Ludwig zuckte die Achseln. Nichts weiter. Er hatte etwas Interessanteres erwartet.

«Den unbegabten Knaben ...» wiederholte der Arzt nachdenklich.

«Ja, Fagon», versetzte der König, «auffallend unbegabt, und dabei schüchtern und kleinmütig, wie kein Mädchen. Es war an einem Marly-Tage, daß der Marschall, welchem ich für dieses sein ältestes Kind die Anwartschaft auf sein Gouvernement gegeben hatte, mir ihn vorstellte. Ich sah, der schmucke und wohlgebildete Jüngling, über dessen Lippen schon der erste Flaum sproßte, war bewegt und wollte mir herzlich danken, aber er geriet in ein so klägliches Stottern und peinliches Erröten, daß ich, um ihn nur zu beruhigen oder wenigstens in Ruhe zu lassen, mit einem: ‹Es ist gut› geschwinder, als mir um seines Vaters willen lieb war, mich wendete.»

«Auch mir ist jener Abend erinnerlich», ergänzte die Marquise. «Die verewigte Mutter des Knaben war meine Freundin und ich zog diesen nach seiner Niederlage zu mir, wo er sich still und traurig, aber dankbar und liebenswert erwies, ohne, wenigstens äußerlich, die erlittene Demütigung allzu tief zu empfinden. Er ermutigte sich sogar zu sprechen, das Alltägliche, das Gewöhnliche, mit einem herzgewinnenden Ton der Stimme, und – meine Nähe schaffte ihm Neider. Es war ein schlimmer Tag für das Kind, jener Marly. Ein Beiname, wie denn am Hofe alles, was nicht Ludwig heißt, den seinigen tragen muß» (die feinfühlige Marquise wußte, daß ihr gerades Gegenteil, die brave und schreckliche Pfälzerin, die Herzogin-Mutter von Orléans, ihr den allergarstigsten gegeben hatte), «einer jener gefährlichen Beinamen, die ein Leben vergiften können und deren Gebrauch ich meinen Mädchen in Saint-Cyr aufs strengste untersagt habe, wurde für den bescheidenen Knaben gefunden, und da er von Mund zu Munde lief, ohne viel Arg selbst von unschuldigen und blühenden Lippen gewispert, welche sich wohl dem hübschen Jungen nach wenigen Jahren nicht versagt haben würden.»

«Welcher Beiname?» fragte Fagon neugierig.

«‹Le bel idiot› ... und das Zucken eines Paares hochmütiger Brauen verriet mir, wer ihn dem Knaben beschert hat.»

«Lauzun?» riet der König.

«Saint-Simon», berichtigte die Marquise. «Ist er doch an unserm Hofe das lauschende Ohr, das spähende Auge, das uns alle beobachtet», – der König verfinsterte sich – «und die geübte Hand, die nächtlicherweile hinter verriegelten Türen von uns allen leidenschaftliche Zerrbilder auf das Papier wirft! Dieser edle Herzog, Sire, hat es nicht verschmäht, den unschuldigsten Knaben mit einem seiner grausamen Worte zu zeichnen, weil ich Harmlose, die er verabscheut, an dem Kinde ein flüchtiges Wohlgefallen fand und ein gutes Wort an dasselbe wendete.» So züngelte die sanfte Frau und reizte den König, ohne die Stirn zu falten und den Wohlklang ihrer Stimme zu verlieren.

«Der schöne Stumpfsinnige», wiederholte Fagon langsam. «Nicht übel. Wenn aber der Herzog, der neben seinen schlimmen auch einige gute Eigenschaften besitzt, den Knaben gekannt hätte, wie ich ihn kennen lernte und er mir unvergeßlich geblieben ist, meiner Treu! der gallichte Saint-Simon hätte Reue gefühlt. Und wäre er wie ich bei dem Ende des Kindes zugegen gewesen, wie es in der Illusion des Fiebers, den Namen seines Königs auf den Lippen, in das feindliche Feuer zu stürzen glaubte, der heimliche Höllenrichter unserer Zeit – wenn die Sage wahr redet, denn niemand hat ihn an seinem Schreibtische gesehen – hätte den Knaben bewundert und ihm eine Träne nachgeweint.»

«Nichts mehr von Saint-Simon, ich bitte dich, Fagon», sagte der König, die Brauen zusammenziehend. «Mag er verzeichnen, was ihm als die Wahrheit erscheint. Werde ich die Schreibtische belauern? Auch die große Geschichte führt ihren Griffel und wird mich in den Grenzen meiner Zeit und meines Wesens läßlich beurteilen. Nichts mehr von ihm. Aber viel und alles, was du weißt, von dem jungen Boufflers. Er mag ein braver Junge gewesen sein. Setze dich und erzähle!» Er deutete freundlich auf einen Stuhl und lehnte sich in den seinigen zurück.

«Und erzähle hübsch bequem und gelassen, Fagon», bat die Marquise mit einem Blick auf die schmucken Zeiger ihrer Stockuhr, welche zum Verwundern schnell vorrückten.

«Sire, ich gehorche», sagte Fagon, «und tue eine untertänige Bitte. Ich habe heute den Père Tellier in Eurer Gegenwart mißhandelnd mir eine Freiheit genommen und weiß, wie ich mich aus Erfahrung kenne, daß ich, einmal auf diesen Weg geraten, an demselben Tage leicht rückfällig werde. Als Frau von Sablière den guten – oder auch nicht guten – Lafontaine, ihren Fabelbaum, wie sie ihn nannte, aus dem schlechten Boden, worein er seine Wurzeln gestreckt hatte, ausgrub und wieder in die gute Gesellschaft verpflanzte, willigte der Fabeldichter ein, noch einmal unter anständigen Menschen zu leben, unter der Bedingung jedoch, jeden Abend das Minimum von drei Freiheiten – was er so Freiheiten hieß – sich erlauben zu dürfen. In ähnlicher und verschiedener Weise bitte ich mir, soll ich meine Geschichte erzählen, drei Freiheiten aus –»

«Welche ich dir gewähre», schloß der König.

Drei Köpfe rückten zusammen: der bedeutende des Arztes, das olympische Lockenhaupt des Königs und das feine Profil seines Weibes mit der hohen Stirn, den reizenden Linien von Nase und Mund und dem leicht gezeichneten Doppelkinne.

«In den Tagen, da die Majestät noch den größten ihrer Dichter besaß», begann der Leibarzt, «und dieser, während schon der Tod nach seiner kranken Brust zielte, sich belustigte, denselben auf der Bühne nachzuäffen, wurde das Meisterstück: ‹Der Kranke in der Einbildung› auch vor der Majestät hier in Versailles aufgeführt. Ich, der ich sonst eine würdige mit Homer oder Virgil verlebte Stunde und den Wellenschlag einer antiken Dichtung unter gestirntem Himmel den grellen Lampen und den verzerrten Gesichtern der auf die Bühne gebrachten Gegenwart vorziehe, ich durfte doch nicht wegbleiben, da wo mein Stand verspottet und vielleicht, wer wußte, ich selbst und meine Krücke» – er hob sein Bambusrohr, auf welches er auch sitzend sich zu stützen fortfuhr, – «abbildlich zu sehen waren. Es geschah nicht. Aber hätte Molière mich in einer seiner Possen verewigt, wahrlich, ich hätte es dem nicht verargen können, der sein eigenes schmerzlichstes Empfinden komisch betrachtet und verkörpert hat. Diese letzten Stücke Molières, nichts geht darüber! Das ist die souveräne Komödie, welche freilich nicht nur das Verkehrte, sondern in grausamer Lust auch das Menschlichste in ein höhnisches Licht rückt, daß es zu grinsen beginnt. Zum Beispiel, was ist verzeihlicher, als daß ein Vater auf sein Kind sich etwas einbilde, etwas eitel auf die Vorzüge und etwas blind für die Schwächen seines eigenen Fleisches und Blutes sei? Lächerlich freilich ist es und fordert den Spott heraus. So lobt denn auch im Kranken in der Einbildung der alberne Diafoirus seinen noch alberneren Sohn Thomas, einen vollständigen Dummkopf. Doch die Majestät kennt die Stelle.»

«Mache mir das Vergnügen, Fagon, und rezitiere sie mir», sagte der König, welcher, seit Familienverluste und schwere öffentliche Unfälle sein Leben ernst gemacht, sich der komischen Muse zu enthalten pflegte, dem die Lachmuskeln aber unwillkürlich zuckten in Erinnerung des guten Gesellen, den er einst gern um sich gelitten und an dessen Masken er sich ergötzt hatte.

«‹Es ist nicht darum›», spielte Fagon den Doctor Diafoirus, dessen Rolle er seltsamerweise auswendig wußte, «‹weil ich der Vater bin, aber ich darf sagen, ich habe Grund, mit diesem meinem Sohne zufrieden zu sein, und alle, die ihn sehen, sprechen von ihm als von einem Jüngling ohne Falsch. Er hat nie eine sehr tätige Einbildungskraft, noch jenes Feuer besessen, welches man an einigen wahrnimmt. Als er klein war, ist er nie, was man so heißt, aufgeweckt und mutwillig gewesen. Man sah ihn immer sanft, friedselig und schweigsam. Er sprach nie ein Wort und beteiligte sich niemals an den sogenannten Knabenspielen. Man hatte schwere Mühe ihn lesen zu lehren und mit neun Jahren kannte er seine Buchstaben noch nicht. Gut, sprach ich zu mir, die späten Bäume tragen die besten Früchte, es gräbt sich in den Marmor schwerer als in den Sand› ... und so fort. Dieser langsam geträufelte Spott wurde dann auf der Bühne zum gründlichen Hohn durch das unsäglich einfältige Gesicht des Belobten und zum unwiderstehlichen Gelächter in den Mienen der Zuschauer. Unter diesen fand mein Auge eine blonde Frau von rührender Schönheit und beschäftigte sich mit den langsam wechselnden Ausdrücken dieser einfachen Züge: zuerst demjenigen der Freude über die gerechte Belobung eines schwer, aber fleißig lernenden Kindes, so unvorteilhaft der

Jüngling auf der Bühne sich ausnehmen mochte, dann dem andern Ausdrucke einer traurigen Enttäuschung, da die Schauende, ohne jedoch recht zu begreifen, inne wurde, daß der Dichter, der es mit seinen schlichten Worten ernst zu meinen schien, eigentlich nur seinen blutigen Spott hatte mit der väterlichen Selbstverblendung. Freilich hatte Molière, der großartige Spötter, alles so naturwahr und sachlich dargestellt, daß mit ihm nicht zu zürnen war. Eine lange und mühsam verhaltene, tief schmerzliche Träne rollte endlich über die zarte Wange des bekümmerten Weibes. Ich wußte nun, daß sie Mutter war und einen unbegabten Sohn hatte. Das ergab sich für mich aus dem Geschauten und Beobachteten mit mathematischer Gewißheit. Es war die erste Frau des Marschalls Boufflers.»

«Auch wenn du sie nicht genannt hättest, Fagon, ich erkannte aus deiner Schilderung meine süße Blondine», seufzte die Marquise. «Sie war ein Wunder der Unschuld und Herzenseinfalt, ohne Arg und Falsch, ja ohne den Begriff der List und Lüge.»

Die Freundschaft der zwei Frauen, welche der Marquise einen so rührenden Eindruck hinterließ, war eine wahre und für beide Teile wohltätige gewesen. Frau von Maintenon hatte nämlich in den langen und schweren Jahren ihres Emporkommens, da die still Ehrgeizige mit zähester Schmiegsamkeit und geduldigster Konsequenz, immer heiter, überall dienstfertig, sich einen König und den größten König der Zeit eroberte, mit ihren klugen Augen die arglose Vornehme von den andern ihr mißgünstigen und feindseligen Hofweibern unterschieden und sie mit ein paar herzlichen Worten und zutulichen Gefälligkeiten an sich gefesselt. Die beiden halfen sich aus und deckten sich einander mit ihrer Geburt und ihrem Verstand.

«Die Marschallin hatte Tugend und Haltung», lobte der König, während er einen in seinem Gedächtnis auftauchenden anmutigen Wuchs, ein liebliches Gesicht und ein aschenblondes Ringelhaar betrachtete.

«Die Marschallin war dumm», ergänzte Fagon knapp. «Aber wenn ich Krüppel je ein Weib geliebt habe – außer meiner Gönnerin», er verneigte sich huldigend gegen die Marquise, «und für ein Weib mein Leben hingegeben hätte, so war es diese erste Herzogin Boufflers.

Ich lernte sie dann bald näher kennen, leider als Arzt. Denn ihre Gesundheit war schwankend und alle diese Lieblichkeit verlosch unversehens wie ein ausgeblasenes Licht. Wenige Tage vor ihrem letzten beschied sie mich zu sich und erklärte mir mit den einfachsten Worten von der Welt, sie werde sterben. Sie fühlte ihren Zustand, den meine Wissenschaft nicht erkannt hatte. Sie ergebe sich darein, sagte sie, und habe nur eine Sorge: die Zukunft und das Schicksal ihres Knaben. ‹Er ist ein gutes Kind, aber völlig unbegabt, wie ich selbst es bin›, klagte sie mir bekümmert, aber unbefangen. ‹Mir ward ein leichtes Leben zu Teil, da ich dem Marschall nur zu gehorchen brauchte, welcher nach seiner Art, die nichts aus den Händen gibt, auch wenn ich ein gescheites Weib gewesen wäre, außer dem einfachsten Haushalte mir keine Verantwortung überlassen hätte, – du kennst ihn ja, Fagon, er ist peinlich und regiert alles selber. Wenn ich in der Gesellschaft schwieg oder meine Rede auf das Nächste beschränkte, um nichts Unwissendes oder Verfängliches zu sagen, so war ihm das gerade recht, denn eine Witzige oder Glänzende hätte ihn nur beunruhigt. So bin ich gut durchgekommen. Aber mein Kind? Der Julian soll als der Sohn seines Vaters in der Welt eine Figur machen. Wird er das können? Er lernt so unglaublich schwer. An Eifer läßt er es nicht fehlen, wahrlich nicht, denn es ist ein tapferes Kind … Der Marschall wird sich wieder verheiraten, und irgend eine gescheite Frau wird ihm anstelligere Söhne geben. Nun möchte ich nicht, daß der Julian etwas Außerordentliches würde, was ja auch unmöglich wäre, sondern nur, daß er nicht zu harte Demütigungen erleide, wenn er hinter seinen Geschwistern zurückbleibt. Das ist nun deine Sache, Fagon. Du wirst auch zusehen, daß er körperlich nicht übertrieben werde. Laß das nicht aus dem Auge, ich bitte dich! Denn der Marschall übersieht das. Du kennst ihn ja. Er hat den Krieg im Kopf, die Grenzen, die Festungen …

Selbst über der Mahlzeit ist er in seine Geschäfte vertieft, der dem König und Frankreich unentbehrliche Mann, läßt sich plötzlich eine Karte holen, wenn er nicht selbst danach aufspringt, oder ärgert sich über irgend eine vormittags entdeckte Nachlässigkeit seiner Schreiber, welchen man bei der um sich greifenden Pflichtvergessenheit auch nicht das Geringste mehr überlassen dürfe. Geht dann durch einen Zufall ein Täßchen oder Schälchen entzwei, vergißt sich der Reizbare bis zum Schelten. Gewöhnlich sitzt er schweigend oder einsilbig zu Tische, mit gerunzelter Stirn, ohne sich mit dem Kinde abzugeben, das an jedem seiner Blicke hängt, ohne sich nach seinen kleinen Fortschritten zu erkundigen, denn er setzt voraus: ein Boufflers tue von selbst seine Pflicht. Und der Julian wird bis an die äußersten Grenzen seiner Kräfte gehen ... Fagon, laß ihn keinen Schaden leiden! Nimm dich des Knaben an! Bring ihn heil hinweg über seine zarten Jahre! Mische dich nur ohne Bedenken ein. Der Marschall hält etwas auf dich und wird deinen Rat gelten lassen. Er nennt dich den redlichsten Mann von Frankreich ... Also du versprichst es mir, bei dem Knaben meine Stelle zu vertreten ... Du hältst Wort und darüber hinaus ...›

Ich gelobte es der Marschallin und sie starb nicht schwer.

Vor dem Bette, darauf sie lag, beobachtete ich den mir anvertrauten Knaben. Er war aufgelöst in Tränen, seine Brust arbeitete, aber er warf sich nicht verzweifelnd über die Tote, berührte den entseelten Mund nicht, sondern er kniete neben ihr, ergriff ihre Hand und küßte diese, wie er sonst zu tun pflegte. Sein Schmerz war tief, aber keusch und enthaltsam. Ich schloß auf männliches Naturell und früh geübte Selbstbeherrschung und betrog mich nicht. Im übrigen war Julian damals ein hübscher Knabe von etwa dreizehn Jahren, mit den seelenvollen Augen seiner Mutter, gewinnenden Zügen, wenig Stirn unter verworrenem blonden Ringelhaar und einem untadeligen Bau, der zur Meisterschaft in jeder Leibesübung befähigte.

Nachdem der Marschall das Weib seiner Jugend beerdigt und ein Jahr später mit der Jüngsten des Marschalls Grammont sich wiederverehlicht hatte, dem rührigen, grundgescheiten, olivenfarbigen, brennend magern Weibe, das wir kennen, beriet er aus freien Stücken mit mir die Schule, wohin wir Julian schicken sollten; denn seines Bleibens war nun nicht länger im väterlichen Hause.

Ich besprach mich mit dem geistlichen Hauslehrer, welcher das Kind bisher beaufsichtigt und beschäftigt hatte. Er zeigte mir die Hefte des Knaben, die Zeugnis ablegten von einem rührenden Fleiß und einer tapfern Ausdauer, aber zugleich von einem unglaublich mittelmäßigen Kopfe, einem völligen Mangel an Kombination und Dialektik, einer absoluten Geistlosigkeit. Was man im weitesten Sinne Witz nennt, jede leidenschaftliche – warme oder spottende – Beleuchtung der Rede, jede Überraschung des Scharfsinns, jedes Spiel der Einbildungskraft waren abwesend. Nur der einfachste Begriff und das ärmste Wort standen dem Knaben zu Gebote. Höchstens gefiel dann und wann eine Wendung durch ihre Unschuld oder brachte zum Lächeln durch ihre Naivetät. Seltsamer und trauriger Weise sprach der Hausgeistliche von seinem Zögling unwissentlich in den Worten Molières: ‹ein Knabe ohne Falsch, der alles auf Treu und Glauben nimmt, ohne Feuer und Einbildungskraft, sanft, friedfertig, schweigsam und› – setzte er hinzu – ‹mit den schönsten Herzenseigenschaften.›

Der Marschall und ich wußten dann – die Wahl war nicht groß – keine bessere Schule für das Kind als ein Jesuitencollegium; und warum nicht das in Paris, wenn wir Julian nicht von seinen Standes- und Altersgenossen sondern wollten? Man muß es den Vätern lassen: sie sind keine Pedanten, und man darf sie loben, daß sie angenehm unterrichten und freundlich behandeln. Mit einer Schule jansenistischer Färbung konnten wir uns nicht befreunden: der Marschall schon nicht als guter Untertan, der Euer Majestät Abneigung gegen die Sekte kannte und Euer Majestät Gnade nicht mutwillig verscherzen wollte, ich aus eben diesem Grunde» – Fagon lächelte – «und weil ich für den durch seine Talentlosigkeit schon überflüssig gedrückten Knaben die herbe Strenge und die finstern Voraussetzungen dieser Lehre ungeeignet, die leichte Erde und den zugänglichen Himmel der Jesuiten dagegen hier für zuträglich oder wenigstens völlig unschädlich hielt, denn ich wußte, das Grundgesetz dieser Knabenseele sei die Ehre.

Dabei war auf meiner Seite die natürliche Voraussetzung, daß die frommen Väter nie von dem Marschalle beleidigt würden, und das war in keiner Weise zu befürchten, da der Marschall sich nicht um kirchliche Händel kümmerte und als Kriegsmann an der in diesem Orden streng durchgeführten Subordination sogar ein gewisses Wohlgefallen hatte.

Wie sollte aber der von der Natur benachteiligte Knabe mit einer öffentlichen Klasse Schritt halten? Da zählten der Marschall und ich auf zwei verschiedene Hilfen. Der Marschall auf das Pflichtgefühl und den Ehrgeiz seines Kindes. Er selbst, der nur mittelmäßig Begabte, hatte auf seinem Felde Rühmliches geleistet, aber kraft seiner sittlichen Eigenschaften, nicht durch eine geniale Anlage. Ohne zu wissen oder nicht wissen wollend, daß Julian jene mittlere Begabung, welche er selbst mit eisernem Fleiße verwertete, bei weitem nicht besitze, glaubte er, es gebe keine Unmöglichkeit für den Willenskräftigen und selbst die Natur lasse sich zwingen, wie ihn denn seine Galopins beschuldigen, er tadle einen während der Parade über die Stirn rollenden Schweißtropfen als ordonnanzwidrig, weil er selbst nie schwitze.

Ich dagegen baute auf die allgemeine Menschenliebe der Jesuiten und insonderheit auf die Berücksichtigung und das Ansehen der Person, wodurch diese Väter sich auszeichnen. Ich beredete mich mit mehreren derselben und machte sie mit den Eigenschaften des Knaben vertraut. Um ihnen das Kind noch dringender an das Herz zu legen, sprach ich ihnen von der Stellung seines Vaters, sah aber gleich, daß sie sich daraus nichts machten. Der Marschall ist ausschließlich ein Kriegsmann, dabei tugendhaft, ohne Intrige, und die Ehre folgt ihm nach wie sein Schatten. So hatten die Väter von ihm nichts zu hoffen und zu fürchten. Unter diesen Umständen glaubte ich Julian eine kräftigere Empfehlung verschaffen zu müssen und gab den frommen Vätern einen Wink –» Der Erzähler stockte.

«Was vertuschest du, Fagon?» fragte der König.

«Ich komme darauf zurück», stotterte Fagon verlegen, «und dann wirst du, Sire, mir etwas zu verzeihen haben. Genug, das Mittel wirkte. Die Väter wetteiferten, dem Knaben das Lernen zu erleichtern, dieser fühlte sich in einer warmen Atmosphäre, seine Erstarrung wich, seine kargen Gaben entfalteten sich, sein Mut wuchs und er war gut aufgehoben. Da änderte sich alles gründlich in sein Gegenteil.

Etwa ein halbes Jahr nach dem Eintritt Julians bei den Jesuiten ereignete sich zu Orléans, in dessen Weichbild die Väter Besitz und eine Schule hatten, welche beide sie zu vergrößern wünschten, eine schlimme Geschichte. Vier Brüder von kleinem Adel besaßen dort ein Gut, welches an den Besitz der Jesuiten stieß und das sie ungeteilt bewirteten. Alle vier dienten in Euerm Heere, Sire, verzehrten, wie zu geschehen pflegt, für ihre Ausrüstung und mehr noch im Umgang mit reichern Kameraden ihre kurze Barschaft und verschuldeten ihre Felder. Nun fand es sich, daß jenes Jesuitenhaus durch Zusammenkauf dieser Pfandbriefe der einzige Gläubiger der vier Junker geworden war und ihnen aus freien Stücken darüber hinaus eine abrundende Summe vorschoß, drei Jahre fest, dann mit jähriger Kündigung. Daneben aber verpflichteten sich die Väter den Junkern gegenüber mündlich aufs feierlichste, die ganze Summe auf dem Edelgute stehen zu lassen; es sei eben nur ein rein formales Gesetz ihrer Ordensökonomie, Geld nicht länger als auf drei Jahre auszutun.

Da begab es sich, daß die Väter jenes Hauses unversehens in ihrer Vollzahl an das Ende der Welt geschickt wurden, wahrhaftig, ich glaube nach Japan, und die an ihre Stelle tretenden begreiflicherweise nichts von jenem mündlichen Versprechen ihrer Vorgänger wußten. Der dreijährige Termin erfüllte sich, die neuen Väter kündigten die Schuld, nach Jahresfrist konnten die Junker nicht zahlen und es wurde gegen sie verfahren.

Schon hatte sich das fromme Haus in den Besitz ihrer Felder gesetzt, da gab es Lärm. Die tapfern Brüder polterten an alle Türen, auch an die des Marschalls Boufflers, welcher sie als wackere Soldaten kannte und schätzte. Er untersuchte den Handel mit Ernst und Gründlichkeit nach seiner Weise. Der entscheidende Punkt war, daß die Brüder behaupteten, von den frommen Vätern nicht allein mündliche Beteuerungen, sondern, was sie völlig beruhigt und sorglos gemacht, zu wiederholten Malen auch gleichlautende Briefe erhalten zu haben. Diese Schriftstücke seien auf unerklärliche Weise verloren gegangen. Wohl fänden sich in Briefform gefaltete Papiere mit gebrochenen, übrigens leeren Siegeln, welche den Briefen der Väter zum Verwundern glichen, doch diese Papiere seien unbeschrieben und entbehren jedes Inhalts.

Dergestalt fand ich, eines Tages das Kabinett des Marschalls betretend, denselben damit beschäftigt, in seiner genauen Weise jene blanken Quadrate umzuwenden und mit der Lupe vorn und hinten zu betrachten. Ich schlug ihm vor mir die Blätter für eine Stunde anzuvertrauen, was er mir mit ernsten Augen bewilligte.

Ihr schenktet, Sire, der Wissenschaft und mir einen botanischen Garten, der Euch Ehre macht, und bautet mir im Grünen einen stillen Sitz für mein Alter. Nicht weit davon, am Nordende, habe ich mir eine geräumige chemische Küche eingerichtet, die Ihr einmal zu besuchen mir versprachet. Dort unterwarf ich jene fragwürdigen Papiere wirksamen und den gelehrten Vätern vielleicht noch unbekannten Agentien. Siehe da, die erblichene Schrift trat schwarz an das Licht und offenbarte das Schelmstück der Väter Jesuiten.

Der Marschall eilte mit den verklagenden Papieren stracks zu deiner Majestät» – König Ludwig strich sich langsam die Stirn – «und fand dort den Pater Lachaise, welcher aufs tiefste erstaunte über diese Verirrung seiner Ordensbrüder in der Provinz, zugleich aber deiner Majestät vorstellte, welche schreiende Ungerechtigkeit es wäre, die Gedankenlosigkeit weniger oder eines einzelnen eine so zahlreiche, wohltätige und sittenreine Gesellschaft entgelten zu lassen, und dieser einzelne, der frühere Vorsteher jenes Hauses, habe überdies, wie er aus verläßlichen Quellen wisse, kürzlich in Japan unter den Heiden das Martyrium durch den Pfahl erlitten.

Wer am besten bei dieser Wendung der Dinge fuhr, das waren die vier Junker. Die Hälfte der Schuld erließen ihnen die verblüfften Väter, die andere Hälfte tilgte ein Großmütiger.»

Der König, der es gewesen sein mochte, veränderte keine Miene.

«Dem Marschall dankte dann Père Lachaise insbesondere dafür, daß er in einer bemühenden Sache die Herstellung der Wahrheit unternommen und es seinem Orden erspart habe, sich mit ungerechtem Gute zu belasten. Dann bat er ihn, der Edelmann den Edelmann, den Vätern sein Wohlwollen nicht zu entziehen und ihnen das Geheimnis zu bewahren, was sich übrigens für einen Marschall Boufflers von selbst verstehe.

Der geschmeichelte Marschall sagte zu, wollte aber wunderlicherweise nichts davon hören, die verräterischen Dokumente herauszugeben oder sie zu vernichten. Es fruchtete nichts, daß Père Lachaise ihn zuerst mit den zartesten Wendungen versuchte, dann mit den bestimmtesten Forderungen bestürmte. Nicht daß der Marschall im geringsten daran gedacht hätte, sich dieser gefährlichen Briefe gegen die frommen Väter zu bedienen; aber er hatte sie einmal zu seinen Papieren gelegt, mit deren Aufräumen und Registrieren er das Drittel seiner Zeit zubringt. In diesem Archive, wie er es nennt, bleibt vergraben, was einmal drinne liegt. So schwebte kraft der Ordnungsliebe und der genauen Gewohnheiten des Marschalls eine immerwährende Drohung über dem Orden, die derselbe dem Unvorsichtigen nicht verzieh. Der Marschall hatte keine Ahnung davon und glaubte mit den von ihm geschonten Vätern auf dem besten Fuße zu stehn.

Ich war anderer Meinung und ließ es an dringenden Vorstellungen nicht fehlen. Hart setzte ich ihm zu, seinen Knaben ohne

Zögerung den Jesuiten wegzunehmen, da der verbissene Haß und der verschluckte Groll, welchen getäuschte Habgier und entlarvte Schurkerei unfehlbar gegen ihren Entdecker empfinden, sich notwendigerweise über den Orden verbreiten, ein Opfer suchen und es vielleicht, ja wahrscheinlich in seinem unschuldigen Kinde finden würden. Er sah mich verwundert an, als ob ich irre rede und Fabeln erzähle. Gerade heraus: entweder hat der Marschall einen kurzen Verstand oder er wollte sein gegebenes Wort mit Prunk und Glorie selbst auf Kosten seines Kindes halten.

‹Aber, Fagon›, sagte er, ‹was in aller Welt hat mein Julian mit dieser in der Provinz begegneten Geschichte zu schaffen? Wo ist da ein richtiger Zusammenhang? Wenn ihm übrigens die Väter ein bißchen strenger auf die Finger sehen, das kann nichts schaden. Sie haben ihn nicht übel verhätschelt. Ihnen jetzt den Knaben wegnehmen? Das wäre unedel. Man würde plaudern, Gründe suchen, vielleicht die unreinliche Geschichte ausgraben und ich stünde da als ein Wortbrüchiger.› So sah der Marschall nur den Nimbus seiner Ehre, statt an sein Kind zu denken, das er vielleicht, so lang es lebte, noch keines eingehenden Blickes gewürdigt hatte. Ich hätte ihn für seinen Edelmut mit dieser meiner Krücke prügeln können.

Es ging dann, wie es nicht anders gehen konnte. Nicht in auffallender Weise, ohne Plötzlichkeit und ohne eigentliche Ungerechtigkeit ließen die Väter Professoren den Knaben sinken, in welchem sie den Sohn eines Mannes zu hassen begannen, der den Orden beleidigt habe. Nicht alle unter ihnen, die bessern am wenigsten, kannten die saubere Geschichte, aber alle wußten: Marschall Boufflers hat uns beschämt und geschädigt, und alle haßten ihn.

Eine feine Giftluft schleichender Rache füllte die Säle des Collegiums. Nicht nur jedes Entgegenkommen, sondern auch jede gerechte Berücksichtigung hatten für Julian aufgehört. Das Kind litt. Täglich und stündlich fühlte es sich gedemütigt, nicht durch lauten Tadel, am wenigsten durch Scheltworte, welche nicht im Gebrauche der Väter sind, sondern fein und sachlich, einfach dadurch, daß sie die Armut des Blondkopfes nicht länger freundlich unterstützten und die geistige Dürftigkeit nach verweigertem Almosen beschämt in ihrer Blöße dastehen ließen. Jetzt begann das Kind, von einem verzweifelnden Ehrgeiz gestachelt, seine Wachen zu verlängern, seinen Schlummer gewalttätig abzukürzen, sein Gehirn zu martern, seine Gesundheit zu untergraben – ich mag davon nicht reden, es bringt mich auf ...»

Fagon machte eine Pause und schöpfte Atem.

Der König füllte dieselbe, indem er ruhig bemerkte: «Ich frage mich, Fagon, wie viel Wirklichkeit alles dieses hat. Ich meine diese stille Verschwörung gelehrter und verständiger Männer zum Schaden eines Kindes und dieser brütende Haß einer ganzen Gesellschaft gegen einen im Grunde ihr so ungefährlichen Mann, wie der Marschall ist, der sie ja überdies ganz ritterlich behandelt hatte. Du siehst Gespenster, Fagon. Du bist hier Partei und hast vielleicht, wer weiß, gegen den verdienten Orden neben deinem ererbten Vorurteil noch irgend eine persönliche Feindschaft.»

«Wer weiß?» stammelte Fagon. Er hatte sich entfärbt, soweit er noch erblassen konnte, und seine Augen loderten. Die Marquise wurde ängstlich und berührte heimlich den Arm ihres Schützlings, ohne daß er die warnende Hand gefühlt hätte. Frau von Maintenon wußte, daß der heftige Alte, wenn er gereizt wurde, gänzlich außer sich geriet und unglaubliche Worte wagte, selbst dem Könige gegenüber, welcher freilich dem langjährigen und tiefen Kenner seiner Leiblichkeit nachsah, was er keinem andern so leicht vergeben hätte.

Fagon zitterte. Er stotterte unzusammenhängende Sätze und seine Worte stürzten durch einander, wie Krieger zu den Waffen.

«Du glaubst es nicht, Majestät, Kenner der Menschenherzen, du glaubst es nicht, daß die Väter Jesuiten jeden, der sie wissentlich oder unwissentlich beleidigt, hassen bis zur Vernichtung?

Du glaubst nicht, daß diese Väter weder wahr noch falsch, weder gut noch böse kennen, sondern nur ihre Gesellschaft?» Fagon schlug eine grimmige Lache auf. «Du willst es nicht glauben, Majestät!

Sage mir, König, du Kenner der Wirklichkeit», raste Fagon abspringend weiter, «da die Rede ist von der Glaubwürdigkeit der Dinge, kannst du auch nicht glauben, daß in deinem Reiche bei der Bekehrung der Protestanten Gewalt angewendet wird?»

«Diese Frage», erwiderte der König sehr ernsthaft, «ist die erste deiner heutigen drei Freiheiten. Ich beantworte sie. Nein, Fagon. Es wird, verschwindend wenige Fälle ausgenommen, bei diesen Bekehrungen keine Gewalt angewendet, weil ich es ein für allemal ausdrücklich untersagt habe und weil meinen Befehlen nachgelebt wird. Man zwingt die Gewissen nicht. Die wahre Religion siegt gegenwärtig in Frankreich über Hunderttausende durch ihre innere Überzeugungskraft.»

«Durch die Predigten des Père Bourdaloue!» höhnte Fagon mit gellender Stimme. Dann schwieg er. Entsetzen starrte aus seinen Augen über diesen Gipfel der Verblendung, diese Mauer des Vorurteils, diese gänzliche Vernichtung der Wahrheit. Er betrachtete den König und sein Weib eine Weile mit heimlichem Grauen.

«Sire, meine nicht», fuhr er fort, «daß ich Partei bin und das Blut meiner protestantischen Vorfahren aus mir spreche. Ich bin von einer ehrwürdigen Kirche abgefallen. Warum? Weil ich, Gott vorbehalten, von dem ich nicht lasse und der in meinen alten Tagen mich nicht verlassen möge, über Religionen und Konfessionen samt und sonders denke, wie jener lucrezische Vers ...»

Weder der König noch Frau von Maintenon wußten von diesem Verse, aber sie konnten vermuten, Fagon meine nichts Frommes.

«Kennt Ihr den Tod meines Vaters, Sire?» flüsterte Fagon. «Er ist ein Geheimnis geblieben, aber Euch will ich es anvertrauen. Er war ein sanfter Mann und nährte sich, sein Weib und seine Kinder, deren letztes und sechstes ich Verwachsener war, in Auxerre von dem Verkaufe seiner Latwergen redlich und kümmerlich; denn Auxerre hat eine gesunde Luft und ein Schock Apotheken. Die glaubenseifrigen Einwohner, die meinen Vater liebten, wollten ihm alles Gute und hätten ihn gern der Kirche zurückgegeben, aber nicht mit Gewalt, denn Ihr habet es gesagt, Sire, man zwingt die Gewissen nicht. Also verbrüderten sie sich, die calvinistische Apotheke zu meiden. Mein Vater verlor sein Brot und wir hungerten. Die Väter Jesuiten taten dabei, wie überall, das Beste. Da wurde sein Gewissen in sich selbst uneins. Er schwur ab. Weil aber die scharfen calvinistischen Sätze ein Gehirn, dem sie in seiner Kindheit eingegraben wurden, nicht so leicht wieder verlassen, erschien sich der Ärmste bald als ein Judas, der den Herrn verriet, und er ging hin wie jener und tat desgleichen.»

«Fagon», sagte der König mit Würde, «du hast den armen Père Tellier wegen einer geschmacklosen Rede über seinen Vater beschimpft und redest selber so nackt und grausam von dem deinigen. Unselige Dinge verlangen einen Schleier!»

«Sire», erwiderte der Arzt, «Ihr habet recht und seid für mich wie für jeden Franzosen das Gesetz in Dingen des Anstandes. Freilich kann man sich von gewissen Stimmungen hinreißen lassen, in dieser Welt der Unwahrheit und ihr zum Trotz von einer blutigen Tatsache, und wäre es die schmerzlichste, das verhüllende Tuch unversehens wegzuziehen ...

Aber, Sire, wie vorzeitig habe ich die erste meiner Freiheiten verbraucht, und wahrlich, mich gelüstet, gleich noch meine zweite zu verwenden.» Die Marquise las in den veränderten Zügen des Arztes, daß sein Zorn vorüber und nach einem solchen Ausbruche an diesem Abend kein Rückfall mehr zu befürchten sei.

«Sire», sagte Fagon fast leichtsinnig, «habt Ihr Euern Untertan, den Tiermaler Mouton, gekannt? Ihr schüttelt das Haupt. So nehme ich mir die große Freiheit, Euch den wenig hoffähigen, aber in diese Geschichte gehörenden Künstler vorzustellen, zwar nicht in Natur, mit seinem zerlöcherten Hut, den Pfeifenstummel zwischen den Zähnen – ich rieche seinen Knaster –, hemdärmelig und mit hangenden Strümpfen. Überdies liegt er im Grabe. Ihr liebet die Niederländer nicht, Sire, weder ihre Kirmessen auf der Leinwand, noch ihre eigenen ungebundenen Personen. Wisset, Majestät: Ihr habt einen Maler besessen, einen Picarden, der sowohl durch die Sachlichkeit seines Pinsels als durch die Zwanglosigkeit seiner Manieren die Holländer bei weitem überholländerte.

Dieser Mouton, Sire, hat unter uns gelebt, seine grasenden Kühe und seine in eine Staubwolke gedrängten Hämmel malend, ohne eine blasse Ahnung alles Großen und Erhabenen, was dein Zeitalter, Majestät, hervorgebracht hat. Kannte er deine Dichter? Nicht von ferne. Deine Bischöfe und Prediger? Nicht dem Namen nach. Mouton hatte kein Taufwasser gekostet. Deine Staatsmänner, Colbert, Lyonne und die andern? Darum hat sich Mouton nie geschoren. Deine Feldherrn, Condé mit dem Vogelgesicht, Turenne, Luxembourg und den Enkel der schönen Gabriele? Nur den letztern, welchem er in Anet einen Saal mit Hirschjagden von unglaublich frecher Mache füllte. Vendôme mochte Mouton und dieser nannte seinen herzoglichen Gönner in rühmender Weise einen Viehkerl, wenn ich das Wort vor den Ohren der Majestät aussprechen darf. Hat Mouton die Sonne unserer Zeit gekannt? Wußte er von deinem Dasein, Majestät? Unglaublich zu sagen: den Namen, welcher die Welt und die Geschichte füllt – vielleicht hat er nicht einmal deinen Namen gewußt, wenn ihm auch, selten genug, deine Goldstücke durch die Hände laufen mochten. Denn Mouton konnte nicht lesen, so wenig als sein Liebling, der andere Mouton.

Dieser zweite Mouton, ein weiser Pudel mit geräumigem Hirnkasten und sehr verständigen Augen, über welche ein schwarzzottiges Stirnhaar in verworrenen Büscheln niederhing, war ohne Zweifel – in den Schranken seiner Natur – der begabteste meiner drei Gäste: so sage ich, weil Julian Boufflers, von dem ich erzähle, Mouton der Mensch und Mouton der Pudel oft lange Stunden vergnügt bei mir zusammensaßen.

Ihr wisset, Sire, die Väter Jesuiten sind freigebige Ferienspender, weil ihre Schüler, den vornehmen, ja den höchsten Ständen angehörend, öfters zu Jagden, Komödien oder sonstigen Lustbarkeiten, freilich nicht alle, nach Hause oder anderswohin gebeten werden. So nahm ich denn Julian, welcher von seinem Vater, dem Marschall, grundsätzlich selten nach Hause verlangt wurde, zuweilen in Euern botanischen Garten mit, wo Mouton, der sich unter Pflanzen und Tieren heimisch fühlte, mich zeitweilig besuchte, irgend eine gelehrte Eule oder einen possierlichen Affen mit ein paar entschiedenen Kreidestrichen auf das Papier warf und wohl auch, wenn Fleiß und gute Laune vorhielten, mir ein stilles Zimmer mit seinen scheuenden Pferden oder saufenden Kühen bevölkerte. Ich hatte Mouton den Schlüssel einer Mansarde mit demjenigen des nächsten Mauerpförtchens eingehändigt, um dem Landstreicher eine Heimstätte zu geben, wo er seine Staffeleien und Mappen unterbringe. So erschien und verschwand er bei mir nach seinem Belieben.

Einmal an einem jener kühlen und erquicklichen Regensommertage, jener Tage stillen, aber schnellen Wachstumes für Natur und Geist, saß ich in meiner Bibliothek und blickte durch das hohe Fenster derselben über einen aufgeschlagenen Folianten und meine Brille hinweg in die mir gegenüberliegende Mansarde des Nebengebäudes, das Nest Moutons. Dort sah ich einen blonden schmalen Knabenkopf in glücklicher Spannung gegen eine Staffelei sich neigen. Dahinter nickte der derbe Schädel Moutons und eine behaarte Hand führte die schlanke des Jünglings. Außer Zweifel, da wurde eine Malstunde gegeben. Mouton der Pudel saß auf einem hohen Stuhle mit rotem Kissen daneben, klug und einverstanden, als billige er höchlich diese gute Ergötzung. Ich markierte mein Buch und ging hinüber.

In meinen Filzstiefeln wurde ich von den lustig Malenden nicht gehört und nur von Mouton dem Pudel wahrgenommen, der aber seinen Gruß, ohne das Kissen zu verlassen, auf ein heftiges Wedeln beschränkte. Ich ließ mich still in einen Lehnstuhl nieder, um dem wunderlichsten Gespräche beizuwohnen, welches je in Euerm botanischen Garten, Sire, geführt wurde. Zuerst aber betrachtete ich aus meinem Winkel das Bild, welches auf der Staffelei stand, den Geruch einatmend, den die flott und freigebig gehandhabten Ölfarben verbreiteten. Was stellte es dar? Ein Nichts: eine Abendstimmung, eine Flußstille, darin die Spiegelung einiger aufgelöster roter Wölkchen und eines bemoosten Brückenbogens. Im Flusse standen zwei Kühe, die eine saufend, die andere, der auch noch das Wasser aus den Maulwinkeln troff, beschaulich blickend. Natürlich tat Mouton das Beste daran. Aber auch der Knabe besaß eine gewisse Pinselführung, welche nur das Ergebnis mancher ohne mein Wissen mit Mouton vermalten Stunde sein konnte. Wie viel oder wenig er gelernt haben mochte, schon die Illusion eines Erfolges, die Teilnahme an einer genialen Tätigkeit, einem mühelosen und glücklichen Entstehen, einer Kühnheit und Willkür der schöpferischen Hand, von welcher wohl der Phantasielose sich früher keinen Begriff gemacht hatte und die er als ein Wunder bestaunte, ließ den Knaben nach so vielen Verlusten des Selbstgefühls eine große Glückseligkeit empfinden. Das wärmste Blut rötete seine keuschen Wangen und ein Eifer beflügelte seine Hand, daß nichts darüber ging und auch ich eine helle väterliche Freude fühlte.

Inzwischen erklärte Mouton dem Knaben die breiten Formen und schweren Gebärden einer wandelnden Kuh und schloß mit der Behauptung, es gehe nichts darüber als die Gestalt des Stieres. Diese sei der Gipfel der Schöpfung. Er sagte wohl, um genau zu sein, der Natur, nicht der Schöpfung, denn die letztere kannte er nicht, weder den Namen, noch die Sache, da er verwahrlost und ohne Katechismus aufgewachsen war.

Wenig Glück genügte, die angeborene Heiterkeit wie eine

sprudelnde Quelle aus dem Knaben hervorzulocken. Die Achtung Moutons vor dem Hornvieh komisch findend, erzählte Julian unschuldig: ‹Père Amiel hat uns heute morgen gelehrt, daß die alten Ägypter den Stier göttlich verehrten. Das finde ich drollig!›

‹Sapperment›, versetzte der Maler leidenschaftlich, ‹da taten sie recht. Gescheite Leute das, Viehkerle! Nicht wahr, Mouton? Wie? Ich frage dich, Julian, ist ein Stierhaupt in seiner Macht und drohenden Größe nicht göttlicher – um das dumme Wort zu gebrauchen – als ein Dreieck oder ein Tauber oder gar ein schales Menschengesicht? Nicht wahr, Mouton? Das fühlst du doch selber, Julian? Wenn ich sage: fades Menschengesicht, so rede ich unbeschadet der Nase deines Père Amiel. Alle Achtung!› Mouton zeichnete, übrigens ohne jeden Spott, mit einem frechen Pinselzug auf das Tannenholz der Staffelei eine Nase, aber eine Nase, ein Ungeheuer von Nase, von fabelhafter Größe und überwältigender Komik.

‹Man sieht›, fuhr er dann in ganzem Ernste fort, ‹die Natur bleibt nicht stehen. Es würde sie ergötzen, zeitweilig etwas Neues zu bringen. Doch das ist verspätet: die Vettel hat ihr Feuer verloren.›

‹Père Amiel›, meinte der Knabe schüchtern, ‹wird der Natur nicht für seine Nase danken, denn sie macht ihn lächerlich und er hat ihrethalber viel von meinen Kameraden auszustehen.›

‹Das sind eben Buben›, sagte Mouton großmütig, ‹denen der Sinn für das Erhabene mangelt. Aber beiläufig, wie kommt es, Julian, daß ich, neulich in deinem Schulhaus einen Besuch machend, um dir die Vorlagen zu bringen, dich unter lauter Kröten fand? Dreizehn- und vierzehnjährigen Jüngelchen? Paßt sich das für dich, dem der Flaum keimt und der ein Liebchen besitzt?›

Dieser plötzliche Überfall rief den entgegengesetzten Ausdruck zweier Gefühle auf das Antlitz des Jünglings: eine glückliche, aber tiefe Scham, und einen gründlichen Jammer, der überwog. Julian seufzte. ‹Ich bin zurückgeblieben›, lispelte er mit unwillkürlichem Doppelsinne.

‹Dummheit!› schimpfte Mouton. ‹Worin zurückgeblieben? Bist du nicht mit deinen Jahren gewachsen und ein schlanker und schöner Mensch? Wenn dir die Wissenschaften widerstehen, so beweist das deinen gesunden Verstand. Meiner Treu! ich hätte mich als ein Bärtiger oder wenigstens Flaumiger nicht unter die Buben setzen lassen und wäre auf der Stelle durchgebrannt.›

‹Aber, Mouton›, sagte der Knabe, ‹der Marschall, mein Vater, hat es von mir verlangt, daß ich noch ein Jahr unter den Kleinen sitzen bleibe. Er hat mich darum gebeten, ihm diesen Gefallen zu tun.› Er sagte das mit einem zärtlichen Ausdruck von Gehorsam und ehrfürchtiger Liebe, der mich ergriff, obschon ich mich zu gleicher Zeit an dem die kindliche Verehrung mißbrauchenden Marschall ärgerte und auch darüber höchst mißmutig war, daß Julian, gegen mich und jedermann ein hartnäckiger Schweiger, einem Mouton Vertrauen bewies, einem Halbmenschen sich aufschloß. Mit Unrecht. Erzählen doch auch wir Erwachsenen einem treuen Tiere, welches uns die Pfoten auf die Kniee legt, unsern tiefsten Kummer, und ist es nicht ein vernünftiger Trieb aller von der Natur Benachteiligten, ihre Gesellschaft eher unten zu suchen als bei ihresgleichen, wo sie sich als Geschonte und Bemitleidete empfinden?

‹Weißt du was›, fuhr Mouton nach einer Pause fort und der andere Mouton spitzte die Ohren dazu, ‹du zeichnest dein Vieh schon jetzt nicht schlecht und lernst täglich hinzu. Ich nehme dich nach dem Süden als meinen Gesellen. Ich habe da eine Bestellung nach Schloß Grignan. Die Dingsda – wie heißt sie doch? das fette lustige Weibsbild? richtig: die Sévigné! – schickt mich ihrem Schwiegersohn, dem Gouverneur dort herum. Du gehst mit und nährst dich ausgiebig von Oliven, bist ein freier loser Vogel, der flattert und pickt, wo er will, blickst dein Lebtag in nichts Gedrucktes und auf nichts Geschriebenes mehr und lässest den Marschall Marschall sein. Auch dein blaues kühles vornehmes Liebchen bleibt dahinten. Meinst, ich hätte dich nicht gesehen, Spitzbube, erst vorgestern, da der alte

Quacksalber in Versailles war, vor den Affen stehen, mit der alten Kräuterschachtel und der großen blauen Puppe? Für diese wird sich schon ein brauner sonneverbrannter Ersatz finden.›

Dieses letzte Wort, welches noch etwas zynischer lautete, empörte mich, wiewohl es den Knaben, wie ich ihn kannte, nicht beschädigen konnte. Jetzt räusperte ich mich kräftig und Julian erhob sich in seiner ehrerbietigen Art mich zu begrüßen, während Mouton, ohne irgend eine Verlegenheit blicken zu lassen, sich begnügte in den Bart zu murmeln: ‹Der!› Mouton war von einer gründlichen Undankbarkeit.

Ich nahm den Knaben, während Mouton lustig fortpinselte, mit mir in den Garten und fragte ihn, ob ihn wirklich der Zyniker in seinem Collège aufgesucht hätte, was mir aus naheliegenden Gründen unangenehm war. Julian bejahte. Es habe ihn etwas gekostet, sagte er aufrichtig, unter seinen Mitschülern im Hofraum den Händedruck Moutons zu erwidern, dem die nackten Ellbogen aus den Löchern seiner Ärmel und die Zehen aus den Schuhen geguckt hätten, ‹aber›, sagte er, ‹ich tat es und begleitete ihn auch noch über die Straße; denn ich danke ihm Unterricht und heitere Stunden und habe ihn auch recht lieb, ohne seine Unreinlichkeit.›

So redete der Knabe, ohne weiter etwas daraus zu machen, und erinnerte mich an eine Szene, die ich vor kurzem aus den obern, auf den Spielplatz blickenden Arkaden des Collège, wohin man mich zu einem kranken Schüler gerufen, beobachtet hatte und von welcher ich mich lange nicht hatte trennen können. Unten war Fechtstunde und der Fechtmeister, ein alter benarbter Sergeant, der lange Jahre unter dem Marschall gedient hatte, behandelte den Sohn seines Feldherrn, welcher kurz vorher neben Kindern auf einer Schulbank gesessen, mit fast unterwürfiger Ehrerbietung, als erwarte er Befehl, statt ihn zu geben.

Julian focht ausgezeichnet, ich hätte fast gesagt: er focht edel. Der Knabe pflegte in den langen Stunden des Auswendiglernens das Handgelenk mechanisch zu drehen, wodurch dasselbe ungewöhnlich geschmeidig wurde. Dazu hatte er genauen

Blick und sichern Ausfall. So wurde er, wie gesagt, ein Fechter erster Klasse, wie er auch gut und verständig ritt. Es lag nahe, daß der überall Gedemütigte diese seine einzige Überlegenheit seine Kameraden fühlen ließ, um ein Ansehen zu gewinnen. Aber nein, er verschmähte es. Die in dieser Körperübung Geschickten und Ungeschickten behandelte er, ihnen die Klinge in der Hand gegenüberstehend, mit der gleichen Courtoisie, ohne jemals mit jenen in eine hitzige Wette zu geraten oder sich über diese, von welchen er sich zuweilen zu ihrer Ermutigung großmütig stechen ließ, lustig zu machen. So stellte er auf dem Fechtboden in einer feinen und unauffälligen Weise jene Gleichheit her, deren er selbst in den Schulstunden schmerzlich entbehrte, und genoß unter seinen Kameraden zwar nicht einen durch die Faust eroberten Respekt, sondern eine mit Scheu verbundene Achtung seiner unerklärlichen Güte, die freilich in ein der Jugend sonst unbekanntes aufrichtiges Mitleid mit seiner übrigen Unbegabtheit verfloß. Die Ungunst des Glückes, welche so viele Seelen verbittert, erzog und adelte die seinige.

Ich war mit Julian in Euerm Garten, Sire, lustwandelnd zu den Käfigen gelangt, wo Eure wilden Tiere hinter Eisenstäben verwahrt werden. Eben hatte man dort einen Wolf eingetan, der mit funkelnden Augen und in schrägem, hastigem Gange seinen Kerker durchmaß. Ich zeigte ihn dem Knaben, welcher nach einem flüchtigen Blick auf die ruhelose Bestie sich leicht schaudernd abwendete. Der platte Schädel, die falschen Augen, die widrige Schnauze, die tückisch gefletschten Zähne konnten erschrecken. Doch ich war die Furcht an dem Knaben, der schon Jagden mitgemacht hatte, durchaus nicht gewohnt. ‹Ei, Julian, was ist dir?› lächelte ich und dieser erwiderte befangen: ‹Das Tier mahnt mich an jemand –› ließ dann aber die Rede fallen, denn wir erblickten auf geringe Entfernung ein vornehmes weibliches Paar, das unsere Aufmerksamkeit in Anspruch nahm: eine purzlige Alte und ein junges Mädchen, die erstere die Gräfin Mimeure – Ihr erinnert Euch ihrer, Sire, wenn sie auch seit Jahrzehnten den Hof meidet, nicht aus Nachlässigkeit, denn sie verehrt Euch grenzenlos, sondern weil sie, wie sie sagt, mit ihren Runzeln Euern Schönheitssinn nicht beleidigen will. Garstig und witzig und wie ich an einem Krückenstock gehend, ein originelles und wackeres Geschöpf, war sie mir eine angenehme Erscheinung.

‹Guten Tag, Fagon!› rief sie mir entgegen. ‹Ich betrachte deine Kräuter und komme dich um ein paar Rhabarbersträuche zu bitten für meinen Garten zu Neuilly; du weißt, ich bin ein Stück von einer Ärztin!› und sie nahm meinen Arm. ‹Begrüßet euch, ihr Jugenden! Tun sie, als hätten sie sich nie gesehen!›

Julian, der schüchterne, begrüßte das Mädchen, welches ihm die Fingerspitzen bot, ohne große Verlegenheit, was mich wunderte und freute. ‹Mirabelle Miramion›, nannte sie mir die Gräfin, ‹ein prächtiger Name, nicht wahr, Fagon?› Ich betrachtete das schöne Kind und mir fiel gleich jenes ‹blaue Liebchen› ein, mit welchem Mouton den Knaben aufgezogen. In der Tat, sie hatte große blaue, flehende Augen, eine kühle, durchsichtige Farbe und einen kaum vollendeten Wuchs, der noch nichts als eine zärtliche Seele ausdrückte.

Mit einer kindlichen, glockenhellen Stimme, welche zum Herzen ging, begann sie, da mich ihr die Gräfin als den Leibarzt des Königs vorstellte, folgendermaßen: ‹Erster der Ärzte und Naturforscher, ich verneige mich vor Euch in diesem weltberühmten Garten, welchen Euch die Huld des mächtigsten Herrschers, der dem Jahrhundert den Namen gibt, in seiner volkreichen und bewundernswerten Hauptstadt gebaut hat.› Ich wurde so verblüfft von dieser weitläufigen verblühten Rhetorik in diesem kleinen lenzfrischen Munde, daß ich der Alten das Wort ließ, welche gutmütig verdrießlich zu schelten begann: ‹Laß es gut sein, Bellchen. Fagon schenkt dir das Übrige. Unter Freunden, Kind, – denn Fagon ist es und kein Spötter – wie oft hab' ich dich schon gebeten in den drei Wochen, da ich dich um mich habe, von diesem verwünschten gespreizten provinzialen Reden abzulassen. So spricht man nicht. Dieser hier ist nicht der erste der Ärzte, sondern schlechthin Herr Fagon.

Der botanische Garten ist kurzweg der botanische Garten, oder der Kräutergarten, oder der königliche Garten. Paris ist Paris und nicht die Hauptstadt, und der König begnügt sich damit, der König zu sein. Merke dir das.› Der Mund des Mädchens öffnete sich schmerzlich und ein Tränchen rieselte über die blühende Wange.

Da wendete sich zu meinem Erstaunen Julian in großer Erregung gegen die Alte. ‹Um Vergebung, Frau Gräfin!› sprach er kühn und heftig. ‹Die Rhetorik ist eine geforderte, unentbehrliche Sache und schwierig zu lernen. Ich muß das Fräulein bewundern, wie reich sie redet, und Père Amiel, wenn er sie hörte –›

‹Père Amiel!› – die Gräfin brach in ein tolles Gelächter aus, bis sie das Zwerchfell schmerzte, – ‹Père Amiel hat eine Nase! aber eine Nase! eine Weltnase! Stelle dir vor, Fagon, eine Nase, welche die des Abbé Genest beschämt! Was ich im Collège zu schaffen hatte? Ich holte dort meinen Neffen ab – du weißt, Fagon, ich habe die Kinder von zwei verstorbenen Geschwistern auf dem Halse – meinen Neffen, den Guntram – armer, armer Junge! – und wurde, bis Père Tellier, der Studienpräfekt, zurückkäme, in die Rhetorik des Père Amiel geführt. O Gott! o Gott!› Die Gräfin hielt sich den wackelnden Bauch. ‹Hab' ich gelitten an verschlucktem Lachen! Zuerst das sich ermordende römische Weibsbild! Der Pater erdolchte sich mit dem Lineal. Dann verzog er süß das Maul und hauchte: ‹Paete, es schmerzt nicht!› Aber was wollte das heißen gegen die sterbende Cleopatra mit der Viper! Der Père setzte sich das Lineal an die linke Brustwarze und ließ die Äuglein brechen. Daß du das nicht gesehen hast, Fagon! ... Ih!› kreischte sie plötzlich, daß es mir durch Mark und Bein ging, ‹da ist ja auch Père Tellier!› und sie deutete auf den Wolf, von welchem wir uns nicht über zwanzig Schritte entfernt hatten. ‹Wahrhaftig, Père Tellier, wie er leibt und lebt! Gehen wir weg von deinen garstigen Tieren, Fagon, zu deinen wohlriechenden Pflanzen! Gib mir den Arm, Julian!›

‹Frau Gräfin erlauben›, fragte dieser, ‹warum nanntet Ihr den Guntram einen armen Jungen, ihn, der jetzt den Lilien folgt, wenn er nicht schon die Ehre hat, die Fahne des Königs selbst zu tragen?›

‹Ach, ach!› stöhnte die Gräfin mit plötzlich verändertem Gesichte und den Tränen des Gelächters folgten die gleichfarbigen des Jammers, ‹warum ich den Guntram einen armen Jungen nannte? Weil er gar nicht mehr vorhanden ist, Julian, weggeblasen! Dazu bin ich in den Garten gekommen, wo ich dich vermutete, um dir zu sagen, daß Guntram gefallen ist, denke dir, am Tage nach seiner Ankunft beim Heer. Er wurde gleich eingestellt und führte eine Patrouille so tollkühn und unnütz vor, daß ihn eine Stückkugel zerriß, nicht mehr nicht weniger als den weiland Marschall Turenne. Stelle dir vor, Fagon: der Junge hatte noch nicht sein sechzehntes erreicht, strebte aber aus dem Collège, wo er rasch und glücklich lernte, wachend und träumend nach der Muskete. Und dabei war er kurzsichtig, Fagon, du machst dir keinen Begriff! So kurzsichtig, daß er auf zwanzig Schritte nichts vor sich hatte als Nebel. Natürlich haben ich und alle Vernünftigen ihm den Degen ausgeredet – nutzte alles nichts, denn er ist ein Starrkopf erster Härte. Ich stritt mich mütterlich mit dem Jungen herum, aber eines schönen Tages entlief er und rannte zu deinem Vater, Julian, der eben in den Wagen stieg, um sein niederländisches Commando zu übernehmen. Dieser befragte das Kind, wie er mir jetzt selbst geschrieben hat, ob es unter einem väterlichen Willen stünde, und als der Junge verneinte, ließ ihn der Marschall in seinem Reisezuge mitreiten. Nun fault der kecke Bube dortüben› – sie wies nördlich – ‹in einem belgischen Weiler. Aber die schmalen Erbteile seiner fünf Schwestern haben sich ein bißchen gebessert.›

Ich las auf dem Gesichte Julians, wie tief und verschiedenartig ihn der Tod seines Gespielen bewegte. Jenen hatte der Marschall in den Krieg genommen und sein eigenes Kind auf einer ekeln Schulbank sitzen lassen. Doch der Knabe glaubte so blindlings an die Gerechtigkeit seines Vaters, auch wenn er sie nicht begriff, daß die Wolke rasch über die junge Stirn wegglitt und einem deutlichen Ausdruck der Freude Raum gab.

‹Du lachst, Julian?› schrie die Alte entsetzt.

‹Ich denke›, sagte dieser bedächtig, als kostete er jedes Wort auf der Zunge, ‹der Tod für den König ist in allen Fällen ein Glück.›

Diese ritterliche, aber nicht lebenslustige Maxime und der unnatürlich glückliche Ton, in welchem der Knabe sie aussprach, beelendete die gute Gräfin. Ein halbverschluckter Seufzer bezeugte, daß sie das Leiden des Knaben und seine Mühe zu leben wohl verstand. ‹Begleite Mirabellen, Julian›, sagte sie, ‹und geht uns voraus, dorthin nach den Palmen, nicht zu nahe, denn ich habe mit Fagon zu reden, nicht zu fern, damit ich euch hüte.›

‹Wie schlank sie schreiten!› flüsterte die Alte hinter den sich Entfernenden. ‹Adam und Eva! Lache nicht, Fagon! Ob das Mädchen Puder und Reifrock trägt, wandeln sie doch im Paradiese, und auch unschuldig sind sie, weil eine leidenvolle Jugend auf ihnen liegt und sie die reine Liebe empfinden läßt, ohne den Stachel ihrer Jahre. Mich beleidigt nicht, was mir sonst mißfällt, daß das Mädel ein paar Jahre und Zolle› – sie übertrieb – ‹mehr hat als der Junge. Wenn die nicht zusammengehören!

Es ist eine lächerliche Sache mit dem Mädchen, Fagon, und ich sah, wie es dich verblüffte, da du von dem schönen Kinde so geschmacklos angeredet wurdest. Und doch ist dieser garstige Höcker ganz natürlich gewachsen. Meine Schwester, die Vicomtesse, Gott habe sie selig, sie war eine Kostbare, eine Précieuse, die sich um ein halbes Jahrhundert verspätet hatte, und erzog das Mädchen in Dijon, wo ihr Mann dem Parlamente und sie selbst einem poetischen Garten vorsaß, mit den Umschreibungen und Redensarten des weiland Fräuleins von Scudéry. Es gelang ihr, dem armen folgsamen Kinde den Geschmack gründlich zu verderben. Ich wette› – und sie wies mit ihrer Krücke auf die zweie, welche, aus den sich einander zärtlich, aber bescheiden zuneigenden Gestalten zu schließen, einen seligen Augenblick genossen, – ‹jetzt plaudert sie ganz harmlos mit dem Knaben, denn sie hat eine einfache Seele und ein keusches Gemüt. Die Luft, die sie aushaucht, ist reiner als die, welche sie einatmet. Aber geht sie dann morgen mit mir in Gesellschaft und kommt neben ein großes Tier, einen Erzbischof oder Herzog, zu sitzen, wird sie von einer tödlichen Furcht befallen, für albern oder nichtig zu gelten, und behängt ihre blanke Natur aus reiner Angst mit dem Lumpen einer geflickten Phrase. So wird die Liebliche unter uns, die wir klar und kurz reden, gerade zu dem, was sie fürchtet, zu einer lächerlichen Figur. Ist das ein Jammer und werde ich Mühe haben, das Kind zurecht zu bringen! Und der Julian, der dumme Kerl, der sie noch darin bestärkt!›

‹Uff!› keuchte die Gräfin, die das Gehen an der Krücke ermüdete, und ließ sich schwer auf die Steinbank nieder in dem Rondell von Myrten und Lorbeeren, wo, Sire, Eure Büste steht.

‹Von dem Knaben zu reden, Fagon›, begann sie wieder, ‹den mußt du mir ohne Verzug von der Schulbank losmachen. Es war empörend, ich sage dir, empörend, Fagon, ihn unter den Jungen sitzen zu sehen. Der Marschall, dieser schreckliche Pedant, würde ihn bei den Jesuiten verschimmeln lassen! Nur damit er seine Klassen beendige! Bei den Jesuiten, Fagon! Ich habe dem Père Amiel auf den Zahn gefühlt. Ich kitzelte ihn mit seiner Mimik. Er ist ein eitler Esel, aber er hat Gemüt. Er beklagte den Julian und ließ dabei einfließen, sehr behutsam, doch deutlich genug: der Knabe wäre bei den Vätern schlecht aufgehoben. Diese seien die besten Leute von der Welt, nur etwas empfindlich, und man dürfe sie nicht reizen. Der Marschall sei ihnen auf die Füße getreten: der neue Studienpräfekt aber lasse mit der Ehre des Ordens nicht spaßen und gebe dem Kinde die Schuld des Vaters zu kosten. Dann erschrak er über seine Aufrichtigkeit, blickte um sich und legte den Finger auf den Mund.

Ich nahm die Knaben mit: den Guntram, unsern Julian, der mit ihm irgend ein Geheimnis hatte, und noch einen dritten Freund, den Victor Argenson, diesen zu meiner eigenen Ergötzung, denn er ist voller Mutwille und Gelächter.

An jenem Abend trieb er es zu toll. Er und Guntram quälten Mirabellen, die ich schon zu Mittag für eine ellenlange Phrase gezankt hatte, bis aufs Blut. ‚Schön ausgedrückt, Fräulein Mirobolante‘, spotteten sie, ‚aber noch immer nicht schön genug! Noch eine Note höher!‘ und so fort. Julian verteidigte das Mädchen, so gut er konnte, und vermehrte nur das Gelächter. Plötzlich brach die Mißhandelte in strömende Tränen aus und ich trieb die Rangen in den großen Saal, wo ich mit ihnen ein Ballspiel begann. Nach einer Weile Julian und Mirabellen suchend, fand ich sie im Garten, wo sie auf einer stillen Bank zusammensaßen: Amor und Psyche. Sie erröteten, da ich sie überraschte, nicht allzusehr.

Merke dir’s, Fagon, der Julian ist jetzt mein Adoptivkind, und wenn du ihn nicht von den Vätern befreist und ihm ein mögliches Leben verschaffst, meiner Treu! dann stelze ich an dieser Krücke nach Versailles und bringe trotz meiner Runzeln die Sache an den hier!› und sie wies auf deine lorbeerbekränzte Büste, Majestät.

Die Alte plauderte mir noch hundert Dinge vor, während ich beschloß, sobald sie sich verabschiedet hätte, mit dem Knaben ein gründliches Wort zu reden.

Er und das Mädchen erschienen dann wieder, still strahlend. Der Wagen der Gräfin wurde gemeldet und Julian begleitete die Frauen an die Pforte, während ich meine Lieblingsbank vor der Orangerie aufsuchte. Ich labte mich an dem feinen Dufte. Mouton, einen lästerlichen Knaster dampfend und die Hände in den Taschen, schlenderte ohne Gruß an mir vorüber. Er pflegte seine Abende außerhalb des Gartens in einer Schenke zu beschließen. Mouton der Pudel dagegen empfahl sich mir heftig wedelnd. Ich bin gewiß, das kluge Tier erriet, daß ich seinen Meister gern dem Untergang entrissen hätte, denn Mouton der

Mensch soff gebranntes Wasser, was zu berichten ich vergessen oder vor der Majestät mich geschämt habe.

Der Knabe kam zurück, weich und glücklich. ‹Laß mich einmal sehen, was du zeichnest und malst›, sagte ich. ‹Es liegt ja wohl alles auf der Kammer Moutons.› Er willfahrte und brachte mir eine volle Mappe. Ich besah Blatt um Blatt. Seltsamer Anblick, diese Mischung zweier ungleichen Hände: Moutons freche Würfe von der bescheidenen Hand des Knaben nachgestammelt und – leise geadelt! Lange hielt ich einen blauen Bogen, worauf Julian einige von Mouton in verschiedenen Flügelstellungen mit Hilfe der Lupe gezeichnete Bienen unglaublich sorgfältig wiedergegeben. Offenbar hatte der Knabe die Gestalt des Tierchens liebgewonnen. Wer mir gesagt hätte, daß die Zeichnung eines Bienchens den Knaben töten würde!

Zu unterst in der Mappe lag noch ein unförmlicher Fetzen, worauf Mouton etwas gesudelt hatte, was meine Neugierde fesselte. ‹Das ist nicht von mir›, sagte Julian, ‹es hat sich angehängt.› Ich studierte das Blatt, welches die wunderliche Parodie einer ovidischen Szene enthielt: jener, wo Pentheus rennt, von den Mänaden gejagt, und Bacchus, der grausame Gott, um den Flüchtenden zu verderben, ein senkrechtes Gebirge vor ihm in die Höhe wachsen läßt. Wahrscheinlich hatte Mouton den Knaben, der zuweilen seinen Aufgaben in der Malkammer oblag, die Verse Ovids mühselig genug übersetzen hören und daraus seinen Stoff geschöpft. Ein Jüngling, unverkennbar Julian in allen seinen Körperformen, welche Moutons Malerauge leichtlich besser kannte als der Knabe selbst, ein schlanker Renner, floh, den Kopf mit einem Ausdrucke tödlicher Angst nach ein paar ihm nachjagenden Gespenstern umgewendet. Keine Bacchantinnen, Weiber ohne Alter, verkörperte Vorstellungen, Ängstigungen, folternde Gedanken – eines dieser Scheusale trug einen langen Jesuitenhut auf dem geschorenen Schädel und einen Folianten in der Hand – und erst die Felswand, wüst und unerklimmbar, die vor dem Blicke zu wachsen schien, wie ein finsteres Schicksal!

Ich sah den Knaben an. Dieser betrachtete das Blatt ohne Widerwillen, ohne eine Ahnung seiner möglichen Bedeutung. Auch Mouton mochte sich nicht klar gemacht haben, welches schlimme Omen er in genialer Dumpfheit auf das Blatt hingeträumt hatte. Ich steckte dasselbe unwillkürlich, um es zu verbergen, in die Mitte der Blätterschicht, bevor ich diese in die Mappe schob.

‹Julian›, begann ich freundlich, ‹ich beklage mich bei dir, daß du mir Mouton vorgezogen hast, ihn zu deinem Vertrauten machend, während du dich gegen mein Wohlwollen, das du kennst, in ein unbegreifliches Schweigen verschlossest. Fürchtest du dich, mir dein Unglück zu sagen, weil ich im Stande bin, dasselbe klar zu begrenzen und richtig zu beurteilen, und du vorziehst, in hoffnungslosem Brüten dich zu verzehren? Das ist nicht mutig.›

Julian verzog schmerzlich die Brauen. Aber noch einmal spielte ein Strahl der heute genossenen Seligkeit über sein Antlitz. ‹Herr Fagon›, sagte er halb lächelnd, ‹eigentlich habe ich meinen Gram nur dem P u d e l Mouton erzählt.›

Dieses artige Wort, welches ich ihm nicht zugetraut hätte, überraschte mich. Der Knabe deutete meine erstaunte Miene falsch. Er glaubte sich mißredet zu haben. ‹Fraget mich, Herr Fagon›, sagte er, ‹ich antworte Euch die Wahrheit.›

‹Du hast Mühe zu leben?›

‹Ja, Herr Fagon.›

‹Man hält dich für beschränkt und du bist es auch, doch vielleicht anders, als die Leute meinen.› Das harte Wort war gesprochen.

Der Knabe versenkte den Blondkopf in die Hände und brach in schweigende Tränen aus, welche ich erst bemerkte, da sie zwischen seinen Fingern rannen. Nun war der Bann gebrochen.

‹Ich will Euch meine Kümmernis erzählen, Herr Fagon›, schluchzte er, das Antlitz erhebend.

‹Tue das, mein Kind, und sei gewiß, daß ich dich jetzt, da wir Freunde sind, verteidigen werde wie mich selbst. Niemand wird dir künftig etwas anhaben, weder du noch ein anderer! Du wirst dich wieder an Luft und Sonne freuen und dein Tagewerk ohne Grauen beginnen.›

Der Knabe glaubte an mich und faßte mit hoffenden Augen Vertrauen. Dann begann er sein Leid zu erzählen, halb schon wie ein vergangenes:

‹Einen schlimmen Tag habe ich gelebt und die übrigen waren nicht viel besser. Es war an einem Herbsttage, daß ich mit Guntram zu seinem Ohm, dem Comtur, nach Compiègne fuhr. Wir wollten uns dort im Schießen üben, für uns beide ein neues Vergnügen und eine Probe unserer Augen.

Wir hatten ein leichtes Zweigespann und Guntram unterhielt mich in einer Staubwolke von seiner Zukunft. Diese könne nur eine militärische sein. Zu anderem habe er keine Lust. Der Comtur empfing uns weitläufig, aber Guntram hielt nicht Ruhe, bis wir auf Distanz vor der Scheibe standen. Keinen einzigen Schuß brachte er hinein. Denn er ist kurzsichtig wie niemand. Er biß sich in die Lippe und regte sich schrecklich auf. Dadurch wurde auch seine Hand unsicher, während ich ins Schwarze traf, weil ich sah und zielte. Der Comtur wurde abgerufen und Guntram schickte den Bedienten nach Wein. Er leerte einige Gläser und seine Hand fing an zu zittern. Mit hervorquellenden Augen und verzerrtem Gesichte schleuderte er seine Pistole auf den Rasen, hob sie dann aber wieder auf, lud sie, lud auch die meinige und verlor sich mit mir in das Dickicht des Parkes.

Auf einer Lichtung hob er die eine und bot mir die andere. ‚Ich mache ein Ende!' schrie er verzweifelt. ‚Ich bin ein Blinder und die taugen nicht ins Feld, und wenn ich nicht ins Feld tauge, will ich nicht leben! Du begleitest mich! Auch du taugst nicht ins Leben, obwohl du beneidenswert schießest, denn du bist der größte Dummkopf, das Gespötte der Welt!' ‚Und Gott?' fragte ich. ‚Ein hübscher Gott', hohnlachte er und zeigte dem Himmel die Faust, ‚der mir Kriegslust und Blindheit und dir einen Körper ohne Geist gegeben hat!' Wir rangen, ich entwaffnete ihn und er schlug sich in die Büsche.

Seit jenem Tage war ich ein Unglücklicher, denn Guntram hatte ausgesprochen, was ich wußte, aber mir selbst verhehlte, so gut es gehen wollte. Stets hörte ich das Wort Dummkopf hinter mir flüstern, auf der Straße wie in der Schule, und meine Ohren schärften sich das grausame Wort zu vernehmen. Es mag auch sein, daß meine Mitschüler, über welche ich sonst nicht zu klagen habe, wenn sie sich außer dem Bereiche meines Ohres glauben, kürzehalber mich so nennen. Sogar das Semmelweib mit den verschmitzten Runzeln, die Lisette, welche vor dem Collège ihre Ware vertreibt, sucht mich zu betrügen, oft recht plump, und glaubt es zu dürfen, weil sie mich einen Dummen nennen hört. Und doch hangt an der Mauer des Collège Gott der Heiland, der in die Welt gekommen ist, um Gerechtigkeit gegen alle und Milde gegen die Schwachen zu lehren.› Er schwieg und schien nachzudenken.

Dann fuhr er fort: ‹Ich will mich nicht besser machen, Herr Fagon, als ich bin. Auch ich habe meine bösen Stunden. Bei keinem Spiele würde ich Sonne und Schatten ungerecht verteilen, und wie kann Gott bei dem irdischen Wettspiel einem einzelnen Bleigewichte anhängen und ihm dann zurufen: Dort ist das Ziel: lauf mit den andern! Oft, Herr Fagon, habe ich vor dem Einschlafen die Hände gefaltet und den lieben Gott brünstig angefleht, er möge, was ich eben mühselig erlernt, während des Schlafes in meinem Kopfe wachsen und erstarken lassen, was ja die bloße Natur den andern gewährt. Ich wachte auf und hatte alles vergessen und die Sonne erschreckte mich.

Vielleicht›, flüsterte er scheu, ‹tue ich dem lieben Gott Unrecht. Er hülfe gern, gütig wie er ist, aber er hat wohl nicht immer die Macht. Wäre das nicht möglich, Herr Fagon? Wurde es dann allzu arg, besuchte mich die Mutter im Traum und sagte mir: ‚Halt aus, Julian! Es wird noch gut!‘›

Diese unglaublichen Naivetäten und kindischen Widersprüche zwangen mich zu einem Lächeln, welches ein Grinsen sein mochte. Der Knabe erschrak über sich selbst und über mich. Dann sagte er, als hätte er schon zu lange gesprochen, hastig, nicht ohne einige Bitterkeit, denn die Zuversicht hatte ihn im Laufe seiner Erzählung wieder verlassen: ‹Nun weiß jedermann, daß ich dumm bin, selbst der König, und diesem hätte ich es so gerne verheimlicht› – Julian mochte auf jenen Marly anspielen – ‹einzig meinen Vater ausgenommen, der nicht daran glauben will.›

‹Mein Sohn›, sagte ich und legte die Hand auf seine schlanke Schulter, ‹ich philosophiere nicht mit dir. Willst du mir aber glauben, so trage ich dich durch die Wellen. Wie du bist, ich werde dich in den Port bringen. Zwar du wirst trotz deines schönen Namens kein Heer und keine Flotte führen, aber du wirst auch keine Schlacht leichtsinnig verlieren zum Schaden deines Königs und deines Vaterlandes. Dein Name wird nicht wie der deines Vaters in unsern Annalen stehen, aber im Buche der Gerechten, denn du kennst die erste Seligpreisung, daß das Himmelreich den Armen im Geiste gehört.

Merk auf! Der erste Punkt ist: du gehst ins Feld und kämpfst in unsern Reihen für den König und das jetzt so schwer bedrohte Frankreich. Im Kugelregen wirst du erfahren, ob du leben darfst. Daß du bald hinein kommst, dafür sorge ich. Du bleibst oder du kehrst heim mit dem Selbstvertrauen eines Braven. Ohne Selbstvertrauen kein Mann! Niemand wird dir leicht ins Angesicht spotten. Dann wirst du ein einfacher Diener deines Königs und erfüllst du deine Pflicht aufs strengste, wie es in dir liegt. Du hast Ehre und Treue und deren bedarf die Majestät. Unter denen, die sie umgeben, ist kein Überfluß daran. Marstall, Jagd oder Wache, ein Dienst wird sich finden, wie du ihn zu verrichten verstehst. Deine Geburt wird dich statt des eigenen Verdienstes vor andern begünstigen: das mache dich demütig. Die Majestät, wenn sie sich im Rate müde gearbeitet hat, liebt es, ein zwangloses Wort an einen Schweigsamen und unbedingt Getreuen zu richten. Du bist zu einfach, um dich in eine Intrige zu mischen; dafür wird dich keine Intrige zu Grunde richten. Man wird, wie die Welt ist, hinter deinem Rücken höhnen und spotten, aber du blickst nicht um. Du wirst gütig und gerecht sein mit deinen Knechten und keinen Tag beendigen ohne eine Wohltat. Im übrigen: verzichte!›

Der Knabe blickte mich mit gläubigen Augen an. ‹Das sind Worte des Evangeliums›, sagte er.

‹Verzichtet nicht jedermann›, scherzte ich, ‹selbst deine Gönnerin, Frau von Maintenon, selbst der König auf einen Schmuck oder eine Provinz? Habe ich, Fagon, nicht ebenfalls verzichtet, vielleicht bitterer als du, wenn auch auf meine eigene Weise? Verwaist, arm, mit einem elenden Körper, der sich gerade in deinen Jahren von Tag zu Tag verwuchs und verbog, habe ich nicht eine strenge Muse gewählt, die Wissenschaft? Glaubst du, ich hatte kein Herz, keine Sinne? Ein zärtliches Herzchen, Julian! – und entsagte ein für allemal dem größten Reiz des Daseins, der Liebe, welche deinem schlanken Wuchse und deinem leeren Blondkopf nur so angeworfen wird!›» Fagon trug, was ihn vielleicht in seiner Jugend schwer bedrängt hatte, mit einem so komischen Pathos vor, daß es den König belustigte und der Marquise schmeichelte.

«Ich begleitete Julian bis an die Pforte und zog ihn mit Mirabellen auf. ‹Ihr habt rasch gemacht›, sagte ich. ‹Es ist so gekommen›, antwortete er unbefangen. ‹Man hat sie mit dem Geiste gequält, sie weinte und da faßte ich ein Vertrauen. Auch gleicht sie meiner Mutter.›

Eine Arie aus irgend einer verschollenen Oper meiner Jugendzeit trällernd, die einzige, deren ich mächtig bin, kehrte ich zu meiner Bank vor der Orangerie zurück. Er muß gleich ins Feld, sagte ich mir. Wenig fehlte, ich schlug ihm vor: ohne weiteres eines meiner Rosse zu satteln und stracks an die Grenze zum Heere zu jagen; aber dieser kühne Ungehorsam hätte den Knaben nicht gekleidet. Überdies wußte man, daß der Marschall für einmal nur die Grenzen sicherte und die Festungen in Flandern in Stand setzte, um vor einer entscheidenden Schlacht nach Versailles zurückzukehren und die endgültigen Befehle deiner Majestät zu empfangen. Dann wollte ich ihn fassen.

Als ich, die liegengebliebene Mappe noch einmal öffnend,

den Inhalt zurechtschüttelte, da, siehe! lag der Pentheus mit der grausigen Felswand obenauf, den ich geschworen hätte in die Mitte der Blätter geschoben zu haben ...

Wenig später begab es sich, daß Mouton der Pudel, in dem Gedränge der Rue Saint-Honoré seinen Herrn suchend, verkarrt wurde. Er schläft in deinem Garten, Majestät, wo ihn Mouton der Mensch unter einer Catalpa beerdigte und mit seinem Taschenmesser in die Rinde des Baumes schnitt: ‹II Moutons›. Und wirklich lag er bald neben seinem Pudel. Es war Zeit. Der Trunk hatte ihn unterhöhlt und sein Verstand begann zu schwanken. Ich beobachtete ihn mitunter aus meinem Bibliothekfenster, wie er in seiner Kammer vor der Staffelei saß und nicht nur vernehmlich mit dem Geiste seines Pudels plauderte, sondern auch mit hündischer Miene gähnte oder schnellen Maules nach Fliegen schnappte, ganz in der Art seines abgeschiedenen Freundes. Eine Wassersucht zog ihn danieder. Es ging rasch, und als ich eines Tages an sein Lager trat, in der Hand einen Löffel voll Medizin, drehte er seinem Wohltäter mit einem unaussprechlichen Worte den Rücken, kehrte das Gesicht gegen die Wand und war fertig.

Es begab sich ferner, daß der Marschall aus dem Felde nach Versailles zurückkehrte. Da sein Aufenthalt kein langer sein konnte, ergriff ich den Augenblick. Ich war entschlossen, Julian an der Hand vor ihn zu treten und ihm die ganze Wahrheit zu sagen.

Ich fuhr bei den Jesuiten vor. In der Nähe der Hauptpforte hielt das von den Dienern kaum gebändigte feurige Viergespann des Marschalls, Julian erwartend, um den Knaben rasch nach Versailles zu bringen. Das Tor des Jesuitenhauses öffnete sich und Julian wankte heraus, in welchem Zustande! Das Haupt vorfallend, den Rücken gebrochen, die Gestalt geknickt, auf unsichern Füßen, den Blick erloschen, während die Augen Victor Argensons, welcher den Freund führte, loderten wie Fackeln. Die verblüfften Diener in ihren reichen Livreen beeiferten sich, ihren jungen Herrn rasch und behutsam in den

Wagen zu heben. Ich sprang aus dem meinigen, den Knaben von einer tückischen Seuche ergriffen glaubend.

‹Um Gottes willen, Julian›, schrie ich, ‹was ist mit dir?› Keine Antwort. Der Knabe starrte mich mit abwesendem Geiste an. Ich weiß nicht, ob er mich kannte. Ich begriff, daß der sonst schon Verschlossene jetzt nicht reden werde, und da überdies der Stallmeister drängte: ‹Hinein, Herr, oder zurück!› denn die ungeduldigen Rosse bäumten sich, so ließ ich das Kind fahren, mir versprechend, ihm bald nach Versailles zu folgen. Schon hatte sich um die aufregende Szene vor dem Jesuitenhause ein Zusammenlauf gebildet, dessen Neugierde ich zu entrinnen wünschte, und Victor erblickend, welcher mit leidenschaftlicher Gebärde dem im Sturm davongetragenen Gespielen nachrief: ‹Mut, Julian! Ich werde dich rächen!› stieß ich den Knaben vor mich in meinen Wagen und stieg ihm nach. ‹Wohin, Herr?› fragte mein Kutscher. Bevor ich antwortete, schrie das geistesgegenwärtige Kind: ‹Ins Kloster Faubourg Saint-Antoine!›

In dem genannten Kloster hat sich, wie Ihr wisset, Sire, Euer Ideal von Polizeiminister einen stillen Winkel eingerichtet, wo er nicht überlaufen wird und heimlich für die öffentliche Sicherheit von Paris sorgen kann. ‹Victor›, fragte ich durch das Geräusch der Räder, ‹was ist? was hat sich begeben?›

‹Ein riesiges Unrecht!› wütete der Knabe. ‹Père Tellier, der Wolf, hat Julian mit Riemen gezüchtigt und er ist unschuldig! Ich bin der Anstifter! Ich bin der Täter! Aber ich will dem Julian Gerechtigkeit verschaffen, ich fordere den Pater auf Pistolen!› Diese Absurdität, mit dem Geständnisse Victors, das Unglück verschuldet zu haben, brachte mich dergestalt auf, daß ich ihm ohne weiteres eine salzige Ohrfeige zog. ‹Sehr gut!› sagte er. ‹Kutscher, du schleichst wie eine Schnecke!› Er steckte ihm sein volles Beutelchen zu. ‹Rasch! peitsche! jage! Herr Fagon, seid gewiß, der Vater wird dem Julian Gerechtigkeit verschaffen! O, er kennt die Jesuiten, diese Schurken, diese Schufte, und ihre schmutzige Wäsche! Ihn aber fürchten sie wie den Teufel!› Ich hielt es für unnötig, das rasende Kind weiter zu fragen, da er ja seine Beichte vor dem Vater ablegen würde und die fliegenden Rosse schon das schlechte Pflaster der Vorstadt mit ihren Hufen schlugen, daß die Funken spritzten. Wir waren angelangt und wurden sogleich vorgelassen.

Argenson blätterte in einem Aktenstoß. ‹Wir überfallen, Argenson!› entschuldigte ich.

‹Nicht, nicht, Fagon›, antwortete er mir die Hand schüttelnd und rückte mir einen Stuhl. ‹Was ist denn mit dem Jungen? Er glüht ja wie ein Ofen.› ‹Vater –› ‹Halt das Maul! Herr Fagon redet.›

‹Argenson›, begann ich, ‹ein schwerer Unfall, vielleicht ein großes Unglück hat sich zugetragen. Julian Boufflers› – ich blickte den Minister fragend an – ‹Weiß von dem armen Knaben›, sagte er – ‹wurde bei den Jesuiten geschlagen und der Knabe fuhr nach Versailles in einem Zustande, der, wenn ich richtig sah, der Anfang einer gefährlichen Krankheit ist. Victor kennt den Hergang.›

‹Erzähle!› gebot der Vater. ‹Klar, ruhig, umständlich. Auch der kleinste Punkt ist wichtig. Und lüge nicht!›

‹Lügen?› rief der empörte Knabe, ‹werde ich da lügen, wo nur die Wahrheit hilft? Diese Schufte, die Jesuiten –›

‹Die Tatsachen!› befahl der Minister mit einer Rhadamanthusmiene. Victor nahm sich zusammen und erzählte mit erstaunlicher Klarheit.

‹Es war vor der Rhetorik des Père Amiel und wir steckten die Köpfe zusammen, welchen Possen wir dem Nasigen spielen würden. ‚Etwas Neues!‘ rief man von allen Seiten, ‚etwas noch nicht Dagewesenes! eine Erfindung!‘ Da fiel uns ein –›

‹Da fiel mir ein›, verbesserte der Vater.

‹– mir ein, Julian, der so hübsch zeichnet, zu bitten, uns etwas mit der Kreide an die schwarze Tafel zu malen. Ich legte ihm, der auf seiner Bank über den Büchern saß, eine Lektion einlernend – er lernt so unglaublich schwer – den Arm um den Hals. ‚Zeichne uns etwas!‘ schmeichelte ich. ‚Ein Rhinoceros!‘ Er schüttelte den Kopf. ‚Ich merke‘, sagte er, ‚ihr wollt damit nur den guten Pater ärgern und da tue ich nicht mit. Es ist eine Grausamkeit. Ich zeichne euch keine Nase!‘

‚Aber einen Schnabel, eine Schleiereule, du machst die Eulen so komisch!‘

‚Auch keinen Schnabel, Victor.‘

Da sann ich ein wenig und hatte einen Einfall.› Der Minister runzelte seine pechschwarze Braue. Victor fuhr mit dem Mute der Verzweiflung fort: ‹‚Zeichne uns ein Bienchen, Julian‘, sagte ich, ‚du kannst das so allerliebst!‘ ‚Warum nicht?‘ antwortete er dienstfertig und zeichnete mit sorgfältigen Zügen ein nettes Bienchen auf die Tafel.

‚Schreibe etwas bei!‘

‚Nun ja, wenn du willst‘, sagte er und schrieb mit der Kreide: ‚abeille.‘

‚Ach, du hast doch gar keine Einbildungskraft, Julian! Das lautet trocken.‘

‚Wie soll ich denn schreiben, Victor?‘

‚Wenigstens das Honigtierchen, bête à miel.‘›

Der Minister begriff sofort das alberne Wortspiel: bête à miel und bête Amiel. ‹Da hast du etwas dafür!› rief er empört und gab dem Erfinder des Calembourgs eine Ohrfeige, gegen welche die meinige eine Liebkosung gewesen war.

‹Sehr gut!› sagte der Knabe, dem das Ohr blutete.

‹Weiter! und mach es kurz!› befahl der Vater, ‹damit du mir aus den Augen kommst!›

‹– In diesem Augenblick trat Père Amiel ein, schritt auf und nieder, beschnüffelte die Tafel, verstand und tat dergleichen, der Schäker, als ob er nicht verstünde. Aber: ‚Bête Amiel! dummer Amiel!‘ scholl es erst vereinzelt, dann aus mehreren Bänken, dann vollstimmig, ‚bête Amiel! dummer Amiel!‘

Da – Schrecken – wurde die Tür aufgerissen. Es war der reißende Wolf, der Père Tellier. Er hatte durch die Korridore spioniert und zeigte jetzt seine teuflische Fratze.

‚Wer hat das gezeichnet?‘

144

‚Ich', antwortete Julian fest. Er hatte sich die Ohren verhalten, seine Lektion zu studieren fortfahrend, und verstand und begriff, wie er ja überhaupt so schwer begreift, nichts von nichts.

‚Wer hat das geschrieben?'

‚Ich', sagte Julian.

Der Wolf tat einen Sprung gegen ihn, riß den Verblüfften empor, preßte ihn an sich, ergriff einen Bücherriemen und –›

Dem Erzählenden versagte das Wort.

‹Und du hast geschwiegen, elende Memme?› donnerte der Minister. ‹Ich verachte dich! Du bist ein Lump!›

‹Geschrieen habe ich wie einer, den sie morden›, rief der Knabe, ‚ich war es! ich! ich!' Auch Père Amiel hat sich an den Wolf geklammert, die Unschuld Julians beteuernd. Er hörte es wohl, der Wolf! Aber mir krümmte er kein Haar, weil ich dein Sohn bin und dich die Jesuiten fürchten und achten. Den Marschall aber hassen sie und fürchten ihn nicht. Da mußte der Julian herhalten. Aber ich will dem Wolf mein Messer› – der Knabe langte in die Tasche – ‹zwischen die Rippen stoßen, wenn er nicht –›

Der gestrenge Vater ergriff ihn am Kragen, schleppte ihn gegen die Türe, öffnete sie, warf ihn hinaus und riegelte. Im nächsten Augenblicke schon wurde draußen mit Fäusten gehämmert und der Knabe schrie: ‹Ich gehe mit zum Père Tellier! Ich trete als Zeuge auf und sage ihm: Du bist ein Ungeheuer!›

‹Im Grunde, Fagon›, wendete sich der Minister kaltblütig gegen mich, ohne sich an das Gepolter zu kehren, ‹hat der Junge recht: wir beide suchen den Pater auf, ohne Verzug, fallen ihn mit der nackten Wahrheit an, breiten sie wie auf ein Tuch vor ihm aus und nötigen ihn mit uns zu Julian zu gehen, heute noch, sogleich, und in unsrer Gegenwart dem Mißhandelten Abbitte zu tun.› Er blickte nach einer Stockuhr. ‹Halb zwölf. Père Tellier hält seine Bauerzeiten fest. Er speist Punkt Mittag mit Schwarzbrot und Käse. Wir finden ihn.›

Argenson zog mich mit sich fort. Wir stiegen ein und rollten.

‹Ich kenne den Knaben›, wiederholte der Minister. ‹Nur eines ist mir in seiner Geschichte unklar. Es ist Tatsache, daß die Väter damit anfingen, ihn zu hätscheln und in Baumwolle einzuwickeln. Seine Kameraden, auch mein Halunke, haben sich oft darüber aufgehalten. Ich begreife, daß die Väter, wie sie beschaffen sind, das Kind hassen, seit der Marschall das Mißgeschick hatte, sie zu entlarven. Aber warum sie, denen der Marschall gleichgültig war, einen Vorteil darin fanden, das Kind zuerst über die dem Schwachen gebührende Schonung hinaus zu begünstigen, das entgeht mir.›

‹Hm›, machte ich.

‹Und gerade das muß ich wissen, Fagon.›

‹Nun denn, Argenson›, begann ich mein Bekenntnis – auch dir, Majestät, lege ich es ab, denn dich zumeist habe ich beleidigt – ‹da ich Julian bei den Vätern um jeden Preis warm betten wollte und ihm keine durchschlagende Empfehlung wußte – man plaudert ja zuweilen ein bißchen und so erzählte ich den Vätern Rapin und Bouhours, die ich in einer Damengesellschaft fand, Julians Mutter sei dir, dem Könige, eine angenehme Erscheinung gewesen. Die reine Wahrheit. Kein Wort darüber hinaus, bei meiner Ehre, Argenson!› Dieser verzog das Gesicht.

Du, Majestät, zeigest mir ein finsteres und ungnädiges. Aber, Sire, trage ich die Schuld, wenn die Einbildungskraft der Väter Jesuiten das Reinste ins Zweideutige umarbeitet?

‹Als sie dann›, fuhr ich fort, ‹den Marschall zu hassen und sich für ihn zu interessieren begannen, lauschten und forschten sie nach ihrer Weise, erfuhren aber nichts, als daß Julians Mutter das reinste Geschöpf der Erde war, bevor sie der Engel wurde, der jetzt über die Erde lächelt. Leider kamen die Väter zur Überzeugung ihres Irrtums gerade, da das Kind desselben am meisten bedurft hätte.› Argenson nickte.»

«Fagon», sagte der König fast strenge, «das war deine dritte und größte Freiheit. Spieltest du so leichtsinnig mit meinem Namen und dem Rufe eines von dir angebeteten Weibes, hättest du mir wenigstens diesen Frevel verschweigen sollen, selbst wenn deine Geschichte dadurch unverständlicher geworden wäre. Und sage mir, Fagon: hast du da nicht nach dem verrufenen Satze gehandelt, daß der Zweck die Mittel heilige? Bist du in den Orden getreten?»

«Wir alle sind es ein bißchen, Majestät», lächelte Fagon und fuhr fort:

«Mitte Weges begegneten wir dem Père Amiel, der wie ein Unglücklicher umherirrte und, meinen Wagen erkennend, sich so verzweifelt gebärdete, daß ich halten ließ. Am Kutschenschlage entwickelte er seine närrische Mimik und war im Augenblicke von einem Kreise toll lachender Gassenjungen umgeben. Ich hieß ihn einsteigen.

‹Der Mutter Gottes sei gedankt, daß ich Euch finde, Herr Fagon! Dem Julian, welchen Ihr beschützet, ist ein Leid geschehen, und unschuldig ist er, wie der zerschmetterte kleine Astyanax!› deklamierte der Nasige. ‹Wenn Ihr, Herr Fagon, den seltsamen Blick gesehen hättet, welchen der Knabe gegen seinen Henker erhob, diesen Blick des Grauens und der Todesangst!› Père Amiel schöpfte Atem. ‹Flöhe ich über Meer, mich verfolgte dieser Blick! Begrübe ich mich in einen finstern Turm, er dränge durch die Mauer! Verkröche ich mich –›

‹Wenn Ihr Euch nur nicht verkriechet, Professor›, unterbrach ihn der Minister, ‹jetzt, da es gilt, dem Père Tellier – denn zu diesem fahren wir und Ihr fahret mit – ins Angesicht Zeugnis abzulegen! Habt Ihr den Mut?›

‹Gewiß, gewiß!› beteuerte Père Amiel, der aber merklich erblaßte und in seiner Soutane zu schlottern begann. Père Tellier ist selbst in seinem feinen Orden als ein Roher und Gewaltsamer gefürchtet.

Da wir am Profeßhause ausstiegen, Père Amiel den Vortritt gebend, sprang Victor vom Wagenbrett, wo er neben dem Bedienten die Fahrt aufrecht mitgemacht hatte. ‹Ich gehe mit!› trotzte er. Argenson runzelte die Stirn, ließ es aber zu, nicht unzufrieden, einen zweiten Zeugen mitzubringen.

Père Tellier verleugnete sich nicht. Argenson bedeutete den Pater und den Knaben, im Vorzimmer zurückzubleiben. Sie gehorchten, jener erleichtert, dieser unmutig. Der Pater Rektor bewohnte eine dürftige, ja armselige Kammer, wie er auch eine verbrauchte Soutane trug, Tag und Nacht dieselbe. Er empfing uns mit gekrümmtem Rücken und einem falschen Lächeln in den ungeschlachten und wilden Zügen. ‹Womit diene ich meinen Herrn?› fragte er süßlich grinsend.

‹Hochwürden›, antwortete Argenson und wies den gebotenen Stuhl, der mit Staub bedeckt war und eine zerbrochene Lehne hatte, zurück, ‹ein Leben steht auf dem Spiel. Wir müssen eilen es zu retten. Heute wurde der junge Boufflers im Collegium irrtümlich gezüchtigt. Irrtümlich. Ein durchtriebener Range hat den beschränkten Knaben etwas auf die Tafel zeichnen und schreiben lassen, das sich zu einer albernen Verspottung des Père Amiel gestaltete, ohne daß Julian Boufflers die leiseste Ahnung hatte, wozu er mißbraucht wurde. Es ist leicht zu beweisen, daß er der einzige seiner Klasse war, der solche Possen tadelte und nach Kräften verhinderte. Hätte er den fraglichen Streich in seinem Blondkopfe ersonnen, dann war die Züchtigung eine zweifellos verdiente. So aber ist sie eine fürchterliche Ungerechtigkeit, die nicht schnell und nicht voll genug gesühnt werden kann. Dazu kommt noch etwas unendlich Schweres. Der mißverständlich Gezüchtigte, ein Kind an Geist, hatte die Seele eines Mannes. Man glaubte einen Jungen zu strafen und hat einen Edelmann mißhandelt.›

‹Ei, ei›, erstaunte der Pater, ‹was Exzellenz nicht alles sagen! Kann eine einfache Sache so verdreht werden? Ich gehe durch die Korridore. Das ist meine Pflicht. Ich höre Lärm in der Rhetorik. Père Amiel ist ein Gelehrter, der den Orden ziert, aber er weiß sich nicht in Respekt zu setzen. Unsere Väter lieben es nicht, körperlich zu züchtigen, aber das konnte nicht länger gehn, ein Exempel mußte statuiert werden. Ich trete ein. Eine Sottise steht auf der Tafel. Ich untersuche. Boufflers bekennt. Das Übrige verstand sich.

Unbegabt? beschränkt? Im Gegenteil, durchtrieben ist er, ein Duckmäuser. Stille Wasser sind tief. Was ihm mangelt, ist die Aufrichtigkeit, er ist ein Heuchler und Gleisner. Hat's geschmerzt? O die zarte Haut! Ein Herrensöhnchen, wie? Tut mir leid, wir Väter Jesu kennen kein Ansehn der Person. Auch hat uns der Marschall selbst gebeten, sein Kind nicht zu verziehn. Ich war älter als jener, da ich meine letzten und besten Streiche erhielt, im Seminar, vierzig weniger einen wie Sankt Paulus, der auch ein Edelmann war. Bin ich draufgegangen? Ich rieb mir die Stelle, mit Züchten geredet, und mir war wohler als zuvor. Und ich war unschuldig, von der Unschuld dieses Verstockten aber überzeugt mich niemand!›

‹Vielleicht doch, Hochwürden!› sagte Argenson und rief die zwei Harrenden herein.

‹Victor›, bleckte der Jesuit den eintretenden Knaben an, ‹du hast es nicht getan! Für dich stehe ich. Du bist ein gutartiges Kind. Ein Dummkopf wärest du, dich für schuldig zu erklären, den niemand anklagt!›

Victor, der in trotzigster Haltung nahte, schaute dem Unhold tapfer ins Gesicht, aber der Mut sank ihm. Sein Herz erbebte vor der wachsenden Wildheit dieser Züge und den funkelnden Wolfsaugen.

Er machte rasch. ‹Ich habe den Julian verleitet, der nichts davon verstand›, sagte er. ‹Das schrie ich Euch in die Ohren, aber Ihr wolltet nicht hören, weil Ihr ein Bösewicht seid!›

‹Genug!› befahl Argenson und wies ihm die Türe. Er ging nicht ungern. Er begann sich zu fürchten.

‹Père Amiel›, wandte sich der Minister gegen diesen, ‹Hand aufs Herz, konnte Julian das Wortspiel erfinden?›

Der Pater zauderte, mit einem bangen Blick auf den Rektor. ‹Mut, Pater›, flüsterte ich, ‹Ihr seid ein Ehrenmann!›

‹Unmöglich, Exzellenz, wenn nicht Achill eine Memme und Thersites ein Held war!› beteuerte Père Amiel, sich mit seiner Rhetorik ermutigend. ‹Julian ist schuldlos wie der Heiland!›

Das erdfarbene Gesicht des Rektors verzerrte sich vor Wut.

Er war gewohnt, im Collegium blinden Gehorsam zu finden, und ertrug nicht den geringsten Widerspruch.

‹Wollt Ihr kritisieren, Bruder?› schäumte er. ‹Kritisiert zuerst Euer tolles Fratzenspiel, das Euch dem Dümmsten zum Spotte macht! Ich habe den Knaben gerecht behandelt!›

Diese Herabwürdigung seiner Mimik brachte den Pater gänzlich außer sich und ließ ihn für einen Augenblick alle Furcht vergessen. ‹Gerecht?› jammerte er. ‹Daß Gott erbarm'! Wie oft hab' ich Euch gebeten, dem Unvermögen des Knaben Rechnung zu tragen und ihn nicht zu zerstören! Wer antwortete mir: ‚Meinethalben gehe er drauf!' wer hat das gesprochen?›

‹Mentiris impudenter!› heulte der Wolf.

‹Mentiris impudentissime, pater reverende!› überschrie ihn der Nasige, an allen Gliedern zitternd.

‹Mir aus den Augen!› herrschte der Rektor, mit dem Finger nach der Türe weisend, und der kleine Pater rettete sich, so geschwind er konnte.

Da wir wieder zu dreien waren, ‹Hochwürden›, sprach der Minister ernst, ‹es wurde der Vorwurf gegen Euch erhoben, den Knaben zu hassen. Eine schwere Anklage! Widerlegt und beschämt dieselbe, indem Ihr mit uns geht und Julian Abbitte tut. Niemand wird dabei zugegen sein als wir zwei.› Er deutete auf mich. ‹Das genügt. Dieser Herr ist der Leibarzt des Königs und um die Gesundheit des Knaben in schwerer Sorge. Ihr entfärbet Euch? Laßt es Euch kosten und bedenket: Der, dessen Namen Ihr traget, gebietet, die Sonne nicht über einem Zorne untergehen zu lassen, wieviel weniger über einer Ungerechtigkeit!›

Ein Unrecht bekennen und sühnen! Der Jesuit knirschte vor Ingrimm.

‹Was habe ich mit dem Nazarener zu schaffen?› lästerte er, in verwundetem Stolze sich aufbäumend, und der Häßliche schien gegen die Decke zu wachsen wie ein Dämon. ‹Ich bin der Kirche! Nein, des Ordens! ... Und was habe ich mit dem

Knaben zu schaffen? Nicht ihn hasse ich, sondern seinen Vater, der uns verleumdet hat! verleumdet! schändlich verleumdet!›

‹Nicht der Marschall›, sagte ich verdutzt, ‹sondern mein Laboratorium hat die Väter – verleumdet.›

‹Fälschung! Fälschung!› tobte der Rektor. ‹Jene Briefe wurden nie geschrieben! Ein teuflischer Betrüger hat sie untergeschoben!› und er warf mir einen mörderischen Blick zu.

Ich war betroffen, ich gestehe es, über diese Macht und Gewalt: Tatsachen zu vernichten, Wahrheit in Lüge und Lüge in Wahrheit zu verwandeln.

Père Tellier rieb sich die eiserne Stirn. Dann veränderte er das Gesicht und beugte sich vor dem Minister halb kriechend, halb spöttisch: ‹Exzellenz, ich bin Euer gehorsamer Diener, aber Ihr begreift: ich kann die Gesellschaft nicht so tief erniedrigen, einem Knaben Abbitte zu leisten.›

Argenson wechselte den Ton nicht minder gewandt. Er stellte sich neben Tellier mit einem unmerklichen Lächeln der Verachtung in den Mundwinkeln. Der Pater bot das Ohr.

‹Seid Ihr gewiß›, wisperte der Minister, ‹daß Ihr den Sohn des Marschalls gegeißelt habt, und nicht das edelste Blut Frankreichs?›

Der Pater zuckte zusammen. ‹Es ist nichts daran›, wisperte er zurück. ‹Ihr narrt mich, Argenson.›

‹Ich habe keine Gewißheit. In solchen Dingen gibt es keine. Aber die bloße Möglichkeit würde Euch als – Ihr wißt, was ich meine und wozu Ihr vorgeschlagen seid, – unmöglich machen.›

Ich glaubte zu sehen, Sire, wie Hochmut und Ehrgeiz sich in den düstern Zügen Eures Beichtvaters bekämpften, aber ich konnte den Sieger nicht erraten.

‹Ich denke, ich gehe mit den Herren›, sagte Père Tellier.

‹Kommt, Pater!› drängte der Minister und streckte die Hand gegen ihn aus.

‹Aber ich muß die Soutane wechseln. Ihr seht, diese ist geflickt, und ich könnte in Versailles der Majestät begegnen.› Er öffnete ein Nebenzimmer.

Argenson blickte ihm über die Schulter und sah in einen niedern Verschlag mit einem nackten Schragen und einem wurmstichigen Schreine.

‹Mit Vergunst, Herren›, lispelte der Jesuit schämig, ‹ich habe mich noch nie vor weltlichen Augen umgekleidet.›

Argenson faßte ihn an der Soutane. ‹Ihr haltet Wort?›

Père Tellier streckte drei schmutzige Finger gegen etwas Heiliges, das im Dunkel einer Ecke klebte, entschlüpfte und schloß die Tür bis auf eine kleine Spalte, welche Argenson mit der Fußspitze offen hielt.

Wir hörten den Schrank öffnen und schließen. Zwei stille Minuten verstrichen. Argenson stieß die Türe auf. Weg war Père Tellier. Hatte er der Einflüsterung Argensons nicht geglaubt und nur die Gelegenheit ergriffen, aus unserer Gegenwart zu entrinnen? Oder hatte er sie geglaubt, der eine Dämon seines Ordens aber den andern, der Stolz den Ehrgeiz überwältigt? Wer blickt in den Abgrund dieser finstern Seele?

‹Meineidiger!› fluchte der Minister, öffnete den Schrein, erblickte eine Treppe und stürzte sich hinab. Ich stolperte und fiel mit meiner Krücke nach. Unten standen wir vor den höchlich erstaunten Mienen eines vornehmen Novizen mit den feinsten Manieren, welcher auf unsere Frage nach dem Pater bescheiden erwiderte, seines Wissens sei derselbe vor einer Viertelstunde in Geschäften nach Rouen verreist.

Argenson gab jede Verfolgung auf. ‹Eher schleppte ich den Cerberus aus der Hölle, als dieses Ungeheuer nach Versailles! ... Überdies, wo ihn finden in den hundert Schlupfwinkeln der Gesellschaft? Ich gehe. Schickt nach frischen Pferden, Fagon, und eilet nach Versailles. Erzählt alles der Majestät. Sie wird Julian die Hand geben und zu ihm sprechen: Der König achtet dich, dir geschah zu viel! und der Knabe ist ungegeißelt.› Ich gab ihm recht. Das war das Beste, das einzig gründlich Heilsame, wenn es nicht zu spät kam.»

Fagon betrachtete den König unter seinen buschigen greisen Brauen hervor, welchen Eindruck auf diesen die ihm entgegengehaltene Larve seines Beichtigers gemacht hätte. Nicht daß er sich schmeichelte, Ludwig werde seine Wahl widerrufen. Warnen aber hatte er den König wollen vor diesem Feinde der Menschheit, der mit seinen Dämonenflügeln das Ende einer glänzenden Regierung verschatten sollte. Allein Fagon las in den Zügen des Allerchristlichsten nichts als ein natürliches Mitleid mit dem Lose des Sohnes einer Frau, die dem Gebieter flüchtig gefallen hatte, und das Behagen an einer Erzählung, deren Wege wie die eines Gartens in einen und denselben Mittelpunkt zusammenliefen: der König, immer wieder der König!

«Weiter, Fagon», bat die Majestät und dieser gehorchte, gereizt und in verschärfter Laune.

«Da die Pferde vor einer Viertelstunde nicht anlangen konnten, trat ich bei einem dem Profeßhause gegenüber wohnenden Bader, meinem Klienten, ein und bestellte ein laues Bad, denn ich war angegriffen. Während das Wasser meine Lebensgeister erfrischte, machte ich mir die herbsten Vorwürfe, den mir anvertrauten Knaben vernachlässigt und seine Befreiung verschoben zu haben. Nach einer Weile störte mich durch die dünne Wand ein unmäßiges Geplauder. Zwei Mädchen aus dem untern Bürgerstande badeten nebenan. ‹Ich bin so unglücklich!› schwatzte die eine und kramte ein dummes Liebesgeschichtchen aus, ‹so unglücklich!› Eine Minute später kicherten sie zusammen. Während ich meine Lässigkeit verklagte und eine zentnerschwere Last auf dem Gewissen trug, schäkerten und bespritzten sich neben mir zwei leichtfertige Nymphen.

In Versailles –»

König Ludwig wendete sich jetzt gegen Dubois, den Kammerdiener der Marquise, der, leise eingetreten, flüsterte: «Die Tafel der Majestät ist gedeckt.» «Du störst, Dubois», sagte der König und der alte Diener zog sich zurück mit einem leisen Ausdrucke des Erstaunens in den geschulten Mienen, denn der König war die Pünktlichkeit selber.

«In Versailles», wiederholte Fagon, «fand ich den Marschall tafelnd mit einigen seiner Standesgenossen. Da war Villars, jeder Zoll ein Prahler, ein Heros, wie man behauptet und ich nicht widerspreche, und der unverschämteste Bettler, wie du ihn kennst, Majestät; da war Villeroy, der Schlachtenverlierer, der nichtigste der Sterblichen, der von den Abfällen deiner Gnade lebt, mit seinem unzerstörlichen Dünkel und seinen großartigen Manieren; Grammont mit dem vornehmen Kopfe, der mich gestern in deinem Saale, Majestät, und an deinen Spieltischen mit gezeichneten Karten betrogen hat, und Lauzun, der unter seiner sanften Miene gründlich Verbitterte und Boshafte. Vergib, ich sah deine Höflinge verzerrt im grellen Lichte meiner Herzensangst. Auch die Gräfin Mimeure war geladen und Mirabelle, die neben Villeroy saß, welcher dem armen Kinde mit seinen siebzigjährigen Geckereien angst und bange machte.

Julian war von seinem Vater zur Tafel befohlen und bleich wie der Tod. Ich sah, wie ihn der Frost schüttelte, und betrachtete unverwandt das Opfer mit heiliger Scheu.

Das Gespräch – gibt es beschleunigende Dämonen, die den Steigenden stürmisch emporheben und den Gleitenden mit grausamen Füßen in die Tiefe stoßen? – das Gespräch wurde über die Disziplinarstrafen im Heere geführt. Man war verschiedener Meinung. Es wurde gestritten, ob überhaupt körperlich gezüchtigt werden solle, und wenn ja, mit welchem Gegenstande, mit Stock, Riemen oder flacher Klinge. Der Marschall, menschlich wie er ist, entschied sich gegen jede körperliche Strafe, außer bei unbedingt entehrenden Vergehen, und Grammont, der falsche Spieler, stimmte ihm bei, da die Ehre, wie Boileau sage, eine Insel mit schroffen Borden sei, welche, einmal verlassen, nicht mehr erklommen werden könne. Villars gebärdete sich, wenn ich es sagen soll, wie ein Halbnarr und erzählte, einer seiner Grenadiere habe, wahrscheinlich ungerechterweise gezüchtigt, sich mit einem Schusse entleibt, und er – Marschall Villars – habe in den Tagesbefehl gesetzt: Lafleur hätte Ehre besessen auf seine Weise. Das Gespräch kreuzte sich. Der Knabe folgte ihm mit irren Augen. ‹Schläge›, ‹Ehre›, ‹Ehre›, ‹Streiche› scholl es hin- und herüber. Ich flüsterte dem Marschall ins Ohr: ‹Julian ist leidend, er soll zu Bette.› ‹Julian darf sich nicht verwöhnen›, erwiderte er. ‹Der Knabe wird sich zusammennehmen. Auch wird die Tafel gleich aufgehoben.› Jetzt wendete sich der galante Villeroy gegen seine schüchterne Nachbarin. ‹Gnädiges Fräulein›, näselte er und spreizte sich, ‹sprecht und wir werden ein Orakel vernehmen!› Mirabelle, schon auf Kohlen sitzend, überdies geängstigt durch das entsetzliche Aussehen Julians, verfiel natürlich in ihre Gewöhnung und antwortete: ‹Körperliche Gewalttat erträgt kein Untertan des stolzesten der Könige: ein so Gebrandmarkter lebt nicht länger!› Villeroy klatschte Beifall und küßte ihr den Nagel des kleinen Fingers. Ich erhob mich, faßte Julian und riß ihn weg. Dieser Aufbruch blieb fast unbemerkt. Der Marschall mag denselben bei seinen Gästen entschuldigt haben.

Während ich den Knaben entkleidete – er selbst kam nicht mehr damit zustande –, sagte er: ‹Herr Fagon, mir ist wunderlich zu Mute. Meine Sinne verwirren sich. Ich sehe Gestalten. Ich bin wohl krank. Wenn ich stürbe –› er lächelte. ‹Wisset Ihr, Herr Fagon, was heute bei den Jesuiten geschehen ist? Lasset meinen Vater nichts davon wissen! nie! nie! Es würde ihn töten!› Ich versprach es ihm und hielt Wort, obgleich es mich kostete. Noch zur Stunde ahnt der Marschall nichts davon.

Den Kopf schon im Kissen, bot mir Julian die glühende Hand. ‹Ich danke Euch, Herr Fagon ... für alles ... Ich bin nicht undankbar wie Mouton.›

Deine Majestät zu bemühen, war jetzt überflüssig. In der nächsten Viertelstunde schon redete Julian irre. Prozeß und Urteil lagen in den Händen der Natur. Die Fieber wurden heftig, der Puls jagte. Ich ließ mir ein Feldbett in der geräumigen Kammer aufschlagen und blieb auf dem Posten. In das anstoßende Zimmer hatte der Marschall seine Mappen und Karten tragen lassen. Er verließ seinen Arbeitstisch stündlich, um nach dem Knaben zu sehen, welcher ihn nicht erkannte. Ich warf ihm feindselige Blicke zu. ‹Fagon, was hast du gegen mich?› fragte er. Ich mochte ihm nur nicht antworten.

Der Knabe phantasierte viel, aber im Bereiche seines lodernden Blickes schwebten nur freundliche und aus dem Leben entschwundene Gestalten. Mouton erschien und auch Mouton der Pudel sprang auf das Bette. Am dritten Tage saß die Mutter neben Julian.

Drei Besuche hat er erhalten. Victor kratzte an die Türe und brach, von mir eingelassen, in ein so erschütterndes Wehgeschrei aus, daß ich ihn wegschaffen mußte. Dann klopfte der Finger Mirabellens. Sie trat an das Lager Julians, der eben in einem unruhigen Halbschlummer lag, und betrachtete ihn. Sie weinte wenig, sondern drückte ihm einen brünstigen Kuß auf den dürren Mund. Julian fühlte weder den Freund noch die Geliebte.

Unversehens meldete sich auch Père Amiel, den ich nicht abwies. Da ihn der Kranke mit fremden Augen anstarrte, sprang er possierlich vor dem Bette herum und rief: ‹Kennst du mich nicht mehr, Julian, deinen Père Amiel, den kleinen Amiel, den Nasen-Amiel? Sage mir nur mit einem Wörtchen, daß du mich lieb hast!› Der Knabe blieb gleichgültig. Gibt es elysische Gefilde, denke ich dort den Père zu finden, ohne langen Hut, mit proportionierter Nase, und Hand in Hand mit ihm einen Gang durch die himmlischen Gärten zu tun.

Am vierten Abende ging der Puls rasend. Ein Gehirnschlag konnte jeden Augenblick eintreten. Ich trat hinüber zum Marschall.

‹Wie steht es?›

‹Schlecht.›

‹Wird Julian leben?›

‹Nein. Sein Gehirn ist erschöpft. Der Knabe hat sich überarbeitet.›

‹Das wundert mich›, sagte der Marschall, ‹ich wußte das nicht.› In der Tat, ich glaube, daß er es nicht wußte. Meine Langmut war zu Ende. Ich sagte ihm schonungslos die Wahrheit und warf ihm vor, sein Kind vernachlässigt und zu dessen Tode geholfen zu haben. Das Golgatha bei den Jesuiten verschwieg ich. Der Marschall hörte mich schweigend an, den Kopf nach seiner Art etwas auf die rechte Seite geneigt. Seine Wimper zuckte und ich sah eine Träne. Endlich erkannte er sein Unrecht. Er faßte sich mit der Selbstbeherrschung des Kriegers und trat in das Krankenzimmer.

Der Vater setzte sich neben seinen Knaben, der jetzt unter dem Druck entsetzlicher Träume lag. ‹Ich will ihm wenigstens›, murmelte der Marschall, ‹das Sterben erleichtern, was an mir liegt. Julian!› sprach er in seiner bestimmten Art. Das Kind erkannte ihn.

‹Julian, du mußt mir schon das Opfer bringen, deine Studien zu unterbrechen. Wir gehen miteinander zum Heere ab. Der König hat an der Grenze Verluste erlitten und auch der Jüngste muß jetzt seine Pflicht tun.› Diese Rede verdoppelte die Reiselust eines Sterbenden ... Einkauf von Rossen ... Aufbruch ... Ankunft im Lager ... Eintritt in die Schlachtlinie ... Das Auge leuchtete, aber die Brust begann zu röcheln. ‹Die Agonie!› flüsterte ich dem Marschall zu.

‹Dort die englische Fahne! Nimm sie!› befahl der Vater. Der sterbende Knabe griff in die Luft. ‹Vive le roi!› schrie er und sank zurück wie von einer Kugel durchbohrt.»

Fagon hatte geendet und erhob sich. Die Marquise war gerührt. «Armes Kind!» seufzte der König und erhob sich gleichfalls.

«Warum arm», fragte Fagon heiter, «da er hingegangen ist als ein Held?»

DIE RICHTERIN

ERSTES KAPITEL

—

«PRECOR sanctos apostolos Petrum et Paulum!» psalmodierten die Mönche auf Ara Cœli, während Karl der Große unter dem lichten Himmel eines römischen Märztages die ziemlich schadhaften Stufen der auf das Capitol führenden Treppe emporstieg. Er schritt feierlich unter der Kaiserkrone, welche ihm unlängst zu seinem herzlichen Erstaunen Papst Leo in rascher Begeisterung auf das Haupt gesetzt. Der Empfang des höchsten Amtes der Welt hatte im Ernste seines Antlitzes eine tiefe Spur gelassen. Heute, am Vorabend seiner Abreise, gedachte er einer solennen Seelenmesse für das Heil seines Vaters, des Königs Pippin, beizuwohnen.

Zu seiner Linken ging der Abt Alcuin, während ein Gefolge von Höflingen, die aus allen Ländern der Christenheit zusammengewählte Palastschule, sich in gemessener Entfernung hielt, halb aus Ehrerbietung, halb mit dem Hintergedanken, in einem günstigen Augenblicke sich sachte zu verziehen und der Messe zu entkommen. Die vom Wirbel zur Zehe in Eisen gehüllten Höflinge schlenderten mit gleichgültiger Miene und hochfahrender Gebärde in den erlauchten Stapfen, die Begrüßung der umstehenden Menge mit einem kurzen Kopfnicken erwidernd und sich über nichts verwundern wollend, was ihnen die ewige Stadt Großes und Ehrwürdiges vor das Auge stellte.

Jetzt hielten sie vor der ersten Stufe, während oben auf dem Platze Karl mit Alcuin bei dem ehernen Reiterbilde stillestand. «Ich kann es nicht lassen», sagte er zu dem gelehrten Haupte, «den Reiter zu betrachten. Wie mild er über der Erde waltet! Seine Rechte segnet! Diese Züge müssen ähnlich sein.»

Da flüsterte der Abt, den der Hafer seiner Gelehrsamkeit stach: «Es ist nicht Constantin. Das hab' ich längst heraus. Doch ist es gut, daß er dafür gelte, sonst wären Reiter und Gaul in der Flamme geschmolzen.» Der kleine Abt hob sich auf die Zehen und wisperte dem großen Kaiser ins Ohr: «Es ist der Philosoph und Heide Marc Aurel.» «Wirklich?» lächelte Karl.

Sie gingen der Pforte von Ara Cœli zu, durch welche sie verschwanden, der Kaiser schon in Andacht vertieft, sodaß er einen netten jungen Menschen in rätischer Tracht nicht beachtete, der unferne stand und durch die ehrfürchtigsten Grüße seine Aufmerksamkeit zu erregen suchte.

«Halt, Herren», rief einer der inzwischen bei dem Reiterbilde angelangten Höflinge und fing rechts und links die Hände der neben ihm Wandelnden, «jetzt da alles treibt und schwillt» – Erd- und Lenzgeruch kam aus nahen Gärten – «will ich meinen Becher und was mir sonst lieb ist mit Veilchen bekränzen, aber keinen Weihrauch trinken, am wenigsten den einer Totenmesse. Ich habe hier herum eine Schenke entdeckt mit dem steinernen Zeichen einer säugenden Wölfin. Das hat mir Durst gemacht. Sehen wir uns noch ein bißchen den Reiter an und verduften dann in die Tabernen.»

«Wer ist's?» fragte einer.

«Ein griechischer Kaiser –»

«Den setzen wir ab –»

«Wie er die Beine spreizt!» –

«Reitet der Kerl in die Schwemme?» –

«Holla, Stallknecht!» –

«Nettes Tier!» –

«Wülste wie ein Mastschwein!»

So ging es Schlag auf Schlag und ein frecher Witz überblitzte den andern. Das antike Roß wurde gründlich und unbarmherzig kritisiert.

Der artige Räter hatte sich nach und nach dem Kreise der Spötter genähert. Seine Absicht schien, zwischen zwei Gelächtern in ihre Gruppe zu gelangen und auf eine unverfängliche Weise mit der Schule anzuknüpfen. Aber die Höflinge achteten seiner nicht. Da faßte er sich ein Herz und sprach in vernehmlichen Worten zu sich selbst: «Erstaunliche Sache, diese Palastschule, und ein Günstling des Glücks, wer ihr angehören darf!»

Über eine gepanzerte Schulter wendete sich ein junger Rotbart und sprach gelassen: «Wir schwänzen sie meistenteils.» Dann kehrte sich der ganze Höfling, ein baumlanger Mensch, und fragte den Räter mit einem spöttischen Gesichte: «Welcher Eltern rühmst du dich, Knabe?»

Dieser gab vergnügten Bescheid. «Ich bin der Neffe des Bischofs Felix in Cur und mit seinen Briefen an den heiligen Stuhl geschickt.»

«Räter», sprach der Lange ernsthaft, «du bist an den Quell der Wahrheit gesendet. Hier stehst du auf den Schwellen der Apostel und über den Grüften unzähliger Bekenner. Lege wahrhaftes Zeugnis ab und bekenne tapfer: Ich bin der Sohn des Bischofs.»

Eben intonierten die Mönche von Ara Cœli mit jungen und markigen Stimmen die dunkle Klage und flehende Entschuldigung: «Concepit in iniquitatibus me mater mea!»

«Hörst du», und der Höfling deutete nach der Kirche, «die dort wissen es!» Der ganze Haufe schlug eine schallende Lache auf.

Der kluge Bischofsneffe hütete sich in Zorn zu geraten. Mit einem flüchtigen Erröten und einer leichten Wendung des Kopfes sagte er: «Bischof Felix, der im Schatten seiner Berge die aus eurer Schule aufsteigende Sonne der Bildung mit frommem Jubel begrüßt, hat mir den Auftrag gegeben, für seine jung gebliebene Lernbegierde einige Hauptschriften der erwachenden Wissenschaft und insbesondere das unvergleichliche Büchlein der Disputationen des Abtes Alcuin zu erwerben. Nun wird erzählt, dieser große und gute Lehrer habe jeden von euch mit einem kostbaren Exemplare ausgerüstet, und ich meine nur, einer dieser Herren hätte vielleicht Lust einen Handel zu schließen.»

«Du sprichst wahr und weise, Bischofssohn», parodierte ihn der Höfling, «und wäre mein Alcuin nicht längst unter die Hebräer gegangen, mochte es geschehen, daß wir zweie zu dieser Stunde darum ein kurzweiliges Würfelspielchen machten.»

«In unchristliche Hände! diese göttliche Weisheit!» wehklagte der Räter.

«Weisheit!» spottete der Rotbart, «ich versichere dir: lauter dummes Zeug. Übrigens weiß ich es auswendig. Höre nur,

163

Bergbewohner!» Er krümmte den langen Rücken wie ein verbogener Schulmeister, zog die Brauen in die Höhe und wendete sich an den jüngsten der Bande, einen Krauskopf, der, fast noch ein Knabe, aus südlichen Augen lachend mit Lust und Liebe auf das gottlose Spiel einging.

«Jüngling», predigte der falsche Alcuin, «du hast einen guten Charakter und einen gelehrigen Geist. Ich werde dir eine ungeheuer schwere Frage vorlegen. Siehe, ob du sie beantwortest. Was ist der Mensch?»

«Ein Licht zwischen sechs Wänden», antwortete der Knabe andächtig.

«Welche Wände?»

«Das Links, das Rechts, das Vorn, das Nichtvorn, das Oben, das Unten.» Jeden dieser Räume bezeichnete er mit einer Gebärde: beim fünften starrte er in den leuchtenden Himmel hinauf, als bestaune er einen Engelreigen, und bohrte schließlich einen stieren Blick in den Boden, als entdecke er die verschüttete Tarpeja. Jubelndes Klatschen belohnte die Faxe.

Die wachsende Lustigkeit der Palastschule begann den Bischofsneffen zu ängstigen. Da trat im guten Augenblicke einer aus dem Kreise, ein kühner Krieger, dem an der rechten Seite des stämmigen Wuchses ein seltsam gewundenes Hifthorn hing. «Sei getrost», sagte er und ergriff die Hand des Räters, «du sollst ein Pergament haben. Das meinige. Es schleppt sich unter dem Gepäcke.» Er führte den Erlösten weg, die Treppe des Capitols hinunter, sich nicht weiter um seine Gefährten bekümmernd.

Jetzt gingen sie freundlich nebeneinander, wenn auch nicht mehr Hand in Hand. Die des Palastschülers war auf das Hifthorn geglitten, das der Bischofsneffe mit aufmerksamen Blicken betrachtete. «Das hier kommt aus dem Gebirge», sagte er.

«So», machte der Behelmte. «Aus welchem Gebirge?»

«Aus unserm, Landsmann. Ich kenne dich an deiner Sprache, wie du mich ebendaran erkannt haben wirst, da du mich, wofür ich dir danke, den Neckereien der Palastschule entzogest. Daß du es wissest, ich bin Graciosus» – der kluge Räter hatte diesen seinen hübschen Namen den Spöttern am Reiterbilde weislich verschwiegen – «oder auf deutsch Gnadenreich, und du bist Wulfrin, Sohn Wulfs, wenn dieses Hifthorn dein Erbteil ist, wie ich vermute.»

Wulfrin runzelte die Stirn. Es mochte ihm nicht willkommen sein, von der Heimat zu hören. Dann musterte er Gnadenreich und fand einen anmutenden wohlgebildeten Jüngling, eine Gott und Menschen gefällige Erscheinung, nicht anders als der Name lautete. Er klopfte ihn auf die runde Schulter, deren Schmiegsamkeit zu dieser beschützenden Liebkosung einlud, und sagte: «Es macht warm.» In der Tat strahlte nicht nur die römische Märzsonne, sie brannte sogar.

«Ja, es macht warm», wiederholte er, hob den Helm und wischte mit der Hand einen Schweißtropfen. «Leeren wir einen Becher?» und ohne die Antwort zu erwarten, bog er nach wenigen Schritten in den offenen Hofraum eines klösterlichen Gebäudes und warf sich dort auf eine Steinbank, wo Graciosus in Züchten sich neben ihn setzte. «Ich darf mich nicht weiter verziehen», sagte der Höfling, «als das Horn reicht, wann Herr Karl die Schule zusammenruft. Auch liebe ich dieses junge Geschöpf», scherzte er und zeigte auf eine Palme, welche in geringer Entfernung auf dem Vorsprunge eines Hügels, von leichten Windstößen bewegt, sich im blauen Himmel fächerte und etwa sechzehn Jahresringe zählen mochte. «Hier heißt es ad palmam novellam und Pförtner Petrus schenkt einen herben. He, Petrus!» Dieser, ein Alter mit struppigem Bart, feurigen Augen und zwei riesigen Schlüsseln am Gurte, brachte Kanne und Becher.

«Palma novella ist auch ein Frauenname», bemerkte Graciosus und netzte den Mund.

«Mag sein», versetzte Wulfrin. «In Hispanien, wenn mir recht ist, läuft derlei Getauftes oder Ungetauftes herum. Ich habe mich nicht damit befaßt. Ich mache mir nichts aus den Weibern.»

«Deine rätische Schwester heißt auch nicht anders», sagte Gnadenreich unschuldig.

«Meine – rätische – Schwester?»

«Nun ja, Wulfrin, das Kind der Judicatrix, meiner Nachbarin auf Malmort am Hinterrhein. Du hast sie nie von Angesicht gesehen, die Frau Stemma, das zweite Weib deines Vaters?»

«Das dritte», murrte Wulfrin. «Ich bin von der zweiten.»

«Das weißt du besser. Auch das jähe Ende deines Vaters weißt du, bei seinem Aufritt in Malmort. Palma ist nachgeboren.»

«Es sei», versetzte Wulfrin verdrossen. «Warum auch sollte es nicht sein? Rührt mich aber nicht. Was mich kümmern konnte, hat mir der Knecht des Vaters, der Steinmetz Arbogast, umständlich berichtet. Ich habe es mit ihm beredet und erörtert mehr als einmal und noch zuletzt am Wachfeuer vor Pertusa, wenige Augenblicke bevor den treuen Kerl der maurische Pfeil meuchelte. Das ist nun fertig und abgetan. Wisse: als Siebenjähriger bin ich daheim ausgerissen – der Vater hatte mir das sieche Mütterlein ins Kloster gestoßen – und über Stock und Stein zu König Karl gerannt. Dorthin hat mir der Arbogast mein Erbe gebracht, das Wulfenhorn, dieses hier. Der Wulfenbecher, der dazu gehört, obschon er heidnisch ist, – das Horn ist biblischen Ursprungs – blieb auf Malmort und mag dort bleiben, bis ich freie, und das hat Weile. Sie werden ihn aufgehoben haben. Du hast ihn wohl gesehen, wenn du dort ein- und ausgehst.»

Graciosus nickte.

«Verstehe: beide, Horn und Kelch, sind zwei Altertümer, mit Tugenden und Kräften begabt. Den Becher gab einem Wölfling ein Elb oder eine Elbin von denen im Hinterrhein. Solang eines Wolfes Weib ihn ihrem Wolfe kredenzt und den darein gegrabenen Spruch ohne Anstoß hersagt, einmal vorwärts und einmal rückwärts, gefällt und mundet sie dem Wolfe. Über das Hifthorn sind die Meinungen geteilt. Nach den einen ist es gleichfalls ein elbisches Geschenk, und vor dem Burgtor bei der Rückkehr geblasen, zwingt es die Wölfin zu bekennen, was immer sie in Abwesenheit des Gatten gesündigt hat. Andere dagegen behaupten, daß ein Wolf im gelobten Lande das Horn mit seinem Schwert aus dem erstarrten Pech und Schwefel des toten Meeres grub. So

166

ist es ein im Getümmel zur Erde gestürztes Harschhorn, von denen welche die himmlischen Haufen bliesen zum Gericht über Sodom und Gomorrha.» Wulfrin blickte dem Räter ins Gesicht, der ihm – Schlauheit oder Einfalt – zwei gläubige Augen entgegenhielt.

Eben wurde vom Winde ein Bruchstück der Seelenmesse aus Ara Cœli hergetragen. Zornig und drohend sangen sie dort: «Dies irae, dies illa, dies magna et amara valde!»

«Schöne Bässe», lobte Wulfrin. «Um wieder auf den Becher zu kommen, so glaube ich nicht an seine Kraft. Sicherlich hat die Mutter nicht unterlassen, seinen Spruch herzubeten, vorwärts und rückwärts. Es hat nichts gefruchtet. Sie welkte und der Vater verstieß sie.» Er tat einen Seufzer.

«Und das Horn?» fragte Schelm Graciosus.

Der Höfling wog es in den Händen und lächelte. Graciosus lächelte gleichfalls.

«Übrigens ist es das beste Hifthorn im Heere. Das ruft! Höre nur!» und er setzte es an den Mund.

«Um aller Heiligen willen, Wulfrin, laß ab!» schrie Graciosus ängstlich. «Willst du die Stadt Rom in Aufruhr bringen?»

«Du hast recht, ich dachte nicht daran.» Wulfrin ließ das Horn in die tragende Kette zurückfallen.

«Dieses Hifthorn», sagte jetzt Graciosus bedächtig, «wurde mir beschrieben. Auch hat es der Knecht Arbogast in Stein gemeißelt auf dem Grabmal im Hofe von Malmort, wo er den Comes, deinen Vater, abbildete und die Wittib daneben.»

«So?» grollte Wulfrin. «Konnte der Vater nicht allein liegen?»

Graciosus ließ sich nicht einschüchtern. «An den Herrn des Hifthorns habe ich einen Auftrag», sagte er.

«Du bist voller Aufträge. Von wem hast du diesen?»

«Von der Richterin.»

«Welche Richterin?» Entweder war Wulfrin von harten Begriffen oder seine Laune verschlechterte sich zusehends.

«Nun, die Judicatrix Stemma, deine Stiefmutter.»

«Was hab' ich mit der Alten zu schaffen! Warum lächelst du, Männchen?»

«Weil du so mit ihr umgehst, die noch schön und jung ist.»

«Ein altes Weib, sage ich dir.»

«Ich bitte dich, Wulfrin! Dein Vater freite sie als eine Sechzehnjährige. Dein Geschwister ist nicht älter. Zähle zusammen! Doch jung oder alt, sie gab mir den Auftrag und ich darf ihn nicht unausgerichtet heimbringen.»

Der Höfling verschluckte einen Fluch. «Du verdirbst mir den Krätzer, er schmeckt wie Galle.» Erbost stieß er den Becher von der Bank und setzte den Fuß darauf. «So sprich!»

«Frau Stemma», begann Gnadenreich in bildlicher Rede, «will sich vor dir die Hände in ihrer Unschuld waschen.»

«Ein Becken her!» spottete Wulfrin, als riefe er in die Gasse hinaus nach einem Bader.

«Wulfrin, stünde sie vor dir, du straftest deine Lippen! Keine in Rätien hat edlere Sitte. Was sie verlangt, ist gebührlich. Auf der Schwelle ihres Kastells, vor ihrem Angesichte, jählings ist dein Vater erblichen. Das ist schrecklich und fragwürdig. Frau Stemma läßt dir sagen, sie wundere sich, daß sie dich rufen müsse, sie habe dich längst, täglich, stündlich erwartet, seit du zu deinen mündigen Jahren gekommen bist. Nur ein Sorgloser, ein Fahrlässiger, ein Pflichtvergessener – nicht meine Worte, die ihrigen – verschiebe und versäume es, sie zur Rechenschaft zu ziehen.»

Wulfrin blickte finster. «Das Weib tritt mir zu nahe», sagte er. «Ich wußte, was man einem Vater schuldig ist. Er hat an meiner Mutter gefrevelt und sein Gedächtnis – die Kriegstaten ausgenommen – ist mir unlieb: dennoch habe ich mir seine Todesgebärde vergegenwärtigt, den Augenzeugen Arbogast, der das Lügen nicht kannte, habe ich scharf ins Verhör genommen. Jetzt will ich noch ein übriges tun und dir die gemeine Sache herbeten, vom Credo bis zum Amen. Du bist aus dem Lande und kennst die Geschichte. Mangelt etwas daran oder ist etwas zuviel, so widersprich!

Der Vater kam aus Italien und nächtigte bei dem Judex auf Malmort. Bei Wein und Würfeln wurden sie Freunde und der

Vater, der, meiner Treu, kein Jüngling mehr war – ich habe aus der Wiege seinen weißen Bart gezupft –, warb um das Kind des Richters und erhielt es. Beim Bischof in Cur wurde Beilager gehalten. Am dritten Tage setzte es Händel. Der Räzünser, dessen Werbung der Judex abgewiesen haben mochte, wurde zu spät oder ungebührlich geladen oder an einen unrechten Platz gesetzt oder nachlässig bedient oder schlecht beherbergt oder es wurde sonst etwas versehen. Kurz, es gab Streit und der Räzünser streckt den Judex. Der Vater hat den Schwieger zu rächen, berennt Räzüns eine Woche lang und bricht es. Inzwischen bestattet das Weib den Judex und reitet nach Hause. Dort sucht sie der Vater, mit Beute beladen. Er stößt ins Horn, der Sitte gemäß. Sie tritt ins Tor, sagt den Spruch und kredenzt den Wulfenbecher, den ihr der Vater in Cur nach wölfischer Sitte als Morgengabe gereicht hatte. Kredenzt ihn mit drei Schlücken. Der Arbogast, der durstig daneben stand, hat sie gezählt: drei herzhafte Schlücke. Der Vater nimmt den Becher, leert ihn auf einen Zug und haucht die Seele aus. War es so oder war es anders, Bischofsneffe?»

«Wörtlich und zum Beschwören so», bestätigte Graciosus. «Von hundert Zeugen, die den Burghof füllten, zu beschwören! Soviel ihrer noch am Leben sind. Und solches ist geschehen nicht im Zwielichte, nicht bei flackernden Spänen, sondern im Angesicht der Sonne zu klarer Mittagszeit. Der Comes, dein Vater, war rasend geritten, hatte im Bügel manchen Trunk getan –»

«Und mit fliegender Lunge ins Horn gestoßen, vergiß nicht!» höhnte Wulfrin.

«Er triefte und keuchte –»

«Er lechzte wie eine Bracke!» überbot ihn Wulfrin.

«Er sehnte sich nach seinem Weibe», dämpfte Graciosus.

«Trunken und brünstig! unter gebleichten Haaren! pfui! Ist das zum Abmalen und an die Wand heften? Was will die Judicatrix? Mich schwören lassen, daß wir Wölfe gemeinhin am Schlage sterben? Was freilich auf die Wahrheit herausliefe.»

«Es ist ihr Wille so und man gehorcht ihr in Rätien.»

«Seht einmal da! ihr Wille!» hohnlachte Wulfrin. «Mein Wille ist es nicht und meine Heimat ist nicht ein Bergwinkel, sondern die weite Welt, wo der Kaiser seine Pfalz bezieht oder sein Zelt aufschlägt. Sage du deiner Richterin, Wulfrin sei kein Laurer noch Argwöhner! Sie rühre nicht an die Sache! Sie zerre den Vater nicht aus dem Grabe! Ich lasse sie in Ruhe, kann sie mich nicht ruhig lassen?» Er drohte mit der Hand, als stünde die Stiefmutter vor ihm. Dann spottete er: «Hat das Weib den Narren gefressen an Spruch und Urteil? Hat es eine kranke Lust an Schwur und Zeugnis? Kann es sich nicht ersättigen an Recht und Gericht?»

«Es ist etwas Wahres daran», sagte Graciosus lächelnd. «Frau Stemma liebt das Richtschwert und befaßt sich gerne mit seltenen und verwickelten Fällen. Sie hat einen großen und stets beschäftigten Scharfsinn. Aus wenigen Punkten errät sie den Umriß einer Tat und ihre feinen Finger enthüllen das Verborgene. Nicht daß auf ihrem Gebiete kein Verbrechen begangen würde, aber geleugnet wird keines, denn der Schuldige glaubt sie allwissend und fühlt sich von ihr durchschaut. Ihr Blick dringt durch Schutt und Mauern und das Vergrabene ist nicht sicher vor ihr. Sie hat sich einen Ruhm erworben, daß fernher durch Briefe und Boten ihr Weistum gesucht wird.»

«Das Weib gefällt mir immer weniger», grollte Wulfrin. «Der Richter walte seines Amtes schlecht und recht, er lausche nicht unter die Erde und schnüffle nicht nach verrauchtem Blute.»

Graciosus begütigte. «Sie redet davon, ihr Haus zu bestellen, obwohl sie noch in Blüte und Kraft steht. Vielleicht sorgt sie, wenn sie nicht mehr da wäre, könntest du deine Schwester in Unglück stürzen –»

«In Unglück?»

«Ich meine, sie berauben und verjagen unter dem Vorwande einer unaufgeklärten und ungeschlichteten Sache. Darum, vermute ich, will sie dich nach Malmort haben und sich mit dir vertragen.»

Wulfrin lachte. «Wirklich?» sagte er. «Sie hat einen schönen Begriff von mir. Meine Schwester plündern? Das arme Ding! Im Grunde kann es nicht dafür, daß es auf die Welt gekommen ist. Doch auch von ihr will ich nichts wissen.» Während er redete, zählte sein Blick die Jahresringe der jungen Palme. «Fünfzehn Ringe?» sagte er.

«Fünfzehn Jahre», berichtigte Graciosus.

«Und wie schaut sie?»

«Stark und warm», antwortete Gnadenreich mit einem unterdrückten Seufzer. «Sie ist gut, aber wild.»

«So ist es recht. Und dennoch will ich nichts von ihr wissen.»

«Sie aber weiß von nichts anderm als von dem fremden reisigen fabelhaften Bruder, der sich mit den Sachsen balgt und mit den Sarazenen rauft. «Wann der Bruder kommt» – «Das gehört dem Bruder» – «Das muß man den Bruder fragen» – davon werden ihr die Lippen nicht trocken. Jedes Hifthorn jagt sie auf, sie springt nach deinem Becher und damit an den Brunnen. Sie wäscht ihn, sie reibt ihn, sie spült ihn.»

«Warum, Narr?»

«Weil sie dir ihn kredenzen will und dein Vater sich daraus den Tod getrunken hat.»

«Dummes Ding! Du also wirbst um sie?»

Der ertappte Graciosus errötete wie ein Mädchen. «Die Mutter begünstigt mich, aber an ihr selbst werde ich irre», gestand er. «Kämest du heim, ich bäte dich, ein Wort mir ihr zu reden.»

Wieder musterte Wulfrin den netten Jüngling und wieder klopfte er ihn auf die Schulter. «Sie hält dich zum besten?» sagte er.

«Sie redet Rätsel. Da ich neulich auf mein Herz anspielte –»

«Schlug sie die Augen nieder?»

«Nein, die schweiften. Dann zeigte sie mit dem Finger einen Punkt im Himmel. Ich blinzte. Ein Geier, der ein Lamm davontrug. Unverständlich.»

«Klar wie der Morgen. ‹Raube mich.› Das Mädchen gefällt mir.»

«Du willst sie sehen?»

«Niemals.»

Jetzt trat ein Palastschüler mit suchenden Blicken in den Hofraum und dann rasch auf Wulfrin zu. «Du», sagte er, «die Messe ist aus, der König verläßt die Kirche.» Der «Kaiser» wollte ihm noch nicht über die Zunge.

Wulfrin sprang auf. «Nimm mich mit!» bat Graciosus, «damit ich dem Herrn der Erde nahe trete und ihn reden höre.»

«Komm», willfahrte Wulfrin gutmütig und bald standen sie neben dem Kaiser, vor welchem ein ehrwürdiger, aber etwas verwilderter Graubart das Knie bog. Gnadenreich erkannte Rudio, den Kastellan auf Malmort, und wunderte sich, welche Botschaft der Räter bringe, denn Karl hielt ein Schreiben in der Hand. Er reichte es dem Abte und Alcuin las vor:

«Erhabener, da ich höre, Du werdest von Rom nach dem Rheine ziehen, flehe ich Dich an, daß Du Deinen Weg durch Rätia nehmest. Seit Jahren haben sich in unsern verwickelten Tälern versprengte Lombarden eingenistet unter einem Witigis, der sich Herzog nennt. Wir, die Herrschenden im Lande, unter uns selbst uneins und ohne Haupt, werden nicht mit ihnen fertig, ja einige von uns zahlen ihnen Tribut. Ein unerträglicher Zustand. Du bist der Kaiser. Wenn Du kommst und Ordnung schaffst, so tust Du, was Deines Amtes ist. Stemma, Judicatrix.»

«Keine Schwätzerin», sagte der Kaiser. «Meine Sendboten haben mir von der Frau erzählt.» Alcuin betrachtete die Handschrift. «Feste Züge», lobte er.

«Alcuin, du Abgrund des Wissens», lächelte Karl, «was ist Rätien? Welche Pässe führen dahin?»

Der kleine Abt fühlte sich durch Lob und Frage geschmeichelt, wendete sich aber nicht an den Gebieter, sondern, als der Höfling und der Schulmeister welcher er war, an die Palastschule, die schon zu einem guten Drittel, den Blondbart inbegriffen, um den Kaiser versammelt stand.

«Jünglinge», lehrte er und zog die Brauen in die Höhe, «wer seinen Weg durch das rätische Gebirge nimmt, hat, ohne den harten, aber in Stücke zerrissenen Damm einer Römerstraße zu zählen, die Wahl zwischen mehreren Steigen, die sich alle jenseits des Schnees am jungen Rheine zusammenfinden. Diese Wege und Stapfen führen im Geisterlicht der Firne durch ein beirrendes Netz verstrickter Täler, das die Fabel mit ihren zweifelhaften Gestalten und luftigen Schrecken bevölkert. Hier ringelt sich die Schlangenkönigin, wie verlockt von einer Schale Milch, einem blanken Wasser zu, gegenüber, aus einem finstern Borne, taucht die Fei und wehklagt.»

«Lehrer, was hat sie für Gründe dazu?» fragte der Rotbart wißbegierig.

«Sie ahnt das ewige Gut und kann nicht selig werden. Dahinter, zwischen Schnee und Eis, in einem grünen Winkel, weidet eine glockenlose Herde und ein kolossaler Hirte, halb Firn halb Wolke, neigt sich über sie. Tiefer unten, bei den ersten Stapfen, verliert die harmlose Fabel ihre Kraft und menschliche Schuld findet ihre Höhlen und Schlupfwinkel. Hier raucht und schwelt eine gebrochene Burg, dort starrt, von Raben umflattert, ein Mörder in den zerschmetternden Abgrund.»

«Wen hat er hinuntergeworfen?» fragte der Rotbart spöttisch.

«Eheu!» jammerte der Abt, «bist du es, Liebling meiner Seele, Peregrin, mein bester Schüler, dessen Knochen in der rätischen Schlucht bleichen?» Er trocknete sich eine Träne. Dann schloß er: «Gegen beides, Fabel und Sünde, hält Bischof Felix in Cur beschwörend seinen Krummstab empor.»

«In schwachen Händen», scherzte der Kaiser.

«Er ist sehr schön gearbeitet», rief Graciosus mit der schallenden Stimme eines Chorknaben, «und in seiner Krümmung neigt sich der Verkündigungsengel mit der Inschrift: ‹Friede auf Erden und an den Menschen ein Wohlgefallen.›»

Karl gönnte dem Bischofsneffen einen heitern Blick und wendete sich gegen die Schule: «Stammt einer von euch aus Rätien?»

Wulfrin trat vor. «Ich, Herr. Jung bin ich ausgewandert, doch kenne ich Sprache und Steige.»

«So reite und berichte.»

«Dir zu Dienste, Herr», verabschiedete sich Wulfrin, wurde aber von dem hartnäckigen Gnadenreich gehalten, der sich seiner bemächtigte und ihn vor den Kaiser zurückbrachte. «Durchlauchtigster», verklagte er ihn, «er soll auf Malmort bei der Richterin, seiner Stiefmutter, erscheinen, keiner andern als die dir den Brief geschrieben hat, und er will nicht. Sie besteht darauf, sich vor ihm zu rechtfertigen über das jähe Sterben ihres Gemahles, des Comes Wulf.»

«Jener?» besann sich der Kaiser. «Er hat mir und schon meinem Vater gedient und verunglückte im rätischen Gebirge.»

«Vor dem Kastell und zu den Füßen seines Weibes Stemma, die ihm den Willkomm kredenzt hatte», erinnerte Gnadenreich.

Karl verfiel in ein Nachdenken. «Eben habe ich für die Seele meines Vaters gebetet», sagte er. «Kindliche Bande reichen in das Grab. Mich dünkt, Wulfrin, du darfst bei der Richterin nicht ausbleiben. Du bist es deinem Vater schuldig.»

Wulfrin schwieg trotzig. Jetzt griff der Kaiser rechts nach dem Hifthorn, um die ganze Schule zusammenzurufen und ihr seine Befehle zu geben. Es mangelte. Er hatte es im Palaste vergessen oder absichtlich zurückgelassen, um der Messe als ein Friedfertiger beizuwohnen. «Deines, Trotzkopf!» gebot er und Wulfrin hob sich sein Hifthorn über das Haupt. Karl betrachtete es eine Weile. «Es ist von einem Elk», sagte er, hob es an den Mund und stieß darein. Da gab das Horn einen so gewaltigen und grauenhaften Ton, daß nicht nur die Höflinge aus allen Ecken und Enden des Capitols hervorstürzten, sondern auch, was sich ringsum von römischem Volke gehäuft hatte, erstaunt und erschreckt die Köpfe reckte, als nahe ein plötzliches Gericht. Karl aber stand wie ein Cherub.

Im Gedränge des Aufbruchs machte sich der Bischofsneffe noch einmal an den Höfling. «Auf Wiedersehen in Malmort: du gehorchst?»

«Nein», antwortete Wulfrin.

ZWEITES KAPITEL

—

Innerhalb der dicken Mauern eines wie aus dem Felsen gewachsenen rätischen Kastells sprudelte ein Quell in klösterlicher Stille. Durch die Zacken bemooster Ahorne rauschte der Abendwind mächtig über den Hof weg und schon rückte das Spätrot hinauf an dem klotzigen Gemäuer. Am Brunnen aber stand ein junges Mädchen und ließ den heftigen Strahl in einen Becher springen, aus dessen von Alter geschwärztem Silber er schäumend empor und ihr über die bloßen Arme spritzte.

«Berg und Wetter sind gut», murmelte sie. «Mir brannten die Sohlen von früh an ihm entgegen zu rennen. Kommt er heute noch? oder erst morgen? oder übermorgen zum allerspätesten! Graciosus verschwor sich, der Bruder ziehe mit dem Kaiser – nein, er reite ihm weit voraus! Und der Kaiser ist nahe, was flüchteten sonst die Lombarden Hals über Kopf? Bum!» machte sie und ahmte den dumpfen Schlag einer Laue nach, dem bald ein zweiter und noch der dritte folgte, denn im Gebirge, das in Gestalt einer breiten blanken Firn über die Firste blickte, hatte es heute in einem fort gerieselt und geschmolzen.

«Die ihr auf weißen Stürzen in den Abgrund schlittet, seid ihm hold, bärtige Zwerge! Verberget ihm nicht den Pfad, verschüttet ihm nicht die Hufen des Rosses! Sprudle, Flut! Spül aus den Hauch des Todes! Lust und Leben trinke der Bruder!» und sie streckte den schlanken Arm. Dann hob sie den gebadeten Becher in die Höhe der Augen und buchstabierte den Elbenspruch, welchen sie sich deutlicher in das Herz schrieb, als er mit erblindeten Lettern in das Silber gegraben stand. Der Spruch aber lautete folgendermaßen:

> «Gesegnet seiest du!
> Leg ab das Schwert und ruh!
> Genieße Heim und Rast
> Als Herr und nicht als Gast!

Den Wulfenbecher hier
Dreimal kredenz' ich dir!
Erfreue dich am Wein!
Willkomm ....»

Hier schloß entweder der zaubertüchtige Spruch oder dann
kam noch etwas gänzlich Unleserliches, wenn es nicht zufällige
Male der Verwitterung waren.

Eigentlich wußte sie ihn schon lange auswendig. Sie sagte ihn
vorwärts, das ging, rückwärts, das ging auch. Dann sah sie ihn
darauf an – zum wievielten Male! –, ob er ihr mundgerecht sei
und von der Schwester dem Bruder sich sagen lasse, denn Graciosus hatte es erraten: sie liebkoste den Wunsch, mit dem Wulfenbecher dazustehen und ihn Wulfrin zu kredenzen. Ob es die
Mutter erlaube? Diese machte sich mit dem Becher nichts zu
schaffen, sie ließ ihn wo er langeher seinen Platz hatte. Der
Spruch gefiel dem Mädchen und es malte sich die Ankunft.

«Das Horn klingt! Oder wäre es möglich, daß er mich still
beschliche? mit heimlichen Schritten? Aber nein, er will ja nichts
von mir wissen – wenn Graciosus nicht seinen Scherz mit mir
getrieben hat. Das Horn dröhnt! Ich ergreife den Becher, fliege
der Mutter voran – oder noch lieber, sie ist verritten und ich bin
Herrin im Hause – jetzt naht er! jetzt kommt er!» Ihr Herz
pochte. Sie begann zu zittern und zu zagen. «Er ist da! er ist hinter mir!» Sie wendete sich zögernd erst, dann plötzlich gegen das
Burgtor. In der niedern Wölbung desselben stand kein junger
Held, aber lauernd drückte sich dort ein armseliger Pickelhering.

Das Mädchen brach in ein enttäuschtes Gelächter aus und trat
beherzt der Fratze entgegen. Es war ein Lombarde, das erriet sie
aus den ziegelroten Nesteln seiner schmutzig-gelben Strümpfe.
In die schreiendsten Farben gekleidet, wie sie Armut und Zufall
zusammenwürfeln, trug der Kleine einen langausgedrehten
pechschwarzen Spitzbart, der mit den gezackten Brauen und
dem verzerrten Gesichte eine possierliche Maske schuf.

«Wer bist du und was willst du?» fragte das Mädchen.

«Nur nicht gerufen, kleine Herrin oder vielmehr große Herrin, denn, bei meiner katholischen Seele! du hast die Mutter dreimal handbreit überwachsen. Wo ist sie?» Er schaute sich ängstlich um. Sein Blick fiel auf etwas Graues. In der Mitte des Hofes und im Schatten der Ahorne stand ein breiter Steinsarg, auf dessen Platte ein gewappneter Mann neben einem Weibe lag, das die Hände über der Brust faltete. «Ei, da hält ja unsere liebe Frau neben ihrem Alten stille Andacht», spaßte der Lombarde, «und trübt kein Wässerchen, während sie zugleich in ihrer grünen Kraft bergauf bergab reitet und hängen und köpfen läßt.» Er blickte bedenklich zu dem prächtig gebildeten leuchterförmigen Ast eines Ahorns empor. «Hier würde ich ungerne prangen», sagte er. «In Kürze: ich bin Rachis der Goldschmied und habe ein Geschäftchen mit dir. Liebst du deinen Bruder, junge Herrin?»

Diese plötzliche Frage setzte das Mädchen kaum in Erstaunen, das sich heute und gestern mit nichts anderem als nur mit diesem selben Gegenstande beschäftigt hatte.«Wie mein Leben», sagte sie.

«Das ist schön von dir, aber wenig fehlt, so liebst du einen Toten. Wulfrin der Höfling ist in unsere Gewalt geraten.»

«Er lebt?» schrie das Mädchen angstvoll.

«Zur Not. Herzog Witigis zielt auf sein Herz – aber wird uns die Richterin nicht überraschen?»

«Nein, nein, sie ist nach Cur verritten. Rede! schnell!»

«Nun, ich habe ein feines Ohr und weiß auch ein Loch in der Mauer, denn ich bin hier nicht unbekannter als der Marder im Hühnerhof. Also: dein Bruder ist in einen Hinterhalt gefallen. Er schlug um sich wie ein Rasender und unser sechse wichen vor ihm, die einen verwundet, die andern um es nicht zu werden. Doch sein Pferd rollte in den Abgrund und er selbst verirrte sich auf eine leere Felsplatte, wo wir ein Treiben auf ihn anstellten und ihm hinterrücks ein langes Jagdnetz über den Kopf warfen. Denn der Herzog wollte ihn lebendig fangen, um ihn über die Wege des Franken, unsers Verderbers, auszufragen. Der Trotzkopf aber verschwieg alles, auch den eigenen Namen. Da legte der Herzog den Pfeil auf den Bogen und» – Rachis tat einen grausamen Pfiff.

«Du lügst! er lebt!» rief das Mädchen mutig.

«Vorläufig. Der Herzog drückte nicht ab, denn – jetzt wird die Geschichte lustig – das junge Weib eines der Unsrigen, eine freigegebene Eigene der Richterin, wenig älter als du –»

«Mein Gespiel Brunetta, das Kind Faustinens –»

«Gerade diese sprang dazwischen. ‹Bei der durchlöcherten Seite Gottes›, heulte sie, ‹der arme Herr trägt das Wulfenhorn und ist kein anderer als der Sohn des Comes, der im Steinbild auf Malmort liegt. Seine leibliche Schwester, Herrin Palma, hat mir von ihm erzählt, von klein an und in einem fort ohne Aufhören. Du darfst nicht sterben›, wendete sie sich an den Gebundenen, ‹das wäre ihr ein großes Leid und tötete ihr das Herzchen. Denn wisse, du bist ihr Herzkäfer, wenngleich sie dich noch nie mit Augen gesehen hat. Sende hin und sie löst dich mit ihrem ganzen Geschmeide. Es sind köstliche Sachen. All ihr Kleinod hat die Richterin dem Kinde, sobald es seinen Wuchs hatte, gespendet und dahingegeben.›

So erfuhr Herzog Witigis den Namen seines Gefangenen und die blonde Rosmunde, die er um sich hat, das Dasein eines herrlichen Schatzes. Sie umhalste den Herzog und erflehte sich das Geschmeide von Malmort. Ihr Stirnband habe seine Perlen und ihr elfenbeinerner Kamm die Hälfte seiner Zähne verloren. Kurz, Goldschmied Rachis wurde an dich geschickt und bietet dir den Tausch. Wähle: Schmuck oder Bruder!»

Ehe noch der Lombarde geendigt hatte, stürzte das Mädchen gegen die Burg, die steile Treppe hinauf, verschwand in der Pforte und kam atemlos wieder, Schimmerndes und Klingendes in dem zur Schürze gefaßten hellen Oberkleide tragend. Dieses hielt sie mit der Linken, während die Rechte Stück um Stück wie aus einem Horte emporhob und den gekrümmten Fingern des Goldschmieds überantwortete. Spangen, Stirnbänder, Gürtel, Perlschnüre verschwanden in dem Sacke, welchen Rachis geöffnet hatte, auch für die blonden Flechten Rosmundens ein kunstvoller Kamm von Elfenbein mit dem Heiland und den Aposteln in erhabener Arbeit. Jedes durch seine Hände wandernde Stück begleitete der Goldschmied mit dem Lobe des Kenners, nicht ohne ein bißchen Bosheit, die dem begeisterten Mädchen seine Verluste fühlbar machen wollte. Sie zuckte nicht einmal mit dem Mund, sie leuchtete vor Freude bei der Hingabe alles ihres Besitzes.

Da kam ihr denn doch ein Zweifel. «Du bist redlich?» sagte sie. «Du schickst mir den Bruder? Es ist besser, ich begleite dich!» und sie machte sich wegfertig.

«Unmöglich, Herrin», widersprach der Lombarde, «das geht nicht! Du entdecktest unsere Schlupfwinkel und gefährdetest mit dem Leben des Bruders auch das deinige. Die Richterin aber würde dich von uns geraubt glauben. Sei nicht unklug und gib dich nicht in fremde Gewalt!» Er belud sich mit dem Sacke. «Ein Schlummerchen, Fräulein! und wenn du die Augen wieder öffnest, hast du den Bruder, der dich Gold und Gut kostet. Das schwöre ich dir!» Er senkte die drei Finger mit einem grimmigen Blicke gegen den Erdboden. «Bei dem da unten!» gelobte er.

«Ein glaubhafter Schwur!» sprach eine weibliche Stimme. Rachis wendete sich erschrocken und bog das Knie vor einer behelmten Frau mit strengen Zügen, die den Speer, den sie in der Hand getragen, einem bewaffneten Knechte reichte. Die Richterin mochte aus Schonung für ihr ermüdetes Tier den steilen Burgweg zu Fuß erklommen haben. Sie faßte Palma schützend am Arm und blickte geringschätzig auf den Lombarden. «Schwürest du bei Gott und seinen Heiligen», sagte sie, «so schwürest du falsch; eher schwörst du die Wahrheit bei dem Vater der Lügen. Habet ihr euch nicht bei allem Göttlichen verpflichtet, ihr Lombarden, nie mehr in Rätien zu rauben und zu brennen? Und jetzt da ihr, wie alles Böse, vor den Augen des Kaisers flüchtet, schleudert ihr rechts und links verheerende Flammen! Ich komme von Cur und weiß um eure Taten, Eidbrüchige! Sage du deinem Witigis, die Richterin würde ihm nachjagen und ihn züchtigen, wenn nicht ein Höherer käme, und er ist schon da, dessen Hand ihn erreicht, flöhe er an die Enden der Erde!» Jetzt fielen ihre

Augen auf den Sack des Goldschmieds. «Was trägst du da weg, Dieb?» fragte sie verächtlich.

«Ein ehrlicher Handel», beteuerte dieser und öffnete den Sack, während das Mädchen die Mutter stürmisch umarmte. «Ich kaufe den Bruder!» rief sie. «Er ist in die Gewalt des Witigis geraten, der auf ihn zielt, bis ich der Frau Herzogin» – das unschuldige Kind erhob die blonde Rosmunde in den Ehestand – «meinen Schmuck gegeben habe, und wie gerne gebe ich ihn!»

Die Richterin machte sich von ihr los und fragte Rachis: «Ist das wahr?»

«Bei meinem Halse, Herrin!»

«Ich würde dir nicht glauben, wüßte ich nicht, daß der Höfling Wulfrin dem Kaiser voranreitet und hätte ich nicht selbst eben jetzt in Cur gehört, daß die Lombarden einen Höfling gefangen haben. Dennoch kann es eine Lüge sein, denn es ist kaum glaublich, daß ein Tischgenosse Karls dem Feinde seinen Namen nennt und zu einem Mädchen um Lösung sendet.»

«Nein, nein, Mutter, so war es nicht!» rief Palma und erzählte den Vorgang.

«Ein eitles Weib, dem ein Leben feil ist für einen Schmuck, das hat mehr Sinn», meinte die Richterin. Sie schien zu überlegen. Dann warf sie einen Blick auf das Geschmeide. «Ich will den Höfling mit Byzantinern lösen», sagte sie.

«Das steht nicht in meinem Auftrag und würde der Rosmunde schlecht gefallen.»

«Dann tue ich es nicht.»

«Auch gut», grinste Rachis. «So lässest du eben den Wulfrin umkommen. Du magst deine Gründe haben. Ganz wie du willst.»

«Das willst du nicht, Mutter!» jammerte Palma und stürzte auf die Kniee.

«Nein, das will ich nicht», sprach die Richterin mit nachdenklichen Brauen. «Warum auch? Nimm das Zeug!» und Rachis war weg.

Das jubelnde Mädchen fiel der Mutter um den Hals und bedeckte den strengen Mund mit dankbaren Küssen. Dann raubte sie ihr den kriegerischen Helm so ungestüm, daß die Flechten des schwarzen Haares sich lösten und niederrollend dem entschlossenen Haupte der Richterin einen jugendlichen und leidenden Ausdruck gaben. Die nicht enden wollende Freude Palmas ermüdete endlich die Richterin. «Geh schlafen, Kind», sagte sie, «es dunkelt.»

«Schlafen? Wer könnte das, bis Wulfrin ruft?»

«So wirf dich wie du bist auf das Polster. Was gilt's, ich finde dich schlummern? Zu Bette, Hühnchen! husch! husch!» und sie klatschte in die Hände.

Palma flog die Stiege hinauf und die Richterin wendete sich zu Rudio, ihrem Kastellan, der schon eine Weile ruhig harrend vor ihr stand. «Was meldest du?» fragte sie.

«Eine Albernheit, Herrin. Ich sah die Tür zu unserm Kerker sperrangelweit offen. Freilich hatte ich sie nicht verriegelt, da gerade niemand sitzt. Ich steige hinab und auf dem Stroh liegt ein Geschöpf, das ich in der letzten Helle mir nur mühsam enträtsle. Es war die Faustine, welche, wie du dich erinnerst, mit deiner Erlaubnis ihr Kind, die Brunetta, einem Lombarden, einem leidlichen Manne, den du auf mein Fürwort unter deinem Gesinde duldetest, zum Weibe gegeben hat. Jetzt da das fremde Volk wandert, hat auch ihr Kind sein Bündel geschnürt und das muß sie irre gemacht haben. Sie hat sich eine Hand in den Kettenring gezwängt und ist übrigens guten Mutes. ‹Meister Rudio›, redete sie zu mir, ‹wetze dein Beil am Schleifstein und tue mir morgen nicht weher als recht ist.› Ich schelte sie und will ihr den Arm aus der Fessel ziehen. ‹Welche Posse!› sage ich, ‹du bist ja die ehrliche Armut am Rocken und im Rübenfeld, die ihr Kind rechtschaffen großgezogen hat. Hier ist nicht dein Ort. Mit deinesgleichen habe ich nichts zu tun.› Sie sperrte sich und sagte: ‹Das weißt du nicht, Rudio. Geh und rufe die Richterin. Die wird das Garn schon abwickeln und mir armem Weibe geben, was mir gehört.› Sollte ich die Törin zerren? Du steigst wohl hinab und bringst sie zurecht.»

Die Richterin hieß Rudio eine Fackel anbrennen und ihr vorschreiten. In dem tiefen Gelasse saß ein gefesseltes Weib, das der Kastellan beleuchtete. Auf einen Wink der Herrin steckte er den brennenden Span in den Eisenring und ließ die Frauen allein.

Stemma beugte sich über die freiwillig Eingekerkerte und befühlte ihr als geschickte Ärztin den Puls der freien Hand, welchen aber kein Fieber beschleunigte. «Faustine», sagte sie, «was ficht dich an? was ist über dich gekommen? Dich verwirrt der Schmerz, daß du dich von deinem Kinde trennen mußtest. Willst du ihr folgen? Noch ist es Zeit. Ich gebe dich frei. Du bist nicht länger meine Eigene. Der Kaiser wird den Lombarden feste Sitze weisen und du behältst deine Brunetta.»

Faustine schüttelte das Haupt. «Das fehlte noch», sagte sie, «daß ich mich an die Sohlen der Brunetta heftete und auch ihr zum Fluche würde! Richterin Stemma, nimm mir das ab!» Sie wies auf ihren Kopf. «Du weißt ja wohl und langeher, daß ich meinen Mann ermordete.»

Mit ruhigem Blicke prüfte Stemma das grellbeleuchtete knochige Gesicht der gleichaltrigen Räterin. Dann ließ sie sich auf eine Treppenstufe nieder und Faustine kroch zu ihren Knieen, ohne diese zu berühren. Ihre Augen waren gesund. «Herrin», sagte sie, «du weißt alles, und wenn du mich ein Jahrzehnt und länger gnädig verschont und meine Missetat bedeckt hast, so war es, weil du nicht wolltest, daß die Brunetta, der unschuldige Wurm, zu Schanden komme. Ich durfte sie aufziehen und diese Gunst hast du mir erwiesen, weil ich dein Gespiel gewesen bin. Jetzt aber da die Brunetta einem Manne folgt, ist kein Grund länger zu trödeln und zu tändeln. Laß uns die Sache ins reine bringen. Gib mir mein Urteil!»

Die Richterin erkannte aus der ganzen Gebärde Faustinens, daß diese bei Sinnen sei, und so sehr sie das schlimme Geständnis überraschte, so wenig gab sie den furchtbaren Ruf ihrer Allwissenheit preis. «Lege Bekenntnis ab», sagte sie streng. «Das ist der Anfang der Reue.» Und Faustine begann: «Kurz ist die Geschichte. Der Schütze Stenio umwarb mich –»

«Den der Eber, welchen er gefehlt hatte, schleifte und zerriß –»

«Jener. Hernach gab mich der Judex seinem Reisigen Lupulus zur Ehe. Ich bequemte mich und doch» – sie hielt inne, um das reine Ohr Stemmas nicht zu beleidigen. Die Richterin half ihr und sagte ernst und traurig: «Und doch warest du das Weib des Toten.»

Faustine nickte. «Dann, vor dem Altar, plötzlich, zu meinem Entsetzen –»

«Fühltest du, daß du dem Toten gehörtest, du und ein Ungebornes», half ihr die Richterin.

Wieder nickte Faustine. «Das ist alles, Herrin», sagte sie. «Lupulus, jähzornig wie er war, hätte mich umgebracht. Das Ungeborne aber verhielt mir den Mund und flüsterte mir Feindseliges gegen den Mann zu.»

«Genug», schloß Stemma. «Nur eines noch: woher hattest du das Gift?»

«Siehst du, Herrin», rief das Weib, «daß du weißt, wie ich ihn tötete! Das Gift hat mir Peregrin gezeigt.»

«Peregrin?» fragte die Richterin mit verhüllter Stimme. «Das ist nicht möglich», sagte sie.

«Er zeigte es mir und warnte mich davor. Ich irrte verzweifelnd unter den Kiefern von Silvretta. Da sehe ich ihn in seinem langen dunkeln Gewande, der sich bückt und Wurzeln gräbt. Blumen nickten mit braunen Glocken. Er ruft mich herbei und, eine dieser Blumen in der Hand, sagt er zu mir: ‹Frau, hüte dich und die Kinder vor diesem Gewächs! Sein Saft tötet außer in den Händen des Arztes.› Er meinte es gut mit seinem warnenden Blick unter dem braunen Gelocke hervor und hauchte mir doch einen grimmig bösen Gedanken an. Keine Schuld komme auf seine Seele! Doch ich rede töricht. Er ist ja längst ein Engel Gottes, seit er nach der großen Ebene wandernd im Gebirge unterging, wie sie sagen, und das war nicht lange nach jener Stunde. Du erinnerst dich noch, der Judex, dein Vater, dem er die Wunde heilte, hatte ihn abgelohnt, was dir unlieb war, da er dich als ein weiser Kleriker noch vieles hätte lehren können.»

«Schwatze nicht», gebot die Richterin, «und endige dein Bekenntnis. Am folgenden Tage bist du aus deiner Hütte nach Silvretta gegangen und hast die Wurzeln gegraben?»

«Ja. Du rittest vorüber und ich duckte mich, damit du mich nicht erkennen möchtest, aber du wendetest dich zweimal im Sattel. Und nun sei barmherzig, Herrin, und gib mir mein Teil.» Sie ließ den Kopf auf die Brust fallen, sodaß ihr der üppige schwarze Haarwuchs über das Gesicht sank.

Stemma sann, auf Faustinen niederblickend, und zog ihr mit zerstreuten Fingern einen langen Strohhalm aus dem Haar. «Faustine, mein Gespiel», sagte sie endlich, «ich kann dich nicht richten.»

Die ganze Faustine geriet in Aufruhr. «Warum nicht?» schrie sie empört, «du mußt es, oder ich schreie, daß alle Mauern tönen: Sie hat ihren Mann umgebracht!»

Stemma verhielt ihr den Mund. «Laß das Totengebein!» schalt sie, als drohe sie einem den verscharrten Knochen hervorkratzenden Hunde.

«Sei barmherzig!» flehte Faustine, «laß mir das Haupt abschlagen, nachdem es Gott gekostet und sein Kreuz geküßt hat. Dann wächst es mir im Himmel wieder an und, Stenio rechts, Lupulus links, sitzen wir auf einer Bank und geben uns die Hände. Danach verlangt mich», und sie streckte den Hals.

«Ich kann dich nicht richten, Törin», sagte Stemma sanfter. «Aus drei Gründen nicht. Merk auf!

Als du deine Tat begingest, lebte und regierte noch der Judex, mein Vater. Nach seinem Ende und dem des Comes, da ich das Richtschwert erbte, habe ich laut verkündigt: ‹Ab ist alles Geschehene! Von nun an sündige keiner mehr!› Aber auch wenn ich dieses nicht hätte ausrufen lassen, könnte ich dennoch dich nicht richten und du gingest frei aus, denn seit deiner Tat sind fünfzehn völlige Jahre in das Land gegangen und hier ist uralter Brauch, daß Schuld verjährt in fünfzehn Jahren.»

«Verjährt? was ist das?» fragte Faustine verblüfft.

«Durch die Wirkung der Zeit ihre Kraft verliert.»

Ein höhnisches Lachen lief blitzend über die weißen Zähne der Räterin. «Also zum Beispiel», sagte sie, «wenn ich gestern noch meinen Mann vergiftet hatte und über Nacht wird die Zeit völlig, so bin ich heute keine Mörderin mehr. Diese Dummheit!»

«Doch, du bleibst eine Mörderin», belehrte sie Stemma langmütig, «aber du hast mit dem irdischen Richter nichts mehr zu schaffen, sondern nur noch mit dem himmlischen. Sühne durch gute Werke! Du hast den Anfang gemacht: fünfzehn mühselige und rechtschaffene Jahre wiegen.»

«Nichts wiegen sie!» zürnte Faustine. «Ich sehe schon, du willst meiner schonen! Du heißest die Richterin, aber du bist die Ungerechte, du machst Ausnahmen, du siehst die Person an!»

«Schweige!» befahl die Richterin. «Ich bin denn doch klüger als du und ich sage dir: deine Sache ist nicht mehr richtbar. Noch aus einem letzten Grunde. Ich kann dich nicht verdammen, auch wenn ich dir den Gefallen tun wollte, denn es steht kein Zeuge gegen dich als deine törichte Zunge. Aber weißt du was: gehe nach Cur und beichte dem Bischof. Er ist der Hirte und du bist das Schäflein. Er mag dir die härteste Buße auflegen: Fasten, schwere Dienste, härenes Hemde, blutige Geißelungen. Fordere sie, ist er dir zu milde! Dann aber gib dich zufrieden! Unterwirf dich ganz der Kirche: sie vertritt dich und du hast eine sichere Sache!» Sie sagte das mit einem überzeugenden Lächeln.

«Ich weiß nicht», schluchzte Faustine, «Gott sei davor, daß eine Missetäterin wie ich seiner heiligen Kirche nicht gehorche. Aber anders wäre es einfacher gewesen. Geplagt habe ich mich schon und im Schweiße meines Angesichtes zerarbeitet fünfzehn Jahre lang mit dem Trost und Vorsatz, sobald mein Kind in sein Alter und an den Mann gekommen, stracks in den Himmel zu fahren. Jetzt verrückst du mir die kurze Leiter und vertrittst mir den Weg.»

«Der nach Cur ist kurz und der an unser Ende ist nicht lang. Gehorche, Faustine!» Sie ergriff die Fackel und schritt die Stufen vorauf. Faustine folgte wie eine Seele in Pein.

Unter dem Burgtor, das sich wie von selbst öffnete, denn der

Wärtel hatte die wandernde Helle wahrgenommen, blickte die Richterin in die Nacht hinaus und sagte zu Faustinen: «Lege die Schuhe ab und laß die scharfen Kiesel deine Sohlen zerreißen, denn du bist eine große Sünderin!» Weinend trat Faustine ihren dunkeln Weg an.

Frau Stemma hatte recht gesagt. Da sie die hochgelegene Burgkammer betrat, schlief Palma. Neben ihren tiefen Atemzügen glomm auf einem Dreifuß eine hütende Flamme. Das Mädchen lag in ihrem ganzen Gewande auf dem Polster, die Hand über das Herz gelegt. Sie hatte das freudig pochende beruhigen wollen und war daran entschlummert. Die Mutter betrachtete die Gebärde und konnte sich der Erinnerung nicht erwehren.

Nach dem Tode des Vaters und des Gatten und nach der Geburt Palmas hatte die noch nicht zwanzigjährige Richterin die Regierung ihres Erbes mit entschlossener Hand ergriffen. Die dem jungen und schönen Weibe unter einem verwilderten, begehrlichen Adel von selbst entstehenden Freier und Feinde hatte sie mit einer über ihre Jahre scharfsinnigen Politik vereinigt und der Reihe nach mit den Waffen ihrer Lehensleute gebändigt. Helm und Schwert und die gerechte Sache der mutigen Richterin wurden von dem friedseligen Bischof Felix in seinem festen Hofe Cur mit weit ausgestreckten Händen gesegnet. Nach einigen stürmischen Jahren war Stemmas Herrschaft befestigt und es trat eine große Stille ein. Jetzt rächte sich die überhetzte Natur und Stemma verlor den Schlummer. Wenn sie nicht selbst ihn verscheuchte mit brennenden Leuchtern und endlosen Schritten. Nicht weit von dem Lager ihres Kindes, auf einer schmalen Bank in der tiefen Fensterwölbung saß sie damals oft mit verschlungenen Armen oder dann konnte sie lange, lange mit zwei Fläschchen spielen, welche sie in der Mauer verwahrte und die der arzneikundige junge Kleriker Peregrin auf Malmort zurückgelassen hatte, da er von dannen zog, um spurlos im Gebirge zu verschwinden. Beide waren von starkem Kristall und hatten über den gläsernen Zapfen goldene Deckel, auf deren einem das

Wort ‹Antidoton› mit griechischen Lettern eingekritzt war, während auf dem andern ein winziges Schlänglein sich krümmte. Mit diesen Fläschchen zu spielen bis der Tag anbrach wurde Stemma zu einem Bedürfnis. Da geschah es einmal, daß sie darüber einnickte und, als das Frühlicht sie weckte, das eine Fläschchen, das unbeschriebene, aus ihrer halbgeöffneten Hand verschwunden war. Sie geriet in entsetzliche Angst und suchte und suchte. Endlich fand sie es in dem Händchen ihres Kindes. Die kleine Palma mochte, vor ihr erwacht, sie auf nackten Sohlen beschlichen, ihr das schmucke Spielzeug entwendet und mit ihm das Lager und den Schlummer wieder gefunden haben. Das Kind hielt den Kristall an das kleine Herz gepreßt und vorsichtig löste Frau Stemma Fingerchen um Fingerchen.

Jetzt holte sie, verlockt von der frühern Gewohnheit, die lange im Verschluß gelegenen Kristalle hervor. Nachdem sie dieselben eine Weile in den Händen gehalten und mit den Fläschchen, sie unablässig wechselnd, nach ihrer alten Weise gespielt hatte, legte sie das eine unter ihren mit Gemsleder beschuhten Fuß und zertrat es auf der steinernen Fliese mit einem kräftigen Drucke zu Scherben. Die ausströmende Flüssigkeit verbreitete einen angenehmen Mandelgeruch. Im Begriffe den zweiten Kristall unter die Sohle zu legen, besah sie noch seinen goldenen Deckel und erkannte, daß sie sich zwischen den Fläschchen geirrt hatte. Sie glaubte das inschriftlose zuerst zermalmt zu haben und hielt es noch in der Hand. Kopfschüttelnd legte sie das Schlänglein unter die Ferse, doch das festere Glas widerstand hartnäckig. Sie ergriff es wieder und schon hob sie den Arm, um es an der Wand zu zerschmettern, da hielt sie inne, aus Furcht, mit dem klirrenden Wurfe den Schlummer des Mädchens zu stören. Oder mit einem andern Gedanken barg sie es sorgfältig in dem weiten Busen ihres Gewandes.

Frau Stemma wurden die Lider schwer und sie ließ sich betäubt in einen Sessel fallen. Da sah sie ein Ding hinter ihrem Stuhle hervorkommen, das langsam dem Lager ihres schlummernden Kindes zustrebte. Es floß wie ein dünner Nebel, durch welchen die Gegenstände der Kammer sichtbar blieben, während das blühende Mädchen in fester Bildung und mit kräftig atmendem Leibe dalag. Die Erscheinung war die eines Jünglings, dem Gewande nach eines Klerikers, mit vorhangenden Locken. Das ungewisse Wesen rutschte auf den Knieen oder watete, dem Steinboden zutrotz, in einem Flusse. Stemma betrachtete es ohne Grauen und ließ es gewähren, bis es die Hälfte des Weges zurückgelegt hatte. Dann sagte sie freundlich: «Du, Peregrin! Du bist lange weggeblieben. Ich dachte, du hättest Ruhe gefunden.» Ohne den Kopf zu wenden und sich wieder um einen Ruck vorwärts bringend, antwortete der Müde: «Ich danke dir, daß du mich leidest. Es ist ohnehin das letzte Mal. Ich werde zunichte. Aber noch zieht es mich zu meinem trauten Kindchen.»

«Seid ihr Tote denn nicht gestorben?» fragte die Richterin.

«Wir sterben sachte, sachte», antwortete der Kleriker. «Wie denkst du? Die» – er stotterte – «die Seele wird damit nicht früher fertig als der Leib vermodert ist. Inzwischen habe ich mir diesen ärmlichen Mantel geliehen.» Der Schatten schüttelte seine Gestalt wie einen rinnenden Regen. «Ei, was war der irdische Leib für ein heftiges und lustiges Feuer! In diesem dünnen Röcklein friert mich und ich lasse es gerne fallen.»

«Hernach?» fragte Stemma.

«Hernach? Hernach, nach der Schrift –»

Stemma runzelte die Stirn. «Zurück von dem Kinde!» gebot sie dem Schatten, der Palma fast erreicht hatte.

«Harte!» stöhnte dieser und wendete das bekümmerte Haupt. Dann aber, von dem warmen Atem Stemmas angezogen, schleppte er sich rascher gegen ihre Kniee, auf welche er die Ellbogen stützte, ohne daß sie nur die leiseste Berührung empfunden hätte. Dennoch belebte sich der Schatten, die schöne Stirn wölbte sich und ein sanftes Blau quoll in dem gehobenen Auge.

«Woher kommst du, Peregrin?» sagte die Richterin.

«Vom trägen Schilf und von der unbewegten Flut. Wir kauern am Ufer. Denke dir, Liebchen, neben welchem Nachbar ich zeither sitze, neben dem» – er suchte.

«Neben dem Comes Wulf?» fragte die Richterin neugierig.

«Gerade. Kein kurzweiliger Gesell. Er lehnt an seinen Spieß und brummt etwas, immer dasselbe, und kann nicht darüber wegkommen. Ob du ihm ein Leid antatest oder nicht. Ich bin mäuschenstille» – Peregrin kicherte, tat dann aber einen schweren Seufzer. Darauf schnüffelte er, als rieche er den verschütteten Saft, und suchte mit starrem Blicke unter Stemmas Gewand, wo das andere Fläschchen lag, sodaß diese schnell den Busen mit der Hand bedeckte.

Da fühlte sie eine unbändige Lust, das kraftlose Wesen zu ihren Füßen zu überwältigen. «Peregrin», sagte sie, «du machst dir etwas vor, du hast dir etwas zusammengefabelt. Palma geht dich nichts an, du hast kein Teil an ihr.»

Der Kleriker lächelte.

«Du bildest dir etwas Närrisches ein», spottete die Richterin.

«Stemma, ich lasse mir mein Kindchen nicht ausreden.»

«Torheit! Wie wäre solches möglich? Was weißt du, Traum?»

«Ich weiß» – der flüchtig Beseelte schien eine Süßigkeit zu empfinden, in sein kurzes und grausames Los zurückzukehren, – «wie mich dein Vater überfiel, da ich von meinem Lehrer, dem Abte, weg über das Gebirge zog. Der Judex litt an einer Wunde und hatte von meiner Wissenschaft vernommen. Da hob er mich auf und brachte mich dir mit. Du warest noch sehr jung und o wie schön! mit grausamen schwarzen Augen! Dabei herzlich unwissend. Ich lehrte dich Buchstaben und Verse bilden, doch diese da mochtest du nicht. Lieber regiertest du in den Dörfern, schiedest Händel und machtest die Ärztin bei deinen Eigenen. Ich zeigte dir die Kräfte der Kräuter, lehrte dich allerlei brauen und du brachtest mir aus dem Schmuckkästchen zwei Kristalle –»

Die Richterin lauschte.

«Stemma, du bist noch jung, und auch ich bin jung geblieben, wenig älter als da wir uns liebten», schluchzte Peregrin zärtlich.

«Wir liebten uns», sagte Stemma.

«Du lagest in meinen Armen!»

«Wo dich der Judex überraschte und erwürgte», sprach sie hart. Peregrin ächzte und Flecken wurden an seinem Halse sichtbar. «Er lud mich auf ein Maultier, zog mit mir davon und warf mich in den Abgrund.»

«Peregrin, ich habe geweint! Aber besinne dich: dein ist die Schuld! Bin ich nicht dreimal vor dich getreten, mein Bündel in der Hand? Habe ich dich nicht drohend beschworen, mit mir zu fliehen? Wer wollte Fuß neben Fuß in Armut und Elend wandern? Du aber erblaßtest und erbleichtest, denn du hast ein feiges Herz. Ich liebte dich und, bei meinem Leben! – warest du ein Mann – Vater, Heimat, alles hätte ich niedergetreten und wäre dein eigen geworden.»

«Du wurdest es», flüsterte der Schatten.

«Niemals!» sagte Stemma. «Sieh mich an: gleiche ich einer Sünderin? Blicke ich wie eine Leidenschaftliche und Leichtfertige? Bin ich nicht die Zucht und die Tugend? Und so war ich immer. Du hast mich nicht berührt, kaum daß du mir mit furchtsamen Küssen den Mund streiftest. Wo hättest du auch den Mut hergenommen?»

Da geriet der Schatten in Unruhe. «O ihr Gewalttätigen beide, der Vater und du! Er hat mich geraubt und erwürgt, du, Stemma, locktest mit dem Blutstropfen! Gib den Finger, da sitzt das Närbchen!»

Stemma hob die Achseln. «Es war einmal», höhnte sie.

Da wiegte Peregrinus, der sich gleich wieder besänftigte, die Locken und sang mit gedämpfter Stimme:

> «Es war einmal, es war einmal
> Ein Fürst mit seinem Kinde,
> Es war einmal ein junger Pfaff
> In ihrem Burggesinde.
>
> Am Mahle saßen alle drei,
> Da riefen den Herrn die Leute:
> ‹Herr Judex, auf! Zu Roß! Zu Roß!
> Im Tal zieht eine Beute!›
>
> Er gürtet sich das breite Schwert
> Und wirft mit einem Gelächter

Den Hausdolch zwischen Maid und Pfaff
Als einen scharfen Wächter.

Den Judex hat das schnelle Roß
Im Sturm davongetragen,
Zweie halten still und bang
Die Augen niedergeschlagen.

Stemma hebt das Fingerlein,
Sie tut es ihm zu Leide,
Und fährt damit wohl auf und ab
Über die blanke Schneide.

Ein Tröpflein warmen Blutes quoll –»

«Stille, Schwächling!» zürnte die Richterin. «Das hast du dir
in deinem Schlupfwinkel zusammengeträumt. Solche Schmach
kennt die Sonne nicht! Stemma ist makellos! Und auch der Comes, er komme nur! ihm will ich Rede stehen!»

«Stemma, Stemma!» flehte Peregrin.

«Hinweg, du Nichts!» Sie entzog sich ihm mit einer starken
Gebärde und seine Züge begannen zu schwimmen.

«Mein Weib, mein» – «Leben» wollte er sagen, doch das Wort
war dem Ohnmächtigen entschwunden. «Hilf, Stemma», hauchte er, «wie heißt es, das Atmende, Blühende? Hilf!» Die Richterin preßte die Lippen und Peregrinus zerfloß.

Erwacht stand sie vor dem Lager ihres Kindes. Sie küßte ihm
die geschlossenen Augen. «Bleibet unwissend!» murmelte sie.
Dann glitt sie neben Palma auf das breite Lager und schlang den
Arm um das Mädchen, wie um eine erkämpfte Beute: «Du bist
mein Eigentum! Ich teile dich nicht mit dem verschollenen Knaben! Dich siedle ich an im Licht und umschleiche dich wie eine
hütende Löwin!» Der Traum hatte ihr Peregrin gezeigt nicht
anders als sein Bild in ihr zu leben aufgehört hatte. Längst war
der Jüngling, dem sie sich aus Trotz und Auflehnung mehr noch
als aus Liebe heimlich vermählt, an ihrem kasteiten Herzen nie-
dergeglitten und untergegangen, und der einst aus ihrer Finger-
beere gespritzte Blutstropfen erschien der Geläuterten als ein

lockeres und aberwitziges Märchen. Schon glaublicher deuchte ihr der andere Bewohner der Unterwelt, und da sie sich auf dem Lager umwendete und das Haupt in die Kissen begrub, ohne den Arm von der Schulter ihres Kindes zu lösen, erblickte die Entschlummernde den Comes, wie er an den Speer gelehnt verdrießlich im Schilfe saß und etwas Feindseliges in den Bart murmelte. Ein Lächeln des Hohnes glitt über ihr verdunkeltes Gesicht, denn Stemma kannte die Hilflosigkeit der Abgeschiedenen.

Im ersten Lichte weckte die zwei Schlafenden ein jäher Hornstoß und riß sie vom Lager empor. Der gewaltsame Tagruf beleidigte das feine Ohr der Richterin. Sie erriet, wen er meldete, und mit schnellem Entschluß und festem Schritte ging sie Wulfrin entgegen. Noch vor ihr, den rasch ergriffenen Wulfenbecher in der Hand, war Palma durch die Tür gehuscht.

In das von Rudio geöffnete Tor tretend, stand Stemma vor dem Höfling, der sie mit verwunderten Augen betrachtete. Das Antlitz gebot ihm Ehrfurcht. Er verschluckte ein unziemliches Scherzwort über sein durch vier Weiber gerettetes Leben. Bewältigt von dem ruhig prüfenden Blicke und der Hoheit der blassen Züge sagte er nur: «Hier hast du mich, Frau», worauf sie erwiderte: «Es hat Mühe gekostet, dich nach Malmort zu bringen.»

«Wo ist die Schwester, daß ich sie küsse?» fuhr er fort und diese, die inzwischen den Becher gefüllt hatte, eilte ihm mit klopfendem Herzen und leuchtenden Augen zu, obwohl sie vorsichtig schritt und den Wein nicht verschütten durfte. Sie trat vor den Bruder und begann den Spruch. Da aber Stemma den Kelch, der dem Comes den Tod gebracht, in den Händen ihres Kindes erblickte und den frischen Mund über seinem Rand, empfand sie einen Ekel und einen tiefen Abscheu. Mit sicherm Griffe bemächtigte sie sich des Bechers, den das überraschte Mädchen ohne Kampf und Widerstand fahren ließ, führte ihn kredenzend an den eigenen Mund und bot ihn dem Höfling mit den einfachen Worten: «Dir und dieser zum Segen!» Wulfrin leerte den Becher ohne jegliche Furcht.

Palma stand bestürzt und beschämt. Da hieß die Mutter sie die Glocke ziehen, die hoch oben in einem offenen Türmchen hing und das Gesinde weither zum Angelus rief. Palma hatte als Kind Freude gehabt das leichtbewegliche Glöcklein erschallen zu lassen und das Amt war dem Mädchen geblieben. Sie fügte sich zögernd.

«Frau, warum hast du ihr die Freude verdorben?» fragte Wulfrin. Stemma wies ihm die Inschrift des Bechers. «Siehe, es ist der Spruch eines Eheweibes», sagte sie. «Davon lese ich nichts», meinte er.

«Erfreue dich am Wein!
Willkomm ....!»

Der Finger der Richterin zeigte das Verwischte, aus welchem für ein genauer prüfendes Auge noch drei Buchstaben leserlich hervortraten, ein i, ein K, ein l. Wulfrin erriet ohne Mühe:

«Willkomm im Kämmerlein!»

«Du hast recht, Frau», lachte er.

Sie nahm ihn an der Hand und führte ihn vor das Grabmal. Da lag ihm der Vater, die Linke am Schwert, die Rechte am Hifthorn, die steinernen Füße ausgestreckt. Wulfrin betrachtete die rohen, aber treuherzigen Züge nicht ohne kindliches Gefühl. Das abgebildete Hifthorn erblickend, hob er in einer plötzlichen Anwandlung das wirkliche, das er an der Seite trug, vor den Mund und tat einen kräftigen Stoß. «Fröhliche Urständ!» rief er dem in der Gruft zu.

«Laß das!» verbot die Richterin, «es tönt häßlich.»

Sie setzte sich auf den Rand des Steinsarges, neben ihr eigenes liegendes Bild, das die betenden Hände gegeneinander hielt, und begann: «Da du nun auf Malmort bist, verlässest du es nicht, Wulfrin, ohne mich – nach vernommenen Zeugen – angeklagt oder freigegeben zu haben von dem Tode des Mannes hier.» Der Höfling machte eine widerwillige Gebärde. «Füge dich», sagte sie. «Ist es dir keine Sache, so ist es eine Form, die du mir erfüllen mußt, denn ich bin eine genaue Frau.»

«Gnadenreich wird dir ausgerichtet haben», versetzte der Höfling aufgebracht, «daß ich dich nie beargwöhnte, weder ich noch Arbogast, der mir das Zusammensinken des Vaters beschrieben hat. Ich bin kein Zweifler und möchte nicht leben als ein solcher. Es gibt deren, die in jedem Zufall einen Plan und in jedem Unfall eine Schuld wittern, doch das sind Betrogene oder selbst Betrüger. Der Himmel behüte mich vor beiden! Hätte ich aber Verdacht geschöpft und Feindseliges gegen dich gesonnen, jetzt da ich dein Antlitz sehe, stünde ich entwaffnet, denn wahrlich du blickst nicht wie eine Mörderin. Wärest du eine Böse, woher nähmest du das Recht und die Stirn, das Böse aufzudecken und zu richten? Dawider empört sich die Natur!»

Ein Schweigen trat ein. «Aber was ist das für ein dumpfes Dröhnen, das den Boden schüttert?» «Das ist der Strom», sagte die Richterin, «der den Felsen benagt und unter der Burg zu Tale stürzt.»

«Wahr ist es, Frau», fuhr der Höfling treuherzig fort, «daß ich dich nie leiden mochte, und ich sage dir warum. Dieser Greis hier, mein Vater, war ein roher und gewaltsamer Mann. Ich sage es ungern: er hat an meinem Mütterlein mißgetan, ich glaube, er schlug es. Ich mag nicht daran denken. Ins Kloster hat er es gesperrt, sobald es abwelkte. Da ist es nicht zu wundern, wie wir Menschen sind, daß ich von dir nichts wissen wollte, die es von seinem Platze verstieß.»

«Nicht ich. Hier tust du mir Unrecht. Da wir so zusammensitzen, Wulfrin, warum soll ich es dir nicht erzählen? Ich habe deiner Mutter nichts zuleide getan. Kälter und lebloser als diese steinerne war meine Hand, da sie gewaltsam in die deines Vaters gedrückt wurde. Aus dem Kerker hergeschleppt, zugeschleudert wurde ich ihm von dem Judex, der mir einen zitternden und zagenden Liebling von niederer Geburt erwürgt hatte. Nicht jedes Weib würde dir solches anvertrauen, Wulfrin.»

«Ich glaube dir», sagte dieser.

«Einer Gezwungenen und Entwürdigten», betonte sie, «gab dein Vater sterbend die Freiheit. Und ich wurde Herrin von Malmort. Du hast Grund, Wulfrin, dir die Sache zu besehen. Sie ist dunkel und schwer. Betrachte sie von allen Seiten! Denn, du räumst mir ein, vernichtete ich deinen Vater, so bin ich oder du bist zuviel auf der Erde.»

«Verhöhnst du mich?» fuhr er auf, «doch nein, du blickst ernst und traurig. Siehe, Frau, das ewige Verhören und Richten hat dich quälend und peinlich gemacht und wahrhaftig, ich glaube» – seine Augen deuteten auf den Stein – «auch eine Frömmlerin bist du.» Er hatte rings um das Frauenhaupt die Worte gelesen: ‹Orate pro magna peccatrice.› «Das hier ist großgetan.»

«Ich bin eine kirchliche Frau», antwortete Stemma, «doch wahrlich, ich bin keine Frömmlerin, denn ich glaube nur, was ich an dem eigenen Herzen erfahren habe. Dein Knecht, der Steinmetz Arbogast, fragte mich in seiner einfältigen Art, was er mir um das Haupt schreiben dürfe. In seiner schwäbischen Heimat sei bei vornehmen Frauen die Umschrift gebräuchlich: Betet für eine Sünderin. ‹Schreibe mir›, sagte ich, ‹Betet für die große Sünderin›, denn, Wulfrin, du hast recht gesagt, was ich tue, tue ich groß.»

«Hübsch!» rief der Höfling, aber nicht als Antwort auf diesen Selbstruhm, sondern das Haupt in die Höhe richtend, wo Palma stand und das helltönige Glöcklein zog. Sie hatte sich lange auf der Wendeltreppe gesäumt und aus den Luken nach dem ihr vorenthaltenen Bruder zurückgeblickt. In der weiten Bogenöffnung des von den ersten Sonnenstrahlen vergoldeten Turmes wiegte sich ein lichtes Geschöpf auf dem klingenden Morgenhimmel. Der Höfling sah einen läutenden Engel, wie ihn etwa in der zierlichen Initiale eines kostbaren Psalters ein farbenkundiger Mönch abbildet. Eine Innigkeit, deren er sich schämte, rührte und füllte sein Herz. Hatte ihn doch dieses lobpreisende Kind vom Tode errettet.

Inzwischen sammelte sich im Burghofe das Gesinde der Richterin, wohl einhundert Köpfe stark, Männer und Weiber, ein finsteres, sehniges, sonneverbranntes Geschlecht, das den Behelmten eher feindlich als neugierig musterte. Dieser, die wieder zur Erde gestiegene Palma darunter erblickend, machte sich Bahn, und als wollte er sich für die flüchtige Andacht rächen, welche er zu einem Geschöpf aus irdischem Stoffe empfunden, legte er ihr die Hand auf die Achsel, und den blühenden Mund findend, küßte er ihn kräftig. Sie zitterte vor Freude und wollte erwidern, doch schneller faßte die Richterin mit der Linken ihre Hand, die Rechte Wulfrin bietend, und führte die beiden in die Mitte ihres Volkes.

«Bruder und Schwester», verkündigte sie und sich auf die andere Seite wendend noch einmal: «Schwester und Bruder.»

So ungefähr hatten es sich Knechte und Mägde schon zurechtgelegt, denn die Ähnlichkeit Wulfrins mit dem steinernen Comes war unverkennbar, nur daß sich der Vater in dem Sohne beseelt und veredelt hatte, des Hifthorns an der Seite Wulfrins zu geschweigen, das anschauliches Zeugnis gab von seiner Abstammung.

Nur das runzlige stocktaube Mütterchen, die Sibylle, hatte nichts vernommen und nichts begriffen. Sie trippelte kichernd um das Mädchen, zupfte und tätschelte es, grinste zutulich und sprudelte aus dem zahnlosen Munde: «O du mein liebes Herrgöttchen! Was für einen hat dir da die Frau Mutter gekramt! Zum wieder jung werden. Von Paris ist er verschrieben, aus den Buben, die dem Großmächtigen dienen. Krause Haare, prächtige Ware!»

«Halt das Maul, Drud!» schrie dem Mütterchen der Knecht Dionys ins Ohr, «es ist der Bruder!» und sie versetzte: «Das sage ich ja, Dionys: der Gnadenreich ist ein tröstlicher und auferbaulicher Herr, aber der da ist ein gewaltiger stürmender Krieger! O du glückseliges Pälmchen!» und so unziemlich schwatzte sie noch lange, wenn man sie nicht zurückgedrängt und ihr den frechen Mund verhalten hätte. Denn die Morgenandacht begann und von einer entfernteren Gruppe wurde schon die Litanei angestimmt. Wie von selbst ordnete sich der Frühdienst, einen Halbkreis bildend, in dessen Mitte die Richterin den schleppenden Gesang leitete, der dieselben Rhythmen und Sätze immer dringender und leidenschaftlicher wiederholend den Himmel über Malmort anrief.

Wulfrin, welcher er wußte nicht wie an das eine Ende des andächtigen Kreises geraten war, erblickte sich gegenüber die Schwester. Alles hatte sich niedergeworfen, er und die Richterin ausgenommen. Seine Blicke hingen an Palma. Auf beiden Knieen liegend, die Hände im Schoß gefaltet, sang sie eifrig mit den jungen rätischen Mägden. Aber das Freudefest, das sie in der vollen Brust mit dem endlich erlangten Bruder, dem neuen und guten Gesellen feierte, strahlte ihr aus den Augen und jubelte ihr auf den Lippen, daß die Litanei darüber verstummte. Die geöffneten gaben durch die Lüfte den Kuß des Bruders zurück. Und jetzt sich halb erhebend, streckte sie auch die Arme nach ihm. Nur eine flüchtige Gebärde, doch so viel Glut und Jugend ausströmend, daß Wulfrin unwillkürlich eine abwehrende Bewegung machte, als würde ihm Gewalt angetan. «Der Wildling!» lachte er heimlich. «Aber die wird dem wackern Gnadenreich zu schaffen machen! Ich muß ihm noch das wilde Füllen zähmen und schulen, daß es nicht ausschlage gegen den frommen Jüngling! Warte du nur!»

Und um die Erziehung zu beginnen, wendete er sich, da die Richterin das Amen sprach und Palma gegen ihn aufsprang, von ihr ab, geriet aber an Frau Stemma, die seine Hand ergriff, ihn feierlich in die Mitte führte und mit eherner Stimme zu reden begann: «Meine Leute! Wer von euch, Mann oder Weib, so alt ist, daß er vor jetzt sechzehn Jahren hier stand, während ich den Comes empfing, der davon herkam euren erschlagenen Herrn, den Judex, zu rächen – wer so alt ist und dabei gegenwärtig war, der bleibe! Ihr Jüngern, lasset uns, auch du, Palma!»

Sie gehorchten. Palma zog sich schmollend in den äußersten Burgwinkel zurück, eine halbrunde Bastei, die, ein paar Stufen tiefer als der Hof, über dem senkrechten Abgrunde ragte, durch welchen die Bergflut in ungeheurem Sturze zu Tale fiel. Sie setzte sich auf die breite Platte der Brüstung, blickte, den Arm vorgestützt, in den schneeweißen Gischt hinein, der ihr mit seinem feinen Regen die Wange kühlte, und hörte in dem Tumulte der Tiefe nur wieder den Jubel und die Ungeduld des eigenen Herzens.

Im Hofe hinter ihr ging inzwischen die rechtliche Handlung ihren Schritt und Rede und Gegenrede folgte sich, rasch und doch gemessen, nach dem Winke der Richterin.

«Hier steht der Sohn des Comes. Ihr seid ihm die Wahrheit schuldig. Saget sie. Habet ihr das Bild jener Stunde?»

«Als wäre es heute» – «Ich sehe den Comes vom Rosse springen» – «Wir alle» – «Dampfend und keuchend» – «Du kredenztest» – «Drei lange Züge» – «Mit einem leerte er den Becher» – «Er sank» – «Wortlos» – «Er lag.»

«Bei eurem Anteil am Kreuze?» fragte sie.

«So und nicht anders. Bei unserm Anteil am Kreuze!» antwortete der vielstimmige Schwur.

«Wulfrin, ich bitte dich, du blickst zerstreut! Wo bist du? Nimm dich zusammen!»

Hastig und unwillig erhob er die Hand.

Die Richterin faßte ihn am Arm. «Kein Leichtsinn!» warnte sie. «Frage, untersuche, prüfe, ehe du mich freigibst! Du begehst eine ernste, eine wichtige Tat!»

Wulfrin machte sich von ihr los. «Ich gebe die Richterin frei von dem Tode des Comes und will verdammt sein, wenn ich je daran rühre!» schwur er zornig.

Der Burghof begann sich zu leeren. Wulfrin starrte vor sich hin und vernahm, so überzeugt er von der Unschuld der Richterin war und so erleichtert, mit einer häßlichen Sache fertig zu sein – dennoch vernahm er aus seinem Innern einen Vorwurf, als hätte er den Vater durch seinen Unmut und seine Hast preisgegeben und beleidigt. So stand er regungslos, während die Richterin langsam auf ihn zutrat, sich an seiner Brust emporrichtete und ihm Kette und Hifthorn leicht über das Haupt hob. «Als Pfand meiner Freigebung und unsers Friedens», sagte sie freundlich. «Ich kann seinen Ton nicht leiden.» Und sie schritt durch den Hof die Stufen hinunter und hinaus auf die Bastei und schleuderte das Hifthorn mit ausgestreckter Rechten in die donnernde Tiefe.

Jetzt kam Wulfrin zur Besinnung und eilte ihr nach, das väterliche Erbe zurückzufordern. Er kam zu spät. In den betäubenden Abgrund blickend, der das Horn verschlungen hatte, hörte er unten einen feindlichen Triumph wie Tuben und Rossegewieher. Sein Ohr hatte sich in den Ebenen der lauten Rede entwöhnt, welche die Bergströme führen. Als er wieder aufschaute, war die Richterin verschwunden. Nur Palma stand neben ihm, die ihn umhalste und herzlich auf den Mund küßte.

«Laß mich!» schrie er und stieß sie von sich.

—

DRITTES KAPITEL

AN EINEM Fenster von Malmort, durch welches der Talgrund
mit seinen Türmen und Weilern als duftige Ferne hereinschim-
merte, stand die Richterin mit Wulfrin und zeigte ihm die Größe
ihres Besitzes. «Das beherrsche ich», sagte sie, «und Palma nach
mir. Dich aber, Wulfrin, habe ich schon ehevor dazu ausersehen
– wie es auch deine brüderliche Pflicht ist – der Schwester, wenn
ich stürbe, dieses weite Erbe zu sichern.»

«Planvoll, aber ferneliegend», sagte er.

«Fern oder nahe. Du bist ihr natürlicher Beschützer. Ich kann
mein Kind keinem Mächtigen dieses Landes vermählen, denn
sie sind ein zuchtloses und sich selbst zerstörendes Geschlecht.
Ich bände sie an den Schweif eines gepeitschten Rosses! Rings-
herum keine Burg, an der nicht Mord klebte! Soll mir mein
Kind in einem Hauszwist oder in einer Blutrache untergehen?
Ja, fände ich für sie einen Guten und Starken wie du bist, dann
wäre ich ruhig und könnte dich freigeben, du hättest weiter keine
Pflicht an ihr zu erfüllen. Ich weiß ihr keinen Gatten als allein
Gnadenreich, und der besitzt das Land, nach der Verheißung,
als ein Sanftmütiger, kann es aber gegen die Gewalttätigen nicht
behaupten, deren Zahl hier Legion ist. Erst seine Söhne werden
kraft meines Blutes Männer sein. Bis diese kommen und wachsen, wirst du schon deine gepanzerte Hand über Gnadenreich
und Palma halten und die Herrschaft führen müssen. Denn ewig
reitest du nicht mit dem Kaiser. Vielleicht auch, wer weiß, erhebt er dich zum Grafen über diesen Gau, oder dann erhältst du
von mir eine Burg, jene» – sie wies auf einen Turm am Horizonte –
«oder eine andere, nach deinem Gefallen. Oder du hausest hier
auf meinem eigenen festen Malmort.» Sie legte ihm vertrauend
die Hand auf die Schulter.

«Aber, Frau», sagte er, «du lebst!» und sie erwiderte: «Solang
ich lebe, herrsche ich.»

«Dann hat es keine Eile», antwortete er. «Daß der Schwester

nichts geschehen darf, versteht sich und gelobe ich dir. Doch jetzt muß ich reiten, heute! in einer Stunde!»

«Zum Kaiser? Du hast ihm bereits meinen ortserfahrenen Rudio geschickt mit der sichern Kundschaft, daß die Lombarden sich am Mons Maurus befestigen und dort noch ein blutiger Sturm wird gegen sie geführt werden müssen. Herr Karl sitzt in Mediolanum, wie wir wissen. So braucht es dir nicht zu eilen.»

«Ich lag schon zu lange hier, mich verlangt in den Bügel», sagte der Höfling und die Richterin erwiderte nachgiebig: «Dann schenkst du mir noch diesen Tag. Ich sähe es gerne, wenn du Palma verlobtest. Warum Gnadenreich sich hier nicht blicken läßt? Er hält sich wohl in seinem Pratum eingeschlossen, der Lombarden halber, vorsichtig wie er ist, obschon, wie ich glaube, diese hier verstoben sind. Weißt du was? Geh und bring ihn. Oder wüßtest du deiner Schwester einen bessern Mann?»

«Nein, Frau, wenn sie ihn mag! Doch was habe ich dabei zu raten und zu tun? Das ist deine Sache und die des Pfaffen, der sie zusammengibt. Ich will den Rappen satteln gehen, den du mir geschenkt hast.»

Sie blickte ihn mit besorgten Augen an. «Was ist dir, Wulfrin? Du siehst bleich! Ist dir nicht wohl hier? Und mit Palma gehst du um wie mit einer Puppe, du stößest sie weg und dann hätschelst du sie wieder. Du verdirbst mir das Mädchen. Wo hast du solche Sitte gelernt?»

«Sie ist aufdringlich», sagte er. «Ich liebe freie Ellbogen und kann es nicht leiden, daß man sich an mich hängt. Sie läuft mir nach, und wenn ich sie schicke, weint sie. Dann muß ich sie wieder trösten. Es ist unerträglich! Ich habe die Gewohnheit breiter Ebenen und großer Räume – auf diesem Felsstück ist alles zusammengeschoben. Das Gebirge drückt, der Hof beengt, der Strom schüttert – an jeder Ecke, auf jeder Treppe dieselben Gesichter! Verwünschtes Malmort! Hier hältst du mich nicht. Hier lasse ich mich nicht einmauern. Mache dir keine Rechnung, Frau.»

«Du tust mir wehe», sagte sie.

Die harte Rede reute ihn. «Frau, laß mich ziehen!» bat er. «Und daß du dich zufrieden gebest, hole ich dir heute noch den Gnadenreich und wir verloben die Schwester. Wo haust er?»

«Ich danke dir, Wulfrin. Graciosus wohnt nicht ferne von hier, in Pratum.» Sie deutete nach einer zerrissenen Schlucht, über welcher eine grüne Alp hoch emporstieg. «Ich gebe dir einen Führer. Den Knaben hier.» Sie zeigte in den Hof hinunter, wo ein Hirtenbube sich damit beschäftigte eine Sense zu wetzen. Palma stand neben ihm und plauderte.

«Gabriel», rief ihn die Richterin, «du führst deinen Herrn Wulfrin nach Pratum.»

«Den Höfling? Mit Freuden!» jauchzte der Bube.

«Er träumt davon», erklärte die Richterin, «hinter dem Kaiser zu reiten. Besieh dir ihn.»

«Darf ich mit?» fragte Palma und hob das Haupt.

«Nein», sagte die Richterin.

«Bruder!» bat sie und streckte die Hände.

«Schon wieder! Zum Teufel!» fluchte er. Ihre Augen füllten sich mit Tränen. «So komm, Närrchen!»

Da die dreie barhaupt und reisefertig in dem feuchten Tore standen, während ringsum die Sonne brannte, sagte die geleitende Richterin zu Wulfrin: «Ich anvertraue dir Palma: hüte sie!»

«Halleluja! Voran, Engel Gabriel!» jubelte das Mädchen.

Unten am Burgweg sagte der Hirtenbube: «Herr, es gibt zwei Wege nach Pratum. Der eine steigt durch die Schlucht, der andere über die Alp.» Er wies mit der Hand. «Wenn es dir und der jungen Herrin beliebt, so nehmen wir diesen. Oben schaut es sich weit und lustig und es könnte trübe werden gegen Abend. Es ist ein Gewitterchen in der Luft.»

«Ja, über die Alp, Wulfrin!» rief Palma. «Ich will dir dort meinen See zeigen», und leichtgeschürzt schlug sie sich über eine lichte Matte, die bald zu steigen begann und immer steiler wurde.

Leicht wie auf Flügeln, mit frei atmender Brust ging das Mädchen bergan und blieb unter der sengenden Sonne frisch und kühl wie eine springende Quelle. Der Berg hatte an dem Kinde seine Freude. Glänzende Falter umgaukelten ihr das Haupt und der Wind spielte mit ihrem Blondhaar.

Wulfrin schaute um nach Malmort, das grau schimmernd kaum aus der Morgenlandschaft hervortrat. «Wie geschah mir», fragte er sich, «in jenem Gemäuer dort? Wie konnte mich dieses unschuldige Geschöpf beängstigen, dieses fröhliche Gespiel, diese behende Gems mit hellen Augen und flüchtigen Füßen?» Ihm wurde wohl und er mochte es gerne, daß der Knabe zu plaudern begann.

Gabriel erzählte von den Lombarden, welche er als Späher der Richterin beschlichen hatte. Sie seien überall und nirgends. Sie nisten in den Pässen, belauern die Boten und plündern die Säumer. Sie berauschen sich in dem geraubten heißen Weine von drüben, prahlen mit besiegten Waffen, fabeln von der Herstellung der eisernen Krone und leugnen oder lästern den Weltlauf. Sie beten den Teufel an, der das Regiment führe, «und doch», endigte der Knabe, «sind sie gläubige Christen, denn sie stehlen aus unsern Kirchen alles heilige Gebein zusammen, soviel sie davon erwischen können. Es ist Zeit, daß der Herr Kaiser zum Rechten sehe und ihnen feste Bezirke und einen Richter gebe.»

Da nun Gabriel bei dem Kaiser angelangt war, dessen erneuerte Würde ihren Schimmer bis in dieses wilde Gebirge warf, begeisterten sich seine Augen und er rief: «Diesem und keinem andern will ich dienen! Ich heiße Gabriel und schlage gerne mit Fäusten, lieber hieße ich Michael und hiebe mit dem Schwerte! Recht muß dabei sein und der Kaiser hat immer Recht, denn er ist eins mit Gott Vater, Sohn und Geist. Er hat die Weltregierung übernommen und hütet, ein blitzendes Schwert in der Faust, den christlichen Frieden und das tausendjährige Reich.»

Nun mußte ihm Wulfrin den Kaiser beschreiben, die Spangen seiner Krone, den blauen langen Mantel, das tiefsinnige Antlitz, das kurzgeschorene Haupt, den hangenden Schnurrbart, «den wir Höflinge ihm nachahmen», sagte er lachend.

«Wie blickt der Kaiser?» fragte Palma und Wulfrin antwortete ohne Besinnen: «Milde.»

Die Kinder lauschten andächtig und bestaunten den Mann, der mit dem Herrn der Welt Umgang pflog; sobald aber die Höhe erreicht war, wo sich der Rasen breitete, war es mit der Andacht vorbei. Gabriel jauchzte gegen eine ernsthafte Felswand, die den Knabenjubel gütig spielend erwiderte, und Palma lief, den Höfling an der Hand, einem gründunkelklaren Gewässer entgegen, das die Wand mit ihrem Riesenschatten noch immer vor der schon hohen Sonne verbarg. Sie umwandelten das mit Felsblöcken besäte Ufer bis zu einem bemoosten Vorsprung, der weiche Sitze bot. Hier zog sie ihn nieder, und wie sie so lagerten, sagte sie: «Nun ist das Märchen erfüllt von dem Bruder und der Schwester, die zusammen über Berg und Tal wandern. Alles ist schön in Erfüllung gegangen.»

«Haust hier unten auch eine?» neckte Wulfrin den Buben. Gabriel blieb die Antwort schuldig, denn er mochte sich vor dem Höfling nicht bloßstellen.

«Dumme Geschichten», lachte dieser, «es gibt keine Elben.»

«Nein», sagte Gabriel bedenklich und kratzte sich das Ohr, «es gibt keine, nur darf man sie nicht mit wüsten Worten rufen oder gar ihnen Steine ins Wasser schmeißen. Aber, Herr, wo hast du dein Hifthorn? Du trugest es an der Seite, da du nach Malmort kamst.»

«Es ist in den Strom gestürzt», fertigte ihn der Höfling ab.

«Das ist nicht gut», meinte der Knabe.

«Heho, Gabriel!» rief es aus der Ferne und ein anderer Hirtenbube wurde sichtbar. «Ein Fohlen hat sich nach Alp Grun verlaufen, kohlschwarz mit einem weißen Blatt auf der Stirn. Ich wette, es gehört nach Malmort.»

Gabriel sprang mit einem Satz in die Höhe. «Heilige Mutter Gottes», rief er, «das ist unsere Magra, der muß ich nach! Lieber Herr, entlasse mich. Du wirst dich schon zurechtfinden. Ein Mensch ist vernünftiger als ein Vieh. Dort», er deutete rechts, «siehst du dort den roten Grat? Den suche, dahinter ist Pratum. Auch weiß die kleine Herrin Bescheid.» Und weg war er, ohne sich um Antwort zu kümmern.

«Palma», lachte Wulfrin, «wenn da unten eine Elbin leuchtete?»

«Mich würde es nicht wundern», sagte sie. «Oft, wenn ich hier liege, erhebe ich mich, steige sachte ans Ufer nieder und versuche das Wasser mit der Zehe. Und dann ist mir, als löse ich mich von mir selbst und ich schwimme und plätschere in der Flut. Aber siehe!»

Sie deutete auf ein majestätisches Schneegebirge, das ihnen gegenüber sich entwölkte. Seine verklärten Linien hoben sich auf dem lautern Himmel rein und zierlich, doch ohne Schärfe, als wollten sie ihn nicht ritzen und verwunden, und waren beides, Ernst und Reiz, Kraft und Lieblichkeit, als hätten sie sich gebildet, ehe die Schöpfung in Mann und Weib, in Jugend und Alter auseinanderging.

«Jetzt prangt und jubelt der Schneeberg», sagte Palma, «aber nachts, wenn es mondhell ist, zieht er bläulich Gewand an und redet heimlich und sehnlich. Da ich mich jüngst hier verspätete, machte sich der süße Schein mit mir zu schaffen, lockte mir Tränen und zog mir das Herz aus dem Leibe. Aber siehe!» wiederholte sie.

Eine Wolke schwebte über den weißen Gipfeln, ohne sie zu berühren, ein himmlisches Fest mit langsam sich wandelnden Gestalten. Hier hob sich ein Arm mit einem Becher, dort neigten Freunde oder Liebende sich einander zu und leise klang eine luftige Harfe. Palma legte den Finger an den Mund. «Still», flüsterte sie, «das sind Selige!» Schweigend betrachtete das Paar die hohe Fahrt, aber die von irdischen Blicken belauschte himmlische Freude löste sich auf und zerfloß. «Bleibet! oder gehet nur!» rief Palma mit jubelnder Gebärde, «wir sind Selige wie ihr! Nicht wahr, Bruder?» und sie blickte mit trunkenen Augen bis in den Grund der seinigen.

Es kam die schwüle Mittagsstunde mit ihrem bestrickenden Zauber. Palma umfing den Bruder in Liebe und Unschuld. Sie schmeichelte seinem Gelocke wie die Luft und küßte ihn traumhaft wie der See zu ihren Füßen das Gestade. Wulfrin aber ging unter in der Natur und wurde eins mit dem Leben der Erde.

Seine Brust schwoll. Sein Herz klopfte zum Zerspringen. Feuer loderte vor seinen Augen ...

Da rief eine kindliche Stimme: «Sieh doch, Wulfrin, wie sie sich in der Tiefe umarmen!»

Sein Blick glitt hinunter in die schattendunkle Flut, die Felsen und Ufer und das Geschwisterpaar verdoppelte. «Wer sind die zweie?» rief er.

«Wir, Bruder», sagte Palma schüchtern und Wulfrin erschrak, daß er die Schwester in den Armen hielt. Von einem Schauder geschüttelt sprang er empor, und ohne sich nach Palma umzusehen, die ihm auf dem Fuße folgte, eilte er in die Sonne und dem nahen Grate zu, wo jetzt eine Figur mit einem breiten Hut und einem langen Stabe Wache zu halten schien.

«Grüß' Gott! grüß' Gott!» bewillkommte Gnadenreich die Geschwister, ohne einen Schritt vom Platze zu tun. Er streckte ihnen nur die Hände entgegen. «Ich habe es dem Ohm feierlich geloben müssen», erklärte er, «solange die Lombardengefahr dauert, die Grenze meiner Weiden hütend zu umwandeln, aber nicht zu überschreiten, denn Pratum ist ein Lehen des Bistums und die Kirche hält Frieden. Sei willkommen, Wulfrin, und Palma nicht minder!» Seine Blicke liefen rasch zwischen dem Höfling und dem Mädchen: beide schienen ihm befangen. Er wurde es auch, denn er glaubte die Ursache ihres Weges zu wissen, und da sie schwiegen, begann er ein großes Geplauder.

«Sie haben dem guten Ohm böse mitgespielt», erzählte er. «Wir saßen zu dreien in der Stube beim Nachtische, denn die Richterin war nach Cur gekommen, um den Bischof gegen die Lombarden in die Waffen zu treiben, was er ihr als ein Kind des Friedens verweigern mußte. Frau Stemma und der Ohm stritten sich bei den Nüssen, wie sie zuweilen tun, über die Güte der Menschennatur. Nun hatten sich kürzlich zwei arge Geschichten ereignet. Jucunda, die junge Frau des Montafuners, welche Bischof Felix gefirmelt hatte –»

«Mit mir. Sie war sein Liebling», rief Palma, die wieder dicht neben dem Höfling schritt.

«Still!» sagte dieser ungebärdig und das Mädchen lief nach einer Blume.

– «wurde von ihrem Manne mit einem Edelknecht ertappt und durch das Burgfenster geworfen. Wenige Tage später schlug der Schamser mitten im Stiftshofe dem Bergüner nach kurzem Wortwechsel den Schädel ein und doch hatten sie eben auf die priesterliche Zusprache des Ohms sich geküßt und mit einander den Leib des Herrn empfangen. Solches hielt ihm Frau Stemma vor, doch der Ohm erwiderte: ‹Das sind Wallungen und augenblickliche Verfinsterungen der Vernunft, aber die Natur ist gut und wird durch die Gnade noch besser.› Der Ohm ist ein bißchen Pelagianer, hi, hi!»

«Pelagianer?» fragte der Höfling zerstreut, denn sein Blick rief Palma, die ihm gleich wieder zusprang. «Ist das nicht eine Gattung griechischer Krieger?»

«Nicht doch, Wulfrin, es ist eine Gattung Ketzer. Also: Frau Stemma und der Ohm stritten über das Böse. Da sieht der Bischof, der kurzsichtig ist, auf Felicitas – diesen Namen hat er der nahen Höhe gegeben, wo ihm ein Sommerhaus steht, – eine Flamme. ‹Wir feiern den Abzug der Lombarden›, lächelte er. Frau Stemma blickt hin und bemerkt in ihrer ruhigen Weise: ‹Ich meine, sie sind es selber›, und richtig tanzten sie auf dem Hügel wie Dämonen um den Brand.

Da lärmt es auf dem Platz. Ein Bösewicht fällt mit der Türe ins Haus und redet: ‹Bischof, tue nach dem Evangelium und gib mir den Rock, nachdem du seine Taschen mit Byzantinern gefüllt hast, denn deine Mäntel haben wir in der Sakristei drüben schon gestohlen!› Der Ohm erstarrt. Jetzt tritt der Lombarde auf Stemma zu, welche im Halbdunkel saß. ‹Die Frau da›, höhnt er, ‹hat einen Heiligenschein um das Haupt, her mit dem Stirnband!› Da erhebt sich Frau Stemma und durchbohrt den Menschen mit ihren fürchterlichen Augen: ‹Unterstehe dich!› ‹Ja so›, sagt er, ‹die Richterin!› und biegt das Knie. Da der arme Ohm endlich aufatmete, nach erbrochenen Kisten und Kasten, rief ihn der Höllenkerl wieder vom Domplatze her ans Fenster.

Er ritt mit nackten Fersen den schönsten Stiftsgaul, dem er eine purpurne Altardecke übergelegt, – sich selbst hatte er ein Meßgewand umgehangen – und zog dem Kirchenschimmel mit dem entwendeten Krummstab von Cur einen solchen über den blanken Hinterbacken, daß er bolzgerade stieg und der Stab in Trümmer flog. ‹Bischof, segne mich!› schrie der Lombarde. Der Ohm in seiner Frömmigkeit besiegte sich. ‹Ziehe hin in Frieden, mein Sohn!› sprach er und hob die Hände.

‹Dich, Bischof›, jauchzte der Lombarde, ‹hole der Teufel!›

‹Und dich hole er gleichfalls!› gab der Ohm zurück. Ich hätte es eigentlich nicht erzählen sollen», endete Gnadenreich halb reuig, «es hat den Ohm schrecklich erbost.»

Palma hatte gelacht, auch der Höfling verzog den Mund und Gnadenreich wurde immer gesprächiger und zutulicher.

«Wir haben uns eine Ewigkeit nicht gesehen, Wulfrin», sagte er. «Ich verließ Rom bald nach dir, aber was habe ich nicht dort noch erlebt! Welche Bekanntschaften habe ich gemacht! Ich ging dein Büchlein im Palaste holen und traf ihn selbst, der es geschrieben. Welch ein Kopf! Fast zu schwer für den kleinen Körper! Was da alles drinnesteckt! Kaum ein Viertelstündchen kostete ich den berühmten Mann, aber in dieser winzigen Spanne Zeit hat er mich für mein Lebtag in allem Guten befestigt. Dann pochte es ganz bescheiden und leise, und wer tritt ein? – ich bitte dich, Wulfrin! – der Kaiser. Ich verging vor Ehrfurcht. Er aber war gnädig und ergötzte sich, denke dir! an deiner Geschichte, Wulfrin, die er sich von mir erzählen ließ –»

Jetzt verstand Graciosus sein eigenes Wort nicht mehr, denn sie gerieten zwischen die Herden und das grüne Pratum wurde voller Geblöke und Gebrülle. Einer der magern und wolfähnlichen Berghunde beschnoberte den Höfling, sprang dann aber liebkosend an ihm auf und beleckte ihn, wenn Graciosus dem Tiere seine Ungezogenheit nicht verwiesen hätte. Palma aber wurde von den Hirtenmädchen umringt und mit Verwunderung angestarrt. Die junge Herrin von Malmort war leutselig und frug alle nach ihren Namen und Herden.

«Ich bin gewiß kein Plauderer», sagte Graciosus, nachdem er Raum geschafft hatte, «aber du begreifst, wenn der Kaiser befiehlt – haarklein mußte ich berichten von Horn und Becher und zumal die erstaunliche Frau Stemma machte dem hohen Herrn zu schaffen.»

Der Höfling blickte verdrießlich.

«Welch ein Mann!» lobpries Gnadenreich. «Der Inhalt und die Höhe des Jahrhunderts! Wer bewundert ihn genug? Und doch, aber doch – Wulfrin, ich habe von den Höflingen, deren Umgang ich nicht ganz meiden konnte, etwas vernommen, das mich tief betrübt, etwas von einer gewissen Regine ... weißt du es?»

«Das ist seine Kebsin», fuhr Wulfrin ehrlich heraus.

«Schlimm, sehr schlimm! Ein Flecken in der Sonne! Kein vollkommenes Beispiel! Und die Karlstöchter?»

«Alle Wetter und Stürme», brauste Wulfrin auf, «wer hat mich zum Hüter der Karlstöchter bestellt?»

«Die Karlstöchter!» rief mitten aus den Herden Palma, die in der Entfernung die schallende Rede Wulfrins verstanden hatte. «Sie heißen: Hiltrud, Rotrud, Rothaid, Gisella, Bertha, Adaltrud und Himiltrud. Gnadenreich hat eine Tabelle davon verfertigt.» Die rätischen Mädchen wiederholten die ihnen fremdklingenden Namen und zogen unter jubelndem Gelächter die junge Herrin mit sich fort.

Gnadenreich verlangsamte den Schritt. Traulich suchte er die Hand des Höflings. «Die Ehe ist heilig», sagte er, «und das sollte der Kaiser nicht vergessen, da er so hoch steht. Du hast erraten, Wulfrin, daß ich außer ihr geboren bin. Deshalb habe ich eine große Meinung von ihr und eine wahre Leidenschaft, in der meinigen ein Muster von Tugend zu sein. Ein gutes Mädchen führe nicht schlecht mit mir. Du kennst meine Neigung, an der ich festhalte, wenn mir auch Palma zuweilen Sorge macht. Jetzt sind wir allein – sie scheint heute lenksam – das könnte die Stunde sein – wenn es dein Wille wäre –»

«Sei nur getrost, Gnadenreich», ermutigte Wulfrin, «die Sache ist abgemacht.»

Hätte einer der Gewalttätigen, welche auf den rätischen Felsen nisteten, begehrlich nach Palma gegriffen, Wulfrin möchte ihm ins Angesicht getrotzt und das Schwert aus der Scheide gerissen haben, aber Graciosus war zu harmlos, als daß er ihm hätte zürnen können. Und er selbst fühlte sich mit einem Male von einem dunkeln Schrecken getrieben, die Schwester zu vermählen.

«Abgemacht?» fragte Graciosus, «du willst sagen: zwischen dir und der Richterin? Doch wie meinst du – ist Palma nicht am Ende zu wild und groß für mich?»

«Sei nicht blöde und fackle nicht länger! Willst du sie?»

Die Schreitenden hatten eine Hügelwelle überstiegen und erblickten jetzt diejenige wieder, von der sie redeten. Sie hatte sich von den Hirtinnen getrennt und stand vor einem der tiefen und schnellströmenden Bäche, welche die Hochmatten durchschneiden. Neben ihr irrte ein blökendes Lämmchen, das die Herde verloren hatte, und am Uferrand sitzend löste sich eine kropfige Bettlerin blutige Lumpen von ihrem wunden Fuße und wusch ihn mit dem frischen Wasser. Rasch entledigte sich das Mädchen der Schuhe, stellte dieselben mit einem mitleidigen Blick neben die Kretine, hob das Lamm in die Arme, watete mit ihm durch die Strömung und ließ es seiner Herde nachlaufen.

Da kam über Gnadenreich eine Erleuchtung. «Ich wage es! Ich nehme sie!» rief er aus. «Sie ist gut und barmherzig mit jeglicher Kreatur!»

«So gehe voraus und richte das Brautmahl! Ich werde für dich werben. Das ist doch dein Kastell?» In einiger Entfernung stieg aus einem Bezirke von Hürden und Ställen ein neugebauter Rundturm, über welchem gerade der Föhn einen ungeheuerlichen Wolkendrachen emportrieb. Gnadenreich bog seitwärts die Brücke suchend, während der Höfling den reißenden Bach in einem Satze übersprang.

Wulfrin erreichte die Schwester. «Du läufst barfuß, Bräutchen?»

«Ich bin kein Bräutchen, und was nützen mir die Schuhe, wenn ich nicht mit dir durch die Welt laufen darf?»

«Du bist nicht die Törin, das im Ernste zu reden, und die Frau auf Pratum darf nicht unbeschuht gehen.»

«Gnadenreich hat nicht den Mund gegen mich geöffnet.»

«Er wirbt durch den meinigen. Nimm ihn, rat' ich dir, wenn du keinen andern liebst.»

Sie schüttelte den Kopf. «Nur dich, Wulfrin.»

«Das zählt nicht.»

Sie hob die klaren Augen zu ihm auf. «Geschieht dir damit ein so großer Gefallen?»

Er nickte.

«So tue ich es dir zuliebe.»

«Du bist ein gutes Kind.» Er streichelte ihr die Wange. «Ich werde euch schützen, daß euch nichts Feindliches widerfahre, und bei eurem ersten Buben Gevatter stehen.»

Sie errötete nicht, sondern die Augen füllten sich mit Tränen.

«Nun denn», sagte sie, «aber wir wollen langsam gehen, daß es eine Stunde dauert, bis wir Pratum erreichen.» Der Turm stand vor ihnen. Dem Höfling aber wurde es offenbar, jetzt da er die Schwester weggab, daß sie ihm das Liebste auf der Erde sei.

«Hier thronen wir wie die Engel», sagte Graciosus, nachdem er seine Gäste die Wendeltreppe empor durch die Gelasse seines Turmes und auf die Zinne geführt hatte, wo das Mahl bereitet war. Der Tisch trug neben den Broten eine Schüssel Milch mit dem geschnitzten Löffel und einen Krug voll schwarzdunkeln Weines, ein bischöfliches Geschirr, denn es war mit der Mitra und den zwei Krummstäben bezeichnet. Die dreie saßen auf einer Bank, das Mädchen in der Mitte. Die ringsum laufende Brüstung reichte so hoch, daß sich kaum darüber wegblicken ließ. Nur der Himmel war sichtbar und an diesem häuften sich unheimliche schwefelgelbe Wolken.

«Die Milch für mich, für dich der Wein, Wulfrin», sagte Graciosus. «Der verreiste noch glücklich aus dem bischöflichen Keller, ehe ihn die Lombarden leerten. Aber mit wem hält es Fräulein Palma?» «Mit dir», meinte der Höfling.

Graciosus sprach das Tischgebet. «Nun gleich auch den andern Spruch, frisch heraus, Gnadenreich!» ermunterte Wulfrin.

Da geschah es, daß der Bischofsneffe, so redegewandt er war, sich auf nichts besinnen konnte von alle dem Zärtlichen und Verständigen, was er sich für diesen entscheidenden Augenblick langeher ausgesonnen hatte. Ratlos blickte er in die warmen braunen Augen. Jetzt gedachte er des Lämmchens und der bloßen Füße und kam in eine fromme Stimmung. «Palma novella», bekannte er, «ich liebe dich von ganzem Herzen, von ganzer Seele und von ganzem Gemüte.»

Das war hübsch. Das Mädchen wurde gerührt und reichte ihm die Hand. Auch Wulfrin mißfiel diese Werbung nicht. «Nun aber wollen wir ein bißchen lustig sein!» rief er aus. «Das bringe ich euch!» Er hob den Krug und trank. Graciosus schöpfte einen Löffel Milch und bot ihn dem Munde seiner Braut. Es war nicht der einzige auf Pratum, aber Gnadenreich wollte eine sinnbildliche Handlung begehen.

Sie öffnete schon die roten Lippen, da sagte sie: «Heute widersteht mir die Milch. Gib du mir zu trinken, Wulfrin.» Er reichte ihr den Krug und sie schlürfte so hastig, daß er ihr denselben wieder aus den Händen nahm. Darauf schien sie ermüdet, denn sie ließ den Kopf auf die Schulter und allmählich in die Arme sinken und nickte ein. Die Föhnluft wurde zum Ersticken heiß. Wulfrin und Graciosus verstummten ebenfalls und dieser half sich, indem er seine Milch auslöffelte und nach ländlicher Sitte zuletzt die Schüssel mit beiden Händen an den Mund hob. Wulfrin betrachtete den jungen Nacken. Er enthielt sich nicht und berührte ihn mit den Lippen. Sie erwachte.

«Aber wir sitzen auf dem Turm wie die drei Verzauberten», sagte sie. «Geh, Gnadenreich, hole uns das Buch, wo der Bruder abgebildet ist, das aus dem Stifte – weißt du – welches du bei deinem letzten Besuche der Mutter, der ich über die Schulter blickte, gezeigt hast.» Gnadenreich willfahrte ihr, aber sichtlich ungerne.

Palma suchte und fand das Blatt. Über dem lateinischen Texte war mit saubern Strichen und hellen Farben abgebildet, wie ein Behelmter den Arm abwehrend gegen ein Mädchen ausstreckt, das ihn zu verfolgen schien. Mit dem Krieger deuchte er sich nichts gemein zu haben als den Helm, doch je länger er das gemalte Mädchen beschaute, desto mehr begann es mit seinen braunen Augen und goldenen Haaren Palma zu gleichen. Um die Figur aber stand geschrieben: ‹Byblis.›

«Erzähle und deute, Gnadenreich», bat Palma. Graciosus blieb stumm. «Nun, so will ich erklären. Das hier ist der Bruder auf Malmort, wie er anfangs war und mich wegstößt.»

«Das ist nichts für dich, Palma!» wehrte Graciosus ängstlich, «laß!» und er entzog das Buch ihren Händen.

«Ihr seid beide langweilig!» schmollte sie. «Ich gehe lieber. Drüben am Hange sah ich blühende Rosen in dichten Büschen stehen. Ich will mir einen Kranz winden», und sie entsprang.

Ein blendender Blitz fuhr über Pratum weg und dem Höfling wie Feuer durch die Adern. «Warum hast du ihr das Buch weggenommen?» fragte er gereizt.

«Weil es für Mädchen nicht taugt», rechtfertigte sich Gnadenreich.

«Warum nicht?»

«Die Schwester im Buche liebt den Bruder.»

«Natürlich liebt sie ihn. Was ist da zu suchen?»

Graciosus antwortete mit einer Miene des Abscheus: «Sie liebt ihn sündig! sie begehrt ihn.»

Wulfrin entfärbte sich und wurde totenbleich. «Schweig, Schurke!» schrie er mit entstellten Zügen, «oder ich schleudere dich über die Mauer!»

«Um Gottes willen», stammelte Graciosus, «was ist dir? Bist du verhext? Wirst du wahnsinnig?» Er war von Wulfrin und dem Buche weggesprungen, in welches dieser mit entsetzten Blicken hineinstarrte. «Ich beschwöre dich, Wulfrin, nimm Vernunft an und laß dir sagen: das hat ein heidnischer Poet ersonnen, leichtfertig und lügnerisch hat er erfunden, was nicht sein darf, was nicht sein kann, was unter Christen und Heiden ein Greuel wäre!»

«Und du liesest so gemeine Bücher und ergötzest dich an dem Bösen, Schuft?»

«Ich lese mit christlichen Augen», verteidigte sich Gnadenreich beleidigt, «zu meiner Warnung und Bewahrung, daß ich den Versucher kenne und nicht unversehens in die Sünde gleite!»

Die Hände des Höflings zitterten und krampften sich über dem Blatte.

«Bei allen Heiligen, Wulfrin, zerstöre das Buch nicht! Es ist das teuerste des Stiftes!»

«Ins Feuer mit ihm!» schrie der Höfling, und weil kein Herd da war als der lodernde des offenen Himmels, riß er das Blatt in Fetzen und warf sie hoch auf in den wirbelnden Sturm.

Es trat eine Stille ein. Graciosus betrachtete stöhnend das verstümmelte Buch, während Wulfrin mit verschlungenen Armen und unheimlichen Augen brütete. So beschlich ihn die zurückkommende Palma und setzte ihm den leichten von ihr gewundenen Kranz auf das belastete Haupt.

Er fuhr zusammen, da er das Geflechte spürte, zerrte es sich ab, riß es entzwei und warf es mit einem Fluche dem vom Laufe erhitzten Mädchen zu Füßen.

Da flammten ihr die Augen und sie streckte sich in die Höhe: «Du Abscheulicher! Tust du mir so?» Zornige Tränen drangen ihr hervor. «Nun nehme ich auch den Gnadenreich nicht, dir zuleide!»

«Palma», befahl er, «gleich kehrst du nach Hause! Über die Alp! Wende dich nicht um! Ich gehe durch die Schlucht! Läufst du mir über den Weg, so werfe ich dich in den Strom!»

Sie sah ihn jammervoll an. Seine Todesblässe, das gesträubte Haar, das unglückliche Antlitz erfüllten sie mit Angst und Mitleid. Sie machte eine Bewegung gegen ihn, als wollte sie ihm mit beiden Händen die pochenden Schläfen halten. «Hinweg!» rief er und riß das Schwert aus der Scheide.

Da wandte sie sich. Er blickte über die Brüstung und sah, wie sie in wildem Laufe durch die Alp eilte. Auch er verließ das Kastell und schlug, von dem nahen Tosen des Stromes geführt, den Weg gegen die Schlucht ein, die furchtbarste in Rätien. Gnadenreich gab ihm kein Geleit.

Da er in den Schlund hinabstieg, wo der Strom wütete, und er im Gesträuppe den Pfad suchte, störte sein Fuß oder der ihm vorleuchtende Wetterstrahl häßliches Nachtgevögel auf und eine pfeifende Fledermaus verwirrte sich in seinem Haare. Er betrat eine Hölle. Über der rasenden Flut drehten und krümmten sich ungeheure Gestalten, die der flammende Himmel auseinanderriß und die sich in der Finsternis wieder umarmten. Da war nichts mehr von den lichten Gesetzen und den schönen Maßen der Erde. Das war eine Welt der Willkür, des Trotzes, der Auflehnung. Gestreckte Arme schleuderten Felsstücke gegen den Himmel. Hier wuchs ein drohendes Haupt aus der Wand, dort hing ein gewaltiger Leib über dem Abgrund. Mitten im weißen Gischt lag ein Riese, ließ sich den ganzen Sturz und Stoß auf die Brust prallen und brüllte vor Wonne. Wulfrin aber schritt ohne Furcht, denn er fühlte sich wohl unter diesen Gesetzlosen. Auch ihn ergriff die Lust der Empörung, er glitt auf eine wilde Platte, ließ die Füße überhangen in die Tiefe, die nach ihm rief und spritzte, und sang und jauchzte mit dem Abgrund.

Da traf der starre Blick seines zurückgeworfenen Hauptes auf ein Weib in einer Kutte, das am Wege saß. «Nonne, was hast du gefrevelt?» fragte er. Sie erwiderte: «Ich bin die Faustine und habe den Mann vergiftet. Und du, Herr, was ist deine Tat?»

Lachend antwortete er: «Ich begehre die Schwester!»

Da entsetzte sich die Mörderin, schlug ein Kreuz über das andere und lief so geschwind sie konnte. Auch er erstaunte und erschrak vor dem lauten Worte seines Geheimnisses. Es jagte ihn auf und er floh vor sich selbst. Schweres Rollen erschütterte den Grund, als öffne er sich, ihn zu verschlingen. Von senkrechter Wand herab schlug ein mächtiger Block vor ihm nieder und sprang mit einem zweiten Satz in die aufspritzende Flut.

Der Himmel schwieg eine Weile und Wulfrin tappte in dunkler Nacht. Da erhellte sich wiederum die Schlucht und auf einer über den Abgrund gestürzten Tanne sah er die Schwester mit nackten und sichern Füßen gegen sich wandeln und jetzt lag sie vor ihm und berührte seine Kniee.

«Was habe ich dir getan», weinte sie, «warum fliehst, warum verwünschest du mich? Bruder, Bruder, was habe ich an dir gesündigt? Ich kann es nicht finden! Siehe, ich muß dir folgen, es ist stärker als ich! Ich lief drüben, da sah ich den Steg. Töte mich lieber! Ich kann nicht leben, wenn du mich hassest! Tue, wie du gedroht hast!»

Er stieß einen Schrei aus, ergriff, schleuderte sie, sah sie im Gewitterlicht gegen den Felsen fahren, taumeln, tasten und ihre Kniee unter ihr weichen. Er neigte sich über die Zusammengesunkene. Sie regte sich nicht und an der Stirn klebte Blut. Da hob er sie auf mächtigen Armen an seine Brust und schritt ohne zu wissen wohin, das Liebe umfangend, dem Tale zu.

Er hatte die Klus hinter sich, da sauste es an ihm vorüber und er erblickte einen Knaben, der ein scheues Roß zu bändigen suchte. «He, Gabriel», rief er ihm nach, «sage der Richterin, sie rüste den Saal und richte das Mahl! Tausend Fackeln entzündet! Malmort strahle! Ich halte Hochzeit mit der Schwester!» Der Sturm verschlang die rasenden Worte. Malmort mit seinen Türmen stand schwarz auf dem noch wetterleuchtenden Nachthimmel.

Mit seiner Last den Burgpfad emporsteigend, sah er oben Lichter hin- und herrennen. Dann begegnete er der geängstigten Mutter, die ihm halben Weges entgegengeeilt war. «Wulfrin», flehte sie mit ausgestreckten Armen, «wo hast du Palma?» «Da nimm sie», sagte er und bot ihr die Leblose.

———

VIERTES KAPITEL

Da Wulfrin am folgenden Tage erwachte, lag er unter den schwarzschattenden Büscheln einer gewaltigen Arve, während die Matten ringsum schon in der Mittagssonne schimmerten. Er hatte eben noch, den würzigen Waldgeruch einatmend, heiter und glücklich geträumt von dem Wettspiel in einer römischen Arena und im Speerwurf einen Lorbeerkranz davongetragen. Sein Blut floß ruhig und seine Stirne war hell.

Nachdem er gestern Palma der Mutter in die Arme gelegt, war er ins Dunkel zurückgewichen. Mit irren Füßen, in ruhelosem Laufe, kreuz und quer, hatte er das Gebiet von Malmort durchjagt, bis weit über Mitternacht hinaus, und war dann im Morgengrauen niedergestürzt und in einen bleiernen Schlaf versunken.

Er fand sich auf einer von leichtgeschwungenen Hügeln umgebenen Wiese, fernab von dem Geläute der Herdglocken, in tiefer Einsamkeit. Nur ein Specht hämmerte und zwei Eichhörner tummelten und neckten sich in der Mitte ihres grünen Bezirkes. Wulfrin rieb sich den Schlummer aus den Augen und schaute umher. Da entdeckte er über dem Hügelrande die Giebel und Turmspitzen von Malmort. Er ließ sich auf dem Hange gleiten und sie verschwanden.

Allmählich schlich sich das Gestern an ihn heran, er wehrte es ab, er mißtraute ihm, er wollte, er konnte es nicht glauben. War er nicht der Starke und Freie, der Fröhliche und Zuversichtliche, der dem Feinde ins Auge sah und das Irrsal mit dem Schwerte durchschnitt? Was war denn geschehen? Eine rätselhafte Frau hatte ihn übermocht, zu beschwören was er nicht bezweifelte. Ein Mädchen, das sich in der langen Weile eines Bergschlosses den vollkommensten Bruder ausgesonnen, war ihm zugesprungen und hatte sich närrisch ihm an den Hals gehängt. Ein tückischer Becher ungewohnten Weines oder das freche Bild einer ausschweifenden Fabel oder der heiße Hauch des Föhnes oder was es sonst gewesen sein mochte, hatte ihn betört und verstört. Und was er an den Felsen geschleudert, war nicht die Schwester – wie hätte sie den gähnenden Abgrund überschritten? – sondern irgend ein Blendwerk der Gewitternacht.

«Und war es die Schwester und habe ich sie zerschmettert, so bin ich ihrer ledig», trotzte er und zugleich ergriff ihn ein unendliches Mitleid und die inbrünstigste Liebe zu dem jungen Leben, das er mißhandelt und vernichtet hatte. Er sah sie mit allen ihren Gebärden, jedes ihrer süßen und unschuldigen Worte nahm Gestalt an, er schaute in ihre seligen Augen und in ihre wehklagenden. Jetzt fühlte er sie, die sich weinend und schmeichelnd mit ihm vereinigte, und wußte, daß sie noch lebte und atmete. «Meine Seele! Blut meiner Adern!» rief er und wieder: «Palma! Palma!»

«– alma!» wiederholte das Echo.

«Palma mein Weib!» Das Echo entsetzte sich und verstummte.

Ein tödlicher Schauer durchrieselte sein Mark. Sich auf die Rechte stützend, hob er sich halb von der Erde und langte mit der Linken nach der blutenden Brust wie auf dem Schlachtfelde. «Es sitzt!» ächzte er. «Ich bin der Schrankenlose, der Übertreter, der Verdammte! Ich muß sterben, damit die Schwester lebe! Doch womit habe ich den Himmel beleidigt? wodurch habe ich die Hölle gelockt?» Rasch übersann er sein Leben, er fand darin keinen Makel, nur läßlichen Fehl. «Nun, wen's trifft, den trifft's! Ich habe eben das schlimme Los aus dem Helme gezogen und verwundere mich nicht, kenne ich ja die Grausamkeiten der Walstatt. Es geht vorüber!» Da schien ihm denn doch das Dasein ein Gut, so leicht er es sonst wertete, jetzt da er, ob auch unter grimmigen Schrecken, seinen tiefsten Reiz und seine geheimste Lieblichkeit gekostet hatte. Er hob die starken Hände vor das Angesicht und schluchzte ...

Mählich verlängerten sich die Schatten und es wurde still über der Wiese. Da legte sich ihm eine Hand auf die Schulter. Ohne das Haupt zu wenden, sagte er: «Ich komme», und wollte sich erheben, denn er wußte, es war der Tod, der zu ihm trat, um ihn an den jähesten Abgrund zu führen.

«Bleibe, Wulfrin!» sprach weich die Stimme der Richterin, «ich setze mich zu dir», und Frau Stemma ließ sich neben ihn auf das Moos gleiten in einem weiten langen Gewande, das selbst die Spitzen der Füße verhüllte.

«Berühre mich nicht!» schrie er und warf sich zurück. «Ich bin ein Unseliger!»

«Ich suchte dich lange», sagte sie. «Warum bliebest du ferne? Dir ist bange für Palma? Die wurde nur leicht verwundet, hat aber in tiefer Ohnmacht gelegen. Erwachend hat sie erzählt, wie euch gestern das Gewitter in der Schlucht überraschte, wie sie glitt und die Besinnung verlor. Auf deinen Armen hast du sie getragen.»

Wulfrin blieb stumm.

«Oder redete sie unwahr und du warfest sie an den Felsen, um sie zu zerschmettern?»

Er nickte.

Sie schwieg eine Weile, dann hob sie die Hand und berührte wiederum seine Schulter. «Wulfrin, du hassest deine Schwester oder – du liebst sie!» Sie fühlte, wie der Höfling vom Wirbel zur Zehe zitterte.

«Es ist entsetzlich», stöhnte er.

«Es ist entsetzlich», sagte sie, «aber unerklärlich ist es nicht. Ihr seid ferne von einander erwachsen, wurdet eurer Angesichter und Gestalten nicht gewöhnt, und so waret ihr euch frisch und neu, da ihr euch fandet, wie ein fremder Mann und ein fremdes Weib. Mutig! Rufe und rufe es deinen Gedanken und Sinnen zu: Palma und Wulfrin sind eines Blutes! Sie werden schaudern und erkalten und nicht länger die himmlische Flamme der Geschwisterliebe verwechseln mit dem schöpferischen Feuer der Erde.»

Er antwortete nicht, kaum daß er ihre Worte gehört hatte, sondern murmelte zärtlich: «Warum hast du sie Palma novella getauft? Das ist ein gar seltsamer und schöner Name!»

Stemma erwiderte: «Ich habe sie die junge Palme genannt,

weil sie aus dem Schutte des Grabes frisch und freudig aufsprießt und, bei meinem Leben! wer an dem schlanken Stamme frevelt, den richte und töte ich! Noch ist Palma unschuldig. Deine rasende Flamme hat ihr nicht ein Härchen der Wimper, nicht den äußersten Saum des Kleides versengt. Unglücklicher, wie ist ein solches Leiden über dich gekommen?»

«Wie eine Seuche, die aus dem Boden dampft! Aber mein Schutzengel warnte mich vor Malmort. Da du mich riefest, verschloß ich das Ohr. Ich bog ab und fiel in die Hände der Lombarden. Warum hast du den Pfeil des Witigis gehemmt?» Er starrte vor sich nieder. Dann schrie er verzweifelnd auf und ergriff und preßte den Arm der Richterin, die finstern Augen fest auf das ruhige Antlitz heftend: «Bei dem Haupte Gottes –»

«Bei dem Haupte Palmas», sagte sie.

– «ist sie meine Schwester?»

«Wie sonst? Ich weiß es nicht anders. Was denkst du dir?»

«Dann ist mein Haupt verwirkt und jeder meiner Atemzüge eine Sünde!» Er sprang auf, während sie ihn mit nervigen Armen umschlang, sodaß er sie mit sich emporzog.

«Wohin, Wulfrin? In eine Tiefe? Nein, du darfst diesen starken Leib und dieses tapfere Herz nicht zerstören! Nimm dein Roß und reite! Reite zu deinem Kaiser! Mische dich unter deine Waffenbrüder! Ein paar Tagritte und du bist gesundet und blickst so frei wie die andern!»

«Das geht nicht», sagte er jammervoll. «Wir leiden nicht den geringsten Makel in unserer Schar und ich sollte verräterisch die Schande unter uns verstecken?»

«So stachle dein Roß, reite Tag und Nacht, über Berg und Fläche, springe in ein Schiff, bringe ein Meer und ein zweites zwischen sie und dich, und wenn dich Delphin und Nixe umgaukelt, tauchen vor dir aus der Bläue Inseln und Vorgebirge, verwegenes Abenteuer und die Schönheit als Beute!»

«Was hülfe es?» sagte er. «Sie zöge mit mir, die Nixe trüge ihr Angesicht und ich umarmte sie in jedem Weibe! Denn ich bin mit ihr vermählt ewiglich. Nein, ich kann nicht leben!»

«Das ist Feigheit!» sprach sie leise.

Der Schimpf trieb ihm wie ein Schlag das Blut ins Angesicht. Er bäumte sich auf. «Du hast recht, Frau!» schrie er. «Ich darf nicht als ein Feigling umkommen, du selbst sollst mich richten und verurteilen. Am lichten Tag, unter allem Volke, will ich den Greuel bekennen und die Sühne leisten!» So rief er in zorniger Empörung, dann aber besänftigte sich sein Angesicht, denn er hatte die Lösung gefunden, die ihm ziemte.

«Unsinn!» sagte sie. «Solche verborgene Dinge bekennt man nicht dem Tage, denn du bist ein Verbrecher nur in deinen Gedanken. Die Tat aber und nur die Tat ist richtbar.»

«Frau, das wird sich offenbaren! Vernimm, was ich tue. Ich wandere zu dem Kaiser und spreche zu ihm: Siehe, Wulfrin der Höfling begehrt das eigene Blut, das Kind seines Vaters! Es ist so, er kann nicht anders. Schaffe den Sünder aus der Welt! Und spricht der Kaiser: Die Tat ist nicht vollbracht, so antwortet Wulfrin: Ich vollbringe sie mit jedem Atemzuge!»

«Auf sündiger Geschwisterliebe», drohte Frau Stemma, «steht das Feuer.»

Wulfrin lachte.

«Und du willst vor dem ganzen Volke dastehen in deiner Blöße?»

«Ich will dastehen», sagte er, «als der welcher ich bin.»

«So mangelt dir der Verstand und die Kraft, das Geheimnis der Sünde zu tragen?»

«Das ist Weibes Art und Weibes Lust», sagte er verächtlich.

«Und du wirst mit dem Kaiser kommen und ich soll dich richten?»

«Du!»

«Das werde ich!» sagte sie und entfernte sich langsam.

Jetzt da Wulfrin sein Schicksal entschieden und vollendet glaubte, kam die Ruhe des Abends über ihn. Er blieb unter seiner Arve, bis die Sonne niederging und der Tag ihr folgte. Und wie sie mit gebrochenen Speeren sich legte und ihr Blut am Himmel verströmte, erlosch er mit ihr und sah sich die Schwester, wie das Spätlicht, im grünen Gewande und auf stillen Sohlen nachschreiten. Das aufgegebene Schwert reute ihn nicht. «Sie werden drüben einen Krieger brauchen», sagte er sich und wandelte schon unter den seligen Helden.

Wie es Nacht war und der Mond leuchtete, ging er sachte bergab, denn er gedachte ein Seitental zu gewinnen und seinen Kaiser zu erreichen, ohne daß er Malmort und die Stapfen der Schwester berühre. Beide wollte er nur am Gerichtstage wiedersehen. Er gelangte an den Strom, der hier ohne Gewalt und Sturz Klippen und Felsen breit überflutete. Das Mondlicht verlockte ihn, sich auf ein Felsstück zu lagern und wunsch- und schmerzlos mit den Wellen dahinzufließen. Er wurde sich selbst zum Traume.

Da sah er Elb oder Elbin tauchen. Es schwamm weiß im Strome, ein Nacken schimmerte und jetzt hob der blanke Arm ein Hifthorn in die Höhe, das der Mond versilberte. Er erkannte sein entwendetes Erbteil und trat ohne Hast und Erstaunen dem freundlichen Wunder nahe.

«Herr Wulfrin», jubelte eine Knabenstimme, «freue dich! Glück über dir! Ich halte dein Horn!» und Gabriel, der sein Hirtenhemde wieder umgeworfen hatte, sprang zu ihm empor.

«Schon heute Mittag», erzählte er, «sah ich es beim Fischen auf dem Grunde. Ich kannte es gleich, doch war ich nicht allein und mußte die Nacht erwarten. Hat es schon lange gelegen?» Er schüttelte das Horn und ließ das Wasser sorgfältig aus der Bauchung abtropfen. «Wenn es nur nicht verdorben ist!» Er hob es an den Mund und stieß darein, daß die Berge widerhallten. «Hier, Herr!» sagte er. «Wahrhaftig, es hat ihm nichts getan. Ein wackeres Schlachthorn!»

Wulfrin ergriff es und hing es sich um. Als er sich aber einen Goldring – irgend ein Beutestück – von der Hand ziehen wollte, um den Knaben abzulohnen, wehrte Gabriel. «Nein, Herr, lege lieber ein Wort für mich ein, daß mich der Kaiser mitreiten läßt! Doch jetzt muß ich heim! Ich habe noch in den Ställen zu tun. Kommst du mit? Ich weiß Stapfen an dem Felsen empor und wir gelangen durch ein Hinterpförtchen noch einmal so rasch in den Hof als auf dem Burgwege.»

Und Wulfrin folgte. Die Handlichkeit und Herzlichkeit des Buben hatte seine Sinne und Geister erwärmt. Der Wiedergewinn seines Erbes weckte das Bild des Vaters und die kindliche Gesinnung auf. Und obwohl aus dem Elben ein Menschenknabe geworden war, zitterte doch über dem Strom ein Schimmer von Geisterhilfe. «Am Ende ist es der Vater», sagte er sich, «und er wird mir beistehen, wenn er kann. Wenn er noch irgend da ist, läßt er mich nicht elend umkommen. Ich will ihn rufen. Vielleicht antwortet er. Es ist ein Glaube, daß der Tote aus dem Grabmal mit seinen Kindern redet. Ich wage es! Ich blase ihn wach! Dann frage ich nichts als: Vater, ist Palma dein Kind? Redet er nicht, so nickt er wohl oder schüttelt das Haupt.» Obschon der Höfling an Stemma nicht zweifelte, deren Wesen über ihn Gewalt hatte, focht ihn doch der Widerspruch zwischen dem Glauben an die Lebendige und der Frage an den Toten wenig an. Er fühlte einfach, daß er den Vater – wenn dieser zu erreichen sei – befragen und beraten müsse, ehe er sich anklage und sich richten lasse. Aber seine Ruhe war weg, sein Geist gespannt und er hörte kein Wort von dem, was der Knabe unterweges plauderte.

Ebenso unruhig schritt Stemma hinter dem erhellten Fenster, das der Emporklimmende über dem Burgfelsen aufsteigen sah. Aus der Ferne und Tiefe war ein Ton zu ihr hergedrungen, den sie haßte und den sie vernichtet zu haben glaubte. Während ihr Kind auf dem Lager schlummerte, ging sie rastlos auf und nieder. Sie vergegenwärtigte sich Wulfrin, wie er vor Kaiser und Volk eines seltenen, ja unglaublichen Frevels sich beschuldigte, und ihr wurde bange, daß sie und wie sie über ihn richten werde.

War es denkbar, daß sich die Natur so verirrte? daß ein so lauterer Mensch in eine solche Sünde verfiel? War es nicht wahrscheinlicher, daß hier Irrtum oder Lüge Bruder und Schwester gemacht hatte? So hätte die Richterin ohne Zweifel geforscht und untersucht, wäre sie nicht Stemma und Palma nicht ihr Kind gewesen. Aber sie durfte nicht untersuchen, denn sie hätte etwas Vergrabenes aufgedeckt, eine zerstörte Tatsache hergestellt, ein Glied wieder einsetzen müssen, das sie selbst aus der Kette des Geschehenen gerissen hatte.

Jetzt begann es mit einem Male vor ihr aufzutauchen, die Sünde des Unschuldigen sei das gegen sie selbst heranschreitende Verhängnis. «Gilt es mir? Wird ein Plan gegen mich geschmiedet? Ist eine Verschwörung im Werke?» rief sie ins Dunkel hinein.

Da hatte sie ein Gesicht. Sie erblickte mit den Augen des Geistes durch die dämmernde Wand, weit in der Ferne und doch ganz nahe, ein gewaltiges Weib von furchtbarer Schönheit. Diese saß in langen blauen Gewanden, eine Tafel auf das übergelegte Knie gestützt, einen Griffel in der Hand, schreibend oder zählend, irgend eine Lösung suchend. Nach einigem Sinnen ging ein stilles langsames Lächeln über den strengen Mund und schien zu sagen: So ist es gut und siehe, es ist so einfach!

Da glaubte die Richterin eine Feindin sich gegenüber zu sehen und trotzte ihr, Weib gegen Weib. «Das bringst du nicht heraus! Du findest keine Zeugen!» Die Fremde aber hob die Tafel mit beiden Händen empor über die sonnenhellen Augen und verschwand. «Du hast keine Zeugen!» rief ihr die Richterin nach. Ihr antwortete ein erschütternder Ruf, der aus allen Wänden, aus allen Mauern drang, als werde die Posaune geblasen über Malmort.

Stemma erbebte. Sie sprang an das Lager ihres Kindes, um es fest in den Armen zu halten, wenn Malmort unterginge. Palma war nicht erwacht, sie schlief ruhig fort. Die Richterin besann sich. Hatte der grauenhafte Ton in Tat und Wahrheit diese Luft, diese Räume, diese Mauern erschüttert? Müßte Palma nicht aus dem tiefsten Schlummer aufgefahren sein? Es war unmöglich, daß der gewaltige Ruf sie nicht geweckt hätte. Frau Stemma war nicht unerfahren in solchen unheimlichen Dingen: sie kannte die Schrecken der Einbildung und die Sprache der überreizten Sinne. Sie hatte es erfahren an den Schuldigen, die sie richtete, und an sich selbst. «Das Ohr hat mir geklungen», sagte sie, die noch am ganzen Leibe zitterte.

Hätte sie durch Dielen und Mauern blicken können, so sah sie den bleichen Wulfrin, der an der Gruft des Vaters kniete, ins Horn stieß, ihn rührend beschwor, ihm herzlich zusprach, Rede zu stehen. Sie hätte gesehen, wie Wulfrin, da der Stein schwieg, das Horn zum andern Male an den Mund setzte und endlich verzweifelnd über die Mauer sprang.

Wieder schütterte Malmort in seinen Tiefen, stärker noch als das erste Mal. Da war kein Zweifel mehr, es war das Wulfenhorn, das sie mitten in Gischt und Sturz geschleudert und in unzugängliche Tiefen hatte versinken sehen. Sie sann an dem ängstlichen Rätsel und konnte es nicht lösen. Sie sann, bis ihr die Stirnader schwoll und das Haupt stürmte.

Da fiel ihr zur bösen Stunde der Comes ein, wie er murmelnd im Schilfe sitze und mit dem schweren Kopfe unablässig daran herumarbeite, ob Frau Stemma ihm ein Leides getan. «Er besucht sein Grabmal und stößt in sein Horn! Er stört die Nacht! Er verwirrt Malmort! Er schreckt das Land auf! Das leide ich nicht! Ich verbiete es ihm! Ich bringe den Empörer zum Schweigen!» Und der Wahn gewann Macht über diese Stirn.

Ohne sich nach Palma umzusehen, stürzte sie zornig die Wendeltreppe hinab und betrat den Hof, wo der Comes und ihr eigenes Bild auf der Gruft lagen. Darüber webte ein ungewisser Dämmer, da eine leichte Wolke den Mond verschleierte. Der Comes ließ sein Horn zurückgleiten und die steinerne Stemma hob die Hände, als flehe sie: Hüte das Geheimnis!

Aufgebracht stand die Richterin vor dem Ruhestörer. «Arglistiger», schalt sie, «was peinigst du mein Ohr und bringst mein Reich in Aufruhr? Ich weiß, worüber du brütest, und ich will dir Rede stehen! Keine Maid hat dir der Judex gegeben! Ich trug das Kind eines andern! Du durftest mich nie berühren, Trunkenbold, und am siebenten Tage begrub dich Malmort! Siehst du dieses Gift?» Sie hob das Fläschchen aus dem Busen.

«Warum ich leben blieb, die dir den Tod kredenzte? Dummkopf, mich schützte ein Gegengift! Jetzt weißt du es! Palma novella unter meinem Herzen hat dich umgebracht! Und jetzt quäle mich nicht mehr!»

So grelle und freche Worte redete die Richterin.

Durch ihr lautes Schelten zu sich selbst gebracht, betrachtete sie wieder den Comes, der jetzt im klarsten Mondenlichte lag. Die furchtbare Geschichte kümmerte ihn nicht, er lag regungslos mit gestreckten Füßen. Jetzt sah sie, daß sie zum Steine gesprochen, und schlug eine Lache auf. «Heute bin ich eine Närrin!» sagte sie. «Ich will zu Bette gehen.»

Sie wandte sich. Palma novella stand hinter ihr, weiß, mit entgeisterten Augen, das Antlitz entstellt, starr vor Entsetzen. Der zweite Hornstoß hatte sie geweckt und sie war der Mutter auf besorgten Zehen nachgeschlichen.

Zwei Gespenster standen sich gegenüber. Dann packte Stemma den Arm des Mädchens und schleppte es in die Burg zurück. Sie selbst hatte ihrem Geheimnisse einen Mund und einen Zeugen gegeben und dieser Zeuge war ihr Kind.

FÜNFTES KAPITEL

——

Seit der Höfling aus Malmort verschwunden war, lastete auf den schweren Mauern Schweigen und Kümmernis. Das Gesinde munkelte allerlei und Knechte und Dirnen steckten die Köpfe zusammen. Die junge Herrin sei krank. Es sei ihr angetan worden. Irgend ein Zauber – ob sie einer Drude begegnet oder ein giftiges Kraut verschluckt oder aus einem schädlichen Quell getrunken – habe die Ärmste der Vernunft beraubt. Ihr mangle der Schlummer, sie weine unablässig und lasse sich weder trösten noch auch nur berühren. Ihr widerstehe Speise und Trank und sie schwinde zum Gerippe. Die Laute und Wilde sei gar still und zahm und ihr Lebensfaden zum Reißen dünn geworden. Die bekümmerte Richterin folge ihr auf Schritt und Tritt und dürfe sie nicht aus den Augen lassen.

Zwei Mägde standen am Brunnen zusammen und flüsterten. Benedicta war der jungen Herrin unversehens im Flur begegnet und wollte ihr gebührlich die Hand küssen. Palma sei angstvoll zurückgewichen und habe aufgeschrieen: «Rühre mich nicht an!» Veronica hatte durch das Schlüsselloch gespäht und was erblickt? etwas ganz Unglaubliches: die stolze Frau Stemma vor ihrem Kinde niedergeworfen, ihm liebkosend, die Kniee umfangend und um die Gnade flehend, daß es den Mund öffne und einen Bissen berühre.

Die Mägde verstummten, hoben sich die Krüge zu Haupte und drückten sich, eine hinter der andern, während langsam die Richterin mit Palma aus der Pforte trat und die Stufen herunterschritt. Frau Stemma stützte das Mädchen, das, elend und zerstört, sich selbst nicht mehr gleichsah. Palma ging mit gebeugtem Rücken und unsichern Knieen. Groß, doch ohne Strahl und Wärme, traten die Augen aus dem vermagerten Antlitz. «Komm, Kindchen», sagte Frau Stemma, «du mußt Luft schöpfen», und sie öffnete ein Gatter, das auf eine zirpende und summende Wiese führte, die einen weiten leicht geneigten Vorsprung der Burghöhe bekleidete und über die Grenzlinie der unsichtbaren Tiefe hinweg in eine lichte Ferne verlief.

Sie setzten sich auf eine Bank und Frau Stemma betrachtete ihr Kind. Da ergrimmte sie und weinte zugleich in ihrem Herzen über die Verwüstung des einzigen was sie liebte. Aber sie blieb aufrecht und gürtete sich mit ihrer letzten Kraft. «Wie», sagte sie sich, «mir gelänge es nicht, dieses Gehirnchen zu betören, dieses Herzchen zu überwältigen?»

«Mein Kind», begann sie, «hier sind wir allein. Laß uns noch einmal recht klar und klug mit einander reden –»

«Wenn du willst, Mutter.»

– «mit einander reden von dem Wahne jener Nacht. Ich wachte, du schliefest. Da lärmt es im Hofe. Ich gehe hinunter, es war nichts und ich lache über meinen leeren Schrecken. Ich wende mich. Du stehst vor mir nachtwandelnd, mit offenen stieren Augen. Ich ergreife dich und führe dich in das Haus zurück. Und du erwachst aus dem abscheulichen Traume, der dich jetzt peinigt und zu Grunde richtet.»

«Ja und nein, Mutter. Mich weckte ein Ruf, ich sehe dich hinauseilen und folge dir auf dem Fuße. Du standest im Hofe vor den Steinbildern und schaltest den Vater und erzähltest ihm» – sie hielt schaudernd inne.

«Was erzählte ich?» fragte die Richterin.

«Du sagtest» – Palma redete ganz leise –, «daß ich nicht sein Kind bin. Du sagtest, daß ich schon unter deinem Herzen lag. Du sagtest, daß du und ich ihn getötet haben.»

«Liebe Törin», lächelte Frau Stemma, «nimm all dein Denken zusammen und verliere keines meiner Worte. Ich hätte mit einem Steine geredet? als eine Abergläubische? oder eine Närrin? Kennst du mich so? Und du wärest nicht das Kind des Comes? Mit wem war ich denn sonst vermählt? Habe ich dir nicht erzählt, daß ich eine Gefangene war auf Malmort, bis mich der Comes freite? Und ich hätte den Gatten getötet? Ich, die Richterin und die Ärztin des Landes, hätte Gifte gemischt? Kannst du das glauben? Hältst du das für möglich?»

«Nein, Mutter, nein! Und doch, du hast es gesagt!»

«Palma, Palma, mißhandle mich nicht! Sonst müßte ich dich hassen!»

Palma brach in trostlose Tränen aus und warf sich gegen die Brust der Mutter, die das schluchzende Haupt an sich preßte. «Du bringst mich um mit deinem Weinen», sagte sie. «Glaube mir doch, Närrchen!»

Palma hob das Angesicht und blickte um sich. «Weidet hier am Rande ein Zicklein, Mutter?»

«Ja, Palma.»

«Läutet dort Maria in valle?» Sie wies ein im Tale schimmerndes Kloster.

«Ja, Palma.»

«Ebenso wahr, als ich jetzt nicht träume und das Zicklein weidet und das Kirchlein läutet, ebensowenig habe ich geträumt, daß du vor Wulfrins Vater gestanden und ihn angeredet hast. Es war so, es ist so. Du sprachest immer die Wahrheit, Mutter.»

«Ich sage dir, Palma, es ist ein Traum. Und ich will, daß es ein Traum sei!»

Palma erwiderte sanft: «Belüge mich nicht, Mutter! Habe ich doch vorhin, da du mich an dich preßtest, den scharfen Kristall empfunden, welchen du aus dem Busen gezogen und dem Comes gezeigt hast.»

Die Richterin schnellte empor mit einem feindseligen Blicke gegen ihr Kind, glitt aber langsam auf die Bank zurück, und nachdem sie eine Weile in den Boden gestarrt, sagte sie: «Wäre es so und hätte ich so getan, so wäre es deinetwegen.»

«Ich weiß», sagte Palma traurig.

«Habe ich es getan», wiederholte Stemma, «so tat ich es dir zuliebe. Ich tötete, damit mein Kind rein blieb.»

Palma zitterte.

«Warum hast du dich in mein Geheimnis gedrängt, Unselige?» flüsterte Stemma ingrimmig. «Ich hütete es. Ich verschonte dich. Du hast es mir geraubt! Nun ist es auch das deinige und du mußt es mir tragen helfen! Lerne heucheln, Kind, es ist nicht so schwer, wie du glaubst! Aber wo sind deine Gedanken? Du bist abwesend! Wohin träumst du?»

«Was ist aus Wulfrin geworden?» fragte sie leise und eine schwache Röte glomm und verschwand auf den gehöhlten Wangen.

«Ich weiß nicht», sagte die Richterin.

«Jetzt verstehe ich, daß er mich verabscheut», jammerte Palma. «O ich Elende! Er stößt mich von sich, weil er Mord an mir wittert. Mir graut vor meinem Leibe! Läge ich zerschmettert!»

«Ängstige dich nicht! Wulfrin hat keinen Argwohn. Er ist gläubig und er traut.»

«Er traut!» schrie Palma empört. «Dann eile ich zu ihm und sage ihm alles wie es ist! Ich laufe, bis ich ihn finde!» Sie wollte aufspringen, die Mutter mußte sie nicht zurückhalten, erschöpft und entkräftet sank sie ihr in den Schoß.

«Ich verrate dich, Mutter!»

«Das tust du nicht», sagte Stemma ruhig. «Mein Kind wird nicht als Zeugin gegen mich stehen.»

«Nein, Mutter.»

Die Richterin streichelte Palma. Diese ließ es geschehen. Darauf sagte sie wieder: «Mutter, weißt du was? Wir wollen die Wahrheit bekennen!»

Frau Stemma brütete mit finstern Blicken. Dann sprach sie: «Foltere mich nicht! Auch wenn ich wollte, dürfte ich nicht. Dieser wegen!» und sie deutete auf ihr Gebiet. «Würde laut und offenbar, daß hier während langer Jahre Sünde Sünde gerichtet hat, irre würden tausend Gewissen und unterginge der Glaube an die Gerechtigkeit! Palma! Du mußt schweigen!»

«So will ich schweigen!»

«Du bist meine tapfere Palma!» und die Richterin schloß ihr den Mund mit einem Kusse. «Aber Kind, Kind, wie wird dir?» Palmas Augen waren brechend und das Herz klopfte kaum unter der tastenden Hand der Mutter. Diese bettete die Halbentseelte und eilte verzweifelnd in die Burg zurück.

Sie kam wieder mit einer Schale Wein und einem Stücklein Brot. Sie kniete sich nieder, brach und tunkte den Bissen und bot ihn der Entkräfteten. Diese wandte sich ab.

Da bat und flehte die Richterin: «Nimm, Kind, deiner Mutter zuliebe!» Jetzt wollte Palma gehorchen und öffnete den entfärbten Mund, doch er versagte den Dienst.

Stemma sah eine Sterbende. Da starb auch sie. Ihr Herz stand stille. Ein Todeskrampf verzog ihr das Antlitz. Eine Weile kniete sie starr und steinern. Dann verklärte sich das Angesicht der Richterin und ein Schauer der Reinheit badete sie vom Haupt zur Sohle.

«Palma», sagte sie zärtlich und dieser warme Klang hob die Lider des Kindes, «Palma, was meinst du? Ich lade den Kaiser ein nach Malmort. Wir treten vor ihn Hand in Hand, wir bekennen und er richtet.» Da freuten sich die Augen Palmas und ihre Pulse schlugen.

«Nimm den Bissen», sagte die Richterin und speiste und tränkte ihr Kind.

Sie führte die Neubelebte in den Hof zurück. In der Mitte desselben stand Rudio, noch keuchend vom Ritte. «Heil und Ruhm dir, Herrin!» frohlockte er. «Ich melde den Kaiser! Der Höchste sucht dich heim! Er naht! Er zieht mächtig heran und mit ihm ganz Rätien!»

«Dafür sei er gepriesen!» antwortete die Richterin. «Komm, Kind, wir wollen uns schmücken!»

Da Kaiser Karl mit allem Volke den Burgweg erstiegen hatte, hieß er Gesinde und Gefolge vor dem Tore zurückbleiben und betrat allein den Hof von Malmort. Stemma und Palma standen in weißen Gewändern. Die Richterin schritt dem Herrscher entgegen und bog das Knie. Palma hinter ihr tat desgleichen. Karl hob die Richterin von der Erde und sagte: «Du bist die Frau von Malmort. Ich habe deine Botschaft empfangen und bin da, Ordnung zu schaffen, wie du gefordert hast. Hier ist Freiheit in Frevel und Kraft in Willkür entartet. Ich will diesem Gebirge einen Grafen setzen. Weißt du mir den Mann?»

«Ich weiß ihn», antwortete die Richterin. «Es ist Wulfrin, Sohn Wulfs, dein Höfling, ein treuer und tapferer Mann, zwar noch leichtgläubig und unerfahren, doch die Jahre reifen.»

«Ich führe ihn mit mir», sprach der Kaiser, «aber als einen, der sich selbst anklagt und dein Gericht begehrt, sich so großen Frevels anklagt, daß ich nicht daran glauben mag. Frau, heute ist mir unter diesem leuchtenden Berghimmel ein Zeichen begegnet. Vor deiner Burg hat mein Roß an einer Toten gescheut, die mitten im Wege lag. Ich ließ sie aufheben. Es ist deine Eigene. Sie harrt vor der Schwelle.»

Er dämpfte die Stimme: «Frau, was verbirgt Malmort? Wärest du eine andere, als die du scheinest, und stündest du über einem begrabenen Frevel, so wäre deine Waage falsch und dein Gericht eine Ungerechtigkeit. Lange Jahre hast du hier rühmlich gewaltet. Gib dich in meine Hände. Mein ist die Gnade. Oder getraust du dich, Wulfrin zu richten?»

«Herr», antwortete sie, «ich werde ihn und mich richten unter deinen Augen nach der Gerechtigkeit.»

Karl betrachtete sie erstaunt. Sie leuchtete von Wahrheit. «So walte deines Amtes», sagte er.

Dann ging er auf das kniende Mädchen zu. «Palma novella!» sagte er und hob sie zu sich empor. Sie blickte ihn an mit flehenden und vertrauenden Augen und sein Herz wurde gerührt.

«Rudio», gebot die Richterin, «bringe Faustinen her!» Der Kastellan gehorchte und trug die Bürde herbei, die er an den Grabstein lehnte. «Jetzt tue auf das Tor und öffne es weit! Alles Volk trete ein und sehe und höre!»

Da wälzte sich der Strom durch die Pforte und füllte den Raum. Die Höflinge scharten sich um den Kaiser, Alcuin und Graciosus unter ihnen, während die Menge Kopf an Kopf stand und selbst Tor und Mauer erklomm, ein dichter und schweigender Kreis, in dessen Mitte die Gestalt des Kaisers ragte, in langem blauem Mantel, mit strahlenden Augen. Neben ihm Stemma und ihr Kind. Vor den dreien stand Wulfrin und sprach, den Blick fest und ungeteilt auf Stemma geheftet: «Jetzt richte mich!»

«Gedulde dich!» sagte sie. «Erst rede ich von dieser», und sie wies auf die entseelte Faustine, die mit gebrochenen Augen und hangenden Armen an der Gruft saß.

«Räter», sprach sie und es wurde die tiefste Stille, «ihr kennet jene dort! Sie hat unter euch gewandelt als eine Rechtschaffene, wofür ihr sie hieltet. Nun ist ihr Mund verschlossen, sonst riefe er: Ihr irret euch in mir! Ich bin eine Sünderin. Ich, die das Kind eines andern im Schoße barg, habe den Mann gemordet.» – «Frau», schrie Wulfrin ungeduldig, «was bedeutet die Magd! Mich laß reden, meinen Frevel richte, damit ein Ende werde!»

«Nun denn! Aber zuerst, Wulfrin – nicht wahr, wenn diese hier» – sie zeigte Palma – «nicht das Kind deines Vaters, nicht deine Schwester, sondern eine andere und Fremde wäre, dein Frevel zerfiele in sich selbst?»

«Frau, Frau!» stammelte er.

«Kaiser und Räter», rief Stemma mit gewaltiger Stimme, «ich habe getan wie Faustine. Auch ich war das Weib eines Toten! Auch ich habe den Gatten ermordet! Die Herrin ist wie die Eigene. Hört! Nicht ein Tropfen Blutes ist diesen zweien gemeinsam!» Sie streckte den Arm scheidend zwischen Wulfrin und Palma. «Hört! hört! Kein Tropfen gleichen Blutes fließt in diesem Mann und in diesem Weibe! Zweifelt ihr? Ich stelle euch einen Zeugen. Palma novella, das Kind Stemmas und Peregrins des Klerikers, hat das Geheimnis meiner Tat belauscht. Sie glaubt daran und stirbt darauf, daß ich wahr rede. Gib Zeugnis, Palma!»

Aller Augen richteten sich auf das Mädchen, das mit gesenktem Haupte dastand. Palma bewegte die Lippen.

«Lauter!» befahl die Richterin.

Jetzt sprach Palma hörbar den Vers der Messe: «Concepit in iniquitatibus me mater mea ...»

Da glaubte das Volk und entsetzte sich und stürzte auf die Kniee und murmelte: «Miserere mei!» Wulfrin streckte die Arme und rief gen Himmel: «Ich danke dir, daß ich nicht gefrevelt habe!» Karl aber trat zu Palma und hüllte sie in seinen Mantel.

«Nun richte du, Kaiser!» sprach Stemma.

«Richte dich selbst!» antwortete Karl.

«Nicht ich», sagte sie, wendete sich zu dem Volke und rief: «Gottesurteil! Wollt ihr Gottesurteil?»

Es redete, es rief, es dröhnte: «Gottesurteil!»

Da sprach die Richterin feierlich: «Erstorbenes Gift, erstorbene Tat! Lebendige Tat, lebendiges Gift!» und hatte den Kristall aus dem Busen gehoben und geleert.

Eine Weile stand sie, dann tat sie einen Schritt und einen zweiten wankenden gegen Wulfrin. «Sei stark!» seufzte sie und brach zusammen. Rudio neigte sich über die Tote, hob sie auf seine Arme und trug sie zu Faustinen. Dort saß sie am Grabe, die Hörige aber neigte sich und legte das Antlitz in den Schoß der Herrin.

Jetzt enthüllte der Kaiser das Mädchen, das einen jammervollen Blick nach der Mutter warf, faltete die Hände und gebot: «Oremus pro magna peccatrice!» Alles Volk betete.

Dann sagte er mit milder Stimme: «Was wird aus diesem Kinde? Ich ziehe nicht, bis ich es weiß. Wie rätst du, Alcuin?»

«Sie tue die Gelübde!» rief der Abt.

«Ehe sie gelebt hat?» schrie Wulfrin angstvoll.

«Dann weiß ich ein anderes. Graciosus» – der Abt hielt ihn an der Hand – «dieser hier, ein frommer Jüngling, hat ein Wohlgefallen an der Ärmsten –»

«Herr Abt», unterbrach ihn der aufgeregte Gnadenreich, «das geht über Menschenkraft. Mir graut vor dem Kinde der Mörderin. Alle guten Geister loben Gott den Herrn!»

Wulfrin sprang in die Mitte. «Kaiser und ihr alle», rief er, «mein ist Palma novella!»

Da redete Karl: «Sohn Wulfs, du freiest das Kind seiner Mörderin? Überwindest du die Dämonen?»

«Ich ersticke sie in meinen Armen! Hilf, Kaiser, daß ich sie überwältige!»

Karl hieß das Mädchen knien und legte ihr die Hände auf das Haupt. «Waise! Ich bin dir an Vaters Statt! Begrabe, die deine Mutter war! Dieser folge mir ins Feld! Gott entscheide! Kehrt er zurück und stößt er ins Horn, so freue dich, Palma novella, fülle den Becher und vollende den Spruch! Dann entzündet Rudio die Brautfackel und schleudert sie in das Gebälke von Malmort!»

ANHANG

—

ZUR GESTALTUNG DES TEXTES UND ANHANGS

ENTSTEHUNGSGESCHICHTE · QUELLEN

HANDSCHRIFTEN UND DRUCKE

LESARTEN · ANMERKUNGEN

ZUR GESTALTUNG DES TEXTES UND ANHANGS

—

ALLGEMEINES

Texte und Zitate aus Drucken und Handschriften sind in aufrechtem *Druck, Ausführungen des Herausgebers in Schrägdruck gesetzt. In den Lesarten und Anmerkungen ist der vor dem Zeichen] stehende Text derjenige der vorliegenden Ausgabe; die Ziffern bezeichnen dabei die Seiten- und Zeilenzahl. Aufrechte Band- und Seitenzahlen beziehen sich stets auf unsere Ausgabe, aufrechte Seitenzahlen auf den vorliegenden Band.*

ZEICHEN

a) zur Bezeichnung von Handschriften und Drucken:

CFM   *mit nachfolgenden Ziffern: Signatur einer Handschrift in der C.F. Meyer-Sammlung der Zentralbibliothek Zürich.*

D^J *Druck in einer Zeitschrift (J = Journal)*

D^1, D^2 *usw. Druck einer Buchausgabe; dabei heißt* D^1 *erster Druck,* D^2 *zweiter Druck usw.*

b) bei der Wiedergabe von Handschriften:

[ ]   *vom Autor getilgt, bzw. durch andere Fassung ersetzt.*

[ ]   vom Autor irrtümlich nicht getilgt.

⟨ ⟩   *vom Herausgeber ergänzter Text.*

· ·   *(z.B. · keiner ·) über oder unter der Zeile oder am Rand nachträglich hinzugefügt.*

·· ··   *(z.B. ·· der Wellen ··) späterer Zusatz zu einer nachträglichen Hinzufügung*

[· ·]   *(z.B. [· den ·]) nachträglich hinzugefügt und wieder gestrichen.*

‹ ›   *(z.B. ‹ welche ›) vom Herausgeber der leichtern Lesbarkeit wegen wiederholt, obwohl in der Handschrift nur einmal vorhanden.*
   Ein gestrichenes und durch Unterpunkten wiederhergestelltes Wort wird wie folgt wiedergegeben: [welche] ‹ welche ›.
   Ist ein Wort durch Daraufschreiben geändert (z.B. verdienen *durch Überschreiben des en zu* verdient*), so wird die Stelle gleich wiedergegeben wie ein getilgtes und durch andere Fassung ersetztes Wort:* [einer] einen.
   Bei der Wiedergabe stark korrigierter Handschriften wird die letzte auf dem betreffenden Manuskript zu lesende Fassung durch **halbfetten** *Druck hervorgehoben.*

BETSY ERINNERUNG: Conrad Ferdinand Meyer In der Erinnerung seiner Schwester Betsy, 2. Aufl., Berlin 1903.

FREY: Adolf Frey, Conrad Ferdinand Meyer, Sein Leben und seine Werke, 3. Aufl., Stuttgart u. Berlin 1919.

BRIEFE I, II: Briefe Conrad Ferdinand Meyers, hg. von Adolf Frey, 2 Bände, Leipzig 1908.

UNVOLL. PROSA I, II: Conrad Ferdinand Meyers unvollendete Prosadichtungen, Eingeleitet und hg. von Adolf Frey, 2 Teile, Leipzig 1916.

KALISCHER: Erwin Kalischer, Conrad Ferdinand Meyer in seinem Verhältnis zur italienischen Renaissance (Palaestra LXIV), Berlin 1907.

*Die in diesem Band herangezogenen Briefe sind wenn möglich nach dem Original oder nach Photokopie davon zitiert. Nur in einer gedruckten Sammlung zugänglich waren: Meyer an Rodenberg (Conrad Ferdinand Meyer und Julius Rodenberg, Ein Briefwechsel, hg. von August Langmesser, Berlin 1918), Meyer an Louise von François (Louise von François und Conrad Ferdinand Meyer, Ein Briefwechsel, hg. von Anton Bettelheim, 2. Aufl., Berlin 1920), einzelne Briefe Meyers an Lingg (*BRIEFE *II) und Meyer an Adolf Calmberg (*BRIEFE II*). Die übrigen sind in der C.F. Meyer-Sammlung der Zentralbibliothek Zürich im Original oder in Photokopie vorhanden, außer: Meyer an Friedrich v.Wyß (Zentralbibliothek Zürich, Familien-Archiv F.v.W.) und Meyer an Georg v.Wyß (Privatbesitz).*

WIEDERGABE DES HAUPTTEXTES

Die drei Novellen dieses Bandes sind nicht in chronologischer Reihenfolge nach Entstehung und Publikation wiedergegeben, sondern wie sie in Novellen II *seit 1885 angeordnet sind.*

Für die Bereinigung des Textes sind nur die Ausgaben berücksichtigt, die vor der Erkrankung Meyers im Sommer 1892 erschienen sind. Die Änderungen in den späteren, wenn auch noch zu Lebzeiten Meyers veröffentlichten Ausgaben gehen nicht auf ihn, sondern wohl ausschließlich auf Betsy zurück. Siehe darüber Bd. 11, S. 218 f.

Betsys Änderungen sind, abgesehen von Kleinigkeiten in der Interpunktion, folgende:

8.8 welcher] der

8.12 verschwätzten] verschwatzten

9.20 Schiff] Schiffe

9.22 Geschwätze] Geschwätz

9.31 f. sich selbst mehr noch als der Kirche gegebene Gelübde bricht] mehr noch als der Kirche, sich selbst gegebene Gelübde bricht,

10.20f. gab der Florentiner bedächtig zur Antwort] antwortete der Florentiner mit Bedacht

11.15f. Dieser antwortete langsam betonend: «Ich entwickle meine Geschichte aus einer Grabschrift.»] «Ich entwickle meine Geschichte aus einer Grabschrift», gab dieser langsam betonend zur Antwort.

12.13 Wo] Wie

17.13 Geschwätze] Geschwätz

22.22 trockneren] trockenern

22.29 unsers] unseres

31.22 ich glaube] glaub' ich

31.23 Maulwinkel] Mundwinkel

34.26 draufgegangen] verendet

41.16f. den Gatten seiner Tochter zu lieben] daß er den Gatten seiner Tochter liebe

43.5f. welches dieser an ihn richtete, von seiner Steinbank sich erhebend.] das dieser, von seiner Steinbank sich erhebend, an ihn richtete.

43.23 mürrisch] kurz

43.30 verdammt] gebannt

48.13 welches sie vergöttert] das von ihr vergöttert wird

49.28 «Beileibe!»] «Beileibe nicht!»

51.7 Doch dieser ist es, ich meine.] Doch dieser, ich meine, ist es.

51.20 Hauskontores] Hauskontors

56.21 ätzend scharfen] ätzenden

57.14f. vergrämter] gramvoller

57.15 seine Nase länger] die Senkung seiner Nase schärfer

62.25 nur nicht] nicht einmal

63.1 leckern Verstecke] Leckerverstecke

63.17 murrte] strafte

66.27 Euer] Euerer

70.17 ein Camposanto] einen Camposanto

72.6 Mutter] die Mutter

72.8 Liebe.] Liebe!

72.17 vier Wundmalen] fünf Wundmalen

75.5 närrst] narrst

76.28 Irrefahrt] Irrfahrt

88.20f. hätte ihm nicht eine Machtgebärde des Tyrannen Halt geboten.] gebote ihm nicht eine Machtgebärde des Tyrannen Halt.

88.32 Wäre] Bliebe

103.22 dem Le Tellier] den Le Tellier *(vgl. Lesarten)*

108.19 nachzuäffen] nachzuahmen

111.14 welcher] der

111.23 Kind?] Kind? ...

111.26 es] er

111.28f. daß der Julian] daß Julian

112.1f. vertieft, der dem König und Frankreich unentbehrliche Mann, läßt] vertieft. Der dem König und Frankreich unentbehrliche Mann läßt

112.5 welchen] denen

112.13 Und der Julian] Und Julian

113.32 der Euer Majestät] der Eurer Majestät

113.32f. und Euer Majestät] und Eurer Majestät

114.6 war] bestand

114.7f. würden, und das] würden; das

117.28 drinne] darin

118.2 welchen] den

129.31 ist es] ist einer

131.1 ‹Frau Gräfin erlauben›, fragte] ‹Verzeihet, Frau Gräfin›, fragte

132.11f. Mühe zu leben] Mühe, die er hatte zu leben,

134.4 voller Mutwille und Gelächter] voll Mutwillens und Gelächters

134.7f. Mirobolante] Mirabolante

134.18 befreiest] befreist

137.17 ist] war

138.17f. Bei keinem Spiele würde ich] Doch würde ich bei keinem Spiele

138.19 und wie kann Gott] wie kann denn Gott

139.10 Zwar du wirst] Zwar wirst du

141.32 den Blick erloschen] mit erloschenem Blick

143.23f. Rhadamanthusmiene] Rhadamanthysmiene

147.23 nur nicht] nur jetzt nicht

148.20f. dann war die Züchtigung eine zweifellos verdiente.] dann wäre die Züchtigung eine zweifellos verdiente gewesen.

148.24 hatte] hat

154.2 widerspreche] verneine

162.3 netten] anständigen

162.14 verduften] verschwinden *Diese Änderung auf Veranlassung Haessels, der auch noch andere Stellen verbessert haben wollte, worauf jedoch Betsy nur zum Teil einging. Vgl. Betsy an Haessel, 24. März 1897:* Ihnen zu liebe will ich es wohl im ersten Kapitel der Richterin streichen, aber nur aus diesem Grunde. Nur weil Ihnen das Wort ein Dorn im Auge zu sein scheint und ich gewiß weiß, daß es meinem Bruder so gleichgültig als möglich ist, ob es da heiße: sie verdufteten in die Tavernen oder sie verloren sich in die Tavernen. *Ferner Betsy an Haessel, 10. Juni 1897:* Auf den ersten Anblick hin wird Sie, fürcht' ich, die große Menge der Korrekturen *(in* Novellen II*)* erschrecken. Aber, sobald Sie das Buch zur Hand nehmen und sehen, wie gewissenhaft nach Ihren Andeutungen ich leise und unspürbar korrigiert habe, und wie oft es sich einfach um einen Druckfehler, um eine etwas deutlichere Interpunktion oder die Veränderung eines einzelnen Wörtchens handelt, werden Sie sich ... einverstanden erklären. *Vgl. auch Haessel an Betsy, 10. Oktober 1898, und Betsy an Haessel, 14. Oktober 1898:* Sprachliche Änderungen an dieser Novelle vorzunehmen getraute und getraue ich mir um so weniger, da nicht ich seinerzeit die Richterin für meinen Bruder niederschrieb. Er diktierte sie dem Doktor Fritz Meyer. Den Behelmten dürften wir pag. 10 Z 5 am Ende fragen statt machen lassen. Die Interpunktion müßte dann so geändert werden: «So?» fragte der Behelmte, «aus welchem Gebirge?» Aber es ist eine Abschwächung – bedeutungsloser und schwächer! Dagegen ihn weiter unten statt «es macht warm» sagen lassen: «Es ist warm», das dürfen wir nicht. Es ändert den Sinn. ... Wollen Sie durchaus ändern, so müßten Sie den Wulfrin pag. 11 Z 3 sagen lassen: «Heißes Wetter!» und später: «Ja, s'ist heiß.» oder «Durstiges Wetter.» «Ja, mich dürstet.» Sie wissen, verehrter Freund, wie konservativ ich in diesen Dingen bin und verwundern sich also nicht, wenn ich mehr für das Stehenlassen als für elegantes Deutsch bin, nach dem Grundsatze: Was geschrieben ist, ist geschrieben.

165.6 runzelte] furchte

166.24 Verstehe: beide] Verstehe! Beide

175.17 einer breiten blanken Firn] eines breiten blanken Firns

177.33 unsers] unsres

197.18 Ich muß ihm noch das wilde Füllen zähmen] Ich muß ihm das wilde Füllen noch zähmen

197.34 sich auf die breite Platte der Brüstung] sich neben die Mauer der Brüstung

198.33 unsers] unseres

209.3f. Becher und zumal] Becher, zumal

209.4 machte] gab

210.1 welche] die

211.34f. hält es Fräulein Palma] hält es Palma

213.3 schien] scheint

226.12f. mit entgeisterten Augen] mit weit geöffneten Augen

226.16 Zwei Gespenster standen sich gegenüber.] Wie gebannt standen sie sich gegenüber.

226.16 packte] faßte

229.11 Sie wies ein] Sie wies auf ein

a) Orthographie

Der Text ist im allgemeinen nach den heute geltenden Regeln gesetzt. Die wichtigsten Änderungen gegenüber den zugrunde gelegten Drucken sind:

t *statt* th *in:* Fluth, Urtheil, thun, Thüre, Thräne, athmen *usw.*

ie *statt* i *in:* kritisiren, intoniren, diktiren, serviren, recitiren, possirlich *usw.*

k *statt* c *in:* Accent, Concert, Consequenz, Combination, Cabinet, Confession, Cretine, Corridor *usw.*

Beibehalten sind Sacrilegium *und* Commando.

z *statt* c *in:* Scene, Citat, Scepter, Ceder, Ceremonien, cynisch, Excellenz, Franciskaner *usw.*

Beibehalten ist Franciscus.

s *statt* ß *in:* Begräbniß, Ärgerniß, Bekenntniß *usw.*

Kleinschreibung in: Namens, Beide, Andere, Dieser, Einzelne, der Dritte, zu Dreien, in Acht nehmen, Recht haben, heute Abend, Vormittags, Du *(oft im Leiden, wenn der König angesprochen ist) u. a.*

Einzelne Wörter: Heerde, Wage, Baarschaft, baarfuß, Loos, Schaar, Geberde, todt, Krystall, bischen, fröhnen, Wittwe, giebt, Intrigue, Collége, Precieuse, distingendum *u. a.*

Die Eigennamen sind nicht geändert außer: Sizilien *statt* Sicilien, Gomorrha *statt* Gomorra, Ara Coeli *statt* Ara Cöli *und* Paete *statt* Päte.

b) Interpunktion

Über die Grundsätze der Änderungen gegenüber den zugrunde gelegten Drucken siehe Bd. 10, S. 273 f. Die vorgenommenen Änderungen sind:

1. Zwischen Hauptsatz und Nebensatz bzw. Infinitivsatz ist Komma eingesetzt: 19.9, 21.7, 22.31, 23.6, 34.7.10, 38.8, 42.22, 51.22, 55.25, 73.11, 92.11; 106.34, 108.28, 111.17, 130.14, 133.3, 134.2, 141.16, 150.1, 151.26, 154.15, 155.16; 166.19.21, 169.2, 176.10, 179.34, 180.8, 182.22, 189.18, 195.35, 201.27, 204.10, 206.10, 207.19, 208.2, 214.13, 225.28, 228.24, 229.25, 232.12.

2. Zwischen zwei Hauptsätzen, die mit «und» bzw. «oder» verbunden sind, ist Komma gestrichen: 12.22, 38.33, 43.18, 50.33, 78.7, 80.16, 95.18; 109.24, 118.8, 121.19, 124.29, 125.23, 126.23, 127.6.27, 128.29, 130.5, 131.6, 139.25, 144.2, 153.11.31, 157.13; 211.30, 223.14.

3. Zwischen Nebensätzen, die mit «und» verbunden sind, ist Komma gestrichen: 16.34, 34.29, 49.16; 104.7, 114.21, 143.2; 186.31.

4. Vor «aber» ist Komma eingesetzt: 89.23; 123.23, 133.2; 173.1, 193.21.

5. Vor «oder» ist Komma gestrichen: 217.31.32.

6. Bei Vergleichen vor «als» nach Komparativ oder vor «wie» ist Komma gestrichen: 30.17, 51.28, 59.26, 60.9.22, 61.18, 64.21, 79.25, 81.25; 109.27, 124.30, 150.23, 155.25.

7. Vor oder nach Apposition ist Komma eingesetzt: 10.24, 14.6, 17.31, 22.3, 33.7.24, 34.29.30, 38.24, 49.10.22, 60.1, 77.24.25, 84.8, 88.29.30; 102.12, 117.3, 121.34, 130.20, 133.8; 167.25, 169.24.25, 174.5.7, 177.32.33, 181.13.20, 183.33, 184.11.26, 189.19.20, 194.18, 195.12.13, 197.27.28.

8. Bei eingeschobener Partizipialfügung ist Komma eingesetzt: 103.6, 119.5.6, 141.4.5, 147.9; 166.31, 196.3.

9. Sonderfälle. Komma ist eingesetzt 32.33 *nach «träumte»,* 43.3 *vor «gleichsam»,* 94.2 *vor «wenn»,* 129.31 *nach «Kind»,* 208.23 *nach «leise». Komma ist gestrichen* 109.2 *nach «Vorzüge» und* 194.4 *nach «Plan». Das Komma ist verschoben (vor «und» statt nach «und»)* 82.14. *Fragezeichen statt Punkt ist eingesetzt* 126.22.

*10. Der Apostroph ist belassen außer beim Imperativ (*mach', merk' *usw.).*

WIEDERGABE VON HANDSCHRIFTEN, BRIEFEN UND TEXTEN IM ANHANG

Handschriften und Briefe Meyers, Betsys und Fritz Meyers sind, soweit möglich, mit der originalen Orthographie und Interpunktion wiedergegeben. Die übrigen Briefe und die Texte sind nach den gleichen Grundsätzen wie der Haupttext redigiert.

DIE HOCHZEIT DES MÖNCHS

——

ENTSTEHUNGSGESCHICHTE

Nach Vollendung des Heiligen *(1879) war Meyer noch zu keinem bestimmten neuen Plan entschlossen. Eine Reihe von Stoffen beschäftigte ihn gleichzeitig, von denen bald der eine, bald der andere in den Vordergrund trat. Sie führten alle in die Zeit der Hohenstaufen oder der Renaissance, historische Epochen, in denen sich der Dichter besonders heimisch fühlte. Fragmentarisch erhaltene Entwürfe (siehe Bd. 15) zeugen von einigen dieser Pläne. Zu ihnen gehörten:* Der Dynast *(im Mittelpunkt der letzte Graf von Toggenburg),* Der Komtur *(Komtur Schmid, der Freund Zwinglis) und* Die sanfte Klosteraufhebung *(Aufhebung des Frauenklosters Königsfelden). Am liebsten aber kreisten Meyers Gedanken um den Staufer Friedrich II. Ein Drama großen Stils mit diesem Kaiser als Hauptgestalt schwebte ihm vor. Das Schicksal seines Kanzlers Petrus Vinea fesselte ihn, und diese Figur sollte noch Jahre lang ihn nicht loslassen. Aber weder das Drama noch eine andere Hohenstaufen-Dichtung kam zustande außer einigen Gedichten (*Kaiser Friedrich der Zweite, Die gezeichnete Stirne, Das kaiserliche Schreiben, Conradins Knappe*). Nur Spuren des Stoffes finden sich in den Entwürfen zur* Richterin *und im* Mönch, *den Meyer* Wille *gegenüber als die erste von drei Kaisernovellen, die er entworfen habe, bezeichnete (an Wille, 16. November 1883).*

Frey *(S. 75) glaubt einen ersten Keim zum* Mönch *in der vom Dichter nicht veröffentlichten Frühnovelle* Clara *(siehe Bd. 15) entdecken zu können: Aus dem Geschwisterpaar Rochefort der* Clara *habe sich das feindliche Paar Diana-Antiope entwickelt. Um mehr als leise Anklänge handelt es sich dabei jedenfalls nicht.*

Briefstellen, die sich möglicherweise auf den Mönch *beziehen, sind erst zu Beginn der achtziger Jahre zu treffen. Am 14. Februar 1880 schrieb Meyer an Rodenberg:* Gegenwärtig ziehe ich die Grundlinien zu etwas Neuem, da ich mich, Hals und Brust abgerechnet, sehr wohl und frisch fühle: italienisch-mittelalterlicher Stoff, etwas Geschichte, viel Erfindung, hübsches und soviel ich weiß, neues allgemein verständliches Motiv, in der Art, wie sage ich es kurz? von den Alfred de Mussetschen Sachen, aber substantieller oder, mit enormer Distanz, von Romeo und Julie. Stellen Sie sich vor, wie immer ich mich geberde, es gestaltet sich mir dieser Stoff, dramatisch, unabänderlich dramatisch. Nun wüßte ich gerne, ganz unbefangen, ob es eine Möglichkeit ist, daß dergleichen in der Rundschau Platz fände, etwa als «dramatisierte Novelle»? Wenn Sie mir antworteten: «Nur im Fall einer exceptionellen Leistung!» so sollten Sie sehen, wie ich in's Zeug ginge! oder ob, ausgenommen für eigentliche Größen, die Rundschau dem Drama grundsätzlich unzugänglich ist, was ich sehr begreiflich fände? Ob in dieser Rücksicht Prosa oder dramat. Jambus einen Unterschied machen würde? Eine gelegentliche Orientierung darüber – nehmen Sie aber die leicht und vorzeitig hingeworfene Frage nicht schwerer als sie wiegt – wäre mir, der täglich die Gelegenheit hat, die große Publicität der Rundschau schätzen zu lernen, von vielem Wert. *Rodenberg riet dringend, auf ein Buchdrama zu verzichten und die Form der Novelle zu wählen. Meyer beherzigte den Rat (an Rodenberg, 18. Februar 1880):* ich habe mir Ihre heute angelangten Zeilen auf meinem Abendgange überlegt und werde Ihren Rath befolgen. Es ist jedenfalls das Sichere und verloren ist dabei nichts. Wenn ich auch, in der Novellen Form, die in meinem Stoffe liegenden dram. Momente nicht voll entwickeln kann, kann ich dieselben d o c h k r ä f t i g a n d e u t e n. *Noch nahm indes die Dichtung keine bestimmte Gestalt an. Verschiedene Pläne kreuzten sich erneut. Ich habe 4 Novellenstoffe, teilte Meyer dem Verleger Haessel am 18. Mai 1880 mit,* einer fruchtbarer als der andere darunter zwei ganz absonderliche Liebesgeschichten, aber ich denke mir alle mögliche Zeit zu lassen. *Der eine dieser Stoffe war der* Dynast *(vgl. an Haessel, 14. Mai 1880), der zweite vielleicht* Petrus Vinea, *die beiden Liebesgeschichten höchst wahrscheinlich* Mönch *und* Richterin.

Ausdrücklich erwähnt wird der Mönch *erstmals in einem Brief an Frey vom 5. Januar 1881:* Ich baue dies Frühjahr, hoffe aber zuvor mein Novellchen («die Hochzeit des Mönchs» oder «Götz der Mönch», Zeit Friedr. Barbarossa, Ort Nürnberg) unter Dach zu bringen. *Vom zweiten in Frage gezogenen Titel hielt übrigens Frey (an Meyer, 2. Februar 1881) den Dichter ab:* ... ich würde auf keinen Fall den zweiten Titel «Götz der Mönch» brauchen, erstens weil es einen Götz von Berlichingen gibt, und zweitens, weil der Konflikt nicht darin angedeutet ist, der sich im andern so kurz als gut ausspricht. *Calmberg, mit dem sich Meyer in jener Zeit mündlich über den Plan unterhalten hatte, schrieb diesem am 4. Januar 1881:* Sie müssen aber auch dem sittlichen Ideal treu bleiben und sich nicht zur Darstellung des Gräßlichen und Ekelhaften verirren, was ich bei unserm letzten Gespräch zu fürchten anfing. *Meyer antwortete gleich andern Tags:* Wegen des Gräßlichen (Es ist auch wohl nur Ihr Spaß) fürchten Sie nichts! Außer dem Titel ist an meinem Novellchen «Die Hochzeit des Mönchs» nichts gräßlich. Im Gegentheil, ich habe eine Figur hinein erfunden, wohl die am meisten sympathische, welche ich je gezeichnet habe. *Auch Haessel wurde in jenen Tagen über den* Mönch *orientiert und ebenso* Felix Bovet *(14. Januar):* Je suis en train d'écrire une nouvelle: «L e s n o c e s d u m o i n e», nouvelle fort touchante et qui n'a rien de baroque que le titre (moyen âge. Nuremberg, temps de Barbarossa) Je vous l'enverrai fin de l'année. *Die Arbeit geriet jedoch ins Stocken, und erst nach etwa anderthalb Jahren ist in den Briefen wieder vom* Mönch *die Rede. In einem von fremder Hand mit* Mai 82 *datierten Brief an den Vetter Fritz Meyer heißt es:* Ich bin mit der heutigen Sendg quasi zu Ende u. habe meine Nov. (mit Ezzelin) vorgenommen. Da sollte ich consultiren G r a e v i u s Thesaurus antiquitatum et historiarum Italiae mari Ligustico et Alpibus vicinae Tom VI. (oder III?) worin enthalten sein soll: S c a r d e o n i u s de urbis Patav antiqu. Sieh aber genau nach: ich brauche nur: S c a r d e o n i u s, über Padua. Graevius ist a u f d e r Stadtbibl. *Damit im Zusammenhang steht die Bemerkung an Rodenberg vom 7. Juni 1882:* Unsere Novelle noch ziemlich unentwickelt. Eine großartige Nebenfigur: Ezzelino (sein allmähliges grausam Werden) bedarf noch ein gewisses Quellenstudium. *Schauplatz und Zeit der Handlung sind also zwischen Anfang 1881 und Mitte 1882 verändert worden. Vielleicht wollte Meyer zuerst noch Friedrich II. als Hintergrundfigur wählen; jedenfalls berichtet Frey* (Unvoll. Prosa I, 91): ... auch hier *(im Mönch)*, so meinte Betsy Meyer, war ursprünglich Friedrich II eine Art führende Rolle zugedacht, wahrscheinlich diejenige Ezzelins. *In der Mitteilung Betsys an Frey könnte freilich auch eine Verwechslung zwischen Friedrich Barbarossa und Friedrich II. vorliegen. Ausgereift war der Plan sicher noch nicht. Andere Arbeiten (*Plautus im Nonnenkloster, Gustav Adolfs Page, Das Leiden eines Knaben, *die Ausgabe der* Gedichte*) ließen den* Mönch *zurücktreten, und noch am 9. August 1883 schrieb Meyer an G. v. Wyß, er arbeite gleichzeitig an 4–5 Plänen, unter denen wohl neben* Dynast, Richterin, Komtur, Heinrich IV. und V. *auch der* Mönch *war. Schließlich aber verdrängte der* Mönch *alle andern Stoffe, und im Spätsommer 1883 wurde die Novelle niedergeschrieben. Am 18. August teilte der Dichter Rodenberg mit:* Es wächst Etwas, des großen Romans unbeschadet, unter meiner Feder, das ich der Rundschau bestimme. Diesmal treibt mich wirklich und wahrhaftig der Geist. Ich wage nicht zu fragen, ob sich die Novellendisposition des Dez.-Heftes locker halten ließe. Sobald der erste Wurf fertig ist und ich zu dictiren beginne, avisire ich Sie. *Auch mit Haessel begann der Dichter bereits wegen des Druckes zu unterhandeln (27. August 1883):* Meine Novelle beschäftigt mich Tag u. Nacht. Im Dez. Heft *(der* Rundschau*)* wird dieselbe doch wohl erscheinen können. Ich würde sagen gewiß, wenn ich nicht zu großen Respect vor dem nicht in unserer Berechnung liegenden hätte. *Das Arbeitsfeuer hielt indessen an, und Ende September war die Novelle so weit geführt, daß sie der Dichter Rodenberg vorlesen konnte, als ihn dieser besuchte (*Rodenberg an Meyer, 8. Juni 1884). *Das Manuskript werde noch im Oktober fertig, schrieb er am 4. Oktober 1883 an Johanna Spyri und gleichen Tages auch an Frey:* ... wäre ich nicht in eine neue Novelle versunken, corps et âme. Ich möchte die schönen Gespenster nicht verscheuchen. Mein schreibender Vetter ist bleibend hier u. ich hoffe diesen Monat (unberufen!) fertig zu werden. *Das Diktat ging nun rasch von statten. Der Dichter gestand später Wille (16. November 1883):* Die etwas shakespearisirende Nov. in der Rundschau (Dec–Jan) hätte ich Ihnen so gerne vorgelesen aber sie wurde fast extemporisirt u. der kaum oder nicht lesbare Brouillon, nach welchem ich die Reinschrift dictirte, nur aufbewahrt bis zur Ankunft der letzteren in Berlin. *Meyer war so begierig, die Erzählung zu beendigen, daß er unfertige Stellen zunächst einfach wegließ und erst später ergänzte. An Fritz schrieb er am 19. Oktober:* Ich beendige zuerst den Schluß der Lücke u. schicke das Msc. der Novelle morgen oder übermorgen. *Und am 21. Oktober an denselben:* Heute fülle ich die letzte Lücke. *Am folgenden Tag stellte er fest:* Jetzt hängt alles ohne Unterbruch zusammen u. wird hoffentlich bald vollendet sein! ... Die letzten Copien wirst Du dann persönlich bringen, um die allerletzten Änderungen mit derselben Feder einzutragen. *Fast jeden Tag schickte nun Meyer einige Seiten, die Fritz ins Reine zu schreiben hatte.* Ich danke dir für die

Reinschrift I und sende dir Brouillon II, welches genau an die frühere Reinschrift anschließt, *schrieb er am 25. Oktober 1883 seinem Vetter, und unter dem 27. Oktober heißt es:* hier ist der ehemalige Act IV. Es fehlt jetzt nur noch das diesem vorangehende, etwa 6 Seiten, die ausgearbeitet sind. *Aus dieser Notiz läßt sich schließen, daß die dramatische Form offenbar sehr weit gediehen war. Erhalten ist nichts von dieser. Das Manuskript ging in zwei Teilen an Rodenberg, die erste Hälfte am 15. Oktober, der Rest am 31. Oktober. Die Novelle erschien im Dezemberheft 1883 und Januarheft 1884 der* Rundschau.

Wie immer nach Vollendung eines Werkes erfüllte den Dichter eine gewisse Befriedigung, zugleich aber auch ein Gefühl der Unsicherheit über den Wert des Geschaffenen. In einem Tone der Selbstironie meldete er am 1. November 1883 dem Maler Stückelberg, gestern sei der Mönch *fertig geworden,* zu meinem eigenen Erschrecken u. Ärgernisse ein bischen à la Makart, woran der Oeldruck im Speisezimmer schuld ist. *Schon bevor die Novelle in der* Rundschau *erschienen war, bemühte sich Meyer darum, Urteile von literarischen Freunden zu erhalten. Er schickte am 2. September 1883 an Johanna Spyri den eben anlangenden ersten Fetzen der Erzählung (offenbar in der Handschrift des Vetters). An Louise von François ließ er anfang November Korrekturabzüge des Rundschau-Druckes senden, um möglichst bald ihre Meinung zu erfahren. Er wies Wille auf das Erscheinen der Novelle in der* Rundschau *hin (an Wille, 13. November) und bat am gleichen Tage Haessel, diese zu lesen. Lingg schickte er einen Separatabzug (6. November). Ebenso machte er Widmann und Dr. C. Beyer auf den* Mönch *aufmerksam, letzteren mit den Worten (3. November):* bis gestern habe ich von früh bis spät mit Hintansetzg jeglichen anderen Geschäftes an einer Novelle gearbeitet, welche ich der Rundschau zugesagt hatte. *Aus manchen Bemerkungen Meyers ist zu ersehen, daß er sich bewußt war, etwas im Stile Neues geschaffen zu haben. So schrieb er an Haessel (13. November):* mir scheint, es ist *(im* Mönch*)* ein Fortschritt, *und an Wille drei Tage später:* Es ist die erste von drei Kaisernovellen, welche ich entworfen habe und sie hat – wenn ich mich nicht täusche, was auch möglich ist – einen größern Styl als meine bisherigen Sachen. Darüber u. über einiges Andere möchte ich gerne mit Ihnen nach alter Sitte ein bischen conferiren. Ich habe sie meinem Vetter sozusagen aus dem Stegreif in die Feder dictirt u. bin selbst begierig zu betrachten, welch einem Ungeheuer ich das Leben gegeben habe. *Gelegentlich suchte der Dichter Bedenken, die zu erwarten waren, von vornherein zu entkräften. Den zu philiströser Kritik neigenden Friedrich v. Wyß besänftigte er mit den Worten (13. Dezember 1883):* Den Mönch wirst Du etwas roh finden; das Problem hast du – wenn mir mein Gedächtniß treu ist – vor Jahren einmal bei Félicie *(Elis. Cleophea Felicitas Meyer, geb. Finsler, Gattin eines Vetters von C.F. Meyer),* wo ich euch davon sprach, gebilligt, es ist auch wol ethisch unanfechtbar. Die Form betreffend, schwebten mir die alten Italiener vor. Der Rahmen mit Dante war de toute necessité, um den Leser in den richtigen Gesichtspunct zu stellen. *Haessel, der für die knappe Prägnanz des Meyerschen Stils im Grunde kein Verständnis hatte und diesen stets zu breiterer Ausmalung drängte, wurde vorsichtig* *daran erinnert (12. Dezember 1883), der* Mönch *sei eben eine neue Manier, und am 27. Dezember schrieb ihm der Dichter:* Nach den Tüpfelchen u. U zeichen des Knaben *(Das Leiden eines Knaben)* war es gewiß notwendig, etwas in großen Zügen, wie den Mönch zu entwerfen. Auch die Magna Pecc⟨atrix⟩ *(Die Richterin),* und das, so Gott will, Folgende wird nicht mehr zur Miniatur zurückkehren. *Ähnlich äußerte sich Meyer zu Rodenberg (19. Dezember):* Es ist eben ein Versuch kühneren Umrisses, ich werde auf diesem Wege, jedoch behutsam, vorgehen, wenn Sie nicht abwinken. *Rodenberg war übrigens begeistert von der Novelle, Otto Brahm ebenfalls, überhaupt gefiel sie dem Publikum nach Rodenbergs Aussage (an Meyer, 11. und 21. Dezember 1883) außerordentlich gut. Louise von François, an deren Urteil Meyer viel gelegen war, konnte sich dagegen mit der Dichtung nicht recht befreunden. Schon nach der Lektüre der ersten Hälfte machte sie einige Bedenken geltend (an Meyer, 19. November 1883):* ... trotz wiederholten Lesens ist der Eindruck noch ein flackernder; das Interesse an dem Erzähler verschlingt geradezu das an dem Helden, der bis jetzt im Grunde ein kläglicher armer Teufel ist. *Meyer war ob dieser Äußerung etwas erschrocken, wie sein Antwortbrief vom 22. November zeigt:* Was Sie mir von dem Eindrucke sagen, welche Ihnen die Hälfte des Mönches gemacht hat, verehrte Freundin, hat mich gar nicht ergötzt und ist ein schlechtes Omen. Hätte ich mich vergriffen? jedenfalls bin ich froh, einen Avis erhalten zu haben. Ich mache mich fest in den Bügeln, um einen Stoß auszuhalten. Jetzt über die Sache zu verhandeln, wäre zu spät und zu früh. Lassen wir in Gottesnamen die R u n d - s c h a u (Dec. u. Jan-Heft) den verfluchten Mönch bringen. Es bleibt dann noch die Buchausgabe (die Feder ist mir zersprungen, neues böses Omen!) das Urteil einiger Freunde und meine eigenen wieder frisch gewordenen Augen. *Am Christtag 1883 konnte er die Freundin ein bißchen beruhigen:* Mit dem «Mönche» steht es nicht so schlimm als wir fürchteten. Er wird, trotz seiner Mängel, im Ganzen gut aufgenommen. *François' Eindruck änderte sich indessen, auch nachdem sie die ganze Dichtung gelesen hatte, nicht. Sie nannte (an Meyer, 9. Januar 1884) den Rahmen* zu reich für das Gemälde, *fand Dante ungeeignet* zum Fabulisten, *wünschte die Rede der Diana (S. 29.22 ff.) gedrängter, präziser und mehr ihrer Lage entsprechend, hätte es der menschlichen Logik gemäßer empfunden, wenn Diana sich an Astorre selber und nicht an der verhältnismäßig schuldlosen Antiope rächte, bezeichnete den Zufall mit dem rollenden Ring als künstlich u. a. m. Sogar gegen Einwände von Seiten seiner Schwester mußte sich Meyer verteidigen (an Betsy, 10. Dezember 1883,* FREY S. 330): Eine kleine Erwiderung: meine Fabel verlangt eine explosive Luft, und unter Ezzelin war sie wohl so in Padua. Die «Ironie» (Vorweisung des poetischen Werkzeuges etc.) soll allerdings mildern, ist aber zugleich ein untrüglicher Gradmesser der entfalteten Kraft, da sie (die Ironie) alles Schwächliche sofort umbringt. Dann schien mir, ein Dante müsse «erfinden», nicht erzählen. *Der Rahmen mit dem Erzähler Dante scheint überhaupt oft nicht verstanden worden zu sein. Haessel übermittelte Meyer (15. Januar 1884) einen Brief, den ihm der «Dante-Kenner» Felix Liebeskind geschickt habe und worin dieser Haessel schreibt, er müsse dabei bleiben, daß die Gestalt Dantes* oder besser die Aussprüche, welche der Dichter ihm in den Mund legt, nicht mit denen übereinstimmen, die er in seinem Hauptwerk kund gibt und nach welchen sich ein jeder, allerdings für sich, ein Bild Dantes macht. ... Wie man auch darüber denken mag, es ist nicht die Hauptsache, wohl aber ist der 2. Teil der Erzählung, wie er in der Rundschau abgedruckt ist, sicher nicht dem 1. Teil entsprechend. Die Handlung überhastet, eine Menge der schönsten Motive nur skizziert, flüchtig hingeworfen – kurz unvollendet, nicht ausgenützt. Die Katastrophe, meine ich, kommt zu jäh unvorbereitet und erscheint deshalb unglaublich, ja abstoßend. Wenn Sie Einfluß auf den Dichter haben, so erlaube ich mir die Ansicht auszusprechen, daß es gut sein dürfte, ihn zur vollkommenen Ausarbeitung dieser so hervorragend groß begonnenen Dichtung anzuregen. *Felix Dahn (an Meyer, 26. Oktober 1884) nannte den* Mönch *das dem Effekte nach Glänzendste, Virtuosenhaft-Vollendetste, was Meyer geschrieben, glaubte dem Freunde aber doch sagen zu müssen, daß diese* raffinierteste Leistung seines Stiles der Gefahr einer gewissen Gesuchtheit, einer gewissen epigrammatisch-knappen Manier nicht ganz fern steht. *Auch Heyse schränkte sein Lob etwas ein, indem er die Berechtigung des Rahmens bezweifelte (an Meyer, 10. November 1884):* Nun haben Sie es gar gewagt, den größten Epiker zum Erzähler zu wählen, dessen Weise uns so vertraut und doch ewig fremd ist, und lassen ihn neben archaistischen Wendungen sich der modernsten Palettenkünste bedienen, während wir in der Vita nuova ein Exempel haben, wie er und seine Zeitgenossen sich betrugen, wenn sie mit der deutlich ausgesprochenen Absicht zu erzählen an eine Geschichte gingen. Ich wäre sehr begierig zu hören, was Sie zu dem barocken Rahmen um das gewaltige Bild verführt hat, was mit dem rätselhaften Scherz der gleichen Namengebung – in Bild und Rahmen – bezweckt ist, und warum Ihnen überhaupt der direkte Vortrag nicht angemessener erschien, da ja eine persönliche Beziehung gerade dieses Erzählers zu dem Stoffe nicht einleuchten will. *Meyers Antwort lautete (12. November 1884):* Mein Dante am Herde ist nicht von ferne der große Dichter, welchen ich in Ehrfurcht unberührt lasse, sondern eine typische Figur und bedeutet einfach: Mittelalter. Er dient, den Leser mit einem Schlage in eine ihm fremde Welt zu versetzen, wo ein Mönch z. B. etwas ganz anderes vorstellt, als im letzten Jahrhundert. Er dient ferner dazu, das Thema herrisch zu formuliren, woran mir, dieses Mal, liegen mußte. Wenn nun einer aus Dantes Rede auch noch eine Warnung an Ezzelin vor Astrologie u. Grausamkeit u. seiner kleinen Freundin vor Schlag oder Stich herausliest, so steht es ihm frei. Einem persönlichen alten Gefühle: Dante habe sein Florenz über das Maß grausam behandelt, Luft zu machen, verführte dann die Gelegenheit.

Über die «modernsten Palettenkünste», lieber Freund, habe ich aufrichtig hier oben in Kilchberg ein bischen gelacht. Von wem hätte ich das hier in meiner Stille gelernt!

Die Neigung zum Rahmen dann ist bei mir ganz instinctiv. Ich halte mir den Gegenstand gerne vom Leibe oder richtiger gerne so weit als möglich vom Auge

u. dann will mir scheinen, das Indirecte der Erzählung (und selbst die Unterbrechungen) mildern die Härte der Fabel. Hier freilich wird der Verschlingung von Fabel u. Hörer zu viel, die Sache wird entschieden mühsam. ein non plus ultra! M'en voilà guéri!

Sie sehen, ich werde gegen Gewohnheit eifrig. Es ist aber auch ganz hübsch, von Paul Heyse zur Rede gestellt zu werden!

In einem Briefe an Otto Benndorf (6. Dezember 1884) kam Meyer auf Heyses Kritik zurück: Heyse hat mir – brieflich – meinen «Dante» verargt als ein crimen laesae, Dante aber bedeutet hier einfach Mittelalter und führt den Leser in medias res eines befremdenden Zeitalters. Übrigens warum sollte Dante nicht gelegentlich, wie wir Andern, ein Geschichtchen erzählt haben?

Die genannten Urteile von Dahn und Heyse beziehen sich bereits auf die Buchausgabe und konnten somit die Überarbeitung der Rundschau-Fassung nicht mehr beeinflussen. Die früheren kritischen Äußerungen aber überprüfte Meyer ernsthaft, bevor er an die Durchsicht der Novelle ging. Er sprach seinem Verleger (an Haessel, 11. Dezember 1883) von der Möglichkeit das Buch auszugestalten, doch wolle er es jetzt eine Weile liegen lassen, bis die Freunde befragt u. die Augen erfrischt sein werden. Und am 16. Januar 1884 teilte er Haessel mit: Der «Mönch» hat schon mehrere, z. Th. bedeutende briefliche Beurteilungen erfahren. Ich lasse das alles auf mich wirken. Es ist mir ausgemacht, daß er in der Buchform umgebildet wird. Dazu aber bedarf es eines frischen Blickes. *Am gleichen Tag schrieb er an R. Hardmeyer-Jenny, er werde im Sommer die Buchform des* Mönch *vorbereiten. Diese Novelle nämlich, welche die R. eben beendigt hat, brachte mir ein ganzes Büschel Briefe – heute noch zwei von bedeutenden Leuten, deren Empfang diese meine Zeilen bestimmte – alle auf Umbildg u. Ausformg des «Mönches» statt einfachen Abdruckes für die Buchform dringend. Lesen Sie den Mönch auf dem Museum u. Sie werden begreifen, daß der Rat gut ist. Im gleichen Sinne schrieb Meyer an Wille (21. Januar 1884): Der «Mönch» hat mir mehrere bedeutende Briefe eingetragen, welche alle zusammenstimmen, daß der 2 Theil zu kurz sei. Das werde ich, bei der Buchform, berücksichtigen. Wille (an Meyer, 28. Januar 1884) gestand allerdings dem Freunde, daß der Rat, den zweiten Teil zu verlängern, ihm viele Bedenken mache. Wenn Meyer später doch darauf verzichtete, die Novelle zu erweitern, so mag dabei Willes Auffassung mitbestimmend gewesen sein.*

Im Sommer 1884 nahm Meyer die Überarbeitung des Mönch *vor, die er sehr sorgfältig und gründlich, aber con Amore (an Rodenberg, 4. Juli) besorgte. Noch vor Ende Juli war der Text bereinigt. Am 22. Juli berichtete der Dichter an Louise von François:* Ich erschrak und begreife nun, daß Sie erschraken über das Unkraut in dem Mönche. Geläutert und gelichtet habe ich, ohne Abbruch der Kraft, – so meine ich wenigstens. *Am gleichen Tage sandte er die Druckvorlage an den Verleger. Die Korrekturbogen überprüfte sowohl Meyer wie sein Vetter aufs genaueste. Eine Reihe von Änderungen wurden jetzt noch angefügt. Meyer ließ sich sogar die Bogen nach Richisau, wo er seinen Bergaufenthalt genommen hatte, nachsenden. Erst am 10. Oktober 1884 lag*

das Buch gedruckt vor. Der Verlagsvertrag vom 1. Oktober sah eine Auflage von 1100
Exemplaren vor; die zweite Auflage in gleicher Höhe sollte gleichzeitig mitgedruckt
werden; das Honorar betrug Mk. 300.– für jede Auflage.

Haessel war enttäuscht, daß die Novelle für die Buchausgabe nicht breiter ausgeführt
worden war. Bereits am 3. Juni 1884 hatte er dem Dichter geschrieben: Ich habe es, wie
ich Sie kenne, voraus gewußt, daß der Mönch nicht sehr geändert werden würde.
Die Novelle muß Ihrem Sinne gemäß angenommen werden. Ich fürchte nur,
daß man sie eben so schwer, wenn nicht schwerer aufnehmen wird als den Heiligen. *Auch Meyer selbst rechnete nicht mit einem großen Publikumserfolg, wie aus sei-*
ner Selbstkritik am Mönch *hervorgeht (an Haessel, 1. November 1884):* Der Mönch,
dessen im Vorrat gedruckte Ed. 2 (vide Vertrag) mich ein bischen erschreckte,
hat drei Klippen: 1. seine scheinbare Frechheit stößt die Mittelschichten. 2. das
aufs Äußerste (zu weit) getriebene Ineinanderschlingen von Erzähl u. Hörer-
kreis erscheint raffinirt u. strengt zu sehr an 3) der Styl ist zu epigrammatisch.
Die Befürchtung, das Buch werde nur wenig Absatz finden, erwies sich jedoch als unbe-
gründet. Am 13. Dezember 1884 äußerte sich Haessel befriedigt: Die Hochzeit des
Mönchs geht recht gut. Ich glaube besser als die Leiden des Knaben, und es wird nach
Ostern gleich die 2. Auflage publiziert werden. *Das Buch verkaufte sich in Deutsch-*
land und auch in der Schweiz, außer in Zürich, nicht schlecht. FREY *(S. 330) sagt:* Seine
Züricher Freunde zogen sich vor dem «Mönche» zum Teil vorsichtig zurück.
Und Haessel beklagte sich (an Meyer, 19. Februar 1885) darüber, wie kleinlich die
Zürcher bei Beurteilung der Literatur sein können. Der Buchhändler Schultheß, ein
Vetter Meyers, hatte seinerzeit 40 Exemplare des Mönch *bestellt, dann aber 39 als sog.*
Remittenden an den Verlag zurückgeschickt (Haessel an Meyer, 14. Februar 1885)!

Am 4. Februar 1885 teilte Haessel dem Dichter mit, gegen Ostern müsse der Mönch
neu gedruckt werden, doch sollten die nächsten beiden Auflagen nur je 550 Exemplare
umfassen. Haessel spricht hier von der 2. und 3. Auflage und zählt offenbar die laut Ver-
trag mit der 1. Auflage zusammen gedruckte ursprüngliche 2. Auflage nicht mit. Die Nu-
merierung bleibt indessen unklar; jedenfalls trägt die etwa im August 1885 herausgekom-
mene Auflage die Ziffer 2. Inzwischen war der Gedanke einer Sammelausgabe der bis-
herigen kleineren Novellen aufgetaucht. Am 27. November 1884 hatte Haessel den Vor-
schlag gemacht, zwei Novellenbände herauszugeben, von denen der zweite Leiden,
Mönch *und* Richterin *enthalten sollte. Die Ausgabe kam im folgenden Jahre zustande,*
doch wurde die chronologische Reihenfolge der Novellen fallen gelassen und Das Leiden
eines Knaben, *obwohl früher entstanden und veröffentlicht, hinter* Die Hochzeit des
Mönchs *gestellt. Vgl. Bd. 11, S. 226. Über die weiteren Auflagen siehe S. 264.*

QUELLEN

Handlung und Hauptgestalten im Mönch *sind in allem Wesentlichen erfunden. Der An-*
stoß zu der Dichtung ist kaum von einem literarischen oder historischen Fund ausgegan-
gen, sondern von dem persönlichen Grunderlebnis des «entkutteten Mönchs», einem bei

Meyer oft wiederkehrenden Motiv. Der Dichter suchte offenbar für den ihm vorschwebenden Gegenstand der Erzählung nach einem geschichtlichen und landschaftlichen Hintergrund. Zuerst scheint er daran gedacht zu haben, die Geschichte auf korsischem Boden spielen zu lassen, den er von einem längeren Aufenthalt während seiner Hochzeitsreise 1875/76 kannte. Wenigstens sagt FREY (S.333): ... jene erwähnte, nie ausgeführte «korsische Novelle» enthielt nach der Mitteilung der Schwester die Keime zum «Mönch» und zur «Richterin». *Dann wollte er sie in die Papstburg verlegen (*FREY *S.292); später nach Nürnberg in die Zeit Friedrich Barbarossas, darauf nach Florenz in den Anfang des 13. Jahrhunderts, und erst dann entschloß er sich für das Padua Ezzelins. Wahrscheinlich führte ihn das Studium der Geschichte Friedrichs II. auf Ezzelin, den Schwiegersohn dieses Kaisers. Die Örtlichkeiten der Rahmen- und der Haupthandlung, Verona und Padua, waren Meyer von seiner Italienreise 1871/72 her vertraut. Die Verlegung des Schauplatzes nach Padua und ins 13. Jahrhundert dürfte dem Dichter den Gedanken an Dante als Erzähler nahe gebracht haben, wenn nicht allenfalls umgekehrt der Einfall, Dante die Fabel erfinden zu lassen, die Wahl des Orts und der Zeit mitbestimmt hat. Der Gestalt Dantes war Meyer schon in früher Jugend begegnet. In der Gedicht-Anthologie* Bildersaal deutscher Dichtung *von A. A. L. Follen, 2 Bände, Winterthur 1828/29, einem vom jungen Meyer viel benützten Buche, konnte er schon auf Gedichte stoßen wie «Dante» von Uhland, «Dante» und «Leonardo da Vinci» von A. W. Schlegel; das letztere beginnt mit den Strofen:*

> Florentiner! Florentiner!
> was muß euren Sinn verkehren,
> daß ihr eure großen Männer
> Fremden überlaßt zu ehren?

> Dante, welcher göttlich heißet,
> klagt, daß ihn sein Land verstoße;
> sein verbannter Leib ruht ferne
> von der harten Mutter Schoße.

Dantes Divina Commedia *gehörte später zu Meyers Lieblingsbüchern (*BETSY ERINNERUNG *S.69 und 181). In seiner Bibliothek finden sich neben einer Ausgabe im Originaltext zwei deutsche Übersetzungen und Literatur über Dante. Betsy bemerkt in ihren Notizen, betitelt* Kleine beim Durchlesen der vortrefflichen Vorträge von Hans Trog gemachte Anmerkungen *(CFM 399 d4): Gewiß, Dante wurde von C. F. M. frühe studiert und immer geliebt und gelesen ... Er las übrigens seinen Dante in drei Sprachen und besitzt ihn in verschiedenen Ausgaben. Während und nach der Italienreise von 1858 beschäftigte sich Meyer eingehend mit dem Florentiner. Den Beweis dafür liefert u.a. ein erhalten gebliebenes Manuskript (CFM 191.2), betitelt* Schlosser über Dante, *das nach der Schrift zu schließen in die Jahre 1859–61 zu setzen ist. Es handelt sich um einen 27 Seiten umfassenden sorgfältig stilisierten Auszug aus F. Chr. Schlosser, Dante, Studien, Leipzig 1855, der vielleicht als Beitrag für eine Zeitschrift gedacht war. Auf Dante, wie er im Mönch erscheint, deutet darin freilich bei-*

*nahe nichts, höchstens eine Stelle, wo von Dantes Dankbarkeit gegenüber seinen Gönnern
die Rede ist:* Alle seine Schützer werden von ihm hochgepriesen, obwol er einge-
steht: «daß er recht gut wisse, wie salzig schmecke das Brod an fremden Tischen
genossen u. wie müd es mache, fremde Treppen auf u. nieder zu steigen.»

*Es lassen sich natürlich nicht alle Bücher feststellen, aus denen Meyer Anregungen für
den Mönch geschöpft hat. Die im folgenden genannten Werke hat er zum Teil sicher,
zum Teil sehr wahrscheinlich benützt (vor dem Doppelpunkt steht die Abkürzung, die
für das betreffende Werk im Anhang gebraucht wird):*

COMMEDIA: Dante, La divina commedia.

Meyer besaß folgende Ausgabe im Originaltext: La divina commedia di Dante
Alighieri, Illustrata di Note da Luigi Portirelli, Milano 1804/05.

WITTE: Dante Alighieri's Göttliche Komödie, übersetzt von Karl Witte, Berlin
1865. *Das Buch war in Meyers Besitz.*

STRECKFUSS: Die Göttliche Komödie des Dante Alighieri, übersetzt und erläutert von Karl Streckfuß, 2. Ausgabe, Halle/Wien 1834. *Die Benützung der Einleitung dieser Ausgabe ist aus inhaltlichen Gründen sehr wahrscheinlich. Das in der
Zentralbibliothek Zürich vorhandene Exemplar stammt aus dem Besitze von Prof.
Ettmüller, mit dem Meyer befreundet war. Möglicherweise hat er das Buch von diesem
entlehnt. Meyer selber besaß eine spätere Ausgabe derselben Übersetzung:* Dantes
Göttliche Komödie, Übersetzt und erläutert von Karl Streckfuß, Neu bear-
beitet ... von Otto Roquette, Stuttgart *o. J.*

KRASZEWSKI: Dante. Vorlesungen über die Göttliche Komödie, gehalten in Kra-
kau und Lemberg 1867 von J.I.Kraszewski, Ins Deutsche übertragen von
S.Bohdanowicz, Dresden 1870. *Das Buch war in Meyers Besitz. Er hatte Kraszewski im Herbst 1880 in Dresden kennen gelernt und sich mit ihm befreundet (vgl.*
BRIEFE I, *133,161,190,322,336,361;* II, *309).*

MACHIAVELLI: Niccolò Machiavelli, Geschichte von Florenz.

Meyer besaß eine Gesamtausgabe der Werke Machiavellis: Opere di Niccolò Machiavelli, 6 tom., Firenze 1782/83. *Ferner:* Nicolas Machiavel, Histoire de Flo-
rence, Traduction de J.-V.Périès, Paris 1845. *Die Vorliebe Meyers für Machiavelli wird von Betsy ausdrücklich hervorgehoben (CFM 399 d4):* Die Stoffe zu
seinen epischen Gedichten fand er aber, soviel mir erinnerlich zumeist in den
florentinischen Geschichten des Machiavelli, den er seiner Klarheit wegen sehr
liebte und eigentlich immer wieder las. *Zitiert wird nach:* Niccolò Machiavelli's Florentinische Geschichten, Übersetzt von Alfred Reumont, *2 Teile,* Leipzig
1846.

RAUMER: Friedrich von Raumer, Geschichte der Hohenstaufen und ihrer Zeit,
Zweite verbesserte und vermehrte Auflage, *6 Bände,* Leipzig 1840/42. *Die Benützung* RAUMERS *ist sicher nachweisbar, vgl. Meyer an Rahn, 12. November 1881*

und UNVOLL. PROSA I, *148f. Meyer benützte offenbar die zweite Auflage und nicht die dritte von 1857/58. Er bezog das Werk von der Stadtbibliothek, die damals die dritte Auflage noch nicht besaß.*

SCHIRRMACHER: Dr. Fr. Wilh. Schirrmacher, Kaiser Friderich der Zweite, *4 Bände,* Göttingen 1859, 1861, 1864, 1865. *In dem oben genannten Brief vom 12. November 1881 an Rahn stellt der Dichter dem Freunde eine Reihe von Fragen, u. a. folgende:*
2) Für meine neue Arbeit brauche ich den Kaiser Friedrich II. Der breite Schwätzer R a u m e r (Hohenstauffen) ist mir sehr dienlich, doch wünschte ich noch zu wissen, ob d a n e b e n n i c h t s N e u e s (oder Älteres) über diese merkwürdige Persönlichkeit e x i s t i r t, besonders folgende Punkte erläuternd:
1. Frds. sog. Ungläubigkeit (d i e B u l l e d e s P a b s t s mit der Stelle: tres impostores und der Friedr. vorgeworfenen ketzerischen Äußerung im Angesicht eines Kornfeldes: «Wie viele Götter reifen hier!» Diese Bulle, wo steht sie in extenso?)
2. Die feudalen Verhältnisse in Friedr. Reich: Sizilien. (Es gab wohl dort noch viele normänische Herrn?)
3. Der Untergang des Kanzlers P e t r u s d e V i n e a. (Was war seine Verschuldung?)
Willst du gelegentl. d e i n e m V e t t e r diese Fragen vorlegen?

Rahn übergab die Fragenliste seinem Vetter, Professor Gerold Meyer von Knonau, und dieser beantwortete sie dem Dichter am 16. November. Als das neueste Werk über Friedrich II. nannte er SCHIRRMACHER. *Die Bulle des Papstes sei dort in Übersetzung wiedergegeben, der Originaltext sei zu lesen bei* Raynaldus *(folgt genauere Quellenangabe). Über Friedrichs Gesetzgebung gebe ebenfalls* SCHIRRMACHER *Auskunft, das Gesetzbuch sei abgedruckt bei* Huillard-Bréholles *(folgt genauere Angabe); auch das normännische Element habe sich dem straffen Beamtensystem einzufügen gehabt. Über Petrus de Vinea und seinen angeblichen Verrat nennt dann Meyer von Knonau eine Reihe von Schriften, die sich über seine Schuld widersprechend äußerten. Ihm selber scheine die Schuld sicherer als die Unschuld. Er schließe sich* SCHIRRMACHERS *befriedigender Beweisführung in dieser Frage an.*

Auf diese Anregung hin hat Meyer zweifellos SCHIRRMACHER *studiert; ob auch die übrige von Meyer von Knonau vermittelte Literatur, bleibt unsicher, ist aber nicht wahrscheinlich, da er alles für ihn Wissenswerte bei* SCHIRRMACHER *finden konnte. Ein weiteres Werk desselben Autors* (Dr. Friedrich Schirrmacher, Die letzten Hohenstaufen, Göttingen 1871*) hat dem Dichter auch zur Verfügung gestanden, doch ist dessen Benützung ungewiß. Hier konnte er S. 64 lesen, daß Ezzelin als Feind des Menschengeschlechts und offenbarer Ketzer von Papst Innocenz exkommuniziert wurde; ferner S. 166 und 178, daß sich Ezzelin Zeichendeuter und Wahrsager hielt. Doch werden diese Dinge auch in andern Quellen erwähnt.*

BURCKHARDT: Jacob Burckhardt, Die Kultur der Renaissance in Italien, 1860¹.
BORGIA: Ferdinand Gregorovius, Lucrezia Borgia, 3. Auflage, Stuttgart 1875.

GREGOROVIUS: Ferdinand Gregorovius, Geschichte der Stadt Rom im Mittelalter, 1859/73[1]. *Die Benützung von* GREGOROVIUS *ist belegt, vgl. Meyer an Louise
von François, 25. November 1881: Auch ich habe meinen Gregorovius, Geschichte von Rom, aus dem Bauhause in meine Wohnung hinübergeholt.
Der Staufe Friedrich II. hat es mir angetan.*

GRAEVIUS: Thesaurus Antiquitatum et Historiarum Italiae ... coeptus Cura et
Studio Joannis Georgii Graevii ... *(6.Bd.)* Lugduni Batavorum 1722. *Darin ist
von Bedeutung:* Monachi Paduani Chronicon *und* Laurentii de Monacis ... Eze-
rinus III. *(beides in:* Tomi sexti pars prima*), ferner* Bernardini Scardeonii ... de
urbis Patavii antiquitate et claris civibus ... *(in:* Tomi sexti pars tertia*). Die Benützung von* GRAEVIUS *ist erwiesen durch die Briefe Meyers an seinen Vetter Fritz
vom Mai 1882 (siehe S.247) und vom 14. September 1882: ...* um Dir die Schlepperei
zu ersparen, sende ich August mit Graev. 4 Raumer. Carm. Burana u. Cal-
deron 7 Bände auf die Bibl. *Daß Meyer neben* Scardeonius *auch* Monach. Pad.
und Laurentius de M. *verwendet hat, ist zwar nicht zu belegen, erscheint aber nicht
als ausgeschlossen.*

*Für die Rahmenerzählung von besonderer Bedeutung sind folgende Stellen aus den
genannten Quellen:*

STRECKFUSS *Spalte 19f.:* Im Jahre 1308 scheint er *(Dante)* sich nach Verona begeben zu haben, wo er am Hofe der Scaliger eine ehrenvolle Aufnahme fand.
Hier herrschten die Brüder Alboin und Can della Scala – Alboin, fromm,
ruhig, friedliebend, wohlwollend, ein Beschützer der Kunst und Wissenschaft –
Can, von den Zeitgenossen mit dem Zunamen des Großen beehrt, geistreich,
heiter, glänzend und freigebig; unglückliche Verbannte, besonders wenn sie,
sei es durch die Waffen oder durch Kunst und Wissenschaft, sich Ruhm erworben hatten, gern bei sich aufnehmend und sie schützend.
    Doch ein mächtiger, stolzer, rücksichtsloser Geist, ergriffen von Parteiwut,
durch Ungerechtigkeit herausgedrängt aus einer schönen Lebensbahn, verletzt
in allen seinen Neigungen und Wünschen, durch die Verletzung empfindlich
gemacht für die leiseste Berührung und nur noch stolzer durch das Unglück –
wo findet ein solcher Geist Ruhe? Wann fügt er sich je den Lehren der Erfahrung? Auch Dante, am Hofe von Verona, fand diese Ruhe nicht, fügte sich
nicht diesen Lehren. Unablässig verfolgte ihn das Gefühl, aus seinem Vater-
lande verbannt zu sein; der Haß gegen diejenigen, die sein Unglück verschuldeten und desselben sich erfreuten; das peinliche Bewußtsein «fremdes Salz
und Brot essen, fremde Treppen steigen zu müssen» (Paradies XVII, 58-60).
Unfähig, sich der Notwendigkeit zu beugen und die kleinste Kränkung zu
ertragen, war er stets bereit, den kleinsten Angriff gewaltsam zu erwidern.
Als einst Can della Scala sich selbst von einem Possenreißer unterhalten ließ
und sah, daß sein Hof sich sehr an den Schwänken desselben belustigte, fragte

er den Dichter: Wie kommt es, daß ein so abgeschmackter Narr allen besser gefällt als du, den man für einen Weisen hält? Dante säumte nicht zu entgegnen: Weil Gleiches das Gleiche liebt.

Ein bitteres Witzwort dieser Art rächt, nie verziehen, die augenblickliche Überlegenheit, die es dem Sprecher erteilt, an ihm selbst durch seine Folgen. Dantes Verhältnis am Hofe von Verona konnte durch solche Äußerungen von Geringschätzung nur verschlimmert, seine Abhängigkeit nur peinlicher werden. Was Wunder, daß er voll Begier die Hoffnung auf einen gänzlichen Umschwung der Dinge ergriff, welche die Zeitereignisse in ihm erregten.

KRASZEWSKI S. 47 ff.: Eine längere Zeit verlebte Dante an dem Hofe Scaligeris in Verona, wo er die Würde eines Richters bekleidete. Es war ein glänzender, fröhlicher Hof, voll Luxus, ein solcher wie ihn ein Krieger nach den Mühseligkeiten des Kampfes zum Ausruhen bedurfte.

Der Aufenthalt an diesem Hofe Can Grandes, dessen Gastfreiheit glänzend war und die Umgebung reich, die Gesellschaft bis zum Übermaß fröhlich und leichtfertig – konnte unmöglich dem betrübten Verbannten gefallen. Boccaccio erzählt von den Besuchen bei Can Grande in Verona mit charakteristischen Einzelheiten. Jeder der ankommenden Gäste hatte eine seinem Stande und seiner Stellung entsprechende Wohnung, Bedienung und Tisch. Über den Türen dieser Wohnungen waren allegorische Bilder und Inschriften, die dem Stande, der Sitte oder der Tragweite des Geistes der Gäste entsprachen. ...

Neben diesem Luxus der Kunst war dieser Hof überreich an den verschiedenen Zerstreuungen, wie sie die Krieger und Staatsbeamten gewohnt waren zu suchen; es gab Sänger, Taschenspieler, sogar Narren, die die traurigen Gedanken fern halten sollten.

Aus diesen wenigen Zügen und aus der Geschichte Dantes können wir uns leicht vorstellen, wie dieser Hof im XIV. Jahrhundert aussah, fröhlich, leichtfertig, nach dem Kampfe und den Mühseligkeiten leidenschaftlich Zerstreuungen suchend, sowohl in Poesie und Kunst als auch in Narrheit und Taschenspielerei; mit gleicher Gastfreundschaft den ernsten Dante, der für Italien so große Hoffnung auf die Scaligeri hatte, wie den ersten besten Lustigmacher, empfangend.

Die Antwort, die der Dichter dem ihn Fragenden gab, warum die Erfolge der Narren die der Dichter überträfen, und eine folgende, die wir hier anführen – erklären uns die Gefühle des Verbannten mitten unter dem Gebrause der Masse dieser wüsten Ritter.

Einst beim Nachtmahl hieß Can Grande (großer Hund), wahrscheinlich nach der Gewohnheit sich über die Dichter lustig zu machen, einen Jungen unter den Tisch kriechen und einen Haufen Knochen Dante vor die Füße legen. Es war damals Sitte, die Überbleibsel beim Essen auf die Erde zu werfen.

Nach dem Mahl fing Can an, auf die Knochen zeigend, sich über den Dichter und seine Eßgier lustig zu machen und fragte, wie es käme, daß eine solche Menge von Knochen daliege.

«Wenn ich ein Hund (Can) wäre, würden nicht so viele Knochen bei mir sein», erwiderte Dante.

Diese beißende Antwort muß ebenso bitter wie die erstere für den stolzen Scaligeri gewesen sein, aber er hatte sie selbst durch einen stachligen Scherz hervorgerufen.

KRASZEWSKI *S. 52 ff.*: Wem ist nicht die erhabene traurige Gestalt voll ernster Würde bekannt, mit dem lorbeerumkränzten Haupte und der gedankenvollen Stirne – in dem mönchartigen Gewande erscheinend – wie aus dem Grabe erstanden, um das Leben des Jenseits zu besingen? ... Auf allen seinen Abbildungen hat Dante dieses strenge Antlitz des durch Genius und Leiden über die Massen erhobenen Verbannten und Sängers behalten. ... Aus diesem Gesichte liest man den energischen, ganz in sich abgeschlossenen Charakter – in etwas verbittert durch den Schmerz der Verbannung und das vergiftete Brot jener Wanderungen über fremde Schwellen.

Auch in den bis zu uns gelangten Antworten – voll Bitterkeit – malt sich sprechend dieser Charakter.

Als man am Hofe des Scaligeri den Narren, die die Gäste amüsierten, Beifall klatschte, fragte jemand Dante, warum solche Narrheiten mehr Erfolg hätten als große Dichter.

«Similis simili gaudet!» entgegnete mit Verachtung der Dichter – Jeder erfreut sich an seinesgleichen. ...

«Unser Dichter», schreibt er *(Boccaccio)*, «war mittleren Wuchses, und im späteren Alter hielt er sich ein wenig gebeugt – von ernstem und angenehmem Gesichte. Er kleidete sich immer ernst, wie es seinem Alter geziemte. Er hatte ein längliches Gesicht, eine Adlernase, die Augen eher groß als klein, das Kinn länglich, die Oberlippe etwas hervorstehend, die Gesichtsfarbe dunkel, den Bart schwarz und kraus und das Antlitz immer gedankenvoll und trübe.

KRASZEWSKI *S. 58:* Am Hofe des Can Grande, obgleich geliebt von Scaligeri, sah er sich die gewöhnlichen Spaßmacher vorgezogen, und immer ging er hinter den Rittern und Mächtigen. Hier hat er empfinden müssen und aus gepreßtem Herzen es ausgesprochen, wie das Brot der Fremde bitter schmecke und die Stufen zum fremden Herde steil sind.

WITTE *Einleitung S. 34:* Bei ihm *(Cangrande in Verona)* fanden vom Glück verlassene Dynasten und Heerführer, bei ihm Dichter, Künstler und Gelehrte ehrenvolle gastliche Aufnahme. In ihm schienen sich, wenn auch für einen beschränkteren Kreis, die durch Heinrichs VII. Tod zerstörten Träume zu verwirklichen, die die Ghibellinen gehegt hatten, als der Kaiser vom Mont Cenis herniederstieg. Dieses Wohlwollen schildert Dante mit beredten Worten im XVII. Gesange des Paradieses.

Für die Handlung der Haupterzählung sind folgende Stellen von Bedeutung:

MACHIAVELLI *(2.Buch) I, 88ff.:* Unter den mächtigsten Familien in Florenz waren die Buondelmonti und Uberti, und nach diesen die Amidei und Donati. In dem letztern Geschlechte gab es eine reiche Witwe, welche eine sehr schöne Tochter hatte. Sie hatte dieselbe dem Messer Buondelmonte, einem jungen Edelmann, der das Haupt der Familie der Buondelmonti war, zur Gattin zugedacht. Diesen Plan aber hatte sie, sei es aus Nachlässigkeit, sei es, weil sie glaubte, es sei immer noch Zeit dazu, niemanden anvertraut, sodaß der Zufall es wollte, daß Buondelmonte mit einer Jungfrau aus dem Hause der Amidei sich verlobte. Dies war jener Frau höchst unlieb, und sie geriet auf den Gedanken, durch die Schönheit ihrer Tochter die beschlossene Verbindung zu hintertreiben. Da sie nun einmal den Messer Buondelmonte allein nach Hause gehn sah, kam sie herab und ließ die Tochter hinter sich stehn, und als jener vorbeikam, trat sie ihn an mit den Worten: Ich freue mich wahrhaftig darüber, daß Ihr eine Braut gewählt habt, obgleich ich diese meine Tochter Euch bestimmt hatte. Hierauf stieß sie die Tür auf und ließ ihn das Mädchen sehn. Der Ritter, als er die seltne Schönheit der Jungfrau erblickte und überlegte, wie ihre Mitgift und Familie denen seiner Braut keineswegs nachständen, wurde von einer solchen Begierde, sie zu besitzen, ergriffen, daß er weder an das gegebene Wort dachte, noch an die Schmach eines Treubruchs, noch an das Unheil, welches ein solcher Treubruch über ihn verhängen konnte. So antwortete er: Da Ihr sie mir bewahrt habt, so würde ich ein Undankbarer sein, wenn ich, da es noch Zeit, sie ausschlüge, und ohne zu säumen feierte er die Hochzeit. Als dies bekannt ward, erfüllte es die Familie der Amidei und die mit ihnen verwandten Uberti mit Erbitterung, und da sie mit andern ihrer Angehörigen zusammengekommen, schlossen sie, daß eine solche Beleidigung nicht ohne Schmach ertragen werden könne, und Buondelmontes Tod die einzige Rache sei. Als nun einige über die Übel sprachen, die daraus entstehn würden, sagte Mosca Lamberti, wer viel überlege, beschließe nichts, indem er die volkstümliche Redensart hinzufügte: Geschehn Ding hat Verstand. Die Ausführung des Planes übertrugen sie nun dem Mosca, Stiatta Uberti, Lambertuccio Amidei und Oderigo Fifanti. Diese versammelten sich am Ostermorgen in den Häusern der Amidei, welche zwischen der alten Brücke und der Kirche Sto. Stefano lagen, und da Messer Buondelmonte auf einem weißen Rosse über die Brücke ritt, in der Meinung, es sei ebenso leicht, eine Unbilde zu vergessen, wie eine Heirat abzubrechen, wurde er von ihnen am Aufgange, da wo die Statue des Mars stand, *(Fußnote:* Dante, Paradies XVI, 136. – Die römische Bildsäule des Mars, des ersten Patrons der Stadt, welche, christlich geworden, sich dem Täufer empfahl (– «la città che nel Batista – cangiò 'l primo padrone –» Dante, Hölle XIII, 143), stand am Ende der alten Brücke (– «in sul passo dell'Arno – rimane ancor di lui alcuna vista» – ebend. 146), bei deren Einsturze während der Überschwemmung des Jahres

1333 sie verloren ging.) angegriffen und ermordet. Diese Tat spaltete die ganze Stadt, denn die einen hielten es mit den Buondelmonti, mit den Uberti die andern.

RAUMER *III, 486:* In Florenz entstanden bürgerliche Unruhen durch den Übermut einzelner. Herr Buondelmonte hatte sich mit einer Jungfrau aus dem Hause der Amidei verlobt. Einst ritt er spazieren, da trat eine edle Frau aus dem Hause der Donati hervor und sprach zu ihm: «Ihr seid schön, reich und vornehm; Eure Braut aber keines von dem allem in solchem Maße, als es sich für Euch schickt; deshalb solltet Ihr lieber meine Tochter heiraten, die ich schon lange für Euch aufbewahrt habe.» In demselben Augenblicke trat auch die Tochter herzu, und Buondelmonte hatte sie kaum erblickt, als er sich aufs heftigste in sie verliebte und jenen Antrag einging. Die Verwandten der ersten, beschimpften Braut überlegten lange, wie Buondelmonte zu bestrafen sei, bis Mosca dei Lamberti durch rasche Worte den gewaltsamsten Beschluß herbeiführte.

Am Pfingstsonntage, als Buondelmonte prachtvoll gekleidet und auf einem weißen Rosse über die Arnobrücke ritt, sprangen die Amidei und ihre Genossen aus einem Hinterhalte hervor und erschlugen ihn.

STRECKFUSS *Spalte 4:* Schon im Jahre 1215 hatte sich die Stadt *(Florenz)* in die Parteien der Buondelmonti und Uberti geteilt, weil ein junger Mann aus der Familie jenes Namens ein bereits mit ihm verlobtes Mädchen verstoßen hatte und aus Rache unter Mitwirkung des mit der Verschmähten verwandten Geschlechts der Uberti ermordet worden war.

Weitere Anregungen zur Haupthandlung entstammen BURCKHARDT *(1. Abschnitt, 4. Kapitel). Hier ist von Familienstreitigkeiten unter den Baglionen in Perugia die Rede:* Das Komplott *(gegen die Baglionen)* reifte plötzlich bei der Hochzeit des Astorre *(Baglione)* mit der Lavinia Colonna, Mitte Sommers 1500. Das Fest nahm seinen Anfang und dauerte einige Tage unter düstern Anzeichen, deren Zunahme bei Matarazzo vorzüglich schön geschildert ist. Der anwesende Varano trieb sie zusammen; in teuflischer Weise wurde dem Grifone die Alleinherrschaft und ein erdichtetes Verhältnis seiner Gemahlin Zenobia mit Gianpaolo vorgespiegelt und endlich jedem Verschworenen sein bestimmtes Opfer zugeteilt. ... In der Nacht vom 15. Juli wurden die Türen eingerannt und der Mord an Guido, Astorre, Simonetto und Gismondo vollzogen; die andern konnten entweichen.

Als Astorres Leiche mit der des Simonetto auf der Gasse lag, verglichen ihn die Zuschauer «und besonders die fremden Studenten» mit einem alten Römer; so würdig und groß war der Anblick; in Simonetto fanden sie noch das Trotzigkühne, als hätte ihn selbst der Tod nicht gebändigt. ... Atalanta, Grifones noch schöne und junge Mutter, die sich tags zuvor samt seiner Gattin Zenobia und zwei Kindern Gianpaolos auf ein Landgut zurückgezogen und

MÖNCH

den ihr nacheilenden Sohn mehrmals mit ihrem Mutterfluche von sich gewiesen hatte, kam jetzt mit der Schwiegertochter herbei und suchte den sterbenden Sohn. Alles wich vor den beiden Frauen auf die Seite; niemand wollte
als der erkannt sein, der den Grifone erstochen hätte, um nicht die Verwünschungen der Mutter auf sich zu ziehen. Aber man irrte sich; sie selber beschwor den Sohn, denjenigen zu verzeihen, welche die tödlichen Streiche geführt, und er verschied unter ihren Segnungen. Ehrfurchtsvoll sahen die Leute
den beiden Frauen nach, als sie in ihren blutigen Kleidern über den Platz
schritten.

Die Hochzeit, der Name Astorre (der sich übrigens auch in BORGIA *findet) und die
Studenten weisen deutlich auf* Die Hochzeit des Mönchs *hin. Vielleicht haben Atalanta und Zenobia auch Züge zu Olympia und Antiope beigetragen.*

Über die Figur Ezzelins sind besonders folgende Stellen hervorzuheben:

BURCKHARDT *(1. Abschnitt, 1. Kapitel):* Neben dem zentralisierenden Kaiser *(Fried-
rich II.)* tritt ein Usurpator der eigentümlichsten Art auf: sein Vicarius und
Schwiegersohn Ezzelino da Romano. Er repräsentiert kein Regierungs- und
Verwaltungssystem, da seine Tätigkeit in lauter Kämpfen um die Herrschaft
im östlichen Oberitalien aufging; allein er ist als politisches Vorbild für die
Folgezeit nicht minder wichtig als sein kaiserlicher Beschützer. Alle bisherige
Eroberung und Usurpation des Mittelalters war entweder auf wirkliche oder
vorgegebene Erbschaft und andere Rechte hin oder gegen die Ungläubigen
oder Exkommunizierten vollbracht worden. Hier zum erstenmal wird die
Gründung eines Thrones versucht durch Massenmord und endlose Scheuß-
lichkeiten, das heißt durch Aufwand aller Mittel mit alleiniger Rücksicht auf
den Zweck. Keiner der Spätern hat den Ezzelino an Kolossalität des Verbrechens irgendwie erreicht, auch Cesare Borgia nicht; aber das Beispiel war gegeben, und Ezzelinos Sturz war für die Völker keine Herstellung der Gerechtigkeit und für künftige Frevler keine Warnung.

RAUMER *IV, 384 f.:* Ezzelin IV., ein Sohn Ezzelins des Mönches und der Gräfin
Adelaide von Mangona, wurde geboren am 26. April 1194, mithin acht Monate früher als Kaiser Friedrich II. Von der ersten Jugend bis zum Tode zeigte
er sich tapfer, im Kriege sowohl als gegen Gefahren anderer Art. Auch Milde,
Vorsicht, Treue werden an ihm für die erste Hälfte seines Lebens und mit
Recht gerühmt. Der Kaiser, welcher diese Eigenschaften erkannte, gab ihm
seine natürliche Tochter zum Weibe und schrieb ihm heitere, selbst scherz-
hafte Briefe; ein Beweis, daß Ezzelins Gemüt damals noch nicht so versteinert
war als in späterer Zeit. Er hegte einen löblichen Haß gegen Diebe, Räuber,
liederliche Dirnen, überhaupt gegen Verbrecher aller Art; anstatt aber diesen
Haß durch eigene Tugenden wahrhaft zu begründen und durch Demut zu
heiligen, äußerte er mit einer an den heidnischen Dschingischan erinnernden
Kühnheit: «Die Sünden der Völker erfordern eine strafende Hand, wir sind

der Welt gegeben, um für die Verbrechen Rache zu üben.» Und so kam er von dem anfangs tadelsfreien Vorsatz, das Böse zu strafen, bald dahin, alles für böse zu halten, was seinen willkürlichen Zwecken und seinen Leidenschaften widersprach, bis er mit Bewußtsein das Frevelhafteste billigte und den Teufel austreiben wollte durch Beelzebub, den obersten der Teufel.

RAUMER *IV,386f.*: Manche, die ihn *(Ezzelin)* durch Schmeicheleien zu gewinnen hofften, bestärkten nur seine Menschenverachtung und erduldeten dann außer der Strafe auch noch höhnende Vorwürfe. Alte und Junge, Männer und Weiber, Soldaten und Priester, Kaufleute und Mönche, alle ohne Unterschied, wurden in den gleichen Untergang verwickelt. Wer schnellen und einfachen Todes starb, galt für glücklich: viele erduldeten vorher noch furchtbare Martern, Blenden, Verschneiden, Verstümmeln; und es geschah, daß Angeklagte sich die Zunge abbissen, um nicht aus Schmerz Unschuldige zu nennen! Ezzelin saß in höchster Ruhe, mit unverändertem furchtbarem Angesichte, und ordnete alle Martern und Hinrichtungen, während das Geschrei der Unglücklichen selbst die dicksten Mauern durchdrang und in fernen Straßen Entsetzen erregte. ... Niemand ward verstattet, über sein Vermögen zu schalten, Kinder oder Freunde zu sprechen oder sich durch Geistliche und die heiligen Sakramente zu trösten und zu stärken. Keiner durfte begraben werden ohne Ezzelins ausdrückliche Erlaubnis.

RAUMER *III,506:* Verstand, Mut, unermüdliche Tätigkeit und ein kühner, stolzer Sinn, Eigenschaften seiner Familie, fanden sich bei ihm *(Ezzelin)* in vorzüglich hohem Grade: weil aber sein Leben in furchtbare Zeiten fiel und anfängliche Zweifel über einige Teile der Kirchenlehre allmählich zum Verkennen und Leugnen aller sittlichen und religiösen Grundsätze führten, so wurden jene Anlagen und Kräfte, wodurch er sich hätte zu einem bewundernswerten Helden ausbilden können, in späteren Jahren nur zu entsetzlichen Freveln verwendet und vergeudet.

RAUMER *III,603:* ... alles Große und Edle seiner *(Ezzelins)* Natur schwand immer mehr vor dem Bösen dahin, welches aus dem Boden seines strengen und finsteren Gemütes wuchernd emporwuchs.

SCHIRRMACHER *II,277f.:* ... streng gegen seine Feinde, den Freunden liebreich und leutselig, fern von Grausamkeit und Tücke, vielmehr treu dem geleisteten Versprechen, gewandt im Reden, vorsichtig im Rat, dem Sinnengenuß abgeneigt, von ehrgeizigem Drang nach gefahrvollen Unternehmungen, von kalter Überlegung im Handeln, ein Meister in der Kriegskunst, so war Ezzelin ... «dieser Teufel in Menschengestalt» in den Anfängen seiner Herrschaft.

SCHIRRMACHER *III,12:* Während er ... dem Argwohn sicher auswich, als habe er nur die Vergrößerung seiner Macht im Auge, waltete er gleichwohl, gesichert durch deutsche und sarazenische Söldner, die, von den Städtern unterhalten, diese zugleich im Zaum hielten, mit völlig unumschränkter Gewalt.

GRAEVIUS, Laurentius de M., *Sp.47ff.:* ... acer erat in hostes, erga amicos lenis et
tractabilis, in promissis fidelis, in proposito stabilis, in verbis maturus, in con-
silio providus, et in omnibus factis suis vir egregius apparebat, sed habito do-
minio Marchiae, in alium virum repente mutatus est.

GRAEVIUS, Monach. Pad., *Sp.14:* ... Ecelinus Satanae minister, Diaboli carnifex,
potator humani sanguinis, sitibundus inimicus Ecclesiae, haereticorum refu-
gium malitiae sedulus adinventor ...

GRAEVIUS, Scardeonius, *Sp.31f.:* ... donec universa fere Patavina nobilitas peni-
tus extincta fuit *(unter der Herrschaft des* Acciolinus*).* Nullum enim saevitiae,
vel calamitatis, aut immanitatis genus esse potuit, quod eo tempore non fuerit
civitas haec nostra perpessa. ... Fertur enim hunc publice castrasse pueros, stu-
prasse virgines ... et undecim Patavinorum millia sub ejus vexillo merentia,
ad unum, audita Patavii defectione, trucidasse.

Vgl. auch das Gedicht (186) Der Mars von Florenz. KALISCHER *(S. 40) meint, dem
Dichter sei bei der Bearbeitung dieser Ballade für die Gedichtausgabe von 1882 vielleicht
der Stoff wieder nahe gekommen und er habe daraufhin diesen zur Novelle* Die Hochzeit des Mönchs *ausgebildet.*

Einzelheiten über das Verhältnis des Mönch *zu den Quellen sind in den Anmerkungen angeführt.*

HANDSCHRIFTEN UND DRUCKE

ÜBERSICHT

H^1 *Handschriftlicher Entwurf, etwa 1880–1881*

H^2 *Einzelnes Blatt mit Notizen, etwa 1880–1881*

H^3 *Entwurf einer Kapitelübersicht, etwa 1882–1883*

D^J *Druck in der* Deutschen Rundschau, *Dezember 1883–Januar 1884*

D^1 *Erste Buchausgabe, 1884 (erschienen im Oktober)*

D^2 *Zweite Ausgabe, 1885 (Einzelausgabe)*

D^3 *Dritte Ausgabe in* Novellen II, *1885*

D^4 *Vierte Ausgabe, 1886 (Einzelausgabe)*

D^5 *Fünfte Ausgabe in* Novellen II, *2. Auflage, 1888*

D^6 *Sechste Ausgabe in* Novellen II, *3. Auflage, 1889*

D^7 *Siebente Ausgabe, 1889 (Einzelausgabe)*

D^8 *Achte Ausgabe in* Novellen II, *4. Auflage, 1891*

D^9 *Neunte Ausgabe in* Novellen II, *5. Auflage, 1892*

H^1 *CFM 191.1 und 3. Sechs Quartblätter, enthaltend Entwürfe von Meyers Hand, vom
Herausgeber als S. 1–12 numeriert. S. 1–3 querformatig beschrieben, unterer Teil von*

es gehe mir

immerhin besser sei, ein erlauchter lege seit als seine eigene
Ehre als mir einen Verkommenen oder Treubrüchigen zu Grabe
und mit anderer Weisheit, die ich mir ausgedacht. Ich
fand einen Sterbenden, der den Athem sparen müßte. Zuerst
sprach er so gelassen wie von etwas Üblichem u. Selbverständ.
von seinem Wunsche, den ich ihm erfüllen sollte u.
und erfüllen werde, wenn ich meinen Sohn liebe; denn liebkoste
er mich, der strenge Mann, den würde es u. zuletzt, die
heilige Begehung wegweisend, die im Vorzimmer in der Wohng
des Sterbers wartete u. vermaß sich, als ein Verzweifelnder
in die Grube zu fahren u. doch keine Ruhe zu finden,
wenn er seines Wunsch nicht gewährt werde.

× Er zog unter seinem Kopfkisse einen gesiegelt. Brief
hervor, der mich meiner drei Gelübde entband u. den
er gab, wie er sagte, von seinem ehemaligen Gaste —
Ihr wißt, daß er den heiligen Vater, als er, noch Legat

S.3 und ganze S.4 leer, S.6 nur halb beschrieben. Schrift etwa zwischen Anfang 1880 und Frühjahr 1881. S.7–12 weisen etwas größere und kräftigere Schriftzüge auf als S.1–6 und sind wohl etwas später geschrieben als diese. Die Blätter stehen inhaltlich unter sich in keinem unmittelbaren Zusammenhang. Sie gehören auch kaum einer einheitlichen Fassung an; jedenfalls kann aus den Episoden, wie sie die einzelnen Blätter darstellen, keine widerspruchslose Handlung konstruiert werden. Es läßt sich nur so viel feststellen, daß sich Meyer noch enger an MACHIAVELLI *hält. Davon zeugen der Schauplatz Florenz und die Namen Buondelmonte und Amidei. Doch erscheint der Held bereits als Mönch. H¹ ist sehr flüchtig geschrieben; oft fehlen i-Punkte, Umlautzeichen, Dehnungsstriche über m und n u.ä. Diese Versehen sind in der folgenden Wiedergabe stillschweigend verbessert. Abgekürztes und erscheint als* u: *und u. In der Wiedergabe ist dafür stets* u. *gesetzt.*

H¹ S.1–2

(1) **immerhin besser sei,** [ein] Erlauchter [lege sich als seine eigene Sta] ·es gehe mit· ⟨einem⟩ ‹Erlauchten› *(Hs.* Erlauchtem*)* **als mit einem Verkommenen oder Treubrüchigen zu Grabe und mit anderer Weisheit, die ich mir ausgedacht** ·hatte·. **Ich fand einen Sterbenden, der den Athem sparen mußte. Zuerst sprach er** [ve] **gelassen wie von etwas Üblichen u. Selbverständl. von seinem Wunsche, den ich ihm erfüllen sollte** [u.] [nahm an] **und erfüllen werde, wenn ich** ·ihn u.· **meinen Stamm liebe; dann liebkoste er mich, der strenge Mann, dann zürnte er** ·zugleich· **u. zuletzt, die heilige Wegzehrg wegweisend, die im Vorzimmer in der Monst.⟨ranz⟩ des Priesters wartete** [u.] **vermaß ⟨er⟩ sich, als ein Verzweifelnder in die Grube zu fahren u. dort keine Ruhe zu finden, wenn er seines Wunsch⟨es⟩ nicht gewährt werde.**

Er zog unter seinem Kopfkisse⟨n⟩ einen päbstl. Brief hervor, der mich meiner drei Gelübde ·feierlich· **entband u. den er sich, wie er sagte, von seinem ehemaligen Gaste – ihr wißt, daß er den heiligen Vater, als er, noch Legat** (2) **Florenz besuch⟨t⟩e, monatelang in unserm Palaste fürstlich bewirtet hat, – habe verschaffen wollen, ehe er mich beunruhige** **und als den** [·erst·] [Kopf schüttelte] [traurig] ·bekümmert wegwandte· **sch⟨w⟩ieg u. Ich litt** [unsägliche Qual!]. **Ihr wißt, Antonio, daß ich meinen** [·edeln·] ·**alten**· **Stamm liebe,** [wie er es verdient] **u. meinen** ·edeln· **Vater** ‹wie› **sie** ‹es› **verdienen, aber ich wäre festgeblieben, hätte der Graf nicht zu keuchen** [u.] **begonnen,** [immer] **hartnäckig** ·sich· **weigernd,** [sich die Sohlen zum letzten Wege ölen] ·**leidenschaftl.** **wie er immer war·** ·hartnäckig sich weigernd›· **den Priester· zu empfangen, so daß mir bange wurde, er betrete den** [·finstern·] [··dunkeln··] [··geheimnisvollen··] [·u.·] ·**gefährl.** **letzten**· [Weg] **Pfad mit ungeölten Sohlen. Da kam mir ·in** [der] [Angst] **meines Herzens Qual** [eine] [Erleuchtung] ⟨ein⟩ ·Gedanke·] ·**eine Erfindg.·, wie ich mein Gelübde brechen u. doch zugleich halten könne. Ich**

willigte ein u. er ließ mir keine Ruhe, bis ich mich in den Gemächern meines ·ertrunkenen· Bruders Giovani *(Hs.* Giavoni*)*, der mir an Wuchs völlig glich, umkleiden ließ u. als ein Weltlicher seinem Ende beistand, das nun ein friedliches war [u. er] Er verschied in unsern Armen u. wir drückten ihm die Augen zu.

Die Stelle enthält offenbar einen Teil einer Rede des Mönchs, in der er Antonio, den man sich als seinen Freund oder geistlichen Vorgesetzten oder allenfalls als den heiligen Antonius (vgl. Mönch *S. 25.6) vorzustellen hat, den Bruch des Mönchsgelübdes erklärt. Der Inhalt entspricht in ganz allgemeiner Weise ungefähr S. 19–29 der endgültigen Fassung.*

H¹ S. 3–4

(3) verworfene ·ruchlose· Mönche gibt. Auch wußte ich, wann ich dir nur *[*ins*]* ⟨in dein⟩ ·stolzes u. ehrliches· Gesicht sah, daß du ⟨die⟩ [Schmach] ·die Heuchelei· eines [heimlich] [·verstohlen·] gebrochenen oder ¹ [schamlos weg] mit Füßen getretenen Gelübdes ² *(über* ¹ *bis* ²*:* die Schmach öffentl u. lustiger? Schamlosigkeit*)* nicht ·eine *[*n*]* Stunde· ertragen würdest, [Dazu bist du] [wie] [Dazu bist du zu stolz.] So erzog ich dich wie einen ·geistlichen· Gladiator, nach der [Rede] ·Vorschrift· [d] St. Pauli, mit [Fasten] *[*u.*]* Wachen u. Fasten, im Schweiße [der] eines ermüdeten Körpers u. [der] ·geistiger· Anstrengung u. gab dir einen [so] strengen u. erschöpfenden ·creatürlichen· Dienst, [daß du jetzt] so daß du jetzt da sich die Umstände verschworen haben, dich ·aus einem geistlichen· ·wieder· zu[m] einem natürlichen Menschen zu machen, [w] ¹ wie ein frischer Adam aus der jungen Erde gewachsen dastehest ² *(*¹ *bis* ² *durch Striche umgestellt:* aus der jungen Erde gewachsen dastehest wie ein frischer Adam*)*, den [d] [Gott] der Schöpfer, wie die [Gelehrten] ·Kirchenväter· meinen, auch ungefähr mit acht u. zwanzig ¹ Jahren werden ließ ² *(über* ¹ *bis* ²*:* igen ahnlich? *Geplante Änderung vielleicht:* als achtundzwanzigjährigen ähnlich werden ließ*)*, mit blitzenden Augen, [kräftigem] ·jungen· Herzen u. keuschen Gedäch⟨t⟩nisse *(4) leer*

Es handelt sich hier vermutlich um die Antwortrede des S. 2 angesprochenen Antonio. Der Satz über den mit 28 Jahren geschaffenen Adam erscheint ähnlich im Mönch *S. 35.32 f.*

H¹ S. 5–6

(5) In der Mitte der Arnobrücke, [d] welche er jetzt überschritt, [wurde er von] blieb er vor *(korr. aus* von*)* den *(Hs.* der*)* Goldschmi⟨e⟩dläden ·stehen·, die dort auf einer Ausweitung des Brückenweges [neben] [einander] Markt halten[,]. Er [gedachte], ·hatte vor unter den Schmucksachen· einen goldnen Reif ·für [D] die Amidei· auszuwählen u. *[*der*]* [Jude]*[,]* der Goldschmied breitete vor ihm sein Geschmeide aus. [Gera] Wie er eben [den] einen Ring mit zwei Fingern hielt, ihn besichtigend,

wurde er gestoßen, denn [die auf dem nicht breiten Weg wei⟨lende⟩] [‹die› den ‹nicht breiten Weg› füllende M⟨enge⟩] das ‹den nicht breiten Weg füllende› Volk [wurde] trieb ein⟨e⟩ paarweise denselben betretende vornehme Cavalcade [·mit·] [z] vorwärts. [getrieben.] Er wandte sich u. [h] erhielt ⟨von⟩ einem von den Eilenden [einen] ein⟨en⟩ noch heftigeren Stoß, dergestalt, daß ihm der Reif entfiel u. zwischen die Pferde rollte[n], welche jetzt [die] mit schallenden Hufen vor[beizo⟨gen⟩] überschritten. [An s] So konnte er nicht sehen, wie [auf] [der andern Brückenseite eine junge] ·der Ring, über die Steinplatten [u.] rollend· über die [Breite d⟨er⟩ ⟨Brücke⟩]·Brücken· ‹Breite› einer [jungen] [Florentiner] an den [an] gegenüberliegenden Brückenrand gedrängten Florentinerin u. ihrer *(Hs.* ihren*)* sie begleitenden *(Hs.* begleiteten*)* Zofe, einer alten runzligen Frau mit einem heitern, · trotz seiner Runzeln· lustigen Gesichte zurollte. [Sie] Diese schrie lachend: ein Glücksring! [u. h] hob ihn u. steckte ihn [dem Mädchen] ·ihrer jungen Herrin· blitzschnell an den vierten Finger der linken Hand, ehe sie sich dessen erwehren konnte. Als die kleine *(6)* Cavalcade vorüber war u. der Weg sich lichtete, sah die erschrockene Sancia Amidei – denn an ihren Finger hatte Monna Caterma den Reif gesteckt, wie der Mönch [M] Bondelmonte denselben mit gesenkten Augen auf den Steinplatten suchte u. erriet aus der beispringende⟨n⟩ Geberde des Goldschmieds, daß Astorre mit ihm darüber gehandelt u. ihn verloren hatte. Blitzschnell streifte sie ihn vom Finger, ließ ihn fallen u. hob ihn wieder auf, Astorre zuwinkend, ob er ihn verloren hätte. Dieser

Am linken Rand von S. 5 steht die Notiz:

Der Abt
  dann wird sich bald die frischeste Lebenslust
    Flöte des jungen Römern *(Römers?)* die Jugend wird vor.
    Gefährl. der verkehrten Jahreszeiten

Die Stelle entspricht ungefähr Mönch S. 52.7–54.11. *Die Namengebung ist unklar. Wenn der Ring Sancia Amidei zurollt, so erwartet man bei der Frau, für die Bondelmonte den Ring kauft, einen andern Namen als wiederum Amidei. Vielleicht ist aber S.5.5 Amidei bloße Verschreibung, und der Dichter meinte D⟨iana⟩. Auf den Namen Sancia kann Meyer in* BORGIA *(z.B. S.92) gestoßen sein.*

H¹ S.7–8

(7) **Diana sann: «Da du, Astorre, sagte sie dann, [kein schwärmerischer] wie du mir erscheinst ·u. wie du auch selbst gesagt hast·, [kein] ⟨kein⟩ [glühender] ·reuiger· Büßer oder glühender Gottesfreund bist, sondern ein adeliger Mann, der [das] ·die drei· Gelübde als eine Pflicht u. Opfer gegen sein Haus über sich genommen hast, mochtest du sie wohl um desselben Hauses willen, wegwerfen, aber dennoch –** u. sie verstummt.

Dennoch[,]? fragte der Mönch

Dennoch, lächelte Diana [ruhig] ·**ernsthaft·, wirst du dir** [1] **als ein Un-**
treuer erscheinen u. die erste Hälfte deines Lebens, sie wieß auf[2] *(*[1] *bis* [2] *geändert,*
wahrscheinlich zu lesen: **ein⟨e⟩ Weile seltsam vorkom⟨men⟩** ⟨u. **die er-**
ste Hälfte deines Lebens⟩ ·**wird die zweite zur Rede** ··**setzen**·· – **sie hielt**
inne ihr Blick welchem der Astorres folgte fiel wie zufällig· ⟨**auf**⟩*)* **die**
gegenüber[steh]liegende[n**] Steinbank deren** ·**steiner⟨n⟩e· Lehnen** [li]
rechts u. links in zwei Masken ausliefen, die rechte ein ·**bärtiger· Philo-**
sophen[gesicht]·kopf·, die linke[,] [in ein] **in komischem Gegensatze** [1]**ein**
[·**über einer Traube·**] **schmatzender** ·**gutmütiger· Satir**[2] *(*[1] *bis* [2] *ersetzt durch:*
·**zwei** [küssende] ⟨**küssende**⟩ **verliebte junge Gesichter**·*.)*

[Un] **Ein Unwille flammte über die Stirn des Mönches. Mit dem Ent-**
schlusse sein Gelübde [sich] **zu ändern, glaubte er sein Gewand u. sein⟨en⟩**
Bart abgelegt zu haben, aber er trug beide noch.

Diana, sagte er[,]. [eh] [i] **wisse! als ich heute in meiner Seele zerrissen –**
hätte *(8)* **der Vater gelebt, aber diese⟨r⟩ stumme Vorwurf auf dem Tod-**
tenantlitz – als ich dem Todten nichts weigern konnte u. doch [nicht]
widerstand *(Hs.* Widerstand*)*, **da fiel⟨en⟩ meine Blicke auf deine ruhigen**
Züge *(eine Änderung ist angedeutet durch die Worte* zwei Gedanken über ruhigen*)*,
Wittib meines Bruders – [ich soll ich] **laß mich nicht zum Spotte** ·**oder**
zum Abscheu· der Welt werden.

[1]**Ich verstehe** [Euch] ·**Dich· nicht**[2] *(*[1] *bis* [2] *gestrichen)* **Beruhigt euch,**
Astorre. [Laß mich] [Bringe mich in deinen Hof] **Auf Wiedersehen. Sie er-**
hob sich u. *[ihr]* **das untadelige Profil über die** ·[edel] ··**schlank·· gezeich-**
nete· Schulter wendend sagte sie mit einem [leicht] ·**leicht· höhnischen**
Munde zurück: [B] [1]**Erinnere** ·**du· dich** ·**nicht·, Bruder Mansuet, ob du nicht**
von der Kanzel ·**her·** [ein] **eines artiges Gesicht·⟨ch⟩ens·** *(Lesung unsicher)* **u.**
oder ein [von] **aus dem Beichtstuhl einer schmeichelnde Stimme.**[2] *(*[1] *bis* [2] *nicht*
sicher aufzulösen. Wahrscheinlich zuerst gedacht: Erinnere dich, Bruder Mansuet,
ob du nicht von der Kanzel ein artiges Gesichtchen ⟨gesehen⟩ oder aus dem
Beichtstuhl eine schmeichelnde Stimme ⟨gehört hast⟩. *Dann geändert in:* **Erin-**
nerst du dich nicht, Bruder Mansuet, von der Kanzel her eines artigen
Gesichtchens oder aus dem Beichtstuhl einer schmeichelnden Stimme?*)*
Besinne dich!

Sie sah das ehrliche Entsetzen des Mönches nicht, aber hörte noch
seine Betheurung. Bei der Wagschale Gottes, ich bin ohne Frevel[.] [Ich]
·**u. habe nie ein weltliches Wohlgefallen an** [irgend d] **einem Weibe ge-**
habt·

keine Ermuthig. k. Entm.

Die Stelle erinnert an Mönch *S. 29.18–30.9 und enthält Anklänge an 23.11–26 und*
24.18–26.3. Die Gestalt der Diana scheint hier dem Dichter bereits deutlich vor Augen zu

stehen. Mit Bruder Mansuet *ist vermutlich der Mönchsname Astorres gemeint, wenn nicht Diana den Namen (mansuetus = sanftmütig, zahm) dem Mönch ironisierend zulegt.*

H¹ S.9–10

(9)   IX.

Aus [der] den finsteren Massen ·der Außenseite· des [·riesigen·] Palastes, welchen der Tyrann bewohnte, [leuchtete] ·schimmerte· nur hier u. dort [ein u.], weit über [Mannes u.] ·Reiters-· u. Lanzenhöhe, ein rothbeleuchtetes [gotisches Bogen] ·Rund·fenster oder Bogenfenster, während das [riesige Thor, von einer gepanzerten Wache gehütet,] ‹von einer gepanzerten Wache› gehütete ‹riesige Thor› [licht] [hoch] [·hoch u.·] [licht] ·in [breiter] [hoher] ‹breiter› u. lichter Wölbung· offen stand, [auf] [rechts u. links] ·zu beiden Seiten· von je zwei ·im ··Nacht··Winde· lodernden Fackeln [beleu⟨chtet⟩] ·phantastisch· erhellt. Die Viere, Astorre sein Weib ·an der Hand· führend u. Ascanio neben Sanzia, betraten [die] den ·mit Marmorplatten belegten u.· rings von Arcaden umschlossenen Hof, in welchen ganze licht[helle]volle Fensterreihen [gastlich] festlich herableuchteten. Wo die Treppe mündete, schritt ihnen die Stufen [hinab] herab der *[der]* ·erlauchte u.· ernste Wirt entgegen, ¹in ein langes [dunkles] dunkelrotes Gewand [gekleidet.]² *(¹ bis ² geändert:* [In] [ein] [·in·] ·ein· ‹langes dunkelrotes Gewand› vor sich her bewegend.*)*

Er bot Astorre die Hand. Graf, [so] redete er ihn an, Ihr hattet mir das Versprechen gegeben, mir Euere Erwählte zu bringen u. mich, als den Freund Eueres [·geschiedenen·] Vaters, *(10)* die Hochzeit ausrichten ⟨zu lassen ?⟩ u. waret im Begriffe, dieses zu vergessen. Was blieb mir, als Euch daran erinnern zu lassen? Wie nennet Ihr euere Erwählte, fuhr er fort, sich langsam[er] gegen Catarina wendend. Sie schaut edel, aber, seltsam, ich habe sie noch an keinem Feste *(Hs.* Fêste*)* meiner Mitbürger erblickt. ¹Habet Ihr Euch in so kurzer Frist ein Weib aus der Fremde [geholt?] holen können?² *(¹ bis ² geändert:* Hat ·die· kurze ‹Frist› ·gereicht· ‹ein Weib aus der Fremde› zu holen?*)*

[Ast] Der Mönch hielt es nicht für ziemlich, die Frage zu beantworten, [welche] ·die· an sein Weib gerichtet schien, [den] auf [welche] welcher der Blick des Fragenden jetzt [voll] ·ungetheilt· ruhte. Catarina aber blieb stumm u. erröthete. Da trat Sanzia neben sie[,] u. erwiederte [keck] ·muthg·: Herr Ezzelin, es ist mein Schwesterchen, welches [Her] ·Herr· Astorre heiratet! Ich nenne sie so, weil ich als ·ihre· Magd neben ihr aufwuchs u. sie nicht hochmütig ist. Sie heißt Catarina [Vicedomini] u. ist das Kind des [erlauchten] ·edeln· [Herrn A.] [Hector] ‹Hector› Vicedomini, den ihr ·in eurer Gerechtigkeit· gerichtet habet u. dessen Wittib Ihr vor Kurzem, in euerer Gnade u. Güte

Die Stelle hat im Mönch *keine genaue Entsprechung und scheint einen etwas andern Handlungsverlauf vorauszusetzen: Astorre hat Catarina Vicedomini (sie hat die Rolle der Antiope im* Mönch *inne; auch ihr Vater ist von Ezzelin hingerichtet worden) geheiratet und ist zum Tyrannen befohlen worden, damit er diesem seine Frau vorstelle. Es ist denkbar, daß nun die Versöhnungsszene (*Mönch *S. 85.3–91.20) folgen sollte. Unklar ist die Bedeutung und Stellung Ascanios und der als Catarinas Magd und Jugendgenossin bezeichneten Sanzia. Letztere kann nicht die in H¹ S. 6 genannte Sancia Amidei sein, die dort ja der Antiope im* Mönch *entspricht. Offenbar war sich der Dichter während der Niederschrift des Entwurfs über die Namengebung noch nicht im klaren.*

H¹ S. 11–12

(11) Eine gute Weile harrte die im [Saale] ‹Saale› versammelte Gesellschaft, ohne daß einer der Männer oder eine der Frauen die Stellung gewechselt [oder mit dem Nachbar ein Wort getauscht hätte] ⟨und⟩ ·ohne daß sich Nächststehende*[s]* ‹ein› ·lautes oder nur ein flüsterndes· ‹Wort getauscht hätte⟨n⟩›. Ezzelin [ha] hatte seinen rechten Arm auf die Lehne seines Stuhles gestützt *[u.]* [mit] u. über das gesenkte Haupt geschlungen, das [unter] · von· dem weiten Ermel seines [roth] Mantels wie [unter] ·von einer· roten Wolke [ruhig] beschattet wurde

Endlich öffnete sich die Thüre. Ein demütiges Geschöpf, den [jungen weißen] ·untadelichen· Nacken gebeugt, näherte sich, Schritt um Schritt und [trat] [·beugte sich jetzt·] ·stand· schweigend ·u. fast gebückt· vor Diana. Alle waren erstaunt, [fast entsetzt] über die plötzliche mit dem ·jungen· Weibe vorgegangene Änderung u. fast entsetzt [über] ·vor· *[die]* ⟨der⟩ von Sancia über Catarina ausgeübten Macht. Diana [be] verschlang die [Ge] [Ernied] sich willig Erniedrigende mit flammenden, ·verzehrenden· Augen. [Da] Da [g] [rief] ·streckte· der Tyrann, der [Diana] ·das Mädchen· betrachtete ·wie· von einem plötzlichen Gedanken überfallen seine Rechte aus u. [gebot]: [Hemme *(korrigiert in: halte?)* deine Schritte] ·Stehe, Catarina· gebot er. Die Gebückte [hielt sich] ·stand· regungslos das eine Knie vorgestreckt, das andere gebogen *(12)* Diana, fuhr er fort, du verbirgst eine Waffe in deinem Gewande! Da wandte sich das Mädchen gegen den Tyrannen u. sprach: Wenn ich eine Waffe unter meinem Gewande berge, so bin ich eine [Dirne] ·Verworfene·, mein Vater ein Betrogener [·u.·], meine Mutter eine Buhlerin. Wenn ich unter meinem Gewande ·eine Waffe· verberge, so verzichte ich auf meinen Antheil*[e]* an dem [kostb] theuern Blute des Erlösers.

[D] [Ezzelin gab der der Flehenden die die d sich aufgerichtet] Vollende! [sah ?] wendete sich Ezzelin gegen die Gebückte, die jetzt den letzten Schritt that und dicht vor der Giusti stand, ihre Linke ergreifend u. mit beiden Händen eifrig beschäftigt, ihr den ·Verlöbnis· Ring vom Finger zu ziehen. [Diana krümmte ihn.] Es wurde ihr nicht leicht ·gemacht·, denn der

Finger krümmte sich unmerklich [1]und [während sie sich anstrengte,] ·sie sich bemühte·, ihn sachte zu gräden, ⟨.⟩[2] ([1] *bis* [2] *offenbar zuerst:* und während sie sich anstrengte, ihn sachte zu gräden, ... *Dann:* und während sie sich bemühte, ihn sachte zu gräden, ... *Schließlich:* **und sie bemühte sich, ihn sachte zu gräden.**) **Jetzt glückte es ihr[,].** [aber] **während ihr die von der Anstrengung gelösten Blondhaare**

Die Stelle entspricht ungefähr Mönch S. 96.7–28. *Ezzelins warnendes Wort an Diana:* du verbirgst eine Waffe in deinem Gewande! *erscheint in veränderter Gestalt im Mönch S. 90.23 f.:* «Du meinst es ehrlich, Diana? Du führst nichts im Schilde?» zweifelte der Tyrann ...

H[2]   CFM 191.4   Einzelnes Quartblatt mit Notizen von Meyers Hand. Schrift etwa wie H[1] S. 7–12.

Notizen 1.

Hatte ihm der stille Herr richtig ziehend placide Gesicht, [1]das Kindliche[2] [Lachen] Lächeln, *(über*[1] *bis*[2]*:* Ananias u. Sapphira) da er die niedere Gerichtsbarkeit besaß, die sich fast in die hohe verwandelt hätte sagte sanft: Nehmt weg. [.] Rückgrat einer Katze.

Ascanio: hier ist eine edle Beute, auf Astorre weisend. vor dem ausgegrabenen Amor.

Es ist nicht zu ermitteln, auf welche Stellen im Mönch sich diese Notizen beziehen. Die Schlußworte erinnern an das Gedicht (11) Der Marmorknabe.

❘ *H[3]   CFM 191.5   Original in Privatbesitz. Entwurf einer Kapitelübersicht von Meyers Hand, schräg über ein Blatt geworfen. Schrift etwa von 1882–1883.*

Der Mönch

I. –[bis Umkleidg]

II. [Villa.] In der Villa

III. ·Auf der· Brücke.

IV. ·die· Sposalizien.

V. [Beim Tyrannen] In der Burg.

VI Die Hochzeit

Die später aufgegebene Kapiteleinteilung ist offenbar entworfen, nachdem die Erzählung, mindestens in großen Zügen, in der endgültigen Gestalt bereits vorlag. I. hätte ungefähr S. 7–31 entsprochen, II. bis 50, III. bis 56, IV. bis 81, V. bis 91 und VI. dem Schluß. Die Kapiteleinteilung dürfte auch ungefähr mit der Akteinteilung der ursprünglichen dramatischen Form übereingestimmt haben, wobei möglicherweise V. und VI. zusammen den 5. Akt ausgemacht hätten. Der in dem Briefe an Fritz Meyer vom 27. Oktober 1883 (siehe S. 249) erwähnte Akt IV hätte dann die Episode Die Sposalizien enthalten. Die in H[1] vorgesehene Einteilung (H[1] S. 9 ist mit IX. beziffert) ist sicher älter und sah anscheinend kürzere Kapitel vor.

D^J Die Hochzeit des Mönchs. Novelle von Conrad Ferdinand Meyer. *In:* Deutsche Rundschau. Herausgegeben von Julius Rodenberg. Bd. XXXVII. *(Dezember 1883) S. 321–354 (entspricht unserm Text S. 7–58.2) und* Bd. XXXVIII. *(Januar 1884) S. 1–27 (entspricht S. 58.3 bis zum Schluß),* Berlin, Gebrüder Paetel.

D^1 Die Hochzeit des Mönchs. Novelle von Conrad Ferdinand Meyer. Leipzig, Haessel, 1884. *Buchdruckerei Pöschel und Trepte. Alle folgenden Ausgaben sind in der gleichen Offizin gedruckt. Diese und alle folgenden Einzelausgaben tragen die Widmung:* Dem Andenken Heinrich Laube's gewidmet von Verfasser und Verleger. *Heinrich Laube war am 1. August 1884 gestorben.*

D^2 *Titel wie* D^1. Zweite Auflage, 1885. *Gleichzeitig mit der ersten Auflage gedruckt.*

D^3 Novellen von Conrad Ferdinand Meyer. Zweiter Band. Leipzig, Haessel, 1885. *Der Band enthält:* Die Hochzeit des Mönchs, Das Leiden eines Knaben, Die Richterin.

D^4 *Titel wie* D^1. Dritte Auflage, 1886.

D^5 *Titel wie* D^3. Zweite Auflage, 1888.

D^6 *Titel wie* D^3. Dritte Auflage, 1889.

D^7 *Titel wie* D^1. Vierte Auflage, 1889. *Taschenausgabe.*

D^8 *Titel wie* D^3. Vierte Auflage, 1891. *Zugleich auch als Taschenausgabe herausgegeben, mit beschnittenem Rand und eigener Paginierung, ohne Auflagevermerk.*

D^9 *Titel wie* D^3. Fünfte Auflage, 1892.

Von D^1 *an ist der Text völlig unverändert. Dagegen weicht* D^1 *von* D^J *sehr stark ab. Der Text wurde für die Buchausgabe so umgestaltet, daß kaum ein Satz unangetastet blieb. Es handelt sich fast ausschließlich um eine rein stilistische Überarbeitung. Geringfügige inhaltliche Änderungen sind nur an wenigen Stellen zu finden, und zwar beinahe nur dort, wo der Dichter von einem Leser auf eine sachliche Unrichtigkeit oder Unwahrscheinlichkeit aufmerksam gemacht worden war: 15.18–22, 29.20f., 29.27–33, 74.12f., 75.16f. Die meisten Änderungen zielen auf knappere, präzisere, gedrängtere Ausdrucksweise. So sind eine ganze Reihe von Füllwörtern, Adjektiven, nicht unbedingt nötigen Ausschmückungen usw. gestrichen. Die Zahl der Erweiterungen ist daneben unbedeutend. Oft wird* ein *matter, alltäglicher oder etwas derber Ausdruck durch einen plastischeren, gediegeneren, ungewohnten ersetzt. Schwerfällige Sätze werden flüssiger gestaltet, Partizipien und unübersichtliche Nebensätze ausgemerzt. Wortklang und Satzrhythmus werden sorgfältiger abgewogen und manchmal durch andere Wortstellung verfeinert. Die Bearbeitung war so gründlich, daß sie offenbar Meyers eigenes Vollkommenheitsbedürfnis befriedigte und er jede weitere Verbesserung in einer spätern Auflage für überflüssig hielt.*

7.1 Es war in Verona] *fehlt D^J*

7.5 zwei blühende Frauen] zwei von der Flamme abwechselnd beleuchtete schöne Frauen *D^J*

7.6f. welcher die Übrigen in einem Viertelkreise sich anschlossen] welcher sich die andern in einem Viertelkreise anschlossen *D^J*

7.7 andere] rechte *D^J*

7.9–13 Von den Frauen, in deren Mitte er saß, mochte die nächst dem Herd etwas zurück und ins Halbdunkel gelehnte sein Eheweib, die andere, vollbeleuchtete, seine Verwandte oder Freundin sein, und es wurden mit bedeutsamen Blicken und halblautem Gelächter Geschichten erzählt.] Von den zwei Frauen mochte die rechts und etwas zurück sitzende, die scheinbar gefühllos blickte, das Eheweib, die andere, lebhaft erregte, eine Verwandte des Fürsten sein, und es wurden, mit Gelächter und bedeutsamen Blicken, Geschichten erzählt. *D^J*

7.15 große] scharfe *D^J*

7.18 und verschmähte hinzuzufügen] und fügte nicht hinzu *D^J*

7.28 verweigern] verschmähen *D^J*

7.31 die Musen] die neun Schwestern *D^J*

8.1f. die größere, die scheinbar gefühllos im Schatten saß, nicht daran] die größere und gleichgültige nicht daran *D^J*

8.5–8 Folge, sondern wählte stolz den letzten Sitz, am Ende des Kreises. Ihm mißfiel entweder die Zweiweiberei des Fürsten – wenn auch vielleicht nur das Spiel eines Abends – oder dann] Folge, sei es, daß ihm die Zweiweiberei des Fürsten – wenn auch nur das Spiel eines Abends – mißfiel, oder dann *D^J*

8.16 Fremdling] Florentiner *D^J*

8.18–21 Er schnitt ein Gesicht und erfrechte sich, seine hübsche Nachbarin zur Linken auf das an der hellen Decke des hohen Gemaches sich abschattende Profil des Dichters höhnisch grinsend aufmerksam zu machen.] Auch jetzt gönnte er es sich, seine hübsche Nachbarin zur Linken auf das an einer erhellten Wand des hohen Gemaches sich abschattende Profil des Dichters, welcher sich stolz den letzten Sitz, am Ende des Kreises, dem Fürsten gegenüber, gewählt hatte, höhnisch grinsend aufmerksam zu machen. *D^J*

8.25 der Ascanio hieß,] den sie Ascanio nannten, *D^J*

8.34 mit gutem oder schlechtem oder lächerlichem Ausgange] mit glücklichem oder unglücklichem Ausgange *D^J*

9.8 Germano mit Namen,] *fehlt D^J*

9.20 Schiff] Schiffe *D^J*

9.27 Triebe] Trieb *D^J*

9.28f. einem andern] einem andern Menschen *D^J*

9.31 sich wird] sich selbst wird *D^J*

9.34 sage mir, wie] sage mir zuerst, wie D^J

9.35 ganz] *fehlt* D^J

10.7 Überzeugung und] *fehlt* D^J

10.11 Die dreiste] Diese dreiste D^J

10.15 Politik,] Politik D^J

10.16f. in einem vornehmen] in einem Verwandten des Fürsten, einem vornehmen D^J

10.20f. gab der Florentiner bedächtig zur Antwort.] betonte der Florentiner langsam. D^J

10.32 behauptete Dante,] sagte Dante entschieden, D^J

11.2 entschied Dante und eine himmlische Verklärung] behauptete Dante, und eine Art Verklärung D^J

11.10 wie seine junge Freundin ein hübsches Gähnen] wie die junge Herrin, die ihm zur Linken saß, ein schönes Gähnen D^J

11.15 langsam betonend] *fehlt* D^J

11.22f. und sich eine von Dornen zerkritzte Wange nicht reuen ließen.] und es sich eine von Dornen zerkritzte Wange kosten ließen. D^J

11.26f. ließ sich jetzt die Gemahlin des Fürsten nachlässig vernehmen.] ließ die Fürstin nachlässig von der Lippe fallen. D^J

11.31 die andere] die Nachbarin zur Linken D^J

12.5 bedrohte] strafte D^J

12.25 es?»] es» D^J

12.30 Gleichgültigkeit] Teilnahmlosigkeit D^J

12.34 *Der größere Durchschuß fehlt in* D^J *hier und an allen entsprechenden Stellen, wo auf diese Weise der Rahmen von der Erzählung abgehoben wird. In* D^J *ist dafür die Erzählung Dantes in Anführungszeichen gesetzt. Die Änderung ist durch Wille veranlaßt, der eine deutlicher sichtbare Trennung wünschte (Wille an Meyer, 6. Dezember 1883).*

13.3 unter gedämpftem Flötenschall] unter dem gedämpften Schalle der Flöten und Clarinen D^J

13.8-10 wohin, kraft einer alten städtischen Sitte, Mädchen von Stande vor ihrer Hochzeit zum Behufe frommer Übungen sich zurückzuziehen pflegen.] wohin Mädchen von Stande vor ihrer Hochzeit zum Behufe frommer Übungen kraft einer alten städtischen Sitte sich zurückzuziehen pflegen. D^J

13.15 der Männlichkeit] seiner Männlichkeit D^J

13.15 und widerwillig] und fast widerwillig D^J

13.25 Kopfe und] Kopfe, und D^J

14.11 Boote] Schiffchen D^J

14.11f. im Flusse] in dem Flusse D^J

14.12 eine Fülle blonden] die Fülle eines blonden D^J

14.16 Mönch ein Haupt] Mönch rasch ein Haupt D^J

14.17 dicht] nahe D^J

14.21f. Wohlgefallen, sei] Wohlgefallen, wie es schien, sei D^J

14.31 will] werde D^J

15.3 über den Suchenden] über den Stellungen der Arbeitenden D^J

15.6 tun] schaffen D^J

15.6 nunmehr] nun schon D^J

15.8 wann] wenn D^J

15.10 zum Empfange der] für die D^J

15.12 welche von ihren schon] welche schon von ihren D^J

15.13 und Dienern] *fehlt* D^J

15.14 verrichte,] gibt es zu tun, D^J

15.18–22 Bruders, trostlos, aber ihrer Sinne wieder mächtig. Noch trieften die schweren Haare, aber auf ein gewechseltes Gewand: ein mitleidiges Weib aus dem Volke hatte ihr im Gezelt das eigene gegeben und sich des kostbaren Hochzeitskleides bemächtigt.] Bruders, mit noch triefenden Haaren und Gewanden, trostlos, aber ihrer Sinne wieder mächtig. D^J *Die Änderung wahrscheinlich durch die kritische Bemerkung eines Lesers veranlaßt. Meyer schrieb an Alexander Schweizer (17. Mai 1884):* Am «Mönch» werde ich Erzählg u. Rahmen deutlicher auseinanderhalten, ferner der Diana in einem Zelt an der Brenta trocken Gewand geben lassen – im übrigen ist die Novelle definitiv u. beurteilbar.

15.22 Bruder] Vater D^J

15.25 zurückgekehrt. Begleite] zurückgekehrt. Leistest du mir einen Dienst? Begleite D^J

15.33f. willfahrte er dem Gesuch.] meinte er, das Gesuch erfüllen zu müssen. D^J

16.1 Der Weg] Die Straße D^J

16.4 der Straße] des Weges D^J

16.14f. heißen, den das Volk verehrte und auf den es stolz war.] heißen, der gerade in dieser volkreichen Straße Trost und Hilfe bringend jede Wohnung schon betreten hatte, den das Volk liebte und auf den es stolz war. D^J

16.18 andern] anderen D^J

16.22 liebt] will D^J

16.24 des Wuchses] ihres Wuchses D^J

16.24f. mehr als die zarten Reize] mehr noch als zarte Reize D^J

16.27 dem Gesetze] dem Namen D^J

16.32f. Sie schenkte und spendete ohne Besinnen, wohl weil] Dabei war sie eine Almosengeberin und spendete ohne Wahl, wohl weil D^J

17.3f. trug diesen frommen Wünschen keine Rechnung.] enttäuschte diese gute Meinung. D^J

17.4f. eine Brautschaft] die Brautschaft D^J

17.7–9 Tyrannen, bei dessen möglichem Falle der treue Diener mit zu Grunde gehen mußte, seine Sippe nach sich ziehend.] Tyrannen, mit welchem er wenn dieser fiel, zu Grunde gehen mußte, seinen Schwager mit sich ziehend. D^J

17.15 Nicht das gab Anstoß] Nicht daran nahm das Volk Anstoß *D^J*

17.16 Es erschien] Das erschien *D^J*

17.17f. trösten hatte und sie wohl beide denselben Weg gingen: zu dem] trösten haben konnte und sie beide denselben Weg hatten, zu dem *D^J*

17.22f. und beklagten sie in demselben Atemzuge, daß sie diesen Mann vor der Ehe eingebüßt habe.] und dann beklagten sie dieselbe ebenso heftig, daß sie diesen Mann vor dem Ehebette eingebüßt habe. *D^J*

17.25 eine brennende Frage] eine Alternative *D^J*

17.29 listiger] schlauer *D^J*

17.30 fünffach] *fehlt D^J*

18.1 Enkel] Knaben *D^J*

18.9 Als Vierter blieb Astorre] Ihm blieb als Vierter Astorre *D^J*

18.10 seines letzten Pulses] seiner letzten Atemzüge *D^J*

18.18 Gruppen ertönten] Haufen tönten *D^J*

18.20 seinen Sandalen] ihm freilich *D^J*

18.21 führte längs] führte dicht längs *D^J*

18.33 ging.] war. *D^J*

19.1f. *Der Satz ohne Alinea zwischen Gedankenstrichen:* – mitten — verbarg – *D^J*

19.3 waren] *fehlt D^J*

19.4 das Weib] das nasse Weib *D^J*

19.5 verlorenen] tief unsittlichen *D^J*

19.8 auf der Stelle] schneller als jeder andere *D^J*

19.10 der Laune] der entfleischten Hand *D^J*

19.13f. Seine Blicke verschlangen das Weib und hafteten an ihren Stapfen.] Mit gierigen Augen verschlang er das stattliche Weib und sie hafteten noch an ihren Stapfen, da der Mönch und Diana längst vorüber waren. *D^J*

19.15 die Schritte] schon seine Schritte *D^J*

19.17 der vornehmsten.] der vornehmsten unter ihnen. *D^J*

19.20 rotblonden] blonden *D^J*

19.25f. zu gleichen] zu fast gleichen *D^J*

19.28 Astorre] der Mönch *D^J*

19.29 Gespräch, welches] Gespräch der beiden, welches *D^J*

19.31f. Mönch und Weib blieben] Unwillkürlich blieben sie *D^J*

20.3 getraut.] getraut hatten. *D^J*

20.6 betrat er Häuser und Gemächer.] pflegte er alle Häuser und Gemächer zu betreten. *D^J*

20.7–9 Grausamer», tobte der Alte in seiner Verzweiflung, «als erzähltest du den Verlust eines Rosses oder einer Ernte?] Grausamer, als erzähltest du den Verlust eines Rosses oder einer Ernte?» tobte der Alte, in seiner Verzweiflung jedes Maß überschreitend. *D^J*

20.10 als du!] als du, Ezzelin! *D^J*

20.13 Ezzelin] der andere *D^J*

20.14 der Vicedomini] der Alte D^J

20.28 und verbirgst mir das päpstliche Siegel] *fehlt* D^J

20.29 Breve? Gib] Breve? Ich kenne das päpstliche Siegel. Gib D^J

20.29 Breve!] Breve. D^J

20.33f. Willen und eigenem Entschlusse in die Welt zurückkehre.] Willen in die Welt zurückbegehre. D^J

21.1 heulte] schrie D^J

21.1f. blieb mir übrig] war zu tun D^J

21.3 und gespeichert] *fehlt* D^J

21.3f. für dich? Willst du mich berauben? ... Nein? So hilf mir, Gevatter] für dich? ... Meinst du es aufrichtig, Gevatter D^J

21.6 auf dem] auf einem D^J

21.7 mir den] mir lieber den D^J

21.20 Da gewahrte er seine Schwiegertochter] *(Alinea:)* Aber ehe noch der Tyrann Rede stehen konnte, gewahrte der alte Vicedomini seine Schwiegertochter D^J

21.28 Wo meine] Wo sind meine D^J

21.31 lachte der Alte mißtönig.] schrie der Alte mit einem mißtönigen Gelächter. D^J

21.32f. mich zögen die Wellen und die andern stünden hier statt meiner!»] ich läge dort unten oder mich zögen die Wellen und jene viere alle lebten und stünden hier statt meiner!» D^J

22.2 gerissen und] *fehlt* D^J

22.7 doch] oft D^J

22.11 Diana] Auch Diana D^J

22.12 andern] anderen D^J

22.15-17 Der Gruppe gegenüber saß Ezzelin, die Rechte auf das gerollte Breve wie auf einen Feldherrnstab gestützt.] Den dreien gegenüber saß der Tyrann Ezzelin, das Haupt auf die linke Faust gestützt, während – eine seiner Lieblingsgebärden – die gespreizten Finger seiner Rechten sich wühlend in das Gewelle seines schwarzen Bartes begruben. D^J

22.18 einer aus] einer seltsam aus D^J

22.21 diesen zitternden] diesen meinen zitternden D^J

22.21 zerbrechen! ... Du] zerbrechen! Du D^J

22.23 liegen] geworden sind D^J

22.26 das Erbgut] den heimischen Acker D^J

22.27 Ich aber brauche dich noch] Ich brauche dich aber noch D^J

22.29 die Lebensfackel unsers Hauses trägt!] die Fackel meines Lebens weiter tragen soll! D^J

22.32 Augen ein] Augen des Mönches ein D^J

22.33 des Mönches] desselben D^J

22.34f. als du denkst] als du nicht denkst D^J *Die Ausmerzung des Gallizismus auf Veranlassung der Louise von François (François an Meyer, 19. November 1883).*

Dazu Meyers Antwort vom 22. November: Die italienische (mehr noch als französische) doppelte Negation wendete ich sehr gewissenhaft als Localton an. Das ist ja aber mit einem Federstriche zu beseitigen.

23.1 schmale] dünne D^J

23.2 leise] sachte D^J

23.3 blassen] feinen D^J

23.4f. dir, Astorre: Lässest du mich meines Wunsches ungewährt, so weigert] dir: Du darfst nicht meines Wunsches ungewährt mich ziehen lassen, sonst weigert D^J

23.10 Ezzelin entfaltete das Breve.] Jetzt zog Ezzelin das zusammengerollte Breve aus dem Busen und hielt es wie einen Feldherrnstab in der Rechten. D^J

23.11–13 Lose Stricke! Durchfeilte Fesseln! Mache eine Bewegung und sie fallen.] Mache eine Bewegung und sie fallen: es sind zerschnittene Bande, durchfeilte Fesseln. D^J

23.13 Kirche,] Kirche selber, D^J

23.18 Schrift und las] Schrift, rollte sie auf und las D^J

23.18–20 Schwindelnd tat er einen Schritt rückwärts, als stünde er auf einer Turmhöhe und sähe das Geländer plötzlich weichen.] Dann tat er schwindelnd einen Schritt rückwärts wie ein Träumender, welcher auf einer Turmhöhe steht, deren Geländer plötzlich in der Luft zerfließen. D^J

23.21 mit der] mit einer D^J

23.27 den Bart] seinen Bart D^J

23.32 beneiden sollen.] beneiden. D^J

23.33 Nun] Jetzt aber D^J

24.2f. fiel. Noch aber ließ er den Arm des Mönches, welchen er wieder ergriffen hatte, nicht fahren.] fiel, ohne jedoch den Arm des Mönches, welchen er wieder ergriffen hatte, fahren zu lassen. D^J

24.5f. Lippen. Der Gefolterte wendete mit einer Anstrengung den Kopf ab.] Lippen des Gefolterten, welcher aber mit einer Anstrengung den Kopf abwendete. D^J

24.11 für diesen Argwohn.] für den Ohnmächtigen. D^J

24.13 «Ich glaube»] «Gewiß» D^J

24.16f. Der Tyrann ergriff den Augenblick, mit Astorre zu sprechen, der um den ohnmächtigen Vater beschäftigt war.] Der Tyrann ergriff die Zwischenzeit, um mit dem Mönche zu reden, welcher ihm antwortete, zuerst ohne den Blick von dem ohnmächtigen Vater zu verwenden. D^J

24.18–20 «Stehe mir Rede, Mönch!» sagte Ezzelin und wühlte – seine Lieblingsgebärde – mit den gespreizten Fingern der Rechten in dem Gewelle seines Bartes. «Wie viel] «Astorre», sagte der Tyrann, «stehe mir Rede! Wie viel D^J

24.22 beschworen] geschworen D^J

24.23f. Astorre schlug die lautern Augen auf und erwiderte ohne Bedenken:] Ohne Bedenken und die lautern Augen auf den Frager richtend, erwiderte der Mönch: D^J

24.25 Er hielt inne] Dann hielt er inne D^J

24.28 lenkte] sprang D^J

24.31f. besitzen oder um das Erbe und die Macht des Hauses zu wahren –] besitzen, sei es, um das Erbe nicht zu schmälern – D^J

24.34 von jung an] von jung auf D^J

25.1f. Gelübde. Astorre verstand ihn.] Gelübde, ohne das Wort auszusprechen. Der Mönch verstand ihn. D^J

25.4f. Es ist mir nicht leicht geworden, doch ich vermochte es wie andere] Es hat mich gekostet, aber nicht schwerer als andere D^J

25.5f. das war ich] ich war es D^J

25.6 ehrfürchtig] ehrerbietig D^J

25.7-9 Heilige, wie ihr wisset, Herrschaften, hat einige Jahre bei den Franziskanern in Padua gelebt», erläuterte Dante.] Heilige hat, wie ihr wisset, Herrschaften», erläuterte Dante, «einige Jahre bei den Franziskanern in Padua gelebt.» D^J

25.11 Haben wir doch die Reliquie] Haben doch etliche von uns die Reliquie D^J

25.12f. weiland der Predigt] der Fischpredigt D^J

25.15 strenger] *fehlt* D^J

25.16 die Stirn] seine strenge Stirn D^J

25.20f. und Entbehrungen] und tägliche Entbehrungen D^J

25.23 weder Mädchen noch] keinen Mädchen und D^J

26.5 war meinem] war bis heute meinem D^J

26.12 Ungehorsam] Aufruhr D^J

26.14-17 Ich und Padua können dich nicht entbehren! Mit deiner schönen und ritterlichen Gestalt stichst du der Menge in die Augen und hast auch mehr oder wenigstens einen edlern Mut als deine bäurischen Brüder.] Auch kann ich deiner nicht entbehren. Du bist der Stadtmönch von Padua. Mit deiner edeln Geburt und deiner ritterlichen Gestalt stichst du der Menge mehr in die Augen, als deine bäurischen Brüder, und hast auch mehr oder wenigstens einen andern Mut als sie. D^J

26.22f. Isaschar, hilf mir den Mönch überzeugen!» wendete sich Ezzelin gegen den Arzt mit einem grausamen Lächeln.] Hilf mir den Mönch überzeugen, Isaschar!» wendete sich Ezzelin mit einem grausamen Lächeln gegen den Juden. D^J

26.25 lispelte dieser] flüsterte der Jude D^J

26.31 Feinheit] Vorsicht D^J

26.35 muß] müßte D^J

27.1 Er] Der Mönch D^J

27.3 wieder Belebte] sich wieder Belebende D^J

27.4 Augenlider] Augendeckel D^J

27.8 Astorre] der Mönch D^J

27.10 die Seele] den Himmel D^J

27.13f. Die Türe des Nebengemaches hatte sich sachte geöffnet, aus demselben]
Aus der halb offenen Türe eines Nebengemaches D^J

27.18 kalte] kühle D^J

27.22 die Ewigkeit] deine Seele D^J

27.24 verhüllte] versteckte D^J

27.24f. des Vicedomini] des Alten D^J

27.27 Astorre winkte] Der Mönch öffnete die Türe und winkte D^J

27.31 mutwillig] grausam D^J

27.32 Lebenskeim verdirbt] Lebenskeim mutwillig verdirbt D^J

28.2 dunkler] bitterer D^J

28.3 stürzenden] strömenden D^J

28.5 Schlaukopf seiner] Schlaukopf doch seiner D^J

28.5 raunte] flüsterte D^J

28.9 trotziges] eigensinniges D^J

28.10 Haupt.] Haupt in finsterm Grolle. D^J

28.23 Machet] machet D^J

28.23 wollt] wollet D^J

28.26 fast] bald D^J

28.26 vergnügt] vergnügt, D^J

28.26f. um sich. Er ergriff] um sich, ergriff D^J

28.29f. öffnete die gekrampfte des Mönches und legte beide zusammen.] und
legte sie in die gekrampfte des Mönches. D^J

28.31 er] der Alte D^J

28.32 widersprach nicht] nickte stumm D^J

28.33 Augen.] Augen. Ihre Gebärde sagte: ich tue es blindlings! D^J

29.2 Bleibt,] Nein, nein! D^J

29.3f. brechen!» Astorre] brechen!» und Astorre D^J

29.4 kaum einige] nur wenige D^J

29.6 verharren] stehen bleiben D^J

29.7 Dieser murmelte eine kurze Beichte,] Er beichtete, D^J

29.11 List] Freude über eine gelungene List D^J

29.12f. hatte, während ringsum alles auf den Knieen lag, die heilige Handlung
sitzend und mit] hatte die heilige Handlung sitzend, während ringsum alles
auf den Knieen lag, und mit D^J

29.15f. das auf einem Sarkophag abgebildete Opfer eines alten] ein auf einem
Sarkophage in den Marmor gegrabenes Opfer eines verschollenen alten D^J

29.18 Dann wendete er sich gegen Diana. «Edle] Dann trat er zu Diana und bot
ihr den Ellbogen, daß sie sich darauf stütze. «Edle D^J

29.19 wir gehen] Ihr gehet D^J

29.20 werden nach] werden sehnlich nach D^J

29.20f. Auch traget Ihr ein Gewand der Niedrigkeit, das Euch nicht kleidet.]
fehlt D^J

29.₂₂₋₂₄ ließ aber ihre Hand in der des Mönches ruhen, dessen Blick sie bis jetzt gemieden hatte. Nun schaute sie dem Gatten voll ins Gesicht] wendete sich aber noch gegen den Mönch, ihren Gatten. Seit die Hände der beiden in einander lagen, hatten die Blicke sich gemieden. Jetzt schaute Diana dem Mönche fest ins Gesicht D*J*

29.₂₅f. während ihre Wangen sich mit dunkler Glut bedeckten] *fehlt* D*J*

29.₂₇₋₃₃ wir durften die Seele des Vaters nicht umkommen lassen. So wurde ich Euer. Haltet mir bessere Treue als dem Kloster. Euer Bruder hat mich nicht geliebt. Vergebet mir, wenn ich so rede: ich sage die einfache Wahrheit. Ihr werdet an mir ein gutes und gehorsames Weib besitzen. Doch habe ich zwei Eigenschaften, welche Ihr schonen müßt. Ich bin jähzornig, wenn man mir Recht oder Ehre antastet, und darin peinlich, daß man] wir durften den Vater nicht mit einer Lästerung dahin fahren lassen.» Ihre Wangen bedeckten sich mit einer dunkeln Glut. «Euer Bruder hat mich nicht geliebt. Vergebet mir, wenn ich hart rede: ich sage die einfache Wahrheit. Ihr werdet an mir eine feste Treue und einen Gehorsam ohne Murren besitzen. Aber ich bin nicht ohne Fehler und habe zwei Eigenschaften, die ich eingestehe und welche Ihr schonen müßt. Ich bin jähzornig, wenn ich mich in meinem Rechte verletzt glaube, und ich bin darin peinlich oder wie Ihr es nennen wollt, daß man D*J* *Änderung auf Veranlassung der François (an Meyer, 9. Januar 1884, siehe S. 250)*

30.₂ gezeigt und zugesagt wurde,] gezeigt wurde und ich es versprochen erhalten habe, D*J*

30.₃ Glauben und kränke] Glauben, ich verbittere mich und kränke D*J*

30.₄ als andere Frauen über das Unrecht] als die andern Frauen über das mir zugefügte Unrecht D*J*

30.₈ seinigen] andern D*J*

30.₁₀f. Inzwischen hatte die geistliche Schar den Leichnam weggehoben,] Inzwischen war die geistliche Schar, den Leichnam weghebend, mit demselben ebenfalls verschwunden, D*J*

30.₁₃ bedeckte. Ein] bedeckte, während ein D*J*

30.₁₅₋₂₁ hatte, näherte sich in unterwürfigen Stellungen und mit furchtsamen Gebärden seinem neuen Herrn, verblüfft und eingeschüchtert weniger noch durch den Wechsel der Herrschaft als durch das vermeintliche Sacrilegium der gebrochenen Gelübde – das leise gelesene Breve war nicht zu ihren Ohren gelangt – und durch die Verweltlichung des ehrwürdigen Mönches. Diesem gelang] hatte, sich in unterwürfigen Stellungen und mit furchtsamen Gebärden seinem neuen Herrn näherte. Dieses Gesinde war eingeschüchtert und verblüfft, weniger noch durch den jähen Wechsel seiner Herrschaft, als durch die Persönlichkeit des Mönches und das vermeintliche Sacrilegium seiner gebrochenen Gelübde. Denn das leise gelesene Breve war von ihnen unbelauscht geblieben. Dem Mönche gelang D*J*

30.₂₄ betrogen] überlistet D*J*

30.29–32 Ihn versuchte der verzwickte mönchische Einfall, dasselbe nicht aus eigenem Herzen, sondern nur als Stellvertreter seines entseelten Bruders zu lieben; aber sein gesunder Sinn und sein redliches Gemüt verwarfen die schmähliche Auskunft.] Es versuchte ihn der verzwickte mönchische Einfall, dasselbe so wenig als möglich zu lieben und sich nur als den Stellvertreter seines entseelten Bruders zu betrachten; aber sein redliches Gemüt und sein gesunder Sinn verwarfen die schmähliche Auskunft. D^J

30.34–31.1 so bündiger Rede und harter Wahrheitsliebe entgegengetreten und so sachlich mit ihm sich auseinandergesetzt habe, ohne Schleier und Wolke, eine viel] so sachlicher Rede und roher Wahrheitsliebe entgegengetreten, ohne Schleier und Wolke, und so bündig mit ihm sich auseinandergesetzt habe, eine viel D^J

31.6 Kutte und] Kutte, oder D^J

31.7f. Geschäftige Diener umringten] Dienstfertiges Gesinde umringte D^J

31.8 bald] nach einer Weile D^J

31.12 nicht um] nicht zwar um D^J

31.16f. es stünde ihm schlecht an, mit der läutenden Schellenkappe ins Jenseits zu gehen.] es würde ihm nicht dienen, als Narr ins Jenseits zu gehen und in der läutenden Schellenkappe am jüngsten Gerichte zu erscheinen. D^J

31.18f. abgeworfenen Kutte, welche das Gesinde zu berühren sich gescheut hatte.] abgeworfenen und am Boden liegenden Kutte. D^J

31.26 Amare»,] Amare aber», D^J

31.28 Verbum] Paradigma D^J

31.29 Hier —] *(Alinea:)* Hier — D^J

32.2 er in] er lispelnd in D^J

32.6 angeborenen] anerboren D^J Vgl. *Meyer an Fritz Meyer, 26. August 1884:* ... ist anerboren deutsch so ziehe es vor. Sonst angeboren.

32.8–11 Als Dante das Haupt wieder hob, gewahrte er den Elsässer und hörte sein Welsch, das Weich und Hart beharrlich verwechselte, den Hof ergötzend, das feine Ohr des Dichters aber empfindlich beleidigend.] Dante, der das Haupt wieder hob, erblickte den Elsässer vor sich und hörte ihn welschen, Weich und Hart aufs ergötzlichste oder für ein feines italienisches Ohr empfindlichste verwechselnd. D^J

32.11 Sein Blick verweilte dann] Dann weilte sein Blick D^J

32.12 Jünglingen, Ascanio] Jünglingen, dem Günstling Cangrandes, Ascanio, D^J

32.13 ihn sinnend] ihn eine Weile sinnend D^J

32.13 beiden Frauen] beiden fürstlichen Frauen D^J

32.14 sich belebt] sich ein wenig belebt D^J

32.15 leicht] leise D^J

32.15 Freundin] Verwandten D^J

32.16 Wesen] Geschöpf D^J

32.16 Dann —] *(Alinea:)* Dann — D^J

32.19 jener] dieser D^J

32.21 Gehege] Einhegungen D^J

32.24 der Totenfeier, saß] der stillen Beisetzung des alten Vicedomini, seines in der Brenta aufgefundenen Sohnes und seiner Enkel, saß D^J

32.27 Namen] Beinamen D^J

32.27 unter den Paduanern] *fehlt* D^J

32.30f. unfern einer Steinbank] und neben einer bemoosten Steinbank D^J

33.4 Vogtes] Reichsvogts D^J

33.5 Mönches] Mönchs D^J

33.8–11 gesendet.
Dante hielt inne und verneigte sich vor dem großen Schatten.
Mit beantworteten Aufträgen kehrten die zweie zu dem Tyrannen zurück,] gesendet» – hier verneigte sich Dante vor dem großen Schatten – «und die zweie kehrten mit beantworteten Aufträgen zu dem Tyrannen zurück, D^J

33.12 eine in der kaiserlichen Kanzlei verfertigte] eine in der Kanzlei Friedrichs für Ezzelin verfertigte D^J

33.17 dem unheilschweren Dokumente] mit der gefährlichen Enzyklika D^J

33.18 es nicht] es doch nicht D^J

33.19f. hatten in] hatten nämlich in D^J

33.20 Bügel] Steigbügel D^J

33.25 Umständen] Nebenumständen D^J

33.25f. Dianas und Astorres] *fehlt* D^J

33.26 welche noch nicht offenbar geworden waren] die für den Wirt ein Geheimnis geblieben waren D^J

33.27 die uns] welche uns D^J

33.30–33 Wiedergewonnenen. Während langer Jahre waren sie nur dem Mönche begegnet, zufällig auf der Straße, ihn mit einem zwar freundlichen, aber durch aufrichtige Ehrfurcht vertieften und etwas fremden Kopfnicken begrüßend.] Wiedergewonnenen, welchen sie während langer Jahre, ihm auf der Straße als einem Mönche begegnend, zwar mit einem freundlichen, aber doch durch aufrichtige Ehrfurcht vertieften und etwas fremden Kopfnicken begrüßt hatten. D^J

34.1 Gocciola, den] Gocciola, der Pickelhäring, den D^J

34.3 sie in] sie dann in D^J

34.4 der Narr] er D^J

34.5f. sondern nur von seinen eigenen Angelegenheiten,] sondern als ein nur mit sich selbst Beschäftigter von seinen eigenen Vorsätzen, D^J

34.8 den Rest der Semmel] eine Semmel D^J

34.8f. ohne ihn mit seinen wackligen Zähnen] ohne sie mit dem Rest seiner wackligen Zähne D^J

34.15 versagte sich] versagte es sich D^J

34.17 denn,] denn D^J

34.17 tiefsten] höchsten D^J

34.19 sagen] erzählen D^J

34.19 Narren,] Narren: D^J

34.20 den Platoniker, den Skeptiker] den Optimisten, den Pessimisten D^J *Die Änderung ist erst wenige Tage vor dem Abgang des Druckmanuskriptes an den Verleger nachgetragen worden. Vgl. Meyer an Fritz Meyer, 16. Juli 1884:* ich bitte um drei Correcturen. 1) pg 339. er besitzt vier Narren: den Stoiker, den Epikuraeer, den Platoniker, den Skeptiker, wie er etc. ...

34.21 wann] wenn D^J

34.21 spassen will,] spaßt, D^J

34.22 seinen Wink] den Wink des Herrn D^J

34.25 die Philosophen] die vier Philosophen D^J

34.25f. Winkel. Vorgestern] Winkel; ein Spiel ohne Salz, wenn es nicht etwa besagen will: daß die Dinge sind, wie sie sind, nicht wie sie uns erscheinen nach den Farben unsers Kleides oder dem Schellengeläute unsrer Kappe. Vorgestern D^J

34.32f. auf die Allgegenwart des Tyrannen, welche die Paduaner] auf das unangemeldete Erscheinen des Tyrannen, welches stadtkundig war und die Paduaner D^J

34.34 Gewaltigen] Allgewaltigen schon D^J

35.1 sich] sich doch D^J

35.3 Dante] Dante selbst D^J

35.5 er tat] er doch tat D^J

35.13f. Befriedigt, fast heiter setzte Dante seine Erzählung fort. Endlich entdeckten] «Endlich», setzte, fast heiter, Dante seine Erzählung fort, «entdeckten D^J

35.16f. aufmerksam] aufmerksamer D^J

35.23 Astorre ergriff freundlich] Lachend ergriff er D^J

35.24 sie] die guten Gesellen D^J

35.29 wir beide.] keiner von uns zwei andern. D^J *Die Änderung auf Veranlassung der Louise von François. Siehe Lesart zu 22.34f.*

35.29 Freilich die knappe] Freilich, die knappere D^J

35.30 auch] ebenfalls D^J

36.1 als einen] ungefähr als einen D^J

36.1-3 fuhr er mit einer unschuldigen Miene fort, da er den Mönch über seinen Mutwillen erröten sah] fuhr er gesetzter fort, da er den Mönch zu seinem unschuldigen Scherze ein Gesicht ziehen sah D^J

36.5 Lebenden] Lebendigen D^J

36.7 Widerstrebend] Widerwillig D^J

36.10 uns,] uns beiden, D^J

36.18 Ezzelin] dem Ohm D^J

36.22 Stadt] Stadt und Gebiet D^J

36.25 dir] *fehlt* D^J

36.28 bietet das] bietet dir das D^J

36.29 den Reigen eines Jahres] einen Schock Monde D^J

36.30 Feindinnen in] Feindinnen, ich meine mit den Weibern, in D^J

36.30f. der Mönch runzelte die Stirn –] wieder runzelte der Mönch die Braue – D^J

37.12 neuen Stande] Wechsel D^J

37.13f. etwas verlegen, «ist es] verlegen, «ist etwas D^J

37.16f. verletzte Treue, gebrochenes Wort, Fahnenflucht und so weiter] gebrochenes Gelübde, falsche Eide, Fahnenflucht u. s. f. D^J

37.19f. der sterbende Vater –] das Breve des heiligen Vaters – D^J

37.23 mir] mir wohl D^J

37.25f. Dieser fiel aus den Wolken. «Die Hand meiner Schwester? der Diana? derselben, die deinen Bruder betrauert?»] «Die Hand meiner Schwester? der Diana? derselben, die sie aus der Brenta gezogen haben? Germano fiel aus den Wolken. D^J

37.33 ein anderes Weib gegeben.] ein weicheres Weib gönnen mögen. D^J

37.35 Gespräches.] Gespräches: D^J

37.35 plauderte der Heitere,] *fehlt* D^J

38.1 wir] wir dreie D^J

38.3 inzwischen] derweile D^J

38.4f. uns ausgewachsen.] Stellung genommen. D^J

38.6f. ihn zu] ihn bei dir, Astorre, zu D^J

38.8 Ascanio krümmte den Arm, als leere er den Becher –] Ascanio hob und krümmte den Arm – D^J

38.9f. Auch verachtet er unser süßes Italienisch.] Zweitens brummt er mitunter die Bärenlaute einer unmenschlichen Sprache. D^J

38.11–14 und brummt die Bärenlaute einer unmenschlichen Sprache. Dann erbleicht sein Gesinde, seine Gläubiger fliehen und unsere Paduanerinnen kehren ihm die stattlichen Rücken zu. Dergestalt ist er vielleicht so jungfräulich] und sein Gesinde erschrickt, seine Gläubiger erblassen und unsere Paduanerinnen kehren ihm ihre stattlichen Rücken zu. Dermaßen ist er nahebei so jungfräulich D^J

38.17 Germano lachte] Germano, den sein deutscher Umgang wenigstens nicht empfindlich gemacht hatte, lachte D^J

38.18 Bestimmung gefunden] Bestimmung ebenfalls gefunden D^J

38.20f. der Günstling Ezzelins.] der Neffe und Günstling des Tyrannen. D^J

38.22 genießen.» Und zum Beweise dessen rief] genießen», und als wollte er auf der Stelle diese Behauptung erhärten, rief D^J

38.25 Ding] Geschöpf D^J

38.27 war aufgesprungen.] hatte sich rasch erhoben. D^J

38.29 aus dem Korb] *fehlt* D^J

38.32 Unmutig] Gestreng und unmutig D^J

38.33f. entrann] entsprang D^J

39.1 in] schon in D^J

39.16 mißfällt] mißbehagt D^J

39.19f. warum dieses Nebelphantom des Reiches, das uns den Atem beengt?]
warum ihre Strahlen nur hinter dem Nebelphantome des Reiches fühlen? D^J

39.21 gefesselt] gebunden D^J

39.32 in] In D^J

40.3 unsere] unsre D^J

40.5f. die Macht der Sterne,] *fehlt* D^J

40.8 der Unschuldige] er gerne D^J

40.9 hatte] hätte D^J

40.10 schweigenden Zweifel] schweigende Frage D^J

40.17 wie] Wie D^J

40.19 oder] Oder D^J

40.25 ungesehen herangetreten war] unangemeldet herantrat D^J

40.28 erhoben sich rasch und begrüßten] sprangen auf und umringten D^J

40.29 Bank] Steinbank D^J

40.29f. sein Gesicht war ruhig wie die Maske des Brunnens.] Sein Gesicht war
ebenso ruhig als die steinerne Maske, die den frischen Quell in den Brunnen
sprudelte. D^J

40.31 Ihr] Ihr beide, D^J

40.35 Neffe und Ezzelin ließ es gelten.] Neffe, und der Tyrann schien diese Be-
gründung läßlich zu finden. D^J

41.1 die ihm Ascanio das Knie biegend] welche Ascanio, ein Knie vor ihm biegend, D^J

41.2 außer der Bulle.] und behielt nur die Bulle in der Hand. D^J

41.3 das Neueste!] die Tagesneuigkeit. D^J

41.7–10 Zuerst gab der dreigekrönte Schriftsteller dem geistreichen Kaiser den
Namen eines apokalyptischen Ungeheuers. «Ich kenne das, es ist absurd»,
sagte der Tyrann. «Auch mich hat der Pontifex in seinen Briefen» «Überspringe den Eingang», gebot der Tyrann. «Er ist absurd.» Hier nämlich gab
der dreigekrönte Schriftsteller dem geistreichen Kaiser den Namen eines apokalyptischen Ungeheuers. «Auch mich», sagte der Tyrann, «hat der heilige
Vater in seinen Briefen D^J

41.10 ermahnte] aufforderte D^J

41.14 bösen] *fehlt* D^J

41.15f. beschuldigte] bezichtigte D^J

41.17 ‹Ezzelino] ‹ihn, Ezzelino D^J

41.19 Ezzelin und] der Tyrann. Er D^J

41.22 wahre Götter] wirkliche Mächte D^J

41.26 sie hatten ihre Sterne;] *fehlt* D^J

41.31 heilige Speise] Eucharistie D^J

42.4 Angesichte] Angesicht D^J

42.6 sizilische] sizilianische D^J

42.6 Darauf besinne ich mich] Ich besinne mich darauf D^J

42.8 glänzte] leuchtete D^J

42.8f. dem Pontifex mitgeteilt hat.] dem heiligen Vater mitteilte. D^J

42.10-16 Wir ritten zu dreien und der dritte – auch dessen bin ich gewiß, wie dieser leuchtenden Sonne» – sie warf gerade einen Strahl durch das Laub – «war
Petrus de Vinea, der Unzertrennliche des Kaisers. Hätte der fromme Kanzler
für seine Seele gebangt und sein Gewissen durch einen Brief nach Rom erleichtert? Reitet ein Sarazene heute? Ja? Rasch, Ascanio. Ich diktiere dir eine
Zeile.»] Wir ritten zu dreien. Auch dessen bin ich gewiß, wie dieser leuchtenden Sonne» – sie warf gerade einen Strahl durch das Laub der Bäume – «der
dritte gute Geselle war Petrus de Vinea, der Kanzler des Kaisers. Sollte der
Vielbeschäftigte Zeit finden, für das Heil seiner Seele zu sorgen und darüber
mit dem heiligen Stuhl Briefe wechseln? Geht ein Sarazene aus eurem Geleite heute zum Kaiser zurück? Ja? Rasch, Ascanio. Ich diktiere dir eine Zeile
in den Stift.» D^J

42.17 rechte] linke D^J

42.18 linke] rechte D^J

42.18f. gebrauchend] benutzend D^J

42.20 schnelles] flüchtiges D^J

42.21 der Bulle] der fraglichen Bulle D^J

42.21f. zu wiederholen] wiederholt zu haben D^J

42.22f. haben nur vier Ohren gehört, die meinigen und die Eures Petrus,] wurde
nur von mir und Eurem Petrus gehört, D^J

42.23 Jahre,] Jahre oder wenig früher, D^J

42.24 Euern] Euren D^J

42.24 beriefet] beschieden hattet D^J

42.26 des Petrus] des ersten Petrus D^J

42.27f. so versuchet Euern Kanzler mit einer scharfen Frage] so unterwerfet den
Kanzler der scharfen Frage D^J

42.33 Schreiben] Briefchen D^J

42.34f. Mir für meine einfache Person hat der Capuaner nie gefallen: er hat einen
verhüllten Blick.] Ich für meine einfache Person habe dem Capuaner nie getraut: er mied meinen Blick. D^J

43.2f. Geschiedene,] Geschiedene D^J

13.4-6 Welt. Aus seinem Brüten weckte ihn ein strenges Wort Ezzelins, welches
dieser an ihn richtete, von seiner Steinbank sich erhebend.] Welt, wurde aber
rasch zu sich gebracht durch ein gestrenges Wort Ezzelins, welches dieser,
von seiner Steinbank sich erhebend, an ihn richtete. D^J

43.8f. trägst. Du scheust] trägst? Nein, sagst du. Du scheust D^J

43.9f. entgegen! Sie weicht zurück.] entgegen, so weicht sie zurück! D^J

43.10 aber] aber nur D^J

43.15f. «Und dann rasch mit euch auf dein entlegenstes Schloß!» beendigte Ascanio.] «Und dann rasch!» beendigte Ascanio, «entführe sie auf dein entlegenstes Schloß im Gebirge!» D^J

43.21 «Darf ich unterbrechen?» fragte Cangrande,] «Darf ich dich unterbrechen, mein Dante?» fragte jetzt Cangrande, D^J

43.24 dem unsterblichen Kaiser] Kaiser Friedrich D^J

43.29f. hast du ihn als einen Gottlosen in den sechsten Kreis deiner Hölle verdammt.] hast du den Unsterblichen in den sechsten Kreis deiner Hölle zu den Gottlosen verdammt. D^J

43.32 die Komödie] meine Komödie D^J

43.34 Lästerungen mit Recht oder Unrecht] Lästerungen, mit Recht oder Unrecht, D^J

44.3 andern] anderen D^J

44.6 in deinem innersten Gefühle] vor dem Richterstuhle deines Gewissens D^J

44.14–19 «Dante, mein Dante», sagte der Fürst, «du glaubst nicht an die Schuld und verdammst! Du glaubst an die Schuld und du sprichst frei!» Dann führte er die Erzählung in spielendem Scherze weiter:
«Auch der Mönch und Ascanio verließen jetzt den Garten und betraten die Halle.» Doch Dante nahm ihm das Wort.
Keineswegs, sondern sie stiegen]
Der Fürst, der für die Verhöhnung seines Geschmackes an den Hofnarren dem Florentiner gerne einen Streich versetzt hätte, konnte nicht anders als die zwei freilich mit zweierlei Maß messenden Antworten, wo nicht stichhaltig, doch schlagfertig zu finden. Er verschob seine Rache und führte Dantes Erzählung in spielendem Scherze weiter:
«Auch der Mönch und Ascanio verließen jetzt den Garten und betraten die kühle Halle im Erdgeschosse der Burg.»
«Keineswegs», nahm ihm Dante das Wort, «sondern sie stiegen D^J

44.21 die Astorre als Knabe mit ungeschorenen Locken bewohnt:] wo Astorre als Knabe mit ungeschorenen Locken gehaust: D^J

44.24 den ihm hinterlassenen goldenen Hort] die ihm hinterlassenen Schätze und Horte D^J

44.25–27 Den beiden folgte, auf einen gebietenden Wink Ascanios, der Majordom Burcardo in gemessener Entfernung mit steifen Schritten und verdrießlichen Mienen.] Den beiden folgte in gemessener Entfernung mit steifen Schritten und verdrießlichen Mienen der Majordom Burcardo, dem Ascanio im Vorbeigehen einen Wink gegeben. D^J

44.28–32 Der gleichnamige Haushofmeister Cangrandes war nach verrichtetem Geschäfte neugierig lauschend in den Saal zurückgetreten, denn er hatte gemerkt, daß es sich um wohlbekannte Personen handle; da er nun sich selbst nennen hörte und unversehens] Als der Haushofmeister Cangrandes, der entweder lauschend zurückgeblieben oder neugierig in den Saal zurückgetreten war, seinen Namen nennen hörte und sich unversehens D^J

44.33 durchaus] *fehlt* D^J

45.1 unziemlich im] unziemlich, zumal im D^J

45.1 des] eines D^J

45.2 welchem] dem D^J

45.3 obern] oberen D^J

45.5 andern] andern alle D^J

45.6 die Brauen] die Stirn D^J

45.6–8 Augen. Der Florentiner weidete sich mit ernsthaftem Gesichte an der Entrüstung des Pedanten und ließ sich in seiner Fabel nicht stören.] Augen, wurde aber von einem Blicke Cangrandes zur Ruhe gewiesen.

Der Florentiner, der sich mit ernsthaftem Gesichte an der Entrüstung des Pedanten weidete, ließ sich in seiner Fabel nicht stören. D^J

45.9 befragte Ascanio] befragte jetzt Ascanio D^J

45.13 warf] stellte D^J

45.29f. zufrieden mit ante und post, mit Werbung und Hochzeit,] zufrieden mit Werbung und Hochzeit, mit ante und post, D^J

45.32 krähte] formulierte D^J

46.15f. welcher in einen Sessel gesunken war und in Gedanken verloren die freundliche Bevormundung] welcher sich in einen Sessel geworfen hatte, und die Stirn, als schmerzte sie ihn, in die Hand gelegt, diese Bevormundung D^J

46.24 Jahreszeiten] der Jahreszeiten D^J

46.25f. «Du rebellierst? Jückt dich der Hals, Alter?» warnte Ascanio mit einem sonderbaren Lächeln.] «Jückt dich der Hals, Alter?» fragte jetzt Ascanio mit einem gewissen sonderbaren Lächeln. D^J

46.27 Herr] *fehlt* D^J

46.27 Ezzelin] Der Tyrann D^J

46.29 des Tyrannen] Ezzelins D^J

46.30 Herrinnen] Frauen D^J

46.32–35 Mönch plötzlich, wie von einem Zauberstabe berührt. Die Luft färbte sich vor seinem Blicke und ein Bild entstand, dessen erster Umriß schon seine ganze Seele fesselte.] Mönch. Der Name Canossa färbte die Luft vor seinem Blicke und ließ in demselben ein Bild entstehen, welches schon in den ersten und leichtesten Zügen seine ganze Seele fesselte. D^J

47.4 Jahren,] Jahren im Frühwinter, D^J

47.5f. «Im Sommer, Ascanio. Eben jährt es sich», widersprach der Mönch.] Im Spätsommer, Ascanio. Heute oder morgen jährt es sich», verbesserte der Mönch. D^J

47.7f. Doch wie solltest du?] Nein? D^J

47.13f. der Graf werde vor dem Blocke begnadigt werden.] der Ohm beabsichtige, den Grafen vor dem Blocke zu begnadigen. D^J

47.15 Enthaupteten] Toten D^J

47.15f. warf sich ihm die aus der Hoffnung kopfüber in die Verzweiflung Geschleuderte durch das Fenster] warf sie sich ihm aus dem Fenster D^J

47.17 wunderbarerweise ohne sich] ohne jedoch sich D^J

47.18f. war ihr Geist zerrüttet.] war die aus der Hoffnung kopfüber in die Verzweiflung Geschleuderte zerrüttet. D^J

47.24 Landgut und] Landgut, und D^J

47.33 Achtlose] Blinde D^J

48.8 auch] auch alles D^J

48.10 treffend] recht treffend D^J

48.14f. schwanken] schwankenden D^J

48.18 Astorre aber versank in seinem Traume.] Inzwischen betrachtete Astorre seinen Traum. D^J

48.22 der Graf Canossa] kein anderer als der Graf Canossa D^J

48.29f. von den Wachen unbemerkt] durch eine Fahrlässigkeit der Wache D^J

48.30 und ihn] und das ihn D^J

49.4f. Besinnen und] *fehlt* D^J

49.7 Jetzt —] *ohne Alinea* D^J

49.18 mein Gebieter] die Herrlichkeit noch D^J

49.18 störte] weckte D^J

49.21 Astorre] der Gebieter D^J

49.21 weicher] sanfter D^J

49.22 Frauen] Herrinnen D^J

49.23 der Mönch] Astorre der Mönch D^J

49.25 eifrigen] unterwürfigen D^J

49.31 und irgend] oder wenigstens irgend D^J

49.31 die Feier] eine Feier D^J

49.32 Paduanerinnen] Mütter D^J

49.33-35 ob sie bei Verstande sei oder nicht, sich zu den Zwölfen zu versammeln,] sich zu den Zwölfen zu versammeln, ob sie bei Verstande sei oder nicht, D^J

50.1 andern verpflichtet] andern, auch nicht dem Freunde des Hauses, verpflichtet D^J

50.2 Mönche] Mönch D^J

50.5 ungestraft] unbestraft D^J

50.10 Dergestalt fragte und beruhigte] Im Grunde, beruhigte D^J

50.10f. Leichtsinnige: Welche] Leichtsinnige, welche D^J

50.11 auf der Welt] *fehlt* D^J

50.13-16 Er ahnte nicht von ferne, was sich in der Seele Astorres begab, aber auch wenn er geraten und geforscht, dieser hätte sein keusches Geheimnis dem Weltkinde nicht preisgegeben.] Er hatte nicht erraten, was sich in der Seele des Mönches begab, und dieser hätte sein keusches Geheimnis dem Weltkinde nicht preisgegeben, auch wenn Ascanio danach geforscht hätte. D^J

50.17 Ascanio] dieser D^J

50.18f. Tyrannen erinnernd, den Mönch unter die Leute zu bringen, fragte] Tyrannen, den Mönch unter die Leute zu bringen, erinnernd, fragte D^J

50.21 so und so] drei D^J

50.23 folgst] glaubst D^J

50.26 du] Du D^J

51.8–10 Hat er doch mit riesigen Buchstaben über seine Bude geschrieben:
Niccolò Lippo dei Lippi der Goldschmied, durch einen feilen
und ungerechten Urteilsspruch] Er nennt sich Niccolò Lippo dei
Lippi und wurde, wie er behauptet und ich glaube, durch einen jener feilen
und ungerechten Urteilssprüche D^J

51.21f. ein Genuese] leider kein Deutscher, sondern ein Venezianer D^J

51.22 seinem Herrn] dem Herrn D^J

51.24–27 Dann wurde der Mönch von einem Diener in den bequemen paduanischen Sommermantel mit Kapuze gehüllt.

Auf der Straße zog sich Astorre dieselbe] *(Alinea:)* Am Palasttore hüllte
ein Diener den Mönch in einen jener bequemen paduanischen Sommermän-
tel mit Kapuze, und Astorre zog sich dieselbe D^J

51.29 Gewöhnung, und wandte sich] Gewöhnung. Jetzt wandte er sich D^J

52.4 sage] glaube D^J

52.7 Brücke erreicht] Brücke bald erreicht D^J

52.9 den Laden] die Bude D^J

52.11 unbedeckten] unverhüllten D^J

52.20 bestürmte] *fehlt* D^J

52.25 Kunst und Art] Art und Kunst D^J

52.26 irgend] *fehlt* D^J

52.28 eine peinliche] die wunderlichste D^J

52.30f. sichtlich] offenbar D^J

52.31 Der Florentiner] Der Händler D^J

52.33 Rede am Arno] florentinische Rede D^J

53.4 Unwissenheit] Unschuld D^J

53.5 Sünde] Ausgelassenheit D^J

53.15 Vogtes] Tyrannen D^J

53.19 die Bläser] die achte D^J

54.10f. dessen zartes Haupt er auf dem Blocke gesehen hatte.] welches an jenem
grausamen Tage sein zartes Haupt auf den Block gelegt hatte. D^J

54.14 zauderte] zögerte D^J

54.14 zurückzuverlangen] zurückzufordern D^J

54.17 Im] In demselben D^J

54.18 andern] anderen D^J

54.31 der sich mit Mühe im Bügel hielt,] der von den flatternden Haaren die
Kappe verloren hatte, D^J

54.32 «Der Mönch! der Mönch!»] «Der Mönch! der Mönch Astorre!» D^J

55.9 diesem wollte] diesem aber wollte D^J

55.12f. dritte, durch den Brückentumult von ihnen abgedrängte] dritte, die der
Brückentumult von ihnen abgedrängt haben mochte, D^J

55.14 Diese] Diese Dritte D^J

55.14f. vorzeitig wie es schien] vorzeitig, wie es schien, D^J

55.18 Sotte —] ohne Alinea D^J

55.18f. der Mutter des Fräuleins] ihrer Herrin D^J

55.21 freien müsse] auf Freiersfüßen gehe D^J

55.22 zugerollt] zurollen lassen D^J

55.30 die erstaunte] fehlt D^J

55.31 das alberne] dieses leere und unnütze D^J

56.3 verwirrte] arme D^J

56.6 Luftschlosse] Kartenhause D^J

56.11 einer öden] der öden großen D^J

56.17 Dante hielt inne.] Hier machte Dante wiederum eine Pause. D^J

56.17 lag in] lag jetzt in D^J

56.18f. Da rief ihn Cangrande.] (Alinea:) Während er sann, rief ihn Cangrande.
Endlich war der Fürst seiner verschobenen Rache sicher. D^J

56.20 wundere] verwundere D^J

56.25 Und das ist nur] Und doch ist das nur D^J

57.4 Bühne!] Bühne in der Arena D^J

57.5 wird geprügelt und weint.] kriegt Prügel und heult. D^J

57.6 predigt, straft] straft, predigt D^J

57.6 Doch] Aber D^J

57.7 tapfere] kreuzbrave D^J

57.8 Partei für den Mann.] die Partei ihres Mannes. D^J

57.9 heult] weint D^J

57.19 Der Dichter] Dante D^J

57.25 Winter] Sturm D^J

57.31 nahe dem Feuer] den nächsten am Feuer D^J

58.1 beschien] beleuchtete D^J

58.4-7 versammelte sich unter dem Zedergebälke des Prunksaales der Vicedomini, was von den zwölf Geschlechtern übrig geblieben war, den Eintritt des
Hausherrn erwartend. Diana hielt sich zu Vater und Bruder. Ein leises] versammelte sich, was von den zwölf Geschlechtern übrig geblieben war, in dem
Festsaale der Vicedomini: Männer, Edelweiber, Jünglinge und Signorine,
den Eintritt des Hausherrn erwartend. Der Saal hatte gleiche Länge, Tiefe
und Höhe, doch die Balken seiner Decke trugen Säulen von ungleicher Herkunft und aus verschiedenen Jahrhunderten, die einen von plumper und bar-
barischer Mache, andere von reiner, andere von entarteter Kunst. Ein leises D^J
Die Stelle unter dem Zedergebälke des Prunksaales ist kurz vor Absendung des
Druckmanuskripts an den Verleger aus einer unbekannten frühern Fassung geändert

worden in in dem mächtigen Raume des Prunksaales *(Meyer an Fritz Meyer,
16. Juli 1884). Die endgültige Fassung wurde erst in die Korrekturbogen von D^1 eingetragen (Meyer an Fritz Meyer, 15. August 1884).*

58.10 halblaut] unter der Stimme D^J

58.11 schauderten] bekreuzten sich D^J

58.12f. umringten in milderem Lichte sahen,] umringten Matronen milder beur-
teilten, D^J

58.20f. welche bangen Herzens die aufgebrachte Mutter flüsternd und flehend zu
beschwichtigen suchte.] welche die Mutter auf alle Weise zu beschwichtigen
suchte. D^J

58.24 anderer Herrschaften] anderer hoher Herrschaften D^J

58.25 scharlachrote] rote D^J

58.33 bald] leicht D^J

58.34f. sich darüber Vorwürfe machend,] davon beunruhigt, D^J

59.3f. nach den Regeln der Klugheit] überlegt und besonnen D^J

59.7f. ließen ihn empfinden,] belehrten den weltunkundigen und lautern Menschen ohnehin, D^J

59.9 energisch] nackt und energisch D^J

59.18f. nach ernster Erwägung» – hier verhüllte sich der Klang seiner Stimme –
«und gewissenhafter] nach» – hier verhüllte sich seine Stimme – «ernster Erwägung und gewissenhafter D^J

59.22 Darin] Darüber D^J

59.27 Witwe] Wittib D^J

59.28 teuern] frommen D^J

59.29f. er trat zu Diana und führte sie in die Mitte] er führte Diana, welche sich
bei Vater und Bruder hielt, in die Mitte D^J

59.33 tugendsames] gehorsames D^J

60.2 gesundes] reinliches D^J

60.8 vor Astorre und Diana] vor dem Ehepaare D^J

60.11f. «Gegen den Ring an dem Finger dieser da zeugt ein anderer und zuerst
gegebener.»] «Gegen deinen Ring an dem Finger dieser Diana zeugt dieser
andere und zuerst gegebene.» D^J

60.13 in wachsender Angst und mit] in Herzensangst, mit D^J

60.15 Den Ring] Diesen Ring D^J

60.15f. vor nicht einer Stunde] heute vor nicht einer Viertelstunde D^J

60.16f. gesteckt] gestreift D^J

60.17f. So hatte ihr ein falscher Spiegel den Vorgang verschoben.] So hatte ihr
eine falsch spielende Einbildungskraft den Vorgang verkleidet und verwandelt. D^J

60.32 Augen hat] Augen im Kopfe hat D^J

60.33f. vergaß ich, aber] vergaß ich», unterbrach sich Dante – «aber D^J

60.34 Vicedominis,] Vicedominis – D^J

60.35 leben,] leben – D^J

61.2 Gebärden] Halbgebärden D^J

61.6 Mönches] Mönchs D^J

61.10 behielt. Vielleicht tat sie es, um] behielt, um D^J

61.11 Gedanken] Glauben D^J

61.13 in Kleinmut] in plötzlichen Kleinmut D^J

61.13f. und alles mit einem Augenrollen und ein paar gemurmelten Worten vor- übergehen.] und es bei ein paar gemurmelten Worten und rollenden Augen bewenden lassen. D^J

61.15 die junge] *fehlt* D^J

61.16–19 War die Begegnung auf der Brücke nicht wunderbar, und wäre ihre Erkiesung durch den Mönch wunderbarer gewesen als das Schicksal, das ihn dem Kloster entriß?] Wäre ihre Erkiesung durch den Mönch wunderbarer gewesen als ein gebrochenes ewiges Gelübde? D^J

61.20 grausame] die grausamste D^J

61.22 und] und dann D^J

61.23f. laut und] *fehlt* D^J

61.25 betroffen] bestürzt D^J

61.27 die andere] diese andere D^J

61.27 kreischte sie, auf Diana zeigend, «dieses] Sie zeigte auf Diana. «Dieses D^J

61.28f. Diese verpfuschte Riesin —] *Die Rede der Olympia enthielt im Druckmanu- skript für* D^J *noch die Worte* der schwäbische Fleischklumpen. *Die Stelle wurde auf Wunsch Rodenbergs gestrichen. Rodenberg an Meyer, 4. November 1883: Das ist nicht schön und an dieser Stelle nicht einmal, in dem beabsichtigten Sinn, eine Steigerung. Streichen wir!*

61.32 die stupide] Die stupide D^J *Die Änderung erst in den Korrekturbogen zu* D^1 *(Meyer an Fritz Meyer, 6. September 1884).*

61.34 Pizzaguerra] Vicedomini D^J

62.1–6 Durch die rohe Verhöhnung ihres Leibes und ihrer Seele aufgebracht, tief empört, zog sie die Brauen zusammen und ballte die Hände. Jetzt geriet sie außer sich, da die Närrin ihre Eltern ins Spiel zog, ihr die Mutter im Grabe beschimpfte, den Vater an den Pranger stellte. Ein bleicher Jähzorn packte und übermannte sie.] Schon über die Vergleichung ihres großen Wuchses mit dem schlankern Antiopes unmutig, schwer unmutig, zog sie die Brauen zusammen. Jetzt verlor sie das Kaltblut, da die Närrin ihre Eltern ins Spiel zog, ihr die Mutter im Grabe beschimpfte, ihr den anwesenden Vater, dem sie in möglicher Ehrerbietung zugetan war, an den Pranger stellte. Ein jäher Zorn packte und übermannte sie. D^J

62.7 sie und] sie, ballte die Faust und D^J

62.8f. vor die Mutter geworfen.] unversehens zwischen Diana und die Mutter gedrängt. D^J

62.9 Laut] Jammerlaut D^J

62.13f. sank auf die Kniee und schluchzte:] fiel schluchzend auf die Kniee und rief: D^J

62.15f. doch das Verhängnis schritt rascher, als] hätte sich das Unheil nicht rascher begeben, als D^J

62.16 erzählte,] erzählte; D^J

62.18 gehobenen] gewalttätigen D^J

62.21 und nach Hause gebracht.] und von den zweien nach Hause begleitet. D^J

62.28 die ritterliche] eine ritterliche D^J

62.30 Gewalttat] rohen Handlung D^J

63.3 Freiheit, Amarellen] Freiheit, wie sie ihm sonst nicht zu Teil geworden wäre, Amarellen D^J

63.6 verdrießlichen] *fehlt* D^J

63.10 «Liebte] «– liebte D^J

63.10 Freundin] Verwandte D^J

63.21 Geistern] Geistererscheinungen D^J

63.21 sie] derlei D^J

63.22 euch einen] euch dafür einen D^J

63.27 Dann spottete er:] Dann ging er in einen spottenden Ton über. D^J

63.28f. mir überdies nicht ansteht,] überdies mir nicht dienen kann, D^J

63.31 Selbstgespäch des zurückkehrenden Astorre] Selbstgespräch, das der zurückkehrende Astorre mit sich führte, D^J

63.32 da ihn] als es D^J

64.2f. die entzündliche Freundin des Fürsten mit bittenden Händen gegen] die Verwandte des Fürsten leidenschaftlich gegen D^J

64.8 glühender] errötender D^J

64.9 daß] damit D^J

64.13 kräftigen] kräftig gebildeten D^J

64.14 Faust] Marmorfaust D^J

64.15f. dem Mönch vor das Angesicht] vor das Angesicht des Mönches D^J

64.17 Die andere erbebte leise.] *fehlt* D^J

64.20 großen] *fehlt* D^J

64.24 einem starken] einem kräftigen D^J

64.33 Schleppe in traulichem Verstecke mochte gekauert haben] Schleppe kauernd in traulichem Verstecke mochte gelauscht haben D^J

64.35 plaudert] spricht D^J

65.1 du nicht] du, mit dir plaudernd, nicht D^J

65.4 wo] Wo D^J *Die Änderung erst in den Korrekturbogen zu D^1 (Meyer an Fritz Meyer, 6. September 1884).*

65.5 gestern] vorgestern D^J

65.6f. vorüber] an dir vorüber D^J

65.7f. folgten, sie bewundernd] folgten ihr bewundernd D^J

65.15 Und bei allen Musen,] Bei allen Musen aber, D^J

65.17 nachdem er] der D^J

65.19f. Sänfte und Madonna Olympia darin] Sänfte, und Madonna Olympia darin, D^J

65.22f. war schleunig zu seinem Ohm dem Tyrannen geeilt, ihm den tollen Vorgang als frisches Gebäcke aufzutischen.] eilte zu seinem Ohm dem Tyrannen, um diesem frisch aus dem Ofen alles und jedes zu erzählen. D^J

65.24f. eine Stadtgeschichte als eine Verschwörung.] eine tolle Stadtgeschichte als einen staatsgefährlichen Anschlag. D^J

66.5 Das zärtliche] Dasselbe zärtliche D^J

66.7 wie] Wie D^J

66.7f. Das mißhandelte! wie es litt! Das geschlagene! wie es aufschrie!] Das geschlagene! Wie es aufschrie! Das mißhandelte! Wie es wehklagte! D^J

66.9 Es wohnte in meinem Geiste.] Es folgte mir geistig. D^J

66.11f. mit dem weißen schmalen Hälschen] *fehlt* D^J

66.16f. und dem roten Hals auf dem breiten Blocke und dem Beile des Henkers darüber?] und dem ziegelroten Halse und dem beilschwingenden Römer daneben? D^J

66.19f. Sah ich lange hin, so zuckte das Beil und ich bebte zusammen.] Sah ich lange hin, so regte sich der Arm des Römers, das Beil zuckte, siehe, darunter lag das schmale, dünne Hälschen und ich erbebte. D^J

66.26 Dann senkte] Dann mit dem Zeigefinger einen weiblichen Wuchs in die Luft zeichnend, senkte D^J

66.30 gefahren] hinübergeronnen D^J

66.31 begann] begann, D^J

66.31f. heißer und schärfer in seinen Adern zu brennen.] wärmer und schärfer brennend, in seinen Adern zu fließen. D^J

66.34 Eva] Heva D^J

67.2 Gocciola] Und Gocciola D^J

67.4 wäre!] wäre? D^J

67.5f. Astorre erschreckt] den Mönch verblüfft D^J

67.9 rief] redete D^J

67.13 sprach] rief D^J

67.21f. göttliches und menschliches Gesetz] Gebot und Gesetz D^J

68.1 fesseln!] fesseln, D^J

68.7f. Wenn Ascanio die Wirklichkeit verjagen wollte, so führte sie der auf dem Flur klirrende Schritt Germanos zurück.] Wenn Ascanio dem Mönche die Wirklichkeit ausreden wollte, so brachte sie ihm der klirrende Schritt des nahenden Germano zum Bewußtsein. D^J

68.16 du] Du D^J

68.23 Nicht] Wahrlich nicht D^J

68.27 behauptete] versicherte D^J

68.28 Kopfe] Haupte D^J

68.33 Du redest in einem fort] Du sagst immer dasselbe D^J

68.34 Was hast du vor? Wie] Was gibst du, wie D^J

69.3 Der Streich] Die Überraschung D^J

69.4 besonnen] sich besinnend D^J

69.5 ängstlichen] geängstigten D^J

69.7 horchte] lauschte D^J

69.12 zischelte] flüsterte D^J

69.13 noch vor] und D^J

69.14 ist von] ist daneben von D^J

69.16 sagte] betonte D^J

69.16–18 Der Wille, seine himmlische oder irdische Lust tapfer zu überwinden, erstarkte] Der gute Wille, seine Lust, ob sie himmlisch oder irdisch sei, tapfer zu überwinden, erstarkte D^J

69.23 freit, um fremdes Unrecht] gefreit, um das Unrecht einer Schwester D^J

69.33 mein Bruder Astorre] der Mönch, mein Schwager D^J

69.34 Teil] Teile D^J

70.3 wann] wenn D^J

70.6f. der Rüstung gekommen und sie kleidet] den Riemen gekommen und sie kleiden D^J

70.9 Sturmleiter in] Sturmleiter seiner plötzlichen Werbung in D^J

70.11 stehen», meinte] kommen», versetzte D^J

70.17 Spielplatz] grünen Spielplatz D^J

70.17 Kinder] Kinder seiner Jugendfreunde D^J

70.18 seine Jugendfreunde] diese D^J

70.22 die] seine D^J

71.13 dämmernder] dunkelnder D^J

71.14 hielten sie] verhielten sie sich D^J

71.25 Erbarmen] Mitleid D^J

72.24 ebenso wenig] ebensowenig D^J

72.27 dunkelm] dunkelndem D^J

72.35 vergessen] vergangen D^J

73.3–5 Diana mit Astorre, du mit mir, so euch entgegenkommend, werdet ihr Weiber euch die Hände geben.»] Du an meiner und Diana an der Hand Astorres, so euch entgegenkommend, werdet ihr Weiber euch leicht versöhnen.» D^J

73.6–8 Das empfindliche Gemüt des lauschenden Mönches verwundete diese rohe Gleichstellung des Mißhandelns und des Leidens, der Schlagenden und der Geschlagenen –] Der atemlos lauschende Mönch stieß sich an dieser rohen Gleichstellung der Schlagenden und der Geschlagenen, der Schuldigen und der Schuldlosen – D^J

73.9 Natter? –] Natter? D^J

73.11 da die] da zugleich die D^J

73.13 redete] sprach D^J

73.18 Germano dachte] Offenbar dachte Germano D^J

73.20 seine] eine D^J

73.21 Schlange? –] Schlange? D^J

73.23 verstehst] verstehest D^J

73.23 mißmutig] verdrießlich D^J

73.26 bangen] flehenden D^J

73.27 zarte] dunkle D^J

73.28 er.] er. ... D^J

73.28f. Schweigen.] Schweigen. ... D^J

73.33 Jetzt riß Germano die Geduld.] Jetzt ging Germano die Geduld aus. D^J

73.34 brach er los] grollte er D^J

74.1 wiegte] schaukelte D^J

74.4 ebenso] eben so D^J

74.12f. leicht in einem anstoßenden Gelasse gemurmelte Gebete hätte vernehmen können.] leicht die in einem anstoßenden Gelasse unter der Stimme gemurmelten Sätze einer Seelenmesse hätten vernehmen können. D^J *Diese und die übrigen Änderungen im Abschnitt 74.10–18 und 75.16f. veranlaßt von Fridolin Hoffmann, Redaktor in Köln, der am 9. Januar 1884 Haessel auf die sachliche Unrichtigkeit hinwies, daß ein Barfüßer am Abend eine Messe lese. Haessel sandte am 15. Januar Hoffmanns Brief an Meyer.*

74.14 morgen] heute D^J

74.15–18 Nach überschrittener Mitternacht sollte in Gegenwart der Witwe und der Waise die Seelenmesse gelesen werden. Schon hatte sich der Priester eingestellt, den Ministranten erwartend.] *fehlt* D^J

74.19–21 Ebenso wenig als das unterirdische Gemurmel vernahm das Paar die schlurfenden Pantoffeln der Madonna Olympia, welche die Tochter suchte und nun] Ebenso wenig hatten sie die schlurfenden Pantoffeln der Madonna Olympia vernommen, welche die Tochter gesucht hatte und nun D^J

74.22 die Liebenden] das Liebespaar D^J

74.29f. einfache mütterliche Freude] einfache Zärtlichkeit und mütterliche Freude D^J

75.15 warf] wagte D^J

75.16f. Licht einer Kerze betete ein Barfüßer] Lichte weniger Kerzen wurde Messe gelesen von einem Barfüßer D^J

75.20 durch göttliche Schickung] *im Druckmanuskript für* D^J: divinitus. *Die Änderung nach dem Vorschlag Rodenbergs (an Meyer, 4. November 1883):* Sagen wir nicht lieber: «durch göttliche Schickung?» Das Publikum versteht es doch besser.

75.20 beten] murmeln D^J

75.25 lachte er,] lachte er innerlich, D^J

75.26 fiel] verflüchtigte sich D^J

75.27 über das zweite?] die zweite, dritte, vierte? D^J

75.29 sie, mehr] sie mehr, D^J

76.2f. denn der Mann Astorre hat niemals den Leib] denn Astorre hat niemals mehr den Leib D^J

76.5 vielleicht derselbe Beutel] der Beutel D^J

76.7 für Diana den Ehereif] die Ringe D^J

76.8 Daß aber anfänglich der Priester sich sperrte,] Daß sich aber der Priester anfänglich gesperrt hat, D^J

76.10f. verzerrten und entsetzten] gequälten und verzerrten D^J

76.12 werde, daß] wurde, und daß D^J

76.13f. und der Rache] oder der Rache D^J

76.14 der Verratenen] einer Verratenen D^J

76.14 sich die] sich heute die D^J

76.15 Gemahls] Gemahles D^J

76.17 nahenden Schritt] leisen Tritt D^J

76.19 Gequälte] Geängstigte D^J

76.20 Meine Sänfte] meine Sänfte D^J

76.30 großen Treppe] großen zum Palasttore führenden Treppe D^J

76.32 ihr] sogar ihr D^J

76.32 besorgten] behenden D^J

76.33f. der, ohne Nachricht gelassen und von Unruhe getrieben, auf Kundschaft] der in Sorge um das Ende der Werbung Germanos auf Kundschaft D^J Statt Werbung *im Druckmanuskript für* D^J: Freite. *Die Änderung nach dem Vorschlag Rodenbergs (an Meyer, 4. November 1883):* Besser: «Werbung», da «Freite» schon einmal, ganz kurz vorher, gewesen ist.

77.1 Ein Unglück] Ein gräßliches Unglück D^J

77.2 Tiere] Tier D^J

77.4f. von der stehen gebliebenen Ampel] von dem stehen gebliebenen Licht D^J

77.6–8 Wie er sich darin umblickte, wurde die Tür der Hauskapelle geöffnet und zwei schöne Gespenster entstiegen der Tiefe. Der Mutige begann zu zittern.] Eintretend sah er zwei schöne Gespenster aus dem Boden steigen. Er erbebte. D^J

77.10 und trägst] und du trägst D^J

77.14 es aus] es nach einer Weile aus D^J

77.23 der Vogt] Ezzelin D^J

77.25 gegeben] geschenkt D^J

77.31 vermute] glaube D^J

77.35f. «Es tut nicht weh», oder: «Es geht vorüber»] «Es geht vorüber», oder: «Es tut nicht weh» D^J

78.1 schmerzliche] schmerzliche und gefährliche D^J

78.2 einzuleiten] vorzubereiten D^J

78.7 gütigen] *fehlt* D^J

78.17 redlichen] treuen D^J

78.22f. Germano den Verrat des Mönches zu melden] den Verrat des Mönches Germano zu melden D^J

78.29 Astorre,] *fehlt D^J*

78.30–32 Die am Altare Frevelnde hatte mit einer schuldlosen Seele auch die natürliche Beherztheit eingebüßt.] Jetzt da sie vor dem Altar an Diana gefrevelt, hatte sie mit einer schuldlosen Seele auch einen Teil ihrer natürlichen Beherztheit eingebüßt. *D^J*

78.32f. ermutigte] verwilderte *D^J*

79.15 Treue!»] Treue! Nicht alle jedoch: es gibt einen Schlauen unter ihnen.» *D^J*

79.21f. seit einigen] einige *D^J*

79.25 Antiope umklammerte] Antiope aber umklammerte *D^J*

79.27 keine Stunde] Keine Stunde *D^J*

80.9 O trenne] Trenne *D^J*

80.15 Hüfte] Seite *D^J*

80.19 enge] *fehlt D^J*

80.23 erhellten] beleuchteten *D^J*

80.24 die dunkle] die enge dunkle *D^J*

80.26 von] ebenfalls von *D^J*

80.27 Gezänk] Geschrei *D^J*

80.32f. regte sich nicht] blieb unendlich ruhig *D^J*

80.35 schirmend] schützend *D^J*

81.4f. erstaunten und bestürzten] bestürzten und entsetzten *D^J*

81.29 neues Weib] neues, fremdes Weib *D^J*

82.3 seines Adels] eines verdorbenen Adels *D^J*

82.9–11 «Ich tadle», sagte er, «daß du sie gestern nicht auseinander gerissen hast! Ich lobe, daß du sie bewachst! Die Vermählung mit Diana besteht zu Recht.] «Ich lobe», sagte er dann, «daß du sie bewachst! Ich tadle, daß du sie gestern nicht auseinander gerissen hast. Das Verlöbnis mit Diana besteht zu Recht. *D^J*

82.17 Du gabest sie ihm!] *fehlt D^J*

82.30 doch] aber *D^J*

82.32 sagte] erwiderte *D^J*

82.33 entziehen] entreißen *D^J*

82.33f. leben] länger leben *D^J*

82.35 tritt] getreten hat *D^J*

83.1f. in einem gellenden Gassenhauer vertönt?] zum Gassenhauer entartet ist? *D^J*

83.2f. Ich – was an mir liegt – friste dem Wankelmütigen und Wertlosen das Dasein.] Doch – was an mir liegt – friste ich dem Treubrüchigen und Wertlosen das Leben. *D^J*

83.4 bestimmt] verfallen *D^J*

83.8 Geschichte.] Geschichte: *D^J*

83.12 Knabe] Ephebe *D^J*

83.15 sündig] *im Druckmanuskript für D^J:* ehebrecherisch. *Die Änderung auf Veranlassung Rodenbergs (an Meyer, 4. November 1883):* Da der Sinn sich unzweifelhaft aus dem Zusammenhang ergibt, will ich es Ihnen anheimstellen, das unangenehme Wort zu kassieren. Folgen Sie, bei der Korrektur, Ihrem Gefühl.

83.16f. und den neidischen Sticheleien derer,] und den Sticheleien der neidischen andern, D^J

83.17f. oder Verwandten] *fehlt* D^J

83.21 entrissen] abgepreßt D^J

83.21 Die] Seine D^J

83.21f. vergiftete seine junge Seele.] empörte ihn dann und nagte an seinem jungen Herzen. D^J

83.26–28 Ezzelin verbarg das Haupt eine Weile mit der Rechten und betrachtete den Untergang seines Sohnes. Dann erhob er es langsam und fragte:] Der Tyrann brütete eine Weile über dem Schicksale seines Sohnes, dann erhob er langsam das Haupt und fragte gedehnt: D^J

83.31f. ins Kloster] in ein Kloster D^J

83.35f. doch da sie sich in einen allgemeinen Schrei vereinigen wollten,] aber ehe sie in einen allgemeinen Schrei sich vereinigten, D^J

84.1 eine seltsame] die seltsamste D^J

84.4–7 Aufritt bequem beobachten: Sarazenen auf schlanken Berbern, den Mönch Astorre und sein junges Weib, die von Maultieren getragen wurden, umringend. Die neue Vicedomini ritt verhüllt.] Aufritt der Sarazenen mit ihren schlanken Berbern, in deren Mitte der Mönch Astorre und sein junges Weib auf Maultieren saßen, bequem beobachten. Die Vicedomini ritt verschleiert. D^J

84.7 wie] da D^J

84.8 leidenschaftlich] *fehlt* D^J

84.9 liebende] leidenschaftliche D^J

84.10 Reiz] Liebreiz D^J

84.14 gefestet und gefeit] durch die Liebe gefeit D^J

84.17 den zweiten] einen zweiten D^J

84.18 einer andern] der entgegenliegenden D^J

84.19 zahlreich] von einer zahlreichen Dienerschaft D^J

84.26 Turm und] Turm Ezzelins und D^J

84.26–29 Er hatte darauf der Schwester den Frevel des Mönches, welchen er ihr lieber bis nach genommener Rache verheimlicht, offenbaren müssen und sich] Er hatte dann der Schwester den Verrat des Mönches geoffenbart, welchen er ihr lieber bis nach genommener Rache verheimlicht hätte, und sich D^J

84.31 schweren] *fehlt* D^J

84.35 Verrat] Frevel D^J

85.3 erschienen] standen D^J

85.3 der] welcher D^J

85.4 nackten] schlichten nackten D^J

85.7 verschlungen] geschlungen D^J

85.10 zwischen zwei] zwischen den zwei D^J

85.12 Treubruch] gebrochene Treue D^J

85.21f. durch eine] durch mehr als eine D^J

85.23 durch unselige Verblendung und strafbare] in Folge unseliger Verblendung und strafbarer D^J

85.25 Kräften,] Kräften zusammen, D^J

85.29 drei] *fehlt* D^J

86.7 entwirren und schlichten] schlichten und beilegen D^J

86.8 bestündet] besteht D^J

86.8f. so müßte ich auch mich und mich zuerst verurteilen] muß ich mich selbst zuerst verurteilen D^J

86.10 Diese ungewöhnliche Rede] Dieser unerwartete Eingang D^J

86.11 ansprach] anredete D^J

86.15f. Verlöbnis. Unbegründet] Verlöbnis jäh, unbegründet D^J

86.18 eine schwere] eine ebenso schwere D^J

86.23 schilt und schlägt] schalt und schlug D^J

86.24f. gekränkt] verkürzt D^J

87.1 alte] alte, D^J

87.3 Gefallen] Gefallen, D^J

87.4 Doch] Aber, D^J

87.5 sühnen anders] anders sühnen D^J

87.10 Biete] biete D^J

87.20 selig.] selig: D^J

87.25 von] zu D^J

87.28 doch] aber D^J

88.5 ich, und damit] ich. Damit D^J

88.15 Hierauf] Dann D^J

88.21 Machtgebärde] Herrschergebärde D^J

88.22–24 «Sohn, willst du den öffentlichen Frieden brechen?» mahnte jetzt auch der alte Pizzaguerra. «Mein gegebenes Wort enthält und verbürgt auch das deinige. Gehorche! Bei meinem Fluche!] «Sohn, gedenkst du den öffentlichen Frieden zu brechen?» verbot jetzt auch der alte Pizzaguerra. «Mein väterliches Wort enthält und verbürgt auch das. Bei meinem Fluche! D^J

88.27 hin. «Doch auch] hin, «und auch D^J

88.28 verwehren] verbieten D^J

88.34 wann] wenn D^J

89.2 ruft die Tuba.] wird die Tuba tönen. D^J

89.4 Handschuh.] Handschuh wieder. D^J

89.6 gebrochene Treue] das gebrochene Gelübde D^J

89.13f. Wie möget Ihr länger das Schauspiel unserer Schande geben?» Er riß] Wie möget Ihr den Herrschaften länger das Schauspiel Eurer Schande geben?» und er riß D^J

89.17f. Vater und Bruder] den Vater und den Bruder D^J

89.19 habe] hätte D^J
89.27 entwischtes] entronnenes D^J
89.27 sich das] sich unmerklich das D^J
89.31 Diese] Diana D^J
89.32 Hier] Dieser D^J
89.32 trägt] trägt noch D^J
89.33 vergessen.] hier stecken lassen. D^J
89.35 an mir versündigt] gegen mich vergangen D^J
89.35 gut] sanft D^J
90.2 Komme] Nahe dich D^J
90.4 Antiope] Die einst so beherzte Antiope D^J
90.6 stürmisch] leidenschaftlich D^J
90.16 bei uns] fehlt D^J
90.18f. verächtlich. Wieder wendete sie sich gegen Antiope.] verächtlich: «Ich
    verkehre mit keinem Treubrüchigen.» Sie wendete sich gegen Antiope. D^J
90.21 denke daran:] vergiß nicht: D^J
90.23 Du meinst] Meinst du D^J
90.23 Du führst] Führst du D^J
90.24 da ihm jetzt] als ihm D^J
90.26 Beteurung] Beteuerung D^J
90.27 «Und] Ezzelin glaubte ihr. «Und D^J
90.28 bitter] fehlt D^J
90.34f. und machst aus einer gefährlichen Geschichte ein reizendes Märchen] und
    verwandelst eine schlimme Geschichte in ein reizendes Märchen D^J
91.3 Er trat] Dann trat er D^J
91.5 Neugierde] Neugier D^J
91.6 vor ihn Beschiedenen] vor ihm Erschienenen D^J
91.11 nicht berührt wird.] außer Spiel ist. D^J
91.18f. Es verrieselte und verrann.] Dann verrieselte und verrann es. D^J
91.21 Dann endigte er in raschen Sätzen.] fehlt D^J
91.23 um Mittag] zu noch nicht später Stunde D^J
91.24 rechtzeitig] abends rechtzeitig D^J
91.27 Dorthin] Denn dorthin D^J
91.31 kurzem eine] kurzem, eigenmächtig genug, eine D^J
92.3 verwegenen] gewalttätigen D^J
92.8 geplanten] in Aussicht genommenen D^J
92.11f. kaum vor] kaum, oder nicht mehr vor D^J
92.12f. Sein Gefolge weit hinter sich lassend, schnell wie ein Gespenst, flog er
    über die nächtige Ebene.] Wie ein verspätetes Gespenst flog er mit flattern-
    dem Mantel über das nächtige Feld. D^J
92.14 Doch er wählte seinen Weg und umritt vorsichtig einen wenig] Aber er
    beachtete seinen Weg wohl und umritt selbst vorsichtig einen wenig D^J

92.16-22 er verhinderte das Schicksal, seine Fahrt zu bedrohen und seinen Hengst zu stürzen. Wieder verschlang er auf gestrecktem Renner den Raum, aber Paduas Lichter wollten noch nicht schimmern.

Dort, vor der breiten Stadtfeste der Vicedomini, während sie sich in rasch wachsender Dämmerung schwärzte, hatte sich das trunkene Volk versammelt. Zügellose] er suchte das Schicksal zu verhindern, seinen Hengst zu stürzen und seine Fahrt zu bedrohen.

Während der Renner in gestrecktem Laufe den Raum verschlang und Paduas Lichter immer noch nicht schimmern wollten» – so endigte in raschen Sätzen Dante seine Fabel – «schwärzte sich die breite Stadtfeste der Vicedomini in der rasch wachsenden Dämmerung. Zügellose D^J

93.8 die angezündeten] die eben angezündeten D^J

93.9 loderten, mit der letzten Tageshelle streitend.] zu lodern begannen und mit der letzten Tageshelle stritten. D^J

93.13 endlich] jetzt D^J

93.15-18 männlichen Begleitern abgedrängt und lüstern gehänselt, ungerächt von dem Schwertstiche, der an gewöhnlichen Abenden die Frechheit sofort gestraft hätte.] männlichen Beschützern abgedrängt und von den Studenten lüstern gehänselt, eine Frechheit, welche diese an gewöhnlichen Abenden sofort mit einem Schwertstiche gebüßt hätten. D^J

93.21f. hagerer Mensch] hagerer, abgelebter Mensch D^J

93.23f. verbuhlt, «du bist eine andere! Ich erkenne dich. Hier] verbuhlt, «sondern die der Salzflut Entstiegene! Hier D^J

93.27f. und verabscheue die Kleriker] und bemenge mich nicht mit Klerikern D^J

93.29f. auf der Stelle] in demselben Augenblicke D^J

93.30-35 Wimmernd hob der Elende die Hand und zeigte seinen Schaden. Sie war durch und durch gestochen und überquoll von Blut: das ergrimmte Mädchen hatte hinter sich in den Köcher gelangt – den entwendeten Jagdköcher ihres Bruders – und mit einem der scharf geschliffenen Pfeile die ekle Hand gezüchtigt.] Der Bestrafte hob eine blutige Hand und zeigte dem Volke wimmernd seinen Schaden. Diese war durch und durch gestochen wie die durchbohrte eines Crucifixus: das mutige Weib hatte hinter sich in den Köcher gelangt – den entwendeten Jagdköcher ihres Bruders – einen Pfeil ergriffen und die ekle Hand gezüchtigt. D^J

94.1 Schon] Aber schon D^J

94.1 rasche] *fehlt* D^J

94.2-4 Eine alle erdenklichen Widersprüche und schneidenden Mißtöne durcheinander werfende Musik] Eine alle erdenklichen Mißtöne und Widersprüche vereinigende Musik D^J

94.4 Zanke] Streite D^J

94.7f. kratzte, paukte, pfiff, quiekte, meckerte und grunzte vor] kratzte, pfiff, paukte, meckerte und grunzte vor D^J *Statt* grunzte *im Druckmanuskript für*

D^J: grölte. *Die Änderung auf Anregung Rodenbergs (an Meyer, 4. November 1883):*
Der letzte Ausdruck gefällt mir gar nicht, zumal gleich nachher «johlte»
kommt. Sehn Sie doch, ob Sie nichts andres dafür finden, vielleicht «und
grölte» ganz weglassen.

94.9 abenteuerlichen] seltsamen D^J

94.11 zerfetzter] zerrissener D^J

94.13f. im Schlamm der Gasse] in der gemeinsten Lust D^J *Im Druckmanuskript für*
D^I *hatte Meyer zuerst in* im Kote der Gasse *geändert (an Fritz Meyer, 16. Juli 1884).*

94.16 gellenden] durchdringenden D^J

94.18 Über ein Kurzes] Heute nacht D^J

94.19 unbändiges] gellendes D^J

94.25 verletztest] beleidigest D^J

94.25 beleidigst] verletzest D^J

94.30 «Bei meinen Todsünden», jubelte Serapion, «das tun wir!] «Beim Daumen
des Papstes», johlte Serapion, «das tuen wir! D^J

94.34 Lumpen] Fetzen D^J

95.2 Teil] Teile D^J

95.3 wurde] wurde inzwischen D^J

95.4-6 gekleidet und geschmückt, während Astorre den nicht enden wollenden
Schwarm der Gäste oben an den Treppen empfing.] gekämmt und geschmückt. Astorre, welcher den nicht endenden Schwarm der Gäste oben an
den Treppen empfing, hatte sie für eine Weile verlassen. D^J

95.7 bangen] ängstlichen D^J

95.8 neidischen] gleichgültigen oder neidischen D^J

95.10f. Weib zu der Dienerin, die ihr die Haare flocht, «du] Weib bange, «du D^J

95.11 hast meinen Wuchs] bist ungefähr von meinem Wuchs D^J

95.13 demütig! Verbeuge] demütig! Geschwind! Verbeuge D^J

95.16 weg! Nur] weg! Meinetwegen. Nur D^J

95.17f. «Nimm und behalte alles, was ich Köstliches trage!»] «Behalte alles Gewand und Geschmeide, was du, dich vor jener verneigend, auf dem Leibe
tragen wirst!» D^J

95.22 verbot] schalt D^J

95.25 strengen] gestrengen D^J

95.25 geliebten] ungehorsamen D^J

95.32 erschrak vor der] erschreckte die D^J

95.32-35 Nichts lebte darin als die Angst der Augen und der Schimmer der zusammengepreßten Zähnchen. Ein roter Streif, der Schlag Dianens, wurde auf
der weißen Stirne sichtbar.] Nichts lebte darin als die Augen und der Schimmer der durch ein unheimliches Lachen halb entblößten Zähnchen. Der
Schlag Dianens wurde auf Antiopes Stirne sichtbar. D^J

96.2 klopfenden] fiebernden D^J

96.4 gejagt] getrieben D^J

96.4 Furcht. Sie] Furcht und D^J

96.7 Bald unterschied sie] Sie unterschied bald D^J

96.12 öffentliche Demütigung, sondern Demut] die öffentliche Demütigung der Schuldigen, sondern die Demut D^J

96.14 Halbdunkel] Dämmerlicht D^J

96.15 preßte sie hervor] bat sie hastig D^J

96.18 fieberte die Unselige.] preßte das junge Weib mit kreischendem Tone hervor. D^J

96.22f. trieb? Wie wenig ist ein gekrümmter Finger! Cangrande, du hast mich der Ungerechtigkeit bezichtigt. Ich entscheide nicht.] trieb? Ich halte sie dessen für unfähig. D^J

96.27f. dem Finger den Ring zu entreißen] der Göttin den Ring gewaltsam zu entreißen D^J

96.29 einen] den D^J

96.31 sich] sich halb D^J

96.32 Genick] Nacken D^J

96.33 der nach] der jetzt nach D^J

97.1 sehnlich] *fehlt* D^J

97.2–4 Mit einem erstickten Schrei warf er sich neben sie nieder und zog ihr den Pfeil aus dem Halse. Ein Blutstrahl folgte. Astorre verlor die Besinnung.] Dem Pfeile, welchen er aus dem weißen Nacken zog, folgte ein spritzender Blutstrahl. Er auch verlor die Sinne. D^J

97.5 Ohnmacht] Betäubung D^J

97.11 Wut] Raserei D^J

97.14 dem Pfeil] dem blutigen Pfeil D^J

97.19 Da —] *ohne Alinea* D^J

97.21 Tür] Türe D^J

97.22 Ezzelin] Ezzelino D^J

97.23 ehrfürchtig] *fehlt* D^J

97.23–27 Diesen Augenblick ergriff der rasende Mönch und stieß dem Ezzelin Entgegenschauenden den Pfeil in die Brust. Aber auch sich traf er tödlich, von dem blitzschnell wieder gehobenen Schwerte des Kriegers erreicht.] Der Mönch aber ergriff den Augenblick und stieß dem Ezzelin Entgegenschauenden den Todespfeil durch das Herz mit einer solchen Gewalt, daß er selbst in das von dem Berührten blitzschnell wieder gehobene Schwert stürzte. D^J

98.28–31 Germano war stumm zusammengesunken. Der Mönch, von Ascanio gestützt, tat noch einige wankende Schritte nach seinem Weibe und bettete sich, von dem Freunde niedergelassen, zu ihr, Mund an Mund.] Germano war still zurückgesunken, während der Mönch, von Ascanio gestützt, noch einige wankende Schritte tat, um sich neben sein Weib betten zu lassen, Mund gegen Mund. D^J

97.32 umstanden die Vermählten] umstanden schweigend die toten Vermählten D^J

97.32f. Ezzelin betrachtete den Tod. Hernach ließ] Der Tyrann betrachtete sie ohne Überraschung, dann ließ D^J

97.34–98.1 In der Stille klang es mißtönig herein durch ein offenes Fenster. Man verstand aus dem Dunkel:] Durch ein ins Freie gehendes offenes Fenster scholl eine mißtönige Musik herein. Dann wurden durch die Stille der Nacht ausgerufene Worte vernehmbar. Von einem großen Zwischenraume gedämpft, aber noch deutlich, Silbe um Silbe, wie eine weiland begegnete Geschichte, wie der Inhalt einer Grabschrift, lautete es: D^J

98.2 Und ein] Dann ein D^J

98.4 das Glück] den Frieden D^J

98.4f. Der Herr des Friedens behüte] Er beglücke D^J

98.6 geöffnet] behende geöffnet D^J

98.7 einer fackelhellen] einer im Hintergrunde liegenden fackelhellen D^J

98.8 langsam] langsam und ermüdet D^J

ANMERKUNGEN

7.9 Cangrande] *Cangrande della Scala, Condottiere, Herrscher von Verona, 1291– 1329. Siehe S. 257–259.*

7.26 astrologische Kammer] *Über die Bedeutung der Astrologie in der Renaissance vgl.* BURCKHARDT 6. *Abschn., 4. Kap. u. ö. Siehe auch Anm. zu 39.27f.*

8.8 der Hofnarr] *Siehe S. 257–259.*

8.25 Ascanio] *Erfundene Gestalt. Der Name findet sich in* BORGIA *S. 94,120 u. ö., ferner in der Autobiographie Benvenuto Cellinis, einem Lieblingsbuche Meyers (vgl.* FREY *S. 294).*

9.3f. den entkutteten Mönch] *Loslösung aus dem Mönchsstand ein Lieblingsmotiv Meyers: Gertrude in* Plautus, Jutta *in* Engelberg, *Hans der Armbruster im* Heiligen, *Hauptmotiv in der geplanten Novelle* Die sanfte Klosteraufhebung, Luther *in* Hutten *(Ein sächsisch Mönchlein aus der Kutte schloff), die Gedichte* Agnes und ihre Nonnen, Die Novize *usw. Vgl.* Heinrich Henel, The Poetry of Conrad Ferdinand Meyer, Madison 1954 *(das Kapitel* The wedded monk*).*

9.8 Germano] *Erfundene Gestalt.*

9.10 Manuccio] *Herkunft des Namens unbekannt. Die Stelle erinnert an den dem Kloster entsprungenen Armbruster im* Heiligen.

9.15 Helena Manente] *Der Name vielleicht aus* SCHIRRMACHER *(II, 22), wo ein Graf von Manente erwähnt wird. Die Stelle erinnert an Gertrudens Kreuztragung im* Plautus *(Bd. 11, S. 160).*

10.5f. der Apostel, wo er schreibt —] *Röm. 14,23:* Was aber nicht aus dem Glauben gehet, das ist Sünde.

11.19 Der Stein, welcher sie trägt —] *Möglicherweise Reminiszenz an* BURCKHARDT *3. Abschn., 2. Kap., wo von Poggio berichtet wird, daß er Inschriften studierte, welchen er durch alles Gestrüpp hindurch nachging.*

11.29 Astorre] *Siehe S. 261f. Der Name auch in* BORGIA *S. 66, 161 u. ö.*

11.30 Azzolinus] *Diese Latinisierung des Namens in den Quellen nicht zu treffen, wohl nach der bei Dante gebrauchten Form Azzolino gebildet. Über Ezzelin siehe S. 262 bis 264.*

12.10 Neun Zehntel —] *Meyer denkt hier wohl in erster Linie an die bei* GRAEVIUS *wiedergegebenen vernichtenden Urteile von Geistlichen über Ezzelin (siehe S. 264).*

12.19f. wie du ihn in deinem zwölften Gesange —] COMMEDIA *Inf. 12, 109:*
E quella fronte c'ha il pel così nero
È Azzolino ...

13.6 Umberto Vicedomini] *Erfundene Gestalt. Der Name Vicedomini bei* SCHIRR-MACHER *IV, 82;* RAUMER *IV, 78;* GREGOROVIUS *9. Buch, 6. Kap., 1. Abschn. Als Titel des kaiserlichen Vogts* RAUMER *V, 129.*

13.6 Diana Pizzaguerra] *Erfundene Gestalt. Der Name Pizzaguerra in* BORGIA *S. 236.*

13.18 Mit eingezogenen Rudern —] *Bei der Schilderung des Bootsunglücks mag der Dichter an die Beschreibung eines Bildes von Aurel Robert durch J. R. Rahn gedacht haben (J. R. Rahn, Aurel Robert, Neujahrsblatt der Künstlergesellschaft in Zürich für 1874, S. 9): Den Gegenstand bildet ein Ereignis, das sich vor etwa zehn Jahren auf dem Wasserfalle von Terni zutrug. Drei Mönche, welche oberhalb desselben in einer Barke übersetzen wollten, wurden von der Strömung ergriffen, welcher der jugendliche Fährmann nicht gewachsen war. Der dargestellte Moment ist nun eben der, wo die Unglücklichen in den Schlund herunter stürzen. Ein zweites Bild Roberts über denselben Gegenstand beschreibt Rahn dann folgendermaßen: Der Kahn hat eben das Gefälle erreicht, jäh sich aufbäumend aus wilder Flut ragt noch die Spitze hervor, auf der zwei lebenskräftige Gestalten verzweifelt um Rettung kämpfen, ein junger Mönch, der hoch emporgerichtet nach einem Strauche hascht, und vor ihm ein Knabe, der laut aufschreiend und hastig vorgreifend dasselbe Ziel zu erreichen hofft. Vergebens – unaufhaltsam treibt alles dem Schlunde zu. Ein Mönch, den Tod im Angesichte, stürzt ohnmächtig zusammen, zu unterst aus tiefer Brandung starrt noch ein Alter hervor, er hat seine Rechnung geschlossen, vom Mantel umhüllt, saust er stumpf in die Tiefe hinab. Die ganze Komposition ist ein Muster einfach großartiger Linienführung, eine gewaltige Pyramide, deren Spitze der Mönch mit seinem hochwallenden Mantel bildet. Tiefer, im sausenden Gefälle wird die Stimmung eine gelöstere, Erschöpfung und Todesfriede folgen dem grausigen Ringen, über dem ein Vogel, der einzige Zeuge, in majestätischem Fluge dahinschwebt. Meyer, dem Rahn das Neujahrsblatt geschickt hatte, schrieb dazu (an Rahn, 4. Januar 1874): das Unglück auf dem Wasserfall von Terni ist die gelungenste Tirade, die ich von dir kenne. Man bekommt gleich Lust, sie dir wegzunehmen.*

17.30 dem fünffach gebannten Tyrannen] *Gegen Ezzelin wurde 1252 vom Papst der Bann ausgesprochen. Das «fünffach» dürfte Erfindung Meyers sein.*

18.10 Daß er diesen —] *Das Motiv, daß ein Vater den Sohn zwingt, der geistlichen Laufbahn zu entsagen, ist auch in einer Novelle von Alfred Meißner zu treffen* (Alfred Meißner, Novellen, 1. Band, Italienische Historien, Leipzig 1872*). In der Erzählung* Der Chevalier von Senecé *heißt es hier S. 197:* Als der Vater merkte, daß aus dem endlosen Spiel mit Messelesen und Predigten Ernst werden konnte und sein Sohn, der das Orsini'sche Geschlecht fortzusetzen bestimmt war, am Ende gar, zu Jahren gelangt, sich in den Orden begeben möchte, hatte der Knabe die Kutte ablegen müssen, was diesen in die tiefste Trauer versetzte. *Meyer, der Meißner kannte und mit ihm in Briefverkehr stand, hat die Novelle zweifellos gekannt.*

19.6 Serapion] *Erfundene Gestalt.*

19.19 Germanen und einen greisen Sarazenen] *Deutsche und sarazenische Söldner im Dienste Ezzelins erwähnt bei* SCHIRRMACHER *III, 12.*

19.24f. seines Schwiegers, des Kaisers Friedrich] *Die zweite der vier Frauen Ezzelins war Selvaggia, eine der unehelichen Töchter Friedrichs II. (*RAUMER *III, 616 und Stammtafel IV, 599).*

20.23f. «Ich zwar habe mit der Kirche —] *Bei ihm (Ezzelin) war es nicht auf billigen Schutz angeblicher Ketzer abgesehen, sondern auf eine Vertilgung alles äußeren Christentumes, wie er das innere längst in sich vertilgt hatte (*RAUMER *IV, 387f.).*

22.35 Isaschar] *Erfundene Gestalt. Daß die Ärzte in jener Zeit oft Juden waren, schreibt* RAUMER *(V, 361; VI, 617). Der Name Isaschar ist biblisch (1. Mos., 30,18).*

24.18 sagte Ezzelin und wühlte —] *Die Gebärde Ezzelins stimmt auffallend mit derjenigen des Moses von Michelangelo überein.*

25.6 Von dem heiligen Antonius] *Antonius von Padua, geb. 1195 in Lissabon, gest. 1231 in Arcella bei Padua, 1232 heilig gesprochen.*

25.12 «Haben wir doch die Reliquie —] *Anregung zu dem Schwank wohl von* RAUMER *(III, 465):* Er *(Antonius)* war unwissend, meinte aber durch mystische Tiefe alle Weisheit der Menschen zu überbieten. Als ihn diese desungeachtet nicht hören wollten, so predigte er den Fischen; sie kamen, hörten, schüttelten zum Zeichen des Beifalls mit den Köpfen und wollten nicht eher wegschwimmen, als bis sie den Segen empfangen hatten. Später fehlte es ihm weder an Zuhörern noch an unzähligen Wundern ähnlicher Art. *Vgl.* SCHIRRMACHER *II, 303:* ... Antonius von Padua, der zuletzt den Fischen predigte. *Aus* Follens *Bildersaal (II, 258) kannte Meyer das Gedicht von Abraham a Santa Clara* Die Fischpredigt.

26.17 Wenn das Volk nach seiner rasenden Art —] *Die Szene ist in den Quellen nicht wörtlich zu belegen, doch ist von Judenverfolgungen häufig die Rede:* BURCKHARDT *Abschn. III, Kap. 3 (die dogmatische Polemik gegen die Juden), Abschn. VI, Kap. 2 (ein Herrscher sollte durch einen schwindelhaften Betrug zu einer Judenverfolgung gezwungen werden), Abschn. VI, Kap. 2 (ein Sittenedikt, in dem es u. a. heißt,* die Juden und Marannen, deren viele aus Spanien hergeflüchtet waren, sollten wieder ihr gelbes O auf der Brust genäht tragen.). *Ausführlicher bei* RAUMER *I, 67,503; II, 464; V, 344–361.*

29.9f. «Brich auf, christliche Seele!»] Proficiscere, anima christiana! *Teil eines katholischen Sterbegebetes, das vom Priester am Lager des mit dem Tode Ringenden gesprochen wird.*

29.16f. drückte ihm die Augen zu] FREY (S.134) *sagt, daß die Eigenheit Ezzelins in der* «Hochzeit des Mönchs», *den Verstorbenen die Augen zuzudrücken, sich aus Ricasolis Vorliebe für Leichenbegängnisse entwickelte. Vgl. 40.19f.*

31.33 Burcardo] *Die Figur gebildet nach dem historischen Johann Burkard, geb. in der Nähe von Straßburg, seit 1481 in Rom, Zeremonienmeister des Papsts, Verfasser eines Diariums. Über Burkard siehe* BORGIA *S.92 und besonders S.129f.:* Der Zeremonienmeister Burkard regelte bei allen Festlichkeiten, in welchen die Papsttochter im Vatican zu erscheinen hatte, die vorschriftliche Form. Er mochte ihr häufige Besuche abstatten, und sie selbst ahnte nicht, daß noch nach Jahrhunderten die Aufzeichnungen dieses Elsassers der Spiegel sein sollten, in welchem die Nachwelt die Gestalten der Borgia erblickt hat. Jedoch sein Tagebuch gibt keinen Aufschluß über das Privatleben Lucrezias, denn davon zu berichten war nicht seines Amts. Nie gab es einen Diarienschreiber, der so kurz und bündig, so nüchtern und gefühllos die Ereignisse seiner Gegenwart beschrieben hat, welche den Stoff für einen Tacitus darboten. Daß Burkard nicht Freund dieser Borgia war, zeigt die Weise, in der er seine Berichte abgefaßt hat, die übrigens keineswegs Fälschungen sind. Aber dieser Mann verstand es, seine Empfindungen zu verbergen, wenn sie nicht überhaupt unter dem Formelkram seines Amts längst vertrocknet waren. Er ging als eine Maschine des Zeremoniells täglich im Vatican aus und ein und behauptete dort unter fünf Päpsten seine Stellung. *Vgl. auch* GREGOROVIUS *XIII, 4, 5; XIII, 5, 3 und besonders XIII, 6, 5:* Er scheint sie *(die Tagebücher)* zu seinem eigenen Gebrauch und nicht amtlich niedergeschrieben zu haben. Aus der ganzen Regierung Innocenz' VIII. und der Alexanders VI. bis 1494 berichtet er fast nur Formalitäten. Von 1494 ab wird er geschichtlich. Er schreibt in einem rohen Latein, zeigt sich ohne Sinn für Wissenschaft und humanistische Bildung, ja ohne Talent: ein geistloser, offizieller Pedant.

33.13 Hirtenbriefes] *Siehe Anm. zu 41.7*

35.6 Es ist durchaus undenkbar —] *Siehe S.257–259.*

35.32 gleich dem ersten Menschen —] *Vgl.* RAUMER *VI, 285, wo aus der Kirchenlehre des Petrus Lombardus (gest.1164) zitiert wird:* Der Mensch ist gleich erwachsen geschaffen.

39.21 Stirbt der Kaiser —] *Eine Erhebung ganz Italiens gegen Ezzelin trat nach Friedrichs Tod (1250) nicht ein, wohl aber hatte Ezzelin gegen die päpstlich-guelfische Partei in Oberitalien Kämpfe zu führen, bei denen er auch den Tod fand (1259). Vgl. die folgende Anm.*

39.27f. Der gelehrte Guido Bonatti —] *Die Astrologie tritt mit dem 13.Jahrhun-*

dert plötzlich sehr mächtig in den Vordergrund des italienischen Lebens. Kaiser Friedrich II. führt seinen Astrologen Theodorus mit sich, und Ezzelino da Romano einen ganzen stark besoldeten Hof von solchen Leuten, darunter den berühmten Guido Bonatto und den langbärtigen Sarazenen Paul von Bagdad. Zu allen wichtigen Unternehmungen mußten sie ihm Tag und Stunde bestimmen, und die massenhaften Greuel, welche er verüben ließ, mögen nicht geringen Teils auf logischer Deduktion aus ihren Weissagungen beruht haben (BURCKHARDT 6.Abschn., 4.Kap.). Von Ezzelins Aberglauben spricht auch RAUMER (IV, 394 f.): Während der ersten Nacht nach seiner Gefangennehmung läutete man, vielleicht aus Freude über die Ereignisse, in einer benachbarten Kapelle und störte ihn sehr; da rief er zornig: «Geht und stecht den Priester nieder, welcher mit den Glocken so stürmt.» – «Herr», antwortete der Wächter, «Ihr seid im Gefängnis!» – «Wo ward ich gefangen?» fuhr Ezzelin fort. – «Bei Cassano.» – «Cassano und Bassano ist kein großer Unterschied: bei Bassano zu sterben ward mir geweissagt.» – Unzählige Male wiederholte er jetzt in zornigem Schmerze das Wort Cassano. ... Seitdem saß er schweigend und finster vor sich auf den Boden blickend, verschmähte Arzenei und Nahrung und riß, als dies zu langsam dem Tode entgegenführte (welchen er jenen Weissagungen zufolge für unvermeidlich hielt), die Binden von seinen Wunden. Am Morgen des 27.Septembers 1259, am eilften Tage nach seiner Gefangennehmung, fand man ihn umgesunken und tot in seinem Gefängnisse.

41.4 Ascanio rezitierte den apostolischen Brief —] *Die ganze nachfolgende Episode, die von Friedrich II. handelt, ist als ein Überbleibsel der ursprünglich geplanten Hohenstaufernovelle zu betrachten. Sie stimmt zum Teil überein mit dem Entwurf CFM 192.1 «Eine große Sünderin» zur Richterin (siehe S. 353 f.). Verwertet ist bei der Stelle vor allem* RAUMER *III, 636 ff. und* SCHIRRMACHER *III, 53 ff.*

41.7 Zuerst gab der dreigekrönte Schriftsteller —] *Vgl.* SCHIRRMACHER *III, 63:* Nicht lange ließ Gregor auf die Antwort *(auf Friedrichs Pamphlet gegen die Kurie)* warten. Am 21.Juni *(1239)* erging ein Zirkularschreiben an alle Prälaten zur Abwehr der kaiserlichen Anklageschrift, die, mit jenem verglichen, noch ein Muster des Anstandes und der Mäßigung genannt zu werden verdient. Der Eingang belehrt die Welt, daß das apokalyptische Tier der Lästerung niemand anders sei als der sogenannte Kaiser Friderich. «Aus dem Meere ist ein Tier aufgestiegen voll Namen der Lästerung, mit den Füßen eines Bären, dem Rachen eines wütenden Löwen und an den übrigen Gliedern einem Pardel gleich. Es öffnet seinen Mund zur Schmähung des göttlichen Namens und richtet giftige Pfeile wider das Zelt des Himmels und die dort wohnenden Heiligen. Mit seinen Klauen und eisernen Zähnen möchte es alles zerbrechen, mit seinen Füßen alles zertreten und erhebt sich nicht mehr heimlich, sondern öffentlich und von Ungläubigen unterstützt, gegen Christus, den Erlöser des menschlichen Geschlechtes, um dessen Bundestafeln mit dem Griffel

ketzerischer Bosheit auszulöschen ...» *Die entsprechende Stelle bei* RAUMER
III, 648.

41.21 Friedrich habe geäußert —] *Aus dem in der vorangehenden Anm. genannten*
Schreiben Gregors zitiert SCHIRRMACHER *weiter (III, 67):* Dieser König der Pe-
stilenz behauptet – und hiermit bedienen wir uns seiner eigenen Worte: die
ganze Welt sei von drei Betrügern, Moses, Muhamed und Christus, getäuscht
worden, deren zwei in Ehren, der dritte aber am Kreuz gestorben sei. Außerdem hat er mit lauter Stimme zu versichern oder vielmehr zu lügen gewagt:
alle diejenigen wären Toren, welche glaubten, der allmächtige Gott, der
Schöpfer Himmels und der Erde, sei von einer Jungfrau geboren worden.
Diese Ketzerei unterstützt er durch den Irrtum, daß keiner ohne eine vorher-
gegangene Vereinigung des Mannes mit dem Weibe geboren werde, und daß
der Mensch überhaupt nichts glauben dürfe, was nicht durch die Natur und
durch die Vernunft könne bewiesen werden. *Die entsprechende Stelle bei* RAU-
MER *III, 651 f.*

41.29 Nun kam eine wunderliche Mär —] RAUMER *(III, 652) berichtet von ketze-*
rischen Aussprüchen, die Friedrich zugeschrieben wurden: Er rief, beim Anblicke
der zu einem Kranken getragenen Hostie, aus: «Wie lange wird dieser Betrug
noch dauern!» Er gab einem sarazenischen Fürsten, welcher ihn zur Messe
begleitete, auf die Frage, was der Geistliche mit der Monstranz in die Höhe
hebe, zur Antwort: «Die Priester erdichten, dies sei unser Gott.» Ein ander-
mal zog er an einem Kornfelde vorüber und sprach: «Wie viele Götter wird
man aus diesem Getreide machen?»

42.4 im Angesichte der Tempeltrümmer von Enna] *Siehe* Die Richterin *S. 363 f.*

42.12f. Petrus de Vinea] *Kanzler Friedrichs II., wegen angeblichen Verrates 1249 zum*
Tode verurteilt. Meyer beschäftigte sich lange mit dieser Gestalt. Eine Novelle Pe-
trus de Vinea blieb Fragment (siehe Bd. 15). Vgl. S. 256, ferner COMMEDIA *Inf.*
XIII, 55 ff.; RAUMER *IV, 201 ff.;* SCHIRRMACHER *IV, 294–304;* STRECKFUSS *Sp. 9.*

43.29 «Und doch hast du ihn —] COMMEDIA *Inf. X, 119:* Qua dentro è lo secon-
do Federico ... *In Dantes sechstem Höllenkreis leiden die Ketzer.*

44.8 «Und du lässest —] COMMEDIA *Inf. XIII, 22–78, im besondern 74 f.:*
Vi giuro che giammai non ruppi fede
Al mio signor, che fu d'onor sì degno!

SCHIRRMACHER *(IV, 304) zitiert diese Verse deutsch:*
Ich habe meinem Herren nie die Treue
Gebrochen, der so würdig war der Ehre.

46.30 die beiden Herrinnen Canossa —] *Erfundene Gestalten.*

53.26 Isotta] *Erfundene Gestalt. Der Name vielleicht aus* RAUMER *IV, 605 (Stamm-*
tafel). Die dritte Gattin Ezzelins hieß Isotta Lancia.

56.28 jener bittern von Essig und Galle triefenden Terzinen —] *Dante äußert sich*
an mehreren Stellen der COMMEDIA *verächtlich über Florenz, z. B. Inf. VI, 49, 74;*

*XV, 61; XVI, 9, 73; XXVI, 1. Den Florentinern wird Neid, Geiz, Hochmut, Un-
dankbarkeit, Gewinnsucht u.a. vorgeworfen.*

57.27f. Hier sitzt ein Heimatloser!] *Man denke an Dantes Klage über das Elend des
Vertriebenen, z.B.* COMMEDIA *Par. XVII, 56ff.:*

> e questo è quello strale
> Che l'arco dell'esilio pria saetta.
> Tu proverai sì come sa di sale
> Lo pane altrui, e com'è duro calle
> Lo scendere e il salir per l'altrui scale.

63.20f. Jeder spricht von Geistern —] *Verhülltes Zitat aus den Maximen von La Rochefoucauld:* Il en est du véritable amour comme de l'apparition des esprits:
tout le monde en parle, mais peu de gens en ont vu. *Wille (an Meyer, 28. Januar
1884) schrieb dazu:* Die unfreiwillige Reminiszenz aus Rochefoucauld in Dantes Munde, daß die Leute von Liebe reden wie von Gespenstern ohne welche
gesehen zu haben – werden Sie streichen.

63.23 ein modisches Märenbuch] *Vielleicht ist an Boccaccios Decamerone zu denken.*

64.35 Wisse, Dante, niemand plaudert —] *Anregung zum folgenden wohl aus*
KRASZEWSKI *S.55, wo aus Boccaccio zitiert wird:* Der Wissenschaft war er
(Dante) so ergeben, daß ihn nichts davon losreißen konnte. Er vertiefte sich
so eifrig darin, was ihn gerade beschäftigte, daß als er einst in Siena in einem
Laden ein Buch fand, welches er lange gesucht hatte – und es nur für einen
Augenblick geliehen erhielt, – setzte er sich damit auf eine Bank vor dem
Hause und fing sogleich darin zu lesen an. Nicht einen Augenblick wendete
er seine Augen davon ab, obgleich durch die Straße ein glänzender Zug ging
und eine Masse schöner Frauen. Erst nachdem er das Buch durchgelesen, erhob er die Augen, und die Anwesenden bemerkten verwundert, daß er gar
nichts von dem festlichen Zuge wußte.

65.26 Ich weiß nicht —] *Die folgende Episode schätzte Meyer selber hoch ein. Vgl.
Anna von Doß an ihre Kinder, 10. Mai 1885:* Viel sprachen wir über den
«Mönch». Er hält für die beste Szene die, wo der Narr neben Astorre den Saal
auf- und abhüpft, während letzterer seinen Monolog hält: «Herrgott, ich
danke dir, daß du Mann und Weib geschaffen hast» pp. Er sagt, hier, wo die
Komik hart neben der Tragik einhergehe, hier sei sie die beste Probe über
letztere. Denn jede unechte Tragik gehe sofort zugrunde an der ersteren. Deshalb liebe er komische Gestalten seinen Werken einzustreuen. Auch Astorres
Liebeswerbung gefiele ihm selbst noch.

77.17 Abu Mohammed] *Erfundene Gestalt. Der Name Abu Muhamed Obaidalla
kommt bei* RAUMER *I, 36 vor.*

77.31 seinen Beinamen ‹ al Tabîb › —] *Das arabische Wort tabib (= Arzt) ist ins
Vulgärfranzösische eingedrungen (le tabib oder le toubib = Militärarzt).*

79.20 Markgräfin Cunizza] *Cunizza von Romano, Schwester Ezzelins, genannt bei*
RAUMER *IV, 605 (Stammtafel) und* SCHIRRMACHER *III, 14.*

83.7f. eine grausame Geschichte —] *Nach* RAUMER *IV, 385, wo von Verschwörungen gegen Ezzelin berichtet wird:* So wollte z. B. die Familie der Bonici Ezzelinen bei einem Gastmahle ermorden: allein der Plan mißlang, und von den Teilnehmern ward nur einem das Leben gelassen, weil seine Mutter, mit welcher der Tyrann Umgang gehabt hatte, wahr oder unwahr behauptete, er sei dessen eigener Sohn.

89.5f. eine Gottheit, welche gebrochene Treue rächte] *Auf welche antike Gottheit der Dichter anspielt, ist nicht klar. Am ehesten ist an Juno, die Schutzgöttin der Ehe, zu denken.*

91.30f. Ezzelin hatte vor kurzem —] *Von einem ähnlichen Unternehmen Ezzelins berichtet* SCHIRRMACHER *IV, 322:* Ezzelin überlistete sie alle; zunächst, kurz nach Enzios Gefangennahme, den kaiserlichen Capitan des wichtigen Bergschlosses Monselice, einen Apuler. Eine seiner Kreaturen muß diesen überreden, auf den 10. Juni mit seiner Besatzung gegen das feindliche Solesino auszuziehen: als er am Abend heimkehrt, findet er Schloß und Landschaft von Ezzelins Truppen besetzt. Gegen den fernen Kaiser konnte er diesen Schritt mit dem Zwang der Umstände entschuldigen, des Kaisers Feinde waren ja auch seine Feinde.

92.25 die ausgelassene Jugend der Hochschule —] *Über die Universitäten und das Treiben der Studenten war Meyer orientiert durch* RAUMER *VI, 487ff. Padua besaß seit 1222 eine Universität (*RAUMER *VI, 512).*

93.24 Hier sitzt dein Täubchen —] *Der Student schmeichelt Diana, indem er sie nicht als Artemis (= Diana), deren Attribut der Halbmond ist, sondern als Aphrodite anspricht, der die Taube heilig ist.*

DAS LEIDEN EINES KNABEN

—

ENTSTEHUNGSGESCHICHTE

Das Leiden eines Knaben *wurzelt in stärkerem Maße als alle andern Novellen Meyers in seinem eigenen Erleben. Seine Jugendnot, die Qual des sich mühsam entwickelnden, von seiner Umwelt verkannten, unglaublich schwer lebenden Menschen hat darin Gestalt gewonnen. Dies bestätigt ein Wort Betsys ausdrücklich (an Pauline von Peyer, 8. März 1905):* Übrigens ist der Dichter selbst in diesem Büchlein, wie nicht in jedem andern seiner Werke. FREY *(S. 330) behauptet sogar, die Novelle lasse mehr als selbst die Schwester ahnte, Stimmungen seiner gequälten Jugend durchblicken, und überliefert vom Dichter selber (S. 37):* Er erklärte später, viel mehr, als jemand denke, in den «Leiden eines Knaben» Jugendstimmungen niedergelegt zu haben. Ein um beinahe drei Jahrzehnte älterer Verwandter, mit dem er übrigens bis ans Ende in freundlichem Verkehr blieb, riß im aufwallenden Zorn den trotz seiner artigen Sanftheit zuweilen auffallend Störrischen zu Boden und prügelte ihn. Von da an, berichtete Betsy, hatte er lange etwas Gebrochenes an sich. Zuweilen befiel ihn eine nervöse, ängstliche Hast, so daß er, völlig unbegreiflich für die Nächsten, in Tränen ausbrach, meistens ohne sich zu erklären, was ihn bedrücke. *Der Passus über den jungen Boufflers in den Memoiren Saint-Simons, der nach Meyers Aussage ihm als Quelle diente, gab wohl nur den äußern Anreiz, das innerlich vorgebildete Thema zu formen.*

Die Novelle ist 1883 entstanden. Doch gehen die ersten Zeugnisse für die Beschäftigung Meyers mit dem Stoff auf wesentlich frühere Zeit zurück. Am 1. Juni 1877 sprach er zu Haessel von einer exquisiten Novelle, die er für die Rundschau plane, und am 16. Juni darauf bezeichnete er diese genauer: Novellenstoffe sind noch der für die Rundschau in Aussicht genommene: eine höchst ergreifende Knabengeschichte (Zeit Ludwig XIV) u. eine corsische Novelle *(offenbar* Die Richterin*)*, völlig im Kopf ausgearbeitet. *In einem Brief an Rodenberg vom 9. Dezember 1881 heißt es:* Neben meinen größeren Sachen ist mir ein Gegenstück zum Brigittchen (d. h. das möglichste Gegentheil) aber auch eine kleine Novelle sehr nahe getreten. *Daß es sich bei dem Gegenstück zum Brigittchen um das Leiden handelt, wird durch das Schreiben vom 15. Dezember 1881 an Louise von François bewiesen. Darin gibt der Dichter über seine Arbeiten (*Der Dynast, Gustav Adolf, Friedrich II.*) Rechenschaft und fährt dann fort:* Zuerst und vor allem aber schreibe ich ein 2. Novellchen (Gegenstück zum Brigittchen): «Die Leiden eines Knaben» nach einer Zeile der Memoiren S. Simons. Versailles 1709. Sie schütteln den Kopf: 4 Projecte! Es ist eben jetzt so hübsch kalt: der Winter ist meine Saison. Da denkt sichs so kräftig! *Das* Leiden *wurde indes nochmals zurückgestellt. Mehr als zwei Jahre später (27. April 1883) berichtete Meyer seinem Verleger von seiner Arbeit an einer Tragödie*

mit deutsch-mittelalterlichem Stoff und bemerkt dann: Schorer vom Familienblatt
war bei mir u. bat mich – zum wievielten Mal – um eine Novelle. Ein feiner
Mann, Holländer. Ich werde ihm willfahren. *Meyer hielt sein Versprechen und
machte sich sogleich an die Ausarbeitung des* Leiden. *Zuversichtlich schrieb er wenig
später (8. Mai) an Rodenberg:* Dieses Jahr dürfte ich zu verfügen haben über zwei
Novellen: 1. Die sanfte Klosteraufhebung ... 2. Die Leiden eines Knaben. Louis
XIV. Ein Sohn des Marschalls Boufflers erliegt der Kränkung ungerechter im
Collége St. Louis von einem Jesuiten Letellier, dem Préfet d'études, erhaltener
Schläge. Nun muß ich loyalitätshalber eine der 2 Novellen dem Holländer
«Schorer», der hier war, für sein Familienblatt geben, weil ich vor drei Jahren
ihm oder vielmehr seiner Frau ein halbes Versprechen gab. Haben Sie, nach der
trockenen Inhaltsangabe eine Vorliebe für 1 oder 2, so wählen Sie! *Rodenberg entschied sich ohne Zögern für die* Klosteraufhebung. *Vom Besuch der Frau Schorer hatte
Meyer schon am 12. Oktober 1882 Rodenberg erzählt:* Eben lese ich meinen Namen
im Programm des D. Familienblattes. Die Sache verhält sich so. Frau Schorer
überraschte mich im vorigen Winter hier oben u. trug mir ihr Anliegen beweg-
lich vor. Unmöglich – das begreifen Sie – konnte ich die gute Frau unbedingt
abweisen u. vertröstete, ohne mich jedoch an irgend einen Termin zu binden.

Pfingsten (19. Mai) 1883 schrieb Meyer an Haessel: Zum Unglück wird dieses
Jahr 2 neue kl. Novellen bringen. 1 «die Leiden eines Knaben (für Schorer) 2
«die sanfte Klosteraufhebg» für Rodenberg. Wir werden sehen, was wir damit
machen. *Wie weit die beiden Novellen damals entwickelt waren, ist diesen Worten
nicht zu entnehmen. Jedenfalls begann der Dichter bald darauf mit dem Diktat des* Leiden *an seinen Vetter Fritz:* Gestern habe ich an den «Leiden eines Knaben» dictirt.
Das wird, trotz dem Vigor, ein Buch für die Frauen sein *(an Haessel, 3. Juni 1883).
Am 7. Juni schrieb er dem Verleger:* Die fragl. Novelle basirt auf ein paar Zeilen
St. Simon. Ende Louis XIV. *Seiner Frau Luise teilte er am 13. Juni mit:* Meine
Schorer-Novelle (er hat sich neuerdings danach erkundigt) wächst. Fritz ist heute
hier. *Drei Tage darauf bekannte er Frey:* Schorer war hier und hat mein fahrlässi-
ges Halb-Versprechen von vor 2 Jahren premirt. Loyalitätshalber muß ich Wort
halten. Eine Strafnovelle! *Denselben Ausdruck brauchte Meyer später (4. August 1883)
Louise von François gegenüber:* Eine Novelle, eine Strafnovelle geschrieben für das
Schorersche Familienblatt (Folge eines leichtfertigen Halbversprechens). *Diese
Worte sind übrigens nicht ernst zu nehmen, sie entsprechen vielmehr Meyers Bedürfnis,
sich hinter lächelnder Ironie zu verhüllen. Schon die verhältnismäßige Schnelligkeit, mit
der die Novelle verfaßt ist, deutet auf starken innern Anteil, ganz abgesehen vom Inhalt
und anderslautenden Selbstzeugnissen des Dichters über sie Die Fiktion, als ob er sich
die Erzählung abnötigen lasse, hielt Meyer Frey gegenüber jedoch aufrecht (24. Juni
1883):* Die Schorer Nov., um die ich quasi täglich geplagt werde, beendige ich
so rasch als möglich – relativ rasch natürl., denn sie soll ihre Reife haben – dann
kommen Sie wohl zu einer Sonntags-Lectüre? *Am 6. Juli schrieb er Frey und gleichen Tages seinem Freunde Rahn, er werde nächste Woche die Novelle zu Ende diktie-*

ren. In hastigen Zügen teilte er am 12. Juli Frey mit: ich schreibe Ihnen eigentl. nur, um es zu ermöglichen, daß ich Ihnen eine Novelle vorlese, an welcher ich mit Verve arbeite, sehr erleichtert übrigens durch meinen vetterlichen Schreiber. Vor dem 21., ich avisire Sie sofort, wenn ich zu Ende bin, bin ich kaum fertig; für das Schorersche Familien-Blatt lasse ich dann gleich ein Msc. abgehen, das andere behalte ich hier u. Ihr Urteil verwerte ich für die Buchform. *Bereits am 18. Juli erhielt Frey die Mitteilung:* Meine Novelle ist fertig. *Am selben Tage teilte Meyer dies Haessel mit, und an Wille schrieb er:* ich habe soeben eine Novelle beendigt, die ich mir ein wahres Vergnügen machen würde, aus einem sehr unleserlichen Msc. (das gute geht nach Berlin) der l. Frau Dr. u. Ihnen vorzulesen. *Am gleichen Tage auch entschuldigte sich Meyer bei Rodenberg, daß die für die Rund-*schau *bestimmte Erzählung (*Die sanfte Klosteraufhebung*) nicht zu Ende gekommen sei:* Da sich mir die Novelle *(das* Leiden*)* vertiefte, überdies die vielen Besuche aufhielten u. die Redaction der Gedichte ed. II Zeit in Anspruch nahm, blieb die andere Novelle unvollendet. Auf Ihre letzten Zeilen *(Rodenberg hatte am 11. Juli Meyer dringend gebeten, ihm für das Oktoberheft der Rundschau die angekündigte Novelle zu liefern)* u. im Besitze nur einer vollendeten Novelle, machte ich einen verzweifelten Versuch, diese vom Famil. Bl. los zu bekommen, um sie Ihnen zu geben. Ich stellte oneröse Bedingungen – umsonst, sie wurden angenommen. In diesem Augenblicke erhalte ich den Brief. Was ist zu tun? Ich beginne morgen – die Klostergeschichte ist doch für Sie zu unbedeutend – für die R-Sch. meinen lang übersonnenen u. z. Th. skizzierten Roman: Der Dynast, mein schönstes Motiv, das mit dem Heiligen rangiert, wenn es ihn nicht übertrifft, u. ruhe nicht, bis das Werk vollendet u. in Ihren Händen ist. *Wenige Tage später kam Meyer nochmals auf die Sache zurück (an Rodenberg, 28. Juli):* Nur bitte ich zu bemerken, daß ich zu Anfang dieses Monats noch unschlüssig war, welche der zwei Novellen ich dictieren würde. Was mich bewog die Schorersche zu wählen, war die Erwägung, daß es loyaler sei, einem Freunde zu mankiren als einem Fremden, weil sich dem ersteren gegenüber alles gut machen läßt – u. gut werde ich es machen.

Schorer bat am 18. Juli den Dichter um Angabe des genauen Titels der Novelle. In der nicht erhaltenen Antwort scheint Meyer verschiedene Vorschläge gemacht zu haben. Schorer schrieb darauf am 24. Juli: Wir finden den Titel «Julien Boufflers» den besten. *Der Name Julien wurde dann in Julian geändert. In Bezug auf Art und Zeit des Erscheinens der Erzählung einigte man sich dahin, daß diese auf fünf Nummern des Familienblattes, vom 2. bis 30. September 1883, verteilt werden solle. Am 28. Juli bestätigte Schorer den Empfang des Manuskriptes, und am 15. August war der Druck beendigt (Meyer an Frey, 15. August). Johanna Spyri wurde die Novelle stückweise gleich zugestellt (Meyer an Spyri, 2. September und 4. Oktober).*

Über die Buchausgabe gingen Verhandlungen zwischen Meyer, Schorer und Haessel hin und her, und man setzte schließlich den 5. November als Ausgabedatum fest. Der Verlagsvertrag mit Haessel vom 6. November 1883 sieht eine Auflage von 1100 Exem-

plaren und ein Honorar von Mk. 300.– vor; gleichzeitig mit der ersten Auflage sollte eine zweite zu gleichen Bedingungen gedruckt werden. Zu der letzten Bestimmung hatte Meyer schon am 30. September seine Einwilligung gegeben: gegen die ed. 2 der Nov. habe ich weiter nichts einzuwenden: die 2 oder 3 «Marken» gleichgültigster Natur (denn die Novelle ist aufs sorgfältigste revidirt) wird der Vetter besorgen. *Über die weiteren Ausgaben siehe S. 322.*

Die Urteile der Leser über das Leiden *lauteten außer von streng katholischer Seite durchwegs günstig. Louise von François war voll Bewunderung, hätte es nur vorgezogen, wenn auf den Rahmen verzichtet worden wäre (an Meyer, 2. November 1883). Gottfried Keller, dem Meyer die Novelle zugesandt hatte, äußerte sich in seinem Dankschreiben vom 22. November über sie:* Diese Geschichte ist wieder ein recht schlankes und feingegliedertes Reh aus Ihren alten Jagdgründen und ich wünsche neuerdings Glück zu der Sprache, mit der sie gesprochen ist. Ein vortrefflicher Contrast sind die beiden Knaben: Julian, der stirbt, wenn er von schlechter Hand geschlagen wird, und der junge Argenson, der «Sehr gut!» sagt, wenn er von guter Hand eine Ohrfeige erhält! Und beide sind gleich brav! *In der Rundschau (Bd. 38, 1884, S. 156) brachte Brahm eine lobende Besprechung, bezeichnete darin aber, wie schon in einer früheren Rezension, die Novelle irrtümlich als ein Frühwerk. Meyer bemerkte dazu an Rodenberg (19. Dezember 1883):* Brahm hat schon in einem liebenswürdigen Art. der Vossischen im «Knaben» eine Jugendarbeit gesehen u. hat eigentlich nur zur Hälfte Unrecht: das Novellchen ist neu, aber, freilich mit Absicht, in meiner ersten Manier geschrieben. Es hat seine Fehler: den nicht ganz natürlichen Rahmen u. dann die nicht völlige Wahrheit der Zeichnung eines Unbegabten, der zuweilen in seinen Reden seinen Horizont offenbar überschreitet. Doch hält er sich durch seine «Tendenz», welche ich gar nicht beabsichtigte. *Von dieser ungewollten Tendenz sprach der Dichter auch zu Friedrich v. Wyß (19. Dezember 1883):* Daß du den «Knaben» goutirst, ist mir sehr lieb. Nur wisse, daß ich nicht die geringste Tendenz beabsichtigte. Das Geschichtchen (8 Zeilen in St. Simon) rührte mich u. ich gab ihm Leib. Voilà tout. *Ob mit der Tendenz eine antijesuitische Polemik oder eine allgemeine pädagogische Absicht gemeint sei, bleibt offen. Das zweite ist wahrscheinlicher; das erste ist jedoch nicht ausgeschlossen, da eine gegen die Jesuiten gerichtete Strömung durchaus im Geiste jener Zeit lag.*

QUELLEN

Meyer hat verschiedentlich mit Nachdruck hervorgehoben, daß ihm als stoffliche Anregung zum Leiden *bloß ein paar Zeilen Saint-Simon gedient hätten, und daß im übrigen die Novelle frei erfunden sei. Im wesentlichen trifft dies sicher die Wahrheit, im einzelnen jedoch hat ihm die Kenntnis historischer Literatur über das Zeitalter Ludwigs XIV. manches Motiv vermittelt. Für das Bild der Jesuiten haben ohne Zweifel Pascals* Lettres à un Provincial *Züge geliefert. Manches über das Treiben des Ordens hatte Meyer auch schon bei der Arbeit am* Pagen *in Gfrörers* Gustav Adolph *lesen können, und auch in zeitgenössischer Dichtung, z.B. in* Laubes Deutschem Krieg *oder in Novellen von* Alfred Meißner, *konnte er abstoßend geschilderte Jesuitengestalten treffen. Die Lektüre von* Saint-Simon *und Pascal geht schon auf Meyers Jugendzeit zurück.* Frey *(S. 78) berichtet darüber:* Nächst Thierry wurde Pascal für Meyer von Bedeutung. Seine Provinciales und Pensées lagen jahrelang auf seinem Nachttisch und zwar neben den Memoiren Saint-Simons, aus denen er die Zeit Ludwigs XIV. kennen lernte und in jenen Jahren *(um das 30. Altersjahr)* beträchtliche Menschenkenntnis schöpfte. *Über Pascal äußerte er sich später (26. Dezember 1886) zu* Haessel: Pascal hat wenige Briefe geschrieben, d.h. es sind deren wenige erhalten. Handelt es sich aber (wie ich denke) um eine Übersetzg. seines genialen Pamphletes gegen die Jesuiten: Lettres Provinciales oder richtiger à un Provincial, so wäre eine Übersetzg dieses classischen Werkes, welches die franz.Prosa begründet hat u. ein Meisterwerk des feinsten Scherzes u. eines vernichtenden Hohnes ist, eine Übersetzg aus Geist in Geist und mit den unentbehrlichen Erklärungen und Orientirungen ein schweres aber höchst löbliches Unternehmen. Nur die beste Feder wäre ihm gewachsen. *Als weitere zeitgeschichtliche Quelle sind die Briefe der* Elisabeth Charlotte von Orléans *zu nennen. Von den genannten Autoren besaß Meyer folgende Werke:*

Mémoires complets et authentiques du duc de Saint-Simon sur le siècle de Louis XIV et la Régence, collationnés sur le manuscrit original par M. Chéruel et précédés d'une notice par M. Sainte-Beuve, *13 Bde.,* Paris 1878.

Louis XIV et sa cour, portraits, jugements et anecdotes extraits des Mémoires authentiques du duc de Saint-Simon, Paris 1857.

Blaise Pascal, Œuvres complètes, *3 Bde.,* Paris 1880–82.

Lettres écrites à un Provincial par Blaise Pascal, Paris 1852.

Briefe der Elisabeth Charlotte von Orléans, ausgewählt ... von Ludwig Geiger, Stuttgart *o.J.*

Saint-Simon *wird im Anhang nach folgender Ausgabe zitiert:*

St. Simon: Saint-Simon, Mémoires, texte établi et annoté par Gonzague Truc, *6 Bde.,* Bibliothèque de la Pléiade, 1947–58.

*Die Hauptstelle über Julien Boufflers (*St. Simon III, 787 f.) *lautet:*

Peu de jours après, il arriva un cruel malheur au maréchal de Boufflers. Son fils aîné avoit quatorze ans; joli, bien fait, qui promettoit toutes choses, et qui réussit à merveilles à la cour lorsque son père l'y présenta au Roi pour le remercier de la survivance du gouvernement général de Flandres et particulier de Lille, qu'il lui avoit donnée. Il retourna ensuite au collége des jésuites, où il étoit pensionnaire. Je ne sais quelle jeunesse il y fit avec les deux fils d'Argenson: les jésuites voulurent montrer qu'ils ne craignoient et ne considéroient personne, et fouettèrent le petit garçon, parce qu'en effet ils n'avoient rien à craindre du maréchal de Boufflers; mais ils gardèrent bien d'en faire autant aux deux autres,

LEIDEN

quoique également coupables, si cela se peut appeler ainsi, parce qu'ils avoient à compter tous les jours avec Argenson, lieutenant de police très accrédité, sur les livres, les jansénistes, et toutes sortes de choses et d'affaires qui leur importoient beaucoup. Le petit Boufflers, plein de courage, et qui n'en avoit pas plus fait que les deux d'Argenson, et avec eux, fut saisi d'un tel désespoir, qu'il en tomba malade le jour même. On le porta chez le maréchal, où il fut impossible de le sauver. Le cœur étoit saisi, le sang gâté; le pourpre parut: en quatre jours cela fut fini. On peut juger de l'état du père et de la mère. Le Roi, qui en fut touché, ne les laissa ni demander ni attendre: il leur envoya témoigner la part qu'il prenoit à leur perte par un gentilhomme ordinaire, et leur manda qu'il donnoit la même survivance au cadet qui leur restoit. Pour les jésuites, le cri universel fut prodigieux; mais il n'en fut autre chose.

Für den Charakter und die Lebensgewohnheiten Ludwigs XIV. und für sein Verhältnis zu Madame de Maintenon ist von Bedeutung St. Simon *IV, 940–1096. Einige Stellen seien hier herausgegriffen:*

IV, 942: Ce fut dans cet important et brillant tourbillon où le Roi se jeta d'abord, et où il prit cet air de politesse et de galanterie qu'il a toujours su conserver toute sa vie, qu'il a si bien su allier avec la décence et la majesté. On peut dire qu'il étoit fait pour elle, et que, au milieu de tous les autres hommes, sa taille, son port, les grâces, la beauté, et la grand mine qui succéda à la beauté, jusqu'au son de sa voix et à l'adresse et la grâce naturelle et majestueuse de toute sa personne, le faisoient distinguer jusqu'à sa mort comme le roi des abeilles, et que, s'il ne fût né que particulier, il auroit eu également le talent des fêtes, des plaisirs, de la galanterie, et de faire les plus grands désordres d'amour.

IV, 950: L'esprit du Roi étoit au-dessous du médiocre, mais très capable de se former. Il aima la gloire; il voulut l'ordre et la règle. Il étoit né sage, modéré, secret, maître de ses mouvements et de sa langue; le croira-t-on? il étoit né bon et juste, et Dieu lui en avoit donné assez pour être un bon roi, et peut-être même un assez grand roi.

IV, 952: Il parloit bien, en bons termes, avec justesse; il faisoit un conte mieux qu'homme du monde, et aussi bien un récit. Ses discours les plus communs n'étoient jamais dépourvus d'une naturelle et sensible majesté.

IV, 957: C'est donc avec grande raison qu'on doit déplorer avec larmes l'horreur d'une éducation uniquement dressée pour étouffer l'esprit et le cœur de ce prince, le poison abominable de la flatterie la plus insigne, qui le déifia dans le sein même du christianisme, et la cruelle politique de ses ministres, qui l'enferma, et qui pour leur grandeur, leur puissance et leur fortune l'enivrèrent de son autorité, de sa grandeur, de sa gloire jusqu'à le corrompre, et à étouffer en lui, sinon toute la bonté, l'équité, le désir de connoître la vérité ...

IV, 981f.: L'ancienne cour de la Reine sa mère, qui excelloit à la savoir tenir, lui avoit imprimé une politesse distinguée, une gravité jusque dans l'air de galanterie, une dignité, une majesté partout, qu'il sut maintenir toute sa vie, et lors même que, vers sa fin, il abandonna la cour à ses propres débris.

IV, 1002: Exact aux heures qu'il donnoit pour toute sa journée; une précision nette et courte dans ses ordres. Si, dans les vilains temps d'hiver qu'il ne pouvoit aller dehors, qu'il passât chez Mme de Maintenon un quart d'heure plus tôt qu'il n'en avoit donné l'ordre, ce qui ne lui arrivoit guères, et que le capitaine des gardes en quartier ne s'y trouvât pas, il ne manquoit point de lui dire après que c'étoit sa faute à lui d'avoir prévenu l'heure, non celle du capitaine des gardes de l'avoir manqué.

IV, 1003: On l'a déjà dit, il l'avoit puisée *(la galanterie)* à la cour de la Reine sa mère et chez la comtesse de Soissons; la compagnie de ses maîtresses l'y avoit accoutumé de plus en plus; mais toujours majestueuse, quoique quelquefois avec de la gaieté, et jamais devant le monde rien de déplacé ni d'hasardé, mais jusqu'au moindre geste, son marcher, son port, toute sa contenance, tout mesuré, tout décent, noble, grand, majestueux, et toutefois très naturel, à quoi l'habitude et l'avantage incomparable et unique de toute sa figure donnoit une grande facilité.

IV, 1040: Chez elle *(Mme de Maintenon)*, avec le Roi, ils étoient chacun dans leur fauteuil, une table devant chacun d'eux, aux deux coins de la cheminée, elle du côté du lit, le Roi le dos à la muraille du côté de la porte de l'antichambre, et deux tabourets devant sa table, un pour le ministre qui venoit travailler, l'autre pour son sac. Les jours de travail, ils n'étoient seuls ensemble que fort peu de temps avant que le ministre entrât, et moins encore fort souvent après qu'il étoit sorti. Le Roi passoit à une chaise persée, revenoit au lit de Mme de Maintenon, où il se tenoit debout fort peu, lui donnoit le bonsoir, et s'en alloit se mettre à table. Telle étoit la mécanique de chez Mme de Maintenon.

Die Figur Fagons entstammt ebenfalls ST. SIMON, *wo von ihm oft und ausführlich die Rede ist. Ebenso Père Tellier, Marschall Boufflers und eine Reihe von Nebenfiguren. Näheres darüber siehe in den Anmerkungen.*

DRUCKE

Der Nachlaß Meyers enthält nichts Handschriftliches, das auf das Leiden *Bezug hätte, weder historische Studien noch irgendwelche Entwürfe zu der Novelle.*

D^J Julian Boufflers. Das Leiden eines Kindes. Von Konrad Ferdinand Meyer. *In:* Schorers Familienblatt. Eine illustrierte Zeitschrift. Bd. IV. 1883, Berlin. *Nr. 35, 2. Sept. S. 549–552, Nr. 36, 9. Sept. S. 565–568, Nr. 37, 16. Sept. S. 581–583, Nr. 38, 23. Sept. S. 597–602, Nr. 39, 30. Sept. S. 613–615.*

In Nr. 26 des gleichen Jahrganges, S. 420, steht ein Hinweis «An unsere Leser», das Familienblatt werde in nächster Zeit eine Erzählung von Meyer veröffentlichen. Die

Notiz ist in Nr. 27, S. 436 wiederholt. In der Rubrik «Plauderecke» in Nr. 32, S. 516 findet sich folgende Voranzeige:

Conrad Ferdinand Meyer, der schweizerische Novellist, ist unter den jetzt lebenden Dichtern und Erzählern ohne Zweifel einer der bedeutendsten, wenn er auch in Norddeutschland bei weitem noch nicht so bekannt ist, wie er es verdient. In seinem «Georg Jenatsch, eine Bündnergeschichte», in der Novelle «König und Heiliger», in «Huttens letzte Tage», wie in seinen Gedichten und kleineren Novellen – überall zeigt sich ein freier und doch formvollendeter gesunder Geist. Meyer vertieft seine Stoffe und ist dabei originell, voll herzfrischer Gedanken und sinniger neuer Wendungen, voll kräftiger, gewaltig packender Bilder, eine kerndeutsche, zum Höchsten strebende Natur! – Um so mehr erfreut es uns, den Lesern und Leserinnen des Familienblatts mitteilen zu dürfen, daß wir demnächst eine Novelle von Conrad Ferdinand Meyer:

Julian Boufflers.

Das Leiden eines Knaben,

veröffentlichen werden, die uns in die Tage des «großen» Ludwig XIV. versetzt. Eigenartige Schönheiten einer tiefen Empfindung und feinen Charakterisierung, echte historische Treue auch in dem freiesten Walten der dichterischen Phantasie kennzeichnen dieses jüngste Werk des Dichters, auf das wir besonders aufmerksam machen.

D^1 Das Leiden eines Knaben. Novelle von Conrad Ferdinand Meyer. Leipzig, Haessel, 1883.

D^2 *Titel wie D^1.* Zweite Auflage, 1883.

D^3 Novellen von Conrad Ferdinand Meyer. Zweiter Band. Leipzig, Haessel, 1885. *Der Band enthält:* Die Hochzeit des Mönchs, Das Leiden eines Knaben, Die Richterin.

D^4 *Titel wie D^3.* Zweite Auflage, 1888.

D^5 *Titel wie D^3.* Dritte Auflage, 1889.

D^6 *Titel wie D^1.* Dritte Auflage, 1889 *(Taschenausgabe).*

D^7 *Titel wie D^3.* Vierte Auflage, 1891.

D^8 *Titel wie D^3.* Fünfte Auflage, 1892.

Von D^3 an ist der Text unverändert. Für die erste Buchausgabe D^1 wurde der Text sorgfältig überarbeitet. Gegenüber D^J ist ein Abschnitt (117.18–33) hinzugefügt. Außerdem sind kleine Erweiterungen angebracht (z.B. 121.3,21; 133.7; 146.26,32,33; 149.23; 150.7; 151.9; 154.26). Dem stehen eine Anzahl kleiner Streichungen gegenüber (z.B. 124.23; 127.33; 147.10; 151.1). In den meisten Fällen – weit über 100 mal – sind einzelne Wörter und Wendungen durch andere ersetzt, Sätze umgestellt oder syntaktisch verändert. Partizipien, schwerfällige Nebensätze, Wiederholungen sind ausgemerzt, anschaulichere oder gewähltere Ausdrücke eingesetzt. Weitere Änderungen beziehen sich auf bloße Wortformen (andere für andre, Hofe für Hof, habet für habt, Euern für Euren usw.), im ganzen etwa 50 Fälle. Rund 35 mal ist die Interpunktion geändert.

D² ist gleichzeitig mit D¹ gedruckt, die beiden Ausgaben decken sich daher völlig. D³ unterscheidet sich von D² nur sehr wenig: zweimal ist ein Komma gestrichen (109.24 und 140.6), einmal ist der Text von D^J wiederhergestellt (121.26 wegziehen für weg- ziehn), 103.22 ist irrtümlich dem Le Tellier für den Le Tellier eingesetzt, 130.10 er- lernen in lernen verbessert und 150.23 zweie in zwei geändert.

LESARTEN

101.11f. arbeitete, neben seiner diskreten Freundin, die sich] arbeitete und seine diskrete Freundin sich D^J

101.17 konnte] könnte D^J

101.19 andere] andre D^J

102.28 andere] andre D^J

102.33 Ehebunde] Ehebund D^J

103.12 auf] für D^J

103.22 den] dem D³ *und folgende Auflagen. Betsy änderte wieder in den.*

104.13 siehe] siehe, D^J

104.26 oder ein würdiges Alter] oder ein würdiger Alter, D^J

104.31 in] mit D^J

105.5 anderes] andres D^J

105.9f. zu kochen begann.] in wilden Aufruhr geriet. D^J

105.29 Nichts weiter.] «Nichts weiter.» D^J

106.17 Hofe] Hof D^J

106.20 hatte),] hatte); D^J

107.6 züngelte] zürnte D^J

107.16 unserer] unsrer D^J

108.15 Doppelkinne] Doppelkinn D^J

108.30 d e m] dem D^J

109.24 Mühe] Mühe, D^J D¹ D²

109.27 Sand› ...] Sand› D^J

110.2 Ausdrucke] Ausdruck D^J

112.1 vertieft,] vertieft; D^J

114.7 Marschalle] Marschall D^J

114.11 sogar] selbst D^J

115.4 Fagon verlegen] Fagon etwas verlegen D^J

115.7 erleichtern,] erleichtern; D^J

115.12 ereignete sich] begegnete D^J

115.29 Da —] ohne Alinea D^J

115.30 an das] ans D^J

116.1 Schon —] ohne Alinea D^J

116.10 Schriftstücke seien] Schriftstücke aber seien D^J

116.13 doch] aber D^J

116.15 Dergestalt —] *ohne Alinea* D^J

116.18 vor] vor, D^J

116.18 die Blätter] dieselben D^J

116.21 Ihr —] *ohne Alinea* D^J

116.21–23 Ihr schenktet, Sire, der Wissenschaft und mir einen botanischen Garten, der Euch Ehre macht, und bautet mir im Grünen einen stillen Sitz für
mein Alter.] Sire, Ihr habt der Wissenschaft und mir einen botanischen
Garten geschenkt, der Euch Ehre macht, und mir im Grünen einen stillen
Sitz für mein Alter gebaut. D^J

116.25 die Ihr einmal zu besuchen mir versprachet.] die einmal zu besuchen ihr
mir versprochen habt. D^J

116.30 Der —] *ohne Alinea* D^J

116.34 vorstellte] nahelegte D^J

117.6 Wer —] *ohne Alinea* D^J

117.9f. Der — Miene.] *Statt Alinea der Satz zwischen Gedankenstrichen* D^J

117.18–33 Der geschmeichelte Marschall — stehn.] *fehlt* D^J

117.34–118.6 Ich war anderer Meinung und ließ es an dringenden Vorstellungen
nicht fehlen. Hart setzte ich ihm zu, seinen Knaben ohne Zögerung den
Jesuiten wegzunehmen, da der verbissene Haß und der verschluckte Groll,
welchen getäuschte Habgier und entlarvte Schurkerei unfehlbar gegen ihren
Entdecker empfinden, sich notwendigerweise über den Orden verbreiten,
ein Opfer suchen und es vielleicht, ja wahrscheinlich in seinem unschuldigen
Kinde finden würden. Er sah mich verwundert an,] Der geschmeichelte
Marschall sagte zu, und als ich ihm dringend vorstellte und hart zusetzte,
seinen Knaben ohne Zögerung den Jesuiten wegzunehmen, da der verbissene Haß und der verschluckte Groll, welchen getäuschte Habgier und entlarvte Schurkerei unfehlbar gegen ihren Entdecker empfinden, sich notwendigerweise über den Orden verbreiten, ein Opfer suchen und es vielleicht,
ja wahrscheinlich in seinem unschuldigen Knaben finden würden, da sah er
mich verwundert an, D^J

119.17–20 Du bist hier Partei und hast vielleicht, wer weiß, gegen den verdienten
Orden neben deinem ererbten Vorurteil noch irgend eine persönliche Feindschaft.»] Du hast gegen den verdienten Orden ein ungerechtes Vorurteil –
du müßtest denn noch einen ganz andern, einen tiefern Grund haben, ihn
zu befeinden.» D^J

119.23f. und berührte heimlich den Arm ihres Schützlings, ohne daß er die warnende Hand gefühlt hätte.] und legte die warnende Hand auf den Arm des
Schützlings, ohne daß er sie fühlte. D^J

120.27f. und der in meinen alten Tagen mich nicht] und der mich in meinen alten
Tagen nicht D^J

120.31f. wußten von diesem Verse, aber sie konnten vermuten,] kannten diesen
Vers, aber sie vermuteten, D^J

121.3 von dem Verkaufe seiner Latwergen] *fehlt* D^J

121.7f. habet] habt D^J

121.9 meiden. Mein] meiden, mein D^J

121.14f. sich der Ärmste] er sich D^J

121.21 habet] habt D^J

121.21f. seid für mich wie für jeden Franzosen das Gesetz] seid mein Gesetz D^J

121.23–26 Freilich kann man sich von gewissen Stimmungen hinreißen lassen, in dieser Welt der Unwahrheit und ihr zum Trotz von einer blutigen Tatsache, und wäre es die schmerzlichste, das verhüllende Tuch unversehens wegzuziehen ...] Freilich kann man sich in gewissen Stimmungen wohl versucht fühlen, in dieser Welt der Unwahrheit und ihr zum Trotz unversehens von einer blutigen Tatsache, und wäre es die schmerzlichste, das verhüllende Tuch wegzureißen ... D^J

121.26 wegzuziehen] wegzuziehn D^1 D^2

121.33 Euern] euren D^J

122.5 liebet] liebt D^J

122.6 eigenen] *fehlt* D^J

122.9 Manieren] eigenen Erscheinung D^J

122.11 Dieser —] *ohne Alinea* D^J

122.12 Hämmel] Hammel D^J

122.18 nie] nicht D^J

122.20 letztern] letzteren D^J

122.25 unserer] unsrer D^J

123.4 Ihr —] *ohne Alinea* D^J

123.4f. Ihr wisset, Sire, die Väter Jesuiten sind freigebige Ferienspender, weil] Ihr wißt, Sire, daß die Väter Jesuiten freigebige Ferienspender sind, weil D^J

123.22 Einmal —] *ohne Alinea* D^J

123.23 Wachstumes] Wachstums D^J

123.30 behaarte] haarige D^J

124.1 In —] *ohne Alinea* D^J

124.13f. die andere, der auch noch das Wasser aus den Maulwinkeln troff, beschaulich blickend.] die andere schauend, der auch noch das Wasser aus den Maulwinkeln troff. D^J

124.34 da er verwahrlost und ohne Katechismus aufgewachsen war.] da ihm als einem Findelkinde Mutter und Katechismus gemangelt hatten. D^J

125.3 Père] Pater D^J

125.6 ‹Sapperment —] *ohne Alinea* D^J

125.8 Julian,] Julian: D^J

125.20 Doch] Aber D^J

125.22 meinte] sagte D^J

125.26 Aber] Aber, D^J

125.35 Doppelsinne] Doppelsinn D^J

126.4 Treu!] Treu, *D^J*

126.18 Erwachsenen] Erwachsene *D^J*

126.33f. blaues kühles vornehmes] blaues, kühles, vornehmes *D^J*

127.3 sonneverbrannter] sonnverbrannter *D^J*

127.4 Dieses —] *ohne Alinea D^J*

127.27 alter] alter, *D^J*

127.30 neben] unter *D^J*

127.32 Julian —] *ohne Alinea D^J*

127.33 pflegte in] pflegte, wie ich ihn mehrfach beobachtet hatte, in *D^J*

128.17f. welche so viele Seelen verbittert,] welche die Seelen zu verbittern pflegt, *D^J*

128.19 Euerm] Eurem *D^J*

128.20 gelangt] gekommen *D^J*

128.24 Blick] Blicke *D^J*

129.2 Euern] Euren *D^J*

129.9 Stück von einer Ärztin] Stück Ärztin *D^J*

129.17 blaue,] blaue *D^J*

129.17 kühle,] kühle *D^J*

129.20 kindlichen,] kindlichen *D^J*

129.26 volkreichen] volksreichen *D^J*

129.31 es und] *fehlt D^J*

130.2f. Paris und] Paris, und *D^J*

130.10 lernen] erlernen *D^J* *D^1* *D^2*

130.15 aber] Aber *D^J*

130.15 eine] Eine *D^J*

130.16 beschämt!] beschämt. *D^J*

130.18 von zwei verstorbenen Geschwistern] meiner zwei verstorbenen Geschwister *D^J*

130.21f. o Gott] O Gott *D^J*

130.23 Lachen!] Lachen! – *D^J*

130.28 das] d a s *D^J*

131.28f. dortüben] dort drüben *D^J*

131.29 nördlich] nach Nordost *D^J*

131.30 sich ein] sich nun ein *D^J*

132.20f. sie die reine Liebe empfinden läßt, ohne den Stachel ihrer Jahre.] sie ohne den Stachel ihrer Jahre die reine Liebe empfinden. *D^J*

132.23 die] die *D^J*

132.25 Es —] *ohne Alinea D^J*

132.29 selig, sie] selig! Sie *D^J*

133.7f. einen Erzbischof oder Herzog,] *fehlt D^J*

133.9f. gelten, und behängt ihre blanke Natur aus reiner Angst mit dem Lumpen] gelten, womit ihr die pedantische Mutter wie mit einem Gespenste von jung auf gedroht hat, und sie behängt sich aus reiner Angst mit den Lumpen *D^J*

133.11 klar und kurz] kurz und klar D^J

133.20 ‹Von —] *ohne Alinea* D^J

133.29 wäre] sei D^J

133.30 nur] aber D^J

133.32 getreten: der] getreten. Der D^J

134.1 Ich —] *ohne Alinea* D^J

134.1 mit:] mit, D^J

134.4 voller] voll D^J

134.5 An —] *ohne Alinea* D^J

134.6 für eine ellenlange] wegen einer ellenlangen D^J

134.9f. das Mädchen] sie D^J

134.11 die Mißhandelte] das Mädchen D^J

134.11f. und ich trieb die Rangen in den großen Saal] und ich riß die zwei Rangen mit mir in meinen großen Saal D^J

134.14f. wo sie auf einer stillen Bank zusammensaßen:] auf einer stillen Bank zusammensitzend: D^J

134.17 Merke —] *ohne Alinea* D^J

134.19 Treu!] Treu, D^J

135.15 Zu —] *ohne Alinea* D^J

135.19 enthielt:] enthielt, D^J

135.31 folternde] mordende D^J

135.35 finsteres] böses D^J

136.1 Ich —] *ohne Alinea* D^J

136.35f. Niemand wird dir künftig etwas anhaben, weder du noch ein anderer! Du] Weder du selber noch ein anderer wird dir künftig etwas anhaben, du D^J

137.26 Auf —] *ohne Alinea* D^J

138.2 wußte, aber] *fehlt* D^J

138.12f. Und doch hangt an der Mauer des Collège Gott der Heiland, der] Und doch ist Gott der Heiland vor ihren Augen an die Mauer des Collège gemalt, der D^J

138.16 Dann —] *ohne Alinea* D^J

138.27 Vielleicht —] *ohne Alinea* D^J

138.27 Vielleicht ›] Vielleicht aber › D^J

138.28 wohl] vielleicht D^J

138.32 Naivetäten] Naivitäten D^J

138.35f. hastig, nicht] hastig, aber nicht D^J

139.1 einige] *fehlt* D^J

139.5 einzig] *fehlt* D^J

139.7 die Hand] meine Hand D^J

139.17 Merk —] *ohne Alinea* D^J

139.29 begünstigen:] begünstigen; D^J

139.31 zwangloses] trauliches D^J
140.6 König] König, D^J D^1 D^2
140.14 Wuchse] Wuchs D^J
140.29 dieser kühne Ungehorsam] diese Rolle D^J
140.33f. die endgültigen Befehle deiner Majestät] deine endgültigen Befehle D^J
141.3 haben ...] *nach dieser Zeile in D^J drei Sternchen zur Bezeichnung eines größern Abschnitts.*
141.13 plauderte] plaudert D^J *wohl Versehen des Setzers.*
143.8 er mir die Hand schüttelnd] er, mir die Hand schüttelnd, D^J
144.2f. ärgern und da tue ich nicht mit. Es ist eine Grausamkeit.] ärgern, was ein Unrecht und eine Grausamkeit ist, wie ich euch oft gesagt habe. D^J
144.4 machst] zeichnest D^J
144.10 kannst] machst D^J
144.34 seine teuflische Fratze] sein teuflisches Gesicht D^J
145.3f. nichts von nichts] nichts gar nichts D^J
145.11 Du] du D^J
145.22 riegelte.] riegelte zu. D^J
145.26 Im Grunde] Übrigens D^J
145.27f. der Junge recht:] der Bube es erraten: D^J
145.31 dem Mißhandelten] *fehlt* D^J
145.35 rollten.] rollten davon. D^J
146.4 Seine Kameraden,] Die andern Knaben, D^J
146.7 zu entlarven.] entlarven zu müssen. D^J
146.13-15 Bekenntnis – auch dir, Majestät, lege ich es ab, denn dich zumeist habe ich beleidigt – ‹da] Bekenntnis, und auch dir, Majestät, lege ich es ab, denn dich habe ich beleidigt: da D^J
146.17 so erzählte ich] ich erzählte D^J
146.21 Ehre, Argenson!› Dieser] Ehre!› Argenson D^J
146.23 Du —] *ohne Alinea* D^J
146.26 ‹Als —] *ohne Alinea* D^J
146.26 dann›, fuhr ich fort, ‹den Marschall] dann aber den Marschall D^J
146.32 Argenson nickte] *fehlt* D^J
146.33 fast strenge] *fehlt* D^J
147.3 Fagon:] Fagon, D^J
147.9 erkennend] erblickend D^J
147.10f. Am Kutschenschlage entwickelte] Am Kutschenschlage stehend entwickelte D^J
147.15 Dem Julian] Dem Knaben D^J
147.15 beschützet] beschützt D^J
147.17 deklamierte] ereiferte sich D^J
147.18f. der Knabe gegen seinen Henker] die wehrlose Unschuld gegen die grausame Gewalttat D^J

147.19f. Todesangst!› Père] Todesangst!› – Pere *(sic)* D^J
147.20 über] übers D^J
147.29 selbst] auch D^J
148.3 jener] der eine D^J
148.3 dieser] der andere D^J
148.3f. Der Pater Rektor] Pere Tellier D^J
148.27 alles] *fehlt* D^J
148.31 Unsre] Unsere D^J
148.33 gehn] gehen D^J
149.1 Unbegabt —] *ohne Alinea* D^J
149.5 Ansehn] Ansehen D^J
149.6f. verziehn] verziehen D^J
149.8 vierzig] hundert D^J
149.19 Unhold] Pater D^J
149.20 tapfer] entschlossen D^J
149.20 sank] entfiel D^J
149.23 Er machte rasch.] *fehlt* D^J
149.33 beteuerte] deklamierte D^J
150.7 für einen Augenblick] *fehlt* D^J
150.14 reverende!›] reverende› D^J
150.23 zwei] zweie D^J D^1 D^2
150.23 zwei.› Er] zweie›, er D^J
150.30f. Ein Unrecht bekennen und sühnen! Der Jesuit knirschte vor Ingrimm.]
     Der Jesuit knirschte vor Ingrimm. Ein Unrecht bekennen und sühnen! D^J
151.1 schaffen? Nicht ihn hasse ich, sondern seinen Vater] schaffen?› riß
     er sich selbst die Larve ab. ‹Nicht ihn hasse ich, sondern in ihm seinen
     Vater D^J
151.3 verdutzt] bescheiden D^J
151.7 mörderischen] wütenden D^J
151.8f. Gewalt:] Gewalt, D^J
151.9 Tatsachen zu vernichten,] *fehlt* D^J
151.34 der Majestät] dem Könige D^J
152.1 in] *fehlt* D^J
152.6 Argenson faßte ihn an der Soutane. ‹Ihr haltet Wort?›] ‹Ihr haltet Wort?›
     Argenson faßte ihn an der Soutane. D^J
152.9 Tür] Türe D^J
152.11 hörten den Schrank] hörten ihn den Schrank D^J
152.22 unsere] unsre D^J
152.29 der Majestät. Sie] dem Könige. Er D^J
152.30 Der König achtet] Ich achte D^J
153.1 Nicht] Nicht, D^J
153.3 wollen] gewollt D^J

LEIDEN

153.31f. und der alte Diener zog sich zurück mit einem leisen Ausdrucke des Er-
staunens] und dieser zog sich zurück mit dem Ausdrucke des höchsten Erstaunens *D^J*

153.34 wiederholte] erzählte *D^J*

154.8 betrogen hat] betrog *D^J*

154.12 Kinde] Kind *D^J*

154.26 der falsche Spieler,] *fehlt D^J*

155.12 Ich erhob mich] Da erhob ich mich *D^J*

155.14 bei seinen Gästen] *fehlt D^J*

155.27f. Urteil] Entscheidung *D^J*

156.6 Türe] Tür *D^J*

156.11 sondern] aber *D^J*

156.14 Unversehens —] *ohne Alinea D^J*

156.15f. Da ihn der Kranke mit fremden Augen anstarrte, sprang er possierlich
vor] Da ihn Julian mit abwesenden Augen anstarrte, sprang er vor *D^J*

156.18 Nasen-Amiel?] Nasen-Amiel, den dummen Amiel? *D^J*

156.22 zu] *fehlt D^J*

156.23 Abende] Abend *D^J*

156.24 trat] ging *D^J*

156.34 dessen] seinem *D^J*

157.19 ‹Dort —] *ohne Alinea D^J*

ANMERKUNGEN

101.1 Frau von Maintenon] *Françoise d'Aubigné, Marquisin von Maintenon (1635–
1719), Gattin des Satirendichters Paul Scarron (1610–1660), wurde nach dessen Tod
Erzieherin der Kinder Ludwigs XIV. (geb. 1638, König seit 1643, gest. 1715) und
seiner Geliebten, der Frau von Montespan. 1684 vermählte sich der verwitwete König heimlich mit der Maintenon.*

101.7f. seine täglichen Besuche —] *Vgl.* St. Simon *IV, 1038f.:* A Marly, à Trianon, à Fontainebleau, le Roi alloit chez elle *(Mme de Maintenon)* les matins
des jours qu'il n'y avoit point de Conseil, et qu'elle n'étoit pas à Saint-Cyr;
à Fontainebleau, depuis sa messe jusqu'au dîner, quand le dîner n'étoit pas
quelquefois au sortir de la messe pour aller courre le cerf, et il y étoit une
heure et demie, et quelquefois davantage. A Trianon et à Marly, la visite
duroit beaucoup moins, parce que, en sortant de chez elle, il s'alloit prome-
ner dans ses jardins. Ces visites étoient presque toujours tête à tête, sans pré-
judice de celles de toutes les après-dînées, qui étoient rarement tête à tête
que fort peu de temps, parce que les ministres y venoient chacun à son tour
travailler avec le Roi. Le vendredi, qu'il arrivoit souvent qu'il n'y en avoit
point, c'étoient les dames familières avec qui il jouoit, ou une musique; ce
qui se doubla et tripla de jours tout à la fin de sa vie.

Vers les neuf heures du soir, deux femmes de chambre venoient déshabil-
ler Mme de Maintenon. Aussitôt après son maître d'hôtel et un valet de
chambre apportoient son couvert, un potage et quelque chose de léger. Dès
qu'elle avoit achevé de souper, ses femmes la mettoient dans son lit, et tout
cela en présence du Roi et du ministre, qui n'en discontinuoit pas son travail et qui n'en parloit pas plus bas, ou, s'il n'y en avoit point, des dames
familières. Tout cela gagnoit dix heures, que le Roi alloit souper, et en
même temps on tiroit les rideaux de Mme de Maintenon.

101.17 Die dreiste Muse Molières —] *Daß Ludwig in seinen späteren Jahren die Komödie nicht mehr besuchte, ja unter dem Einfluß der Maintenon sie sogar verbieten
wollte, ist überliefert.*

101.18 Lavallière] *Louise de la Vallière (1644–1710), Geliebte Ludwigs.*

101.25f. Agrippa d'Aubigné] *Großvater der Maintenon (1552–1630), leidenschaftlicher Hugenott, Schriftsteller, Verfasser einer Histoire universelle. Vgl. Bd.* 11,
S. 228.

101.27 in ihrem Saint-Cyr] *In Saint-Cyr bei Paris hatte Mme de Maintenon eine
Schule für Edelfräulein gegründet. Bei* St. Simon *mehrfach erwähnt, z.B. IV, 1031.*

101.32 die junge Enkelfrau —] *Marie Louise Gabrielle von Savoyen, Gattin von
Ludwigs Enkel Philipp von Anjou, dem späteren König von Spanien.*

102.12 Père Lachaise] *Bei* St. Simon *oft erwähnt. Eine ausführliche Charakteristik
III, 20 ff.:* Le P. de la Chaise étoit d'un esprit médiocre, mais d'un bon caractère, juste, droit, sensé, sage, doux et modéré, fort ennemi de la délation,
de la violence et des éclats. Il avoit de l'honneur, de la probité, de l'humanité, de la bonté; affable, poli, modeste, même respectueux *(III, 20f.).* Vers
quatre-vingts ans, le P. de la Chaise, dont la tête et la santé étoient encore
fermes, voulut se retirer: il en fit plusieurs tentatives inutiles. La décadence
de son corps et de son esprit, qu'il sentit bientôt après, l'engagèrent à re-
doubler ses instances; les jésuites, qui s'en apercevoient plus que lui, et qui
sentoient la diminution de son crédit, l'exhortèrent à faire place à un autre
qui eût la grâce et le zèle de la nouveauté. Il desiroit sincèrement le repos,
et il pressa le Roi de le lui accorder, tout aussi inutilement: il fallut conti-
nuer à porter le faix jusqu'au bout. Les infirmités et la décrépitude, qui l'ac-
cueillirent bientôt après, ne purent le délivrer. Les jambes ouvertes, la mé-
moire éteinte, le jugement affaissé, les connoissances brouillées, inconvé-
nients étranges pour un confesseur, rien ne rebuta le Roi; et jusqu'à la fin
se fit apporter le cadavre, et dépêcha avec lui les affaires accoutumées *(III, 22).*

102.12 Père Tellier] *1643–1719, seit 1709 Beichtiger Ludwigs, nach dessen Tod verbannt. Charakteristik der Gestalt nach* St. Simon. Le P. Tellier étoit entière-
ment inconnu au Roi; il n'en avoit su le nom que parce qu'il se trouva sur
une liste de cinq ou six jésuites que le P. de la Chaise avoit faite de sujets
propres à lui succéder. Il avoit passé par tous les degrés de la Compagnie,
professeur, théologien, recteur, provincial, écrivain. Il avoit été chargé de la

défense du culte de Confucius et des cérémonies chinoises, il avoit épousé la querelle, il en avoit fait un livre qui pensa attirer d'étranges affaires à lui et aux siens, et qui, à force d'intrigues et de crédit à Rome, ne fut mis qu'à l'Index; c'est en quoi j'ai dit qu'il avoit fait pis que le P. le Comte, et qu'il est surprenant que, malgré cette tare, il ait été confesseur du Roi. Il n'étoit pas moins ardent sur le molinisme, sur le renversement de toute autre école, sur l'établissement en dogmes nouveaux de tous ceux de sa Compagnie sur les ruines de tous ceux qui y étoient contraires, et qui étoient reçus et enseignés de tout temps dans l'Eglise. Nourri dans ces principes, admis dans tous les secrets de sa Société par le genie qu'elle lui avoit reconnu, il n'avoit vécu, depuis qu'il y étoit entré, que de ces questions et de l'histoire intérieure de leur avancement, que du desir d'y parvenir, de l'opinion que, pour arriver à ce but, il n'y avoit rien qui ne fût permis et qui ne se dût entreprendre; son esprit dur, entêté, appliqué sans relâche, dépourvu de tout autre goût, ennemi de toute dissipation, de toute société, de tout amusement, incapable d'en prendre avec ses propres confrères, et ne faisant cas d'aucun que suivant la mesure de la conformité de leur passion avec celle qui l'occupoit tout entier. Cette cause, dans toutes ses branches, lui étoit devenue la plus personnelle, et tellement son unique affaire, qu'il n'avoit jamais eu d'application ni travail que par rapport à celle-là, infatiguable dans l'un et dans l'autre. Tout ménagement, tout tempérament là-dessus lui étoit odieux; il n'en souffroit que par force, ou par des raisons d'en aller plus sûrement à ses fins; tout ce qui, en ce genre, n'avoit pas cet objet étoit un crime à ses yeux, et une foiblesse indigne. Sa vie étoit dure par goût et par habitude: il ne connoissoit qu'un travail assidu et sans interruption; il l'exigeoit pareil des autres, sans aucun égard, et ne comprenoit pas qu'on en dût avoir. Sa tête et sa santé étoient de fer, sa conduite en étoit aussi, son naturel cruel et farouche. Confit dans les maximes et dans la politique de la Société autant que la dureté de son caractère s'y pouvoit ployer, il étoit profondément faux, trompeur, caché sous mille plis et replis, et, quand il put se montrer et se faire craindre, exigeant tout, ne donnant rien, se moquant des paroles les plus expressément données lorsqu'il ne lui importoit plus de les tenir, et poursuivant avec fureur ceux qui les avoient reçues. C'étoit un homme terrible, qui n'alloit à rien moins qu'à destruction à couvert et à découvert, et, qui, parvenu à l'autorité, ne s'en cacha plus. Dans cet état, inaccessible même aux jésuites, excepté à quatre ou cinq de même trempe que lui, il devint la terreur des autres; et ces quatre ou cinq, même, n'en approchoient qu'en tremblant, et n'osoient le contredire qu'avec de grandes mesures et en lui montrant que, par ce qu'il se proposoit, il s'éloignoit de son objet, qui étoit le règne despotique de sa Société, de ses dogmes, de ses maximes, et la destruction radicale de tout ce qui y étoit non seulement contraire, mais de tout ce qui n'y seroit pas soumis jusqu'à l'abandon aveugle. Le prodigieux de cette fureur, jamais interrompue d'un seul instant par rien, c'est qu'il ne se proposa jamais rien pour lui-même, qu'il n'avoit ni parents ni amis, qu'il étoit né malfaisant, sans être touché d'aucun plaisir d'obliger, et qu'il étoit de la lie du peuple, et ne s'en cachoit pas. Violent jusqu'à faire peur aux jésuites les plus sages, et même les plus nombreux et les plus ardents jésuites, dans la frayeur qu'il ne les culbutât jusqu'à les faire chasser une autre fois. Son extérieur ne promettoit rien moins, et tint exactement parole; il eût fait peur au coin d'un bois. Sa physionomie étoit ténébreuse, fausse, terrible; les yeux ardents, méchants, extrêmement de travers: on étoit frappé en le voyant. A ce portrait exact et fidèle d'un homme qui avoit consacré corps et âme à sa Compagnie, qui n'eut d'autre nourriture que ses plus profonds mystères, qui ne connut d'autre Dieu qu'elle, et qui avoit passé sa vie enfoncé dans cette étude, du génie et de l'extraction qu'il étoit, on ne peut être surpris qu'il fût sur tout le reste grossier et ignorant à surprendre, insolent, impudent, impétueux, ne connoissant ni monde, ni mesure, ni degrés, ni ménagements, ni qui que ce fût, et à qui tous moyens étoient bons pour arriver à ses fins *(III, 25 ff.). Vgl. ferner III, 540; III, 790; VI, 299.*

102.17f. aus unbestimmten, aber doch vorhandenen Befürchtungen —] Le Roi n'étoit pas supérieur à Henri IV: il n'eut garde d'oublier le document du P. de la Chaise, et de se hasarder à la vengeance de sa Compagnie en choisissant hors d'elle un confesseur (St. Simon *III, 24*).

102.32f. Sie liebte die Jesuiten nicht —] *Wohl nicht historisch. Jedenfalls las bei ihrer Trauung mit Ludwig der Jesuit Père Lachaise in Anwesenheit des Erzbischofs von Paris die Messe* (St. Simon *IV, 1021*).

103.3 ihre dunkeln mandelförmigen —] *Die Schilderung übereinstimmend mit zeitgenössischen Porträts. In einer Ausgabe der Briefe der Frau von Sévigné* (Lettres choisies de Madame de Sévigné, précédées d'une notice par Grouvelle, Paris *o. J.), die Meyer als ein Geschenk Willes besaß, findet sich S. 600 ein Bild der Maintenon.*

103.7f. Fagon] *Über Guy-Crescent Fagon, Leibarzt des Königs, berichtet* St. Simon *oft.* Fagon étoit un des beaux et des bons esprits de l'Europe, curieux de tout ce qui avoit trait à son métier, grand botaniste, bon chimiste, habile connoisseur en chirurgie, excellent médecin et grand praticien. Il savoit d'ailleurs beaucoup: point de meilleur physicien que lui; il entendoit même bien les différentes parties des mathématiques. Très-désintéressé, ami ardent, mais ennemi qui ne pardonnoit point. Il aimoit la vertu, l'honneur, la valeur, la science, l'application, le mérite, et chercha toujours à l'appuyer sans autre cause ni liaison, et à tomber aussi rudement sur tout ce qui s'y opposoit, que si on lui eût été personnellement contraire *(I, 108).* Fagon, asthmatique, très bossu, très décharné, très délicat et sujet aux atteintes du haut mal ... *(I, 1054).* Fagon, premier médecin du Roi, qui avoit toute sa confiance et celle de Mme de Maintenon sur leur santé ... *(II, 189).* Fagon, perdant sa charge de

premier médecin, l'unique qui se perde à la mort du roi, s'étoit retiré au faubourg Saint-Victor, à Paris, dans un bel appartement au Jardin du Roi ou
des simples et des plantes rares et médicinales, dont l'administration lui fut
laissée. Il y vécut toujours très solitaire dans l'amusement continuel des
sciences et des belles-lettres, et des choses de son métier, qu'il avoit toujours
beaucoup aimées. Il a été ici parlé de lui si souvent, qu'il n'y a rien à y ajou-
ter, sinon qu'il mourut dans une grande piété et dans un grand âge pour une
machine aussi contrefaite et aussi cacochyme qu'étoit la sienne, que son savoir et son incroyable sobriété avoit su conduire si loin, toujours dans le
travail et dans l'étude. Il fut surprenant qu'à la liaison intime et l'entière
confiance qui avoit toujours été entre Mme de Maintenon et lui, qui l'avoit
fait premier médecin, et toujours soutenu sa faveur, ils ne se soient jamais
vus depuis la mort du Roi *(V, 946). Vgl. ferner I, 841; IV, 880, 1045.*

103.20f. Er habe bei der heutigen Audienz —] *Die Episode nach* St. Simon *III, 27 f.:*
La première fois qu'il *(Père Tellier)* vit le Roi dans son cabinet après lui avoir
été présenté, il n'y avoit que Blouin et Fagon dans un coin. Fagon, tout
voûté et appuyé sur son bâton, examinoit l'entrevue et la physionomie du
personnage, ses courbettes et ses propos. Le Roi lui demanda s'il étoit parent
de MM. le Tellier; le Père s'anéantit: «Moi, Sire, répondit-il, parent de MM.
le Tellier! je suis bien loin de cela; je suis un pauvre paysan de basse Normandie, où mon père étoit un fermier.» Fagon, qui l'observoit jusqu'à n'en
rien perdre, se tourna en dessous à Blouin, et, faisant effort pour le regarder:
«Monsieur, lui dit-il en lui montrant le jésuite, quel sacre!» *(laut einer Anmerkung des Herausgebers bedeutet* sacre: «*espèce d'oiseau de proie, figurément un scé-
lérat avide de bien et capable de toutes sortes de crimes*»*) et, haussant les épaules,
se remit sur son bâton. Il se trouva qu'il ne s'étoit pas trompé dans un jugement si étrange d'un confesseur. Celui-ci avoit fait toutes les mines, pour
ne pas dire les singeries hypocrites, d'un homme qui redoutoit cette place,
et qui ne s'y laissa forcer que par obéissance à sa Compagnie. Je me suis
étendu sur ce nouveau confesseur, parce que de lui sont sorties les incroyables
tempêtes sous lesquelles l'Eglise, l'Etat, le savoir, la doctrine, et tant de gens
de bien de toutes les sortes, gémissent encore aujourd'hui, et parce que j'ai eu
une connaissance plus immédiate et plus particulière de ce terrible personnage qu'aucun homme de la cour.

103.22 mit den Le Tellier] *Es gab zwei bedeutende Staatsmänner dieses Namens: den
Kanzler Michel Le Tellier und seinen Sohn François-Michel Le Tellier, Marquis
de Louvois, Kriegsminister.*

105.18 Boufflers, der Sohn des Marschalls] *Die Charakteristik des Marschalls nach*
St. Simon. Le maréchal de Boufflers ... Rien de si surprenant qu'avec aussi
peu d'esprit et un esprit aussi courtisan, mais non jusqu'aux ministres, avec
qui il se savoit bien soutenir, il ait conservé une probité sans la plus légère
tache, une générosité aussi parfaitement pure, une noblesse en tout du pre-

mier ordre, et une vertu vraie et sincère, qui ont continuellement éclaté dans tout le cours de sa conduite et de sa vie. Il fut exactement juste pour le mérite et les actions des autres sans acception ni distinction, et à ses propres dépens; bon et adroit à excuser les fautes, hardi à saisir les occasions de remettre en selle les gens les plus disgraciés. Il eut une passion extrême pour l'Etat, son honneur, sa prospérité; il n'en eut pas moins, par admiration et par reconnoissance, pour la gloire et pour la personne du Roi. Personne n'aima mieux sa famille et ses amis, et ne fut plus exactement honnête homme, ni plus fidèle à tous ses devoirs. ... Il tira tout de son amour du bien, de l'excellente droiture de ses intentions, et d'un travail en tout genre au-dessus des forces ordinaires, qui, nonobstant le peu d'étendue de ses lumières, tira souvent de lui des mémoires, des projets et des lettres d'affaires très justes et très sensés *(III, 1072 f.)*. L'ordre, l'exactitude, la vigilance, c'étoit où il excelloit. Sa valeur étoit nette, modeste, naturelle, franche, froide. Il voyoit tout, et donnoit ordre à tout sous le plus grand feu comme s'il eût été dans sa chambre; égal dans le péril, dans l'action rien ne lui échauffoit la tête, pas même les plus fâcheux contretemps. Sa prévoyance s'étendoit à tout, et, dans l'exécution il n'oublioit rien *(II, 1173)*.

105.34 Marly-Tage] *Ludwig weilte oft mit der Hofgesellschaft auf seinem Schloß in Marly, das er besonders liebte. Marly bei* ST. SIMON *(z.B. IV, 1008f.) und in den Briefen der El. Charlotte von Orléans oft erwähnt.*

105.34f. für dieses sein ältestes Kind die Anwartschaft —] ST. SIMON *(II, 1224) erzählt eine Episode aus dem Jahre 1708, da der König den Marschall Boufflers zum Pair machte. Ludwig gewährte Boufflers die Erfüllung eines Wunsches, dieser aber wollte in seiner Bescheidenheit keinen äußern.* «Oh bien! Monsieur le maréchal, lui dit enfin le Roi, puisque vous ne voulez rien demander, je vais vous dire ce que j'ai pensé, afin que j'y ajoute encore quelque chose, si je n'ai pas assez pensé à tout ce qui peut vous satisfaire: je vous fais pair, je vous donne la survivance du gouvernement de Flandres pour votre fils, et je vous donne les entrées des premiers gentilshommes de la chambre.» *Son fils n'avoit que dix ou onze ans.*

106.9 «Die verewigte Mutter des Knaben] *Der Charakter der Marschallin Boufflers völlig erfunden; vielleicht sind Züge der Mutter Meyers auf sie übertragen. Boufflers war nur einmal verheiratet; seine Gattin Catherine-Charlotte de Gramont überlebte ihn.*

106.18f. die brave und schreckliche Pfälzerin —] *El. Charlotte von Orléans spricht stets mit Verachtung und Abscheu von der ihr persönlich verhaßten Maintenon und nennt sie in den Briefen meist das alte Weib oder die alte Zott.*

106.31 Lauzun] *Antoine-Nompar de Caumont, duc de Lauzun, Schwager Saint-Simons, von diesem als boshaft und zu Neckereien geneigt geschildert (VI, 282:* toujours prêt aux malices, de les désarçonner tous par un sarcasme). *Vgl. ferner I, 552f., 943f.; II, 491 u.ö.*

106.32 Saint-Simon —] *Die entstellende Charakteristik Saint-Simons im Munde der Maintenon ist ironisch; in Wirklichkeit spricht Saint-Simon vom Schicksal Julien Boufflers, dessen Vater sein Freund war, mit starkem Anteil. Über Saint-Simon siehe auch* Sainte-Beuve, Causeries du Lundi, *Bd. 3 und Bd. 15 (*Les Mémoires de Saint-Simon*). Der Aufsatz in Bd. 15 ist auch als Einleitung zu der S.* 319 *zitierten Saint-Simon-Ausgabe von Chéruel gedruckt.* Saint-Simon était possédé sans doute de cette manie de classer les rangs, mais, surtout et avant tout, de la passion d'observer, de creuser les caractères, de lire sur les physionomies, de démêler le vrai et le faux des intrigues et des divers manèges, et de coucher tout cela par écrit, dans un styl vif, ardent, inventé, d'un incroyable jet, et d'un relief que jamais la langue n'avait atteint jusque-là. «Il écrit à la diable pour l'immortalité», a dit de lui Chateaubriand. C'est bien cela, et mieux que cela. Saint-Simon est comme l'espion de son siècle; voilà sa fonction, et dont Louis XIV ne se doutait pas. Mais quel espion redoutable, rôdant de tous côtés avec sa curiosité affamée pour tout saisir! «J'examinais, moi, tous les personnages, des yeux et des oreilles», nous avoue-t-il à chaque instant *(Causeries Bd. 3, S. 274).* Et avec cela il est artiste, et il l'est doublement: il a un coup d'œil et un flair qui, dans cette foule dorée et cette cohue apparente de Versailles, vont trouver à se satisfaire amplement et à se repaître; et puis, écrivain en secret, écrivain avec délices et dans le mystère, le soir, à huis-clos, le verrou tiré, il va jeter sur le papier avec feu et flamme ce qu'il a observé tout le jour, ce qu'il a senti sur ces hommes qu'il a bien vus, qu'il a trop vus, mais qu'il a pris sur un point qui souvent le touchait et l'intéressait *(Causeries Bd. 15, S. 430 f.).*

107.12 der gallichte Saint-Simon] Sainte-Beuve, Causeries *Bd. 15, S. 430:* ... en peignant les hommes il obéit à des préventions haineuses et à une humeur méchante ...

108.1 f. Als Frau von Sablière —] *Vgl.* A. Vinet, Poètes du Siècle de Louis XIV, Paris 1861, *S. 534:* La Fontaine fut donc véritablement créateur, et de la meilleure des manières, par l'analogie naturelle de son génie avec le genre auquel il s'arrêta. On l'a dit, La Fontaine était fablier; il portait des fables comme un prunier porte des prunes. *Da Meyer mit Vinets Schriften vertraut war, darf angenommen werden, daß sein* Fabelbaum *auf die zitierte Stelle zurückgeht. Er übersetzte fablier mit* Fabelbaum *und übertrug das Wort auf Frau von Sablière,* La Fontaines Gönnerin.

109.14 «‹Es ist nicht darum —] Molière, Le malade imaginaire, *II, 6. Die Übersetzung dürfte von Meyer selber stammen.*

112.35 mit der Jüngsten des Marschalls Grammont] *Siehe Anm. zu 106.9. Die Charakteristik der Grammont erfunden. Bei* St. Simon *wird sie zwar mehrfach genannt, aber nichts über ihr Wesen ausgesagt.*

120.18 Père Bourdaloue] ... le P. Bourdaloue, ce fameux jésuite, que ses admirables sermons doivent immortaliser *(*St. Simon *I, 211).*

120.24f. das Blut meiner protestantischen Vorfahren —] *Die folgende Jugendge-*
schichte Fagons bei St. Simon *nicht überliefert.*

120.29f. jener lucrezische Vers] T. Lucretius Carus, De rerum natura, I, 101: tan-
tum religio potuit suadere malorum *(So viel Unheil hat die Religion anzuraten*
vermocht). *Bekanntes Zitat (siehe* Georg Büchmann, Geflügelte Worte, 1862¹).

120.34 meines Vaters] *Anregung zu dieser erfundenen Gestalt vielleicht aus* St. Simon
III, 747, wo von dem Arzt Boudin gesprochen wird: Il étoit boudin *(Blutwurst)*
de figure comme de nom, fils d'un apothicaire du Roi dont personne n'avoit
jamais fait cas.

121.34 Tiermaler Mouton] *Ein Maler dieses Namens ist nicht nachzuweisen.*

122.3 ich rieche seinen Knaster] *Anregung zu diesem Zug vielleicht aus* St. Simon
III, 747: Il *(der Arzt Boudin)* subjugua M. Fagon, le tyran de la médecine et
le maître absolu des médecins, au point d'en faire tout ce qu'il vouloit, et
d'entrer chez lui à toute heure, lui toujours sous cent verrous. Il haïssoit le
tabac jusqu'à le croire un poison: Boudin lui dédia une thèse de médecine
contre le tabac, et la soutint toute en sa présence, se crevant de tabac, dont
il eut toujours les doigts pleins, sa tabatière à la main, et le visage barbouillé.
Cela eût mis Fagon en fureur d'un autre; de lui tout passoit.

122.19f. Enkel der schönen Gabriele] *Der Herzog von Vendôme, Enkel der Gabrielle*
d'Estrées, der Geliebten des Königs Heinrich IV.

125.3 Père Amiel] *Historisch nicht nachweisbar.*

126.27 Schloß Grignan] *Die Tochter der Schriftstellerin Marquise de Sévigné war mit*
dem Grafen von Grignan vermählt.

128.34 die Gräfin Mimeure] *Gestalt erfunden. Name aus* St. Simon *(II, 227 und VI,*
303).

129.13 Mirabelle Miramion] *Erfundene Gestalt. Der Name Miramion bei* St. Simon
(I, 287).

130.16 Abbé Genest] *Charles-Claude Genest (1639–1719), Hofdichter.*

130.25f. ‹Paete, es schmerzt nicht!›] Paete, non dolet. *Geflügeltes Wort aus* Plinius,
Briefe III, 16. Caecina Paetus war von Kaiser Claudius zum Tode verurteilt wor-
den; seine Gattin Arria stieß sich den Dolch in die Brust und reichte ihn dann ihrem
Manne mit den genannten Worten, ihn damit zum Selbstmord ermutigend.

135.18f. Parodie einer ovidischen Szene] Ovid, Metam. III, 511–733, *insbesondere*
701 ff. Meyer dürfte zu dem Motiv angeregt worden sein durch ein Bild von Ch.
Gleyre «Penthée poursuivi par les Ménades», reproduziert in: Charles Clé-
ment, Gleyre, Etude biographique et critique, Paris 1878, *S. 298. Original im*
Kunstmuseum Basel.

140.1f. keinen Tag beendigen ohne eine Wohltat] *Anspielung auf das von Sueton*
überlieferte Wort des Kaisers Titus: Diem perdidi.

142.17f. ‹ins Kloster Faubourg Saint-Antoine!›] —] Il *(Argenson)* étoit depuis
longtemps ami intime de Mme de Veyny, prieure perpétuelle de la Made-
leine de Traînel, au faubourg Saint-Antoine. Il y avoit un appartement au

dehors; il avoit valu beaucoup à cette maison. Il y couchoit souvent étant lieutenant de police *(St. Simon V, 954)*. *Weitere Stellen über Argenson:* Argenson, cet inquisiteur suprême ... *(II,787)*. ... d'Argenson, en qui le Roi avoit toute confiance ... *(III,251)*. Avec une figure effrayante, qui retraçoit celle des trois juges des enfers, il s'égayoit de tout avec supériorité d'esprit, et avoit mis un tel ordre dans cette innombrable multitude de Paris, qu'il n'y avoit nul habitant dont jour par jour il ne sût la conduite et les habitudes, avec un discernement exquis pour appesantir ou allégir sa main à chaque affaire qui se présentoit, penchant toujours aux partis les plus doux avec l'art de faire trembler les plus innocents devant lui; courageux, hardi, audacieux dans les émeutes, et par là maître du peuple. ... Au milieu de fonctions pénibles et en apparence toutes de rigueur, l'humanité trouvoit aisément grâce devant lui ... Il s'étoit livré sous le feu Roi aux jésuites, mais en faisant tout le moins de mal qu'il lui étoit possible, sous un voile de persécution qu'il se sentoit nécessaire pour persécuter moins en effet, et secourir même les persécutés. Comme la fortune étoit sa boussole, il ménageoit également le Roi, les ministres, les jésuites, le public *(V, 910)*. C'est où il *(Argenson als Polizeipräfekt)* excella, et où il sauva bien des gens de qualité et des enfants de famille. Il étoit obligeant, poli, respectueux, sous une écorce quelquefois brusque et dure, et une figure de Rhadamante, mais dont les yeux pétilloient d'esprit et réparoient tout le reste *(VI,722)*.

143.23f. Rhadamantusmiene] *Siehe Anm. zu 142.17.*

149.5 wir Väter Jesu —] ... les jésuites voulurent montrer qu'ils ne craignoient et ne considéroient personne *(St. Simon III,787)*.

149.8f. vierzig weniger einen wie Sankt Paulus] Von den Juden habe ich fünfmal empfangen vierzig Streiche weniger eins *(2. Korinth. 11. 24)*.

150.14 ‹Mentiris impudentissime] *Zitat aus* Pascal, Pensées, *nr. 625 (éd. de Lafuma 803)*.

150.27f. die Sonne nicht über einem Zorne untergehen zu lassen] *Vgl. Ephes. 4. 26.*

153.32f. der König war die Pünktlichkeit selber] *Vgl.* St. Simon *IV, 1002 (siehe S. 321)*.

153.35 Villars] *Marschall Villars bei* St. Simon *oft genannt, z. B. II,111:* ... une grande opinion de soi ... une valeur brillante, une grande activité, une audace sans pareille, et une effronterie qui soutenoit tout et ne s'arrêtoit pour rien, avec une fanfaronnerie poussée aux derniers excès ...

154.3 Villeroy] *Marschall Villeroy bei* St. Simon *oft genannt, als eitel und anmaßend geschildert.* La vanité du maréchal de Villeroy ... *(I,951)*, ... son venin et sa bassesse ... *(VI,742); ferner II,614, 757ff.*

154.6 Grammont] *Meyer hat hier offenbar Züge, die* St. Simon *von Graf Gramont, einem Onkel des Marschalls Gramont, überliefert, auf diesen übertragen.* C'étoit un homme de beaucoup d'esprit, mais de ces esprits de plaisanterie, de reparties, de finesse et de justesse à trouver le mauvais, le ridicule, le foible de chacun ... C'étoit un chien enragé à qui rien n'échappoit. Sa poltronnerie connue le mettoit au-dessous de toute suite de ses morsures. Avec cela, escroc avec impudence, et fripon au jeu à visage découvert, et joua gros toute sa vie; d'ailleurs prenant à toutes mains, et toujours gueux, sans que les bienfaits du Roi, dont il tira toujours beaucoup d'argent, aient pu le mettre tant soit peu à son aise *(II,743)*.

154.8 Lauzun] *Siehe Anm. zu* 106.31.

154.26f. da die Ehre, wie Boileau sage —] Boileau, Satire *X,167f.*:

> L'honneur est comme une île escarpée et sans bords.
> On n'y peut plus rentrer dès qu'on en est dehors.

DIE RICHTERIN

ENTSTEHUNGSGESCHICHTE

Die Richterin *gehört zu denjenigen Novellen Meyers, die eine sehr lange und wand-lungsreiche Entstehungsgeschichte haben. Der Dichter selber gestand, er vermöge nicht* mehr zu sagen, wie viele Metamorphosen sie durchgemacht habe *(FREY S. 287).*
Ähnlich wie beim Mönch *waren das Hauptmotiv und die Grundzüge der Handlung im Geiste des Dichters lebendig, lange bevor er einen angemessenen Schauplatz und histori-schen Hintergrund gefunden hatte. Die Novelle hat sich auch in engem Zusammenhang mit dem* Mönch *entwickelt. Man darf annehmen, daß in der Erzählung eigenes inneres Erleben des Dichters verarbeitet ist, ohne daß Genaueres nachzuweisen wäre. Immerhin gewähren die zum Teil erhaltenen Entwürfe Betsys zu ihrer* ERINNERUNG *(CFM 399 b) und Notizen zu dem* «Frühlingsbrief», *den Betsy an Rodenberg richtete (*Julius Rodenberg, Erinnerungsblätter. Conrad Ferdinand Meyer. Ein Fragment aus dem Nachlaß seiner Schwester Betsy. In: Das literarische Echo, 15. Jg. H. 1, 1. Okt. 1912, Sp. 1ff.*), einige Aufschlüsse. In den Entwürfen findet sich die Stelle:*
Ohne «Engelberg» u. dessen meinem Bruder in jeder Weise ungerecht zu nahe tretende, oberflächliche Beurteilung in gewissen Zürcherkreisen wäre die «Richterin» nicht, oder nicht in der endgültigen Form, die sie trägt, entstanden.
Die «Richterin» ist meines Erinnerns das einzige Gedicht meines Bruders, von dem er mir, während er es komponierte, niemals sprach, das einzige, das ich erst in Buchform zu Gesicht bekam. Er wollte sich dabei streng alle weiblichen Ein-flüsse oder Einwürfe fern halten.
Er gab mir das Bändchen mit den Worten: «Mich wundert, was du dazu sa-gen wirst. Du wirst nicht begreifen, wie ich dazu komme, diese Gewissenskon-flikte anzufassen. – Es mußte sein. Ich mußte einmal Stellung nehmen zu den unaufhörlichen stillen Angriffen. – Es ist eine Abrechnung …. Und jetzt: ein dicker Strich darunter. –» …
Die «Richterin» dagegen *(gegenüber* Engelberg*)* ist aus tiefer Verletzung hervor-gegangen und trägt Schwert und Schild. Sie ist ein fest geschlossenes Drama. Sie ist die Ethik derselben Dichterseele und zeigt deren Kampf. Keine Himmelfahrt, sondern die Höllenfahrt eines mannhaften Gewissens. Selbstgericht und Sühne.
Eine andere fragmentarische Notiz trägt den Titel «Richterin»: Ich sah fragend zu ihm auf. Soweit war es also gekommen. «Armer, armer Bruder! Es ist dein innerstes Heiligtum, das angetastet wird. Das Verhältnis deiner Schwester zu dir, das gottgewollte, einfache, das zugleich ein kindliches und mütterliches ist. – Das ist der Punkt, von dem aus deine edel geschaffene, in ihrer Feinheit und Reiz-barkeit zu gesundem Widerstande gegen rohe Angriffe unfähige Seele im Inner-sten vergiftet werden kann. An dieser Stelle kann dir, inmitten deines sichern

Heims von der, die du liebst und der du vertraust, ohne daß sie selber sich dessen klar bewußt wird, ein dein Leben im Grunde zerstörendes Gift beigebracht werden: der Zweifel an der göttlichen Gerechtigkeit.»

In einer weitern Notiz heißt es: Die «Richterin» ist ein aus unbehauenen Quadern fest aufgeführtes Manneswerk. Ein schönes, künstlerisches Werk strenger Abwehr – für die Kunstbegabten, Sehenden und Verständigen. Freilich es war auf eine Höhe gestellt, von der es, zu weit über ihrem Verständnis, die verleumderischen Angreifer nicht einschüchtern konnte.

Aus diesen zum Teil etwas dunkeln Andeutungen geht hervor, daß Betsy und wohl auch Meyer selbst die Richterin als eine Art Verteidigung gegen schleichendes Geschwätz auffaßte, das sich um das Verhältnis des Dichters zu seiner Schwester drehte.

Einleuchtend ist Betsys Hinweis auf den Zusammenhang zwischen Engelberg *und* Richterin. *In* ERINNERUNG *führt sie den Gedanken genauer aus (S. 171 ff.):*

(Engelberg V, 135 ff. Der Gemsjäger spricht zu der aus dem Kloster entflohenen Angela)

> «Vernimm.» Er deutet nach dem Lauf
> Der unverwölkten Sonnenflamme,
> Die durch die Tannen steigt herauf:
> «Dort liegt das Land, aus dem ich stamme.
>
> Wo wild der Rhein die Schlucht durchbraust,
> Hat lange mein Geschlecht gehaust.
> Ein Staufen hat es hingesetzt,
> Sich einen Alpenweg zu wahren,
> Daß er nach Welschland unverletzt
> Zur Kaiserkrone möge fahren.
>
> Dort leuchtet saftig grüne Weide
> Wie ein smaragdenes Geschmeide;
> Der Pfeil entschwingt sich dort den Klüften,
> Und stürzt das Grattier aus den Lüften,
> Beinah wie hier! Nur stehen grüner
> Die Wiesen und die Berge kühner. –
> Mein Ahne war es, dem ein Zwist
> Mit seinem Nachbar worden ist.
>
> Es war um eines Weibes willen,
> Um eines Weibs verbotner Glut,
> Und nimmer war fortan zu stillen
> Die ruhelose Rachewut. ...»

Diese dunkleren Schatten und feurigeren Beleuchtungen Bündens fallen auf die Gestalten der «Richterin» und heben sie kraftvoll ausgebildet von dem Grunde einer wilderen Berglandschaft und einer ferneren Vorzeit ab.

Dennoch ist es unmöglich, die Verwandtschaft der beiden Gedichte: des ins Unbestimmte duftig verschwebenden und des fest und massig aufgebauten, zu verkennen. Die Mariafelder Freunde bedauerten nach Vollendung des «Engelberg», und C.F. Meyer bedauerte es selbst, daß er aus der ins Kloster gezwungenen «Jutta» des Gedichts nur eine kurze Episode, kein volles Menschenschicksal geformt habe. Wir erkennen in Frau Stemma, der Richterin, die kräftige Entwicklung dieses verborgenen Keims. Das leicht angedeutete Verhältnis des wilden Kurt zu seinem die verderblichen Wassergeister beschwörenden Bruder Beat tritt in den Beziehungen Wulfrins zu Graciosus fester ausgeprägt und unvergleichlich kräftiger und schöner entwickelt wieder ins Leben. Der jungen, lichten Mädchengestalten in beiden Gedichten und der in beiden waltenden friedliebenden Geistlichkeit nicht zu erwähnen. Der Schauplatz beider Begebenheiten ist der südliche Grenzwall des Reiches, es sind die Alpenschluchten mit ihrem Bergzauber. Über beiden schwebt, der sagenhaften Zeit und der wechselnden Stimmung und Beleuchtung der Gebirgseinsamkeiten entsprechend, ein leiser Schauer des Wunderbaren.

Betsy macht weiter darauf aufmerksam, daß in beiden Dichtungen als Vertreter einer höheren Ordnung, gleichsam der göttlichen Gerechtigkeit, ein Kaiser auftrete, in Engelberg Rudolf von Habsburg, in der Richterin Kaiser Karl. Dazu ist freilich zu sagen, daß der Weg nicht unmittelbar von der Verserzählung zu der Novelle führte, sondern offenbar über verschiedene Zwischenstufen. Nach FREY *(S. 75 und 333) reichen die ältesten Motivkeime in noch frühere Zeit zurück. Anklänge sind schon in der S. 246 genannten Novelle* Clara *zu treffen. So ist vor allem der Charakter Claras, ihr herrscherliches Wesen und ihre geheime Leidenschaft, mit dem Stemmas verwandt. Von einer Vorstufe zur Richterin ist indes kaum zu reden.* FREY *(S. 333) bringt die Richterin, wie den Mönch, auch in Verbindung mit der 1875/76 geplanten korsischen Novelle: die wilde Welt Korsikas habe dem Dichter der richtige Untergrund zu der Judicatrix geschienen. Von dieser korsischen Novelle, von der Meyer am 16. Juni 1877 an Haessel schrieb, sie sei völlig im Kopf ausgearbeitet, hat sich nichts erhalten. Als Schauplatz für die Richterin scheint vorher noch ein Schloß in Bellenz (*FREY *S. 292) und später die mittelalterliche Papstburg (*FREY *S. 423) erwogen worden zu sein. Doch sind dies alles bloß unbestimmte Andeutungen, und sicher steht nur soviel fest, daß der Dichter jahrelang in der Wahl des Ortes und der Zeit der Handlung schwankte.*

Greifbar wird die Novelle erst von da an, da sie Meyer in Sizilien spielen lassen wollte. Die ersten Hinweise in den Briefen Meyers setzen jedenfalls die Umgebung der Hohenstaufen voraus. Ende 1881 war der Plan zur Richterin so weit gediehen, daß Meyer sie in wenigen Monaten zu beendigen hoffte (an Rodenberg, 30. November 1881): Was meine neue Arbeit betrifft, so stehen die Chancen nicht ungünstig. Bleibe ich diesen Winter gesund, wie ich hoffe, so vollende ich bis Ostern eine Novelle, mit welcher es aber eine eigene Bewandtniß hat.

Die Dichtung: eine leidenschaftliche Fabel, ein Vierspiel: (der Staufe Friedr. II. u. eine gewaltige Normanin, daneben zwei junge Leute, in Liebe und Haß sich begegnend) ist durchaus dramatisch gedacht. Ich werde sie gleichzeitig novellistisch und dramatisch ausführen. Dann bringen Sie, wenn Ihnen die Novelle zusagt, u.

ich dieselbe bis Ostern vollenden kann, im Frühsommer in 2 oder höchstens drei Malen die etwas gewagte Neuigkeit. Wir beobachten dann die Wirkung der Novelle u. ist dieselbe nicht abschreckend, veröffentlichen oder verwerthen wir das Drama, ohne daß mir vorzuwerfen wäre: ich hätte «eine Novelle dramatisiert». *Am 15. Dezember teilte Meyer Louise von François mit, er sei mit dem Dynast beschäftigt,* Friedr. II studire ich nur als «Hintergrund» einer andern Fabel. *Auch zu Haessel muß Meyer damals von der* Richterin *– als Drama – gesprochen haben (die Briefe Meyers an Haessel aus jener Zeit sind nicht erhalten), denn Haessel schrieb am 19. Mai 1882 an Meyer:* Nun das Drama. Das ist doch wohl nicht der Stoff der magna peccatrix? Herrlich aber ist er und der jetzt gefundene Titel berauschend. Ändern Sie nichts daran. – Wo finde ich am genauesten das Geschichtliche? Geben Sie einen Wink. *Dem* Rundschau-*Herausgeber versprach Meyer die Erzählung auf Ende des Jahres (an Rodenberg, 15. Juli 1882):* Die neue Nov. m. Peccatrix sollte bis Ende Nov. spätestens Dec. fertig sein (unberufen!). Sie wird schon 2 Nummern besetzen. Placiren Sie dieselbe nach der Convenienz der Rundschau, aber j a o h n e s c h e i n b a r e Benachtheiligung (s. v. Verbo) der Kellerschen! *Daß Meyer gleichzeitig an einer dramatischen und novellistischen Form arbeitete, beweist eine Bemerkung zu Louise von François (27. Juli 1882):* Ein Drama (mit Friedrich II dem Staufen) beschäftigt mich ohne Unterlaß. Ich werde es – so Gott will – rasch vollenden. *Auf den gleichen Gegenstand bezieht sich sicher auch die Bemerkung an dieselbe Adressatin (undatiert, erschließbares Datum etwa Mitte August):* Ich habe jetzt einen Stoff auf dem Webestuhl, welchen i c h n u r n i c h t v e r d e r b e n d a r f, um, wie ich glaube, etwas Gutes zu machen. *Am 3. August meldete er Rodenberg:* Ich habe dieses Jahr, wenn nicht allzuviel dazwischen fällt, noch die Ausführung eines Planes vor: Magna peccatrix (Friedr. II der Staufe, eine der 4 Hauptrollen). Er ist bis ins kleinste dramatisch ausgedacht, dennoch werde ich ihn zuerst als Novelle ausführen. *Auch an Lingg (31. August 1882) berichtete er von der gegenwärtigen* Novelle, *die in der Hohenstaufenzeit spiele. Deutlicher drückte er sich über den Plan an Louise von François aus (2. September 1882):* Mehr beschäftigt mich mein neues Thema, das ich zuerst in Novellenform behandle, allerdings mit einem Blick auf dramatische Bearbeitung. Sie sagen wahr: jedes künstlerische Streben drängt dem Drama als der höchsten Kunstform mit Notwendigkeit zu. Magna peccatrix heißt meine Novelle: 4 Figuren: zwei unschuldige junge Leute und zwei lebenserfahrene: Friedrich II der Staufe und eine normänische Herzogin. *Und an dieselbe (27. Oktober 1882):* Inzwischen werde ich meine magna peccatrix (mit dem Staufen Friedrich II) ausführen und zwar ohne Unterbruch. Auch hier übrigens wird das Menschliche den Vorgrund füllen d. h. eine leidenschaftliche Fabel, welcher der über unsern Kaiser (damals war er auch noch der meinige d. h. der meiner mutmaßlichen Vorväter) verhängte Bann nur die Gewitterbeleuchtung gibt.

Die Arbeit geriet aber wieder ins Stocken. Haessel war etwas enttäuscht, daß es mit der Richterin *nicht vorwärts gehe, und er drängte Meyer, das Drama – er rechnete offenbar mit dieser Form – zu beenden (an Meyer, 28. November und 18. Dezember 1882).*

Am 23. Dezember trieb er den Dichter erneut zu rascher Förderung der Dichtung und riet zugleich von dem damals anscheinend erwogenen Titel Die Gerichtsherrin *ab;* Magna peccatrix *sei ihm lieber. Die dramatische Gestaltung stand jetzt ganz im Vordergrund. Am 23. Dezember teilte Meyer Johanna Spyri mit:* Ich stehle mir jede Minute ab in dieser zeitraubenden Zeit, um mein Drama (Friedr II der Staufe unter uns in selbsterdachter Fabel) wenigstens zu bedenken, denn zum Schreiben komme ich jetzt nicht jeden Tag, doch hoffe ich bis Ostern fertig zu sein. Es geht hoch darin her, gleich im 1 Act wird Einer gehenkt, was meinem Verleger Haessel, dem ich im Sommer hier diese Szene mitteilte, ein sächsisches: Herr Jeses! entlockte. Ich fürchte, Sie werden stärkere Nerven haben. *In den gleichen Tagen schrieb der Dichter an Louise von François (datiert:* 1882, noch im alten Jahre*):* Ich bin mitten in einer Tragödie und fühle mich so in meinem Elemente, wie nie. Eine erfundene Fabel mit dem Staufen im Hintergrund! Der Stoff ist nicht so vollkommen gut, wie ich wünschte, aber ein vollkommener Dramastoff ist so selten als eine vollkommene Frau, und jetzt gilt kein Zögern und Zaudern mehr. *Einige Wochen bemühte sich Meyer noch um das Drama, wie ein Brief an Friedrichs vom 19. Januar 1883 erweist, dann aber ließ er es, wie es scheint, liegen. Zwar sprach er am 27. April seinem Verleger noch von einer Tragödie (*Der Stoff ist ein deutsch-mittelalterlicher, aber eigentümlich gewendet*) und am 4. Mai zu Louise von François:* Über meinen dram. Plänen habe ich ausdauernd und leidenschaftlich gesonnen, auch einiges geschrieben. Die Sache war, daß ich folg. zusammen wollte.

    1.) einen deutsch-mittelalterlichen Stoff

    2) mit modernen Beziehungen

    und 3) einer ganz einfachen Fabel, die in jedem Bauerhause sich abspielen könnte.

Aber diese noch recht unbestimmten Pläne haben vermutlich nichts mehr mit der Richterin *zu tun.*

    Erst im Spätjahr 1883 griff Meyer die Richterin *wieder auf. Von nun an ist nur noch von einer Novelle die Rede. Wie weit das Drama seinerzeit gediehen war, ist nicht bekannt. Nach Freys Mitteilung (*UNVOLL. PROSA S. 165*) soll Meyer etwa 1500 Verse der dramatischen Fassung vernichtet haben. Auf Ende 1883 gehen offenbar die erhaltenen Entwürfe zur* Richterin *(siehe S. 553 ff.) zurück.*

    Am 7. November 1883 schrieb der Dichter an Louise von François: Jetzt durchblättere ich meine Entwürfe und lasse mich hin und herlocken. Da ist besonders eine «Richterin» (oder magna peccatrix) mit einem Friedr. II. im Hintergrund (natürlich dem Kaiser) die mich tentirt. Szene: Enna in Sizilien (das Enna der Proserpina) aber das ist fast zu schaurig ... *Im November und Dezember berichtete er seinem Verleger mehrmals von der Arbeit an der Peccatrix, an der er mit großem Vergnügen sei. In einem Brief vom 16. Januar 1884 an denselben heißt es:* Jetzt bin ich überdieß so beschäftigt mit der «Richterin» (magna peccatrix), daß ich nicht wegblicken mag. *Am gleichen Tag schrieb er an J. Hardmeyer:* Für 1884 habe ich – force majeure vorbehalten – eine längst geplante und längst der Rundschau versprochene Novelle: die Richterin auf dem Webstule, welche mein Frühjahr oder darüber aufzehrt. *Wille gab er am 21. Januar Ostern als Endtermin für eine neue tragische Novelle an. Auch Haessel nannte er denselben Termin (28. Januar), ebenso Landis (10. Februar). Ausführlichere Bemerkungen richtete er an Frey (19. Februar):* Freilich habe ich einen Stoff für die Rundschau, gehe aber ganz subtil mit ihm um. Ich will mir wenigstens den Comfort erlauben, mich nicht drängen zu lassen, sondern ihn mit aller Liebe ausbilden.

Es scheint, daß der Eifer und die Lust, mit der Meyer im Winter 1883/84 die Richterin *neu anpackte, damit zusammenhängt, daß er für die Fabel einen neuen – den endgültigen – Schauplatz gefunden hatte. Den frühesten Hinweis darauf gibt ein Brief an Louise von François vom 20. Februar 1884:* Der «Mönch», mit dessen Erscheinen in Buchform es gar keine Eile hat, verschwindet hinter mir, und mich beschäftigt etwas Neues, kein ungefährliches Thema. Daß ich es wiederum in alte Zeit (Charlemagne) verlege, hat seinen Grund darin, daß ich für meine etwas großen Gestalten eine geräumige Gegend und wilde Sitten brauche, und nun will ich doch lieber ins Mittelalter als nach Asien gehen. *Das Wort nach Asien dürfte humoristisch gemeint sein; es ist nicht denkbar, daß Meyer ernsthaft an eine ihm in jeder Hinsicht unvertraute Umgebung gedacht hat. Vom weitern Wachsen der* Richterin *zeugt ein Brief an Rodenberg vom 19. März 1884:* Meine neue Novelle, nicht umfangreich, aber schwer (die «Richterin». Zeit: Charlemagne) rückt schrittweise vor, ich muß Zeitweise die Natur wirken lassen. Auch schreibe ich sie, so viel ich vermag, ohne Adjective u. ursprünglicher als den überladenen Renaissance-Mönch. Im Mai werde ich berichten. Ein eventuelles Erscheinen der Novelle im Hochsommer (Juli oder August) wäre mir ganz recht. Doch davon, wenn ich fertig sein werde. *Daß ihm die Arbeit nicht leicht fiel, zeigt auch ein Brief an Wille (1. Mai 1884):* Meine «Richterin» ist eine schwere Aufgabe, doch habe ich mich eingebissen u. werde mich durchbeißen. *Seltsamerweise kehrte Meyer nochmals zum früher gewählten Schauplatz Sizilien zurück (an Rodenberg, 6. Juni 1884):* ich frage an, ob Sie mir das Oct. Heft für eine Novelle geben können. Sicilien u. Kaiser Fried. II mit völlig frei erfundener Fabel. «Die Richterin» heißt sie. Ich würde das Msc. – Hinderniß vorbehalten – Ende August einsenden u. im Nov. dürfte die Novelle in Buchform erscheinen. Ich habe ein gutes Vertrauen für diese Novelle. *Die Möglichkeit, daß Meyer hier irrtümlich den ehemaligen historischen Hintergrund nennt, ist allerdings nicht ganz auszuschließen. Schon bald wurde eine Terminverschiebung nötig (an Rodenberg, 26. Juni):* So denke ich, da einmal das Erscheinen der Richterin im Oct. heft unmöglich ist, geben Sie mir das Dec.-Heft mit dem Lieferungstermin Ende October. 4 Monate sind wahrlich nicht zu viel, um die mit einer gewissen Größe begonnene Novelle würdig auszubauen u. ich habe das Gefühl, Freund, daß ich mich stramm halten muß. *Daß ihm Rodenberg mehr Spielraum gewährte, beruhigte ihn (an Rodenberg, 4. Juli):* es ist mir sehr angenehm, daß ich jetzt Zeit habe, meine schwere und etwas gefährliche Novelle nach Lust u. Muse zu vertiefen. ... Je länger ich meine Novelle in der Mappe behalte, desto lieber. Gleichwohl mache ich dieselbe im Oct. fertig. *Es sollte noch ein ganzes Jahr gehen, bis das Ringen des Dichters mit dem Stoff zum Ziele führte. An Brahm schrieb er am 5. Dezember 1884, er habe die* Richterin *zurückgelegt, weil sie noch nicht genug Substanz hatte, nachdem er diesem schon am 13. Juli die vielsagende Bemerkung gemacht hatte:* Die «Richterin» geht ziemlich tief und ich setze den Fuß vorsichtig. *Zu Beginn des Jahres 1885 endlich nahm Meyer die Arbeit entschlossen wieder vor. Auf Ostern sollte sie unbedingt beendet sein (an Landis, 24. Januar).* Ich arbeite so klar und breit als möglich, *schrieb er am 22. Februar an Louise von François, der er ebenfalls die Beendigung auf Ostern in Aussicht stellte. Einige Wochen später sprach er bereits von endgültiger Redaktion (an Wille, 18. März; an Lingg, 23. März). Die Bewältigung des Stoffes machte ihm indes noch immer Mühe:* ... ich, der ich jetzt schon ich weiß nicht wie lange an meiner neuesten Novelle arbeite, die freilich ein furchtbar schweres Thema hat *(an Spyri, 30. April). Anna von Doß, die am 9. Mai den Dichter besuchte, traf ihn mitten in der Arbeit. Sie schrieb über ihr Gespräch mit Meyer (an ihre Kinder, 10. Mai 1885):* Dann erzählte er mir von der ‹Richterin›, die, wie er hofft, sein Bestes werde; jetzt hält er den ‹Heiligen› dafür. In der ‹Richterin› erscheinen Gespenster, ein furchtbar tragischer Konflikt; eine Mutter hat ein großes Verbrechen begangen, dessen einzige Zeugin die Tochter ist. Die Mutter baut sich eine neue Welt, will das Verbrechen aus der alten Welt schaffen, ihre gesunde, starke Natur vermöchte es auch: aber das zartere Gewissen der Tochter kann's nicht überwinden, ein furchtbarer Konflikt rein menschlicher Art, – «es wird gut, ich hoffe, es wird gut.» ... « Die‹Richterin› trage ich zehn Jahre mit mir herum: sie ist aus zehnerlei Kombinationen herausgewachsen. Jetzt sehe ich sie vor mir, Zug um Zug, jetzt könnte ich nicht das Geringste mehr verändern, denn jetzt glaube ich an sie.» *Ende Mai teilte Meyer seinem Vetter Fritz mit, daß etwa die Hälfte der Erzählung fertig sei und er mit dem Diktat beginnen wolle. Im Laufe des Juni war Fritz oft bei dem Dichter, und die Niederschrift schritt rasch vorwärts. Über den Verlauf der Arbeit gab er mit Befriedigung Auskunft (an Ebner-Eschenbach, 14. Juni; an Rodenberg, 15. Juni 1885). Ende des Monats schickte er die erste Hälfte des Manuskripts dem Freunde Wille zur Einsicht, und am 10. Juli bot er sich Rahn an, seine eben im Rohen wenigstens, beendigte Novelle vorzulesen. Am gleichen Tage legte er Rodenberg Rechenschaft ab:* die Richterin ist beendigt, bedarf aber noch einiger Feile u. besonders eines frei gewordenen letzten Blickes. Auch wohl einer Vorlesung unter Freunden. Hätte ich nur Sie hier!

Monatende aber wird sie jedenfalls flüssig, ganz Unvorzusehendes vorbehalten.

Wollen wir abreden: Sendung Augustanfang (1–3) Veröffentlichung im Octoberheft? Die Novelle dürfte dann noch in diesem Jahre in Buchform erscheinen u. Sie brächten dieselbe in Einem Stücke, da sie strenge zusammenhängt. Sie wissen, wie läßlich ich sonst in diesem Punkte denke, aber hier wüßte ich wirklich nicht, wo die Hälfte wäre.

Jetzt noch eine Herzens- u. Gewissenssache. Lesen Sie, lieber Freund, sorgfältig und streichen oder mildern Sie alles Crude oder Sinnliche, das nicht unbedingt für eine große Wirkung nothwendig ist. Ich habe ein volles Vertrauen zu Ihnen. Sie haben ein feines, sittsames Ohr u. werden mich nicht mehr sagen lassen, als das tragische Thema fordert. Diese angedeutete Schwierigkeit ist auch der Grund, daß die Novelle liegen blieb. Jetzt hoffe ich sie besiegt zu haben. *Die von Meyer ein paarmal angedeutete Absicht, möglichst klar, einfach und schmucklos zu schreiben (z.B. an Brahm, 5. Dezember 1884:* Ich werde fortan jede «Manier» ferne zu halten suchen*), geht wohl zum guten Teil auf Fr. Th. Vischers Urteil über den Mönch zurück. Dieser hatte, bei allem Lobe, darauf hingewiesen, daß die Erzählweise sich an der Grenze des Gekünstelten bewege (Vischer an Meyer, 28. Oktober 1884). Jetzt erst, am 16. Juli 1885 antwortete Meyer auf Vischers Brief:* ich wollte für Ihren, mir anläßlich des «Mönchs» gegebenen Rat, nicht zu raffiniren, nicht danken, bevor ich ihn befolgt hätte. Nun habe ich es gethan in meiner eben beendigten Novelle: «Die Richterin». Hier ist ein ganz einfaches Geschehen. Dagegen befürchte ich, ein allzu schweres Thema behandelt zu haben (Gewissen. Gerechtigkeit). Mir ist nicht ganz geheuer bei der Sache und ich will nur das Msc. gleich an die Rundschau spediren. *Gleichen Tages berichtete er Rahn:* ich bin fertig, ganz fertig, bis auf die letzte Revision u. in jener wunderlichen Stimmung, wo man selbst noch nicht recht weiß, was man eigentlich gemacht hat.

Das Manuskript ging am 25. Juli an die Rundschau *ab mit der Bemerkung, wenn die Novelle auf zwei Nummern verteilt werden müsse, so solle die Trennung nach dem zweiten Kapitel erfolgen. Rodenberg war begeistert (an Meyer, 7. August) und hatte nur wenige kleine Verbesserungsvorschläge zu machen, auf die Meyer sofort einging. Die korrigierten Kapitel 1 und 2 sandte er am 22. August von Splügen aus, wo er in den Ferien weilte, zurück:* Allen Ihren Bedenken u. noch einigen andern habe ich nach Kräften Rechnung getragen. *Die Novelle erschien im Oktober- und Novemberheft 1885 der* Rundschau. *Meyer erhielt ein Honorar von Mk. 920.–.*

Schon vor dem Druck der Novelle in der Rundschau *suchte sich Meyer Urteile zuständiger Leser zu verschaffen, um allenfalls noch Korrekturen anbringen zu können. So versprach er Wille eine Kopie nach dem Brouillon, d. h. wohl eine Abschrift des Druckmanuskripts (an Wille, 27. Juli 1885):* Für jedes auf ein Nebenblatt verzeichnete Corrigendum – (Ihre Kritik hat sich als vorzüglich bewährt) – werde ich dankbar sein. *Am 14. August erhielt Wille das Manuskript, und schon einen Tag später antwortete er dem Dichter ausführlich. Die Verbesserungsvorschläge Willes übernahm Meyer zum Teil. Haessel äußerte sein nicht gerade günstiges Urteil über die Novelle ziemlich unverhohlen (an Meyer, 12. September 1885):* Mir geht es anfangs wie mit dem Mönch: die ganze Historie ist mir nicht sympathisch. Sie schildern Menschen, die man sich kaum vorstellen kann. „„ Mir kommt es vor, als hätte durch die Verlegung Ihrer Historie nach Rätien ein kalter Reif Ihre Seele überraucht. Unvergeßlich sind mir die Kapitel des ersten Entwurfs, der in Sizilien spielte. Dort brannte ein heißes, südliches Kolorit über allem. Der herrlichen Versammlung der Barone mit dem Kaiser und der Richterin gleicht meiner Erinnerung nach nichts. Heben Sie ja dieses Ms. auf oder liefern Sie es mir zum Aufheben aus. ... Wenn die Richterin nun nicht gefiele? *Der wenig vorteilhafte Eindruck, den Haessel hatte, mag die Ursache dafür sein, daß er die Novelle zuerst nicht separat, sondern nur in dem Sammelband* Novellen II *herausgeben wollte (an Meyer, 15. September). Er entschloß sich dann aber doch dazu, die* Richterin *auch als besonderes Buch herauszugeben (an Meyer, 2. November 1885), wobei natürlich der gleiche Satz verwendet wurde. Mit dem Druck der* Richterin *begann Haessel bereits im September 1885, also vor Erscheinen der Novelle in der Rundschau, und bald nach Mitte November war er beendigt (Haessel an Meyer, 15. November). Als Ausgabedatum wurde der 1. Dezember 1885 festgesetzt. Der Vertrag für die Einzelausgabe – von Haessel am 26. November, von Meyer am 1. Dezember unterzeichnet – sah 1100 Exemplare und ein Honorar von Mk. 300.– vor; mit der ersten Auflage sollte zu gleichen Bedingungen gleichzeitig eine zweite gedruckt werden. Über die weiteren Ausgaben siehe S. 353.*

Louise von François, welche einen Separatabzug des Rundschau-Druckes erhalten hatte, schrieb nach der Lektüre der ersten beiden Kapitel an Meyer (12. Oktober 1885): Nun kommt der erste Teil der Richterin. Er hat mich stark ergriffen und gespannt. Der Kritiker N. N., dessen Sie erwähnen, hat, was wenigstens die Frauencharaktere anbelangt, – nicht ganz unrecht, wenn er meint, Sie kümmern sich nicht viel um die umgebende Gegenwart. Den Emanzipationsbestrebungen unserer Damen zum Trotz würden Sie heute kaum ein Vorbild finden für die beiden weiblichen Species, die Ihre Muse gelten läßt: die Kindesreinheit und die Manneskraft. Darum müssen Sie Ihre Probleme in abgelegenen sagenhaften Zeiten sich entwickeln lassen. ... Die Exposition Ihrer Richterin ist gewaltig. Sie schrieben mir, daß Sie sich um die realistische Form Mühe gegeben; das hätten Sie, meine ich, nicht nötig gehabt. Im Gegenteil. Sie geraten nimmer nach Wolkenkuckucksheim. Ein bißchen Angst habe ich vor der Entwickelung. Wegen der Geschwisterliebe, gegen deren Erörterung ich eine Aversion habe; nicht aus Prüderie; ich glaube, bloß weil das Thema mir abgenutzt scheint, o weh! Und so will ich denn hoffen, daß die Richterin nicht aus Mutterzärtlichkeit zur Bekennerin ihrer Sünd- und Heucheltat wird. *Meyer antwortete darauf am 20. Oktober:* Um auf die Richterin zu kommen, so waren mir Ihre Bedenken – mit noch ein paar andern – ganz gegenwärtig. Da ich aber den Stoff (übrigens eine von mir ersonnene Fabel,) nicht fahren lassen wollte, schloß ich klüglich die Augen und ließ das Saumroß (um nicht zu sagen das Maultier) meiner Einbildungskraft den Fuß setzen, wie es für gut fand. Im Ernste: die Mutterliebe wirkt nur secundär, es ist das arbeitende Gewissen, das die Richterin überwältigt. *Am gleichen 20. Oktober teilte Meyer Lingg mit:* Ich bitte Sie um die Gunst, meine Richterin erst in der bald erscheinenden Buchform lesen zu wollen. Manches ist gebessert u. Sie werden das erste Exemplar erhalten. Ich habe die ersonnene Fabel erst in Sicilien u. unter Friedrich II spielen lassen wollen, dann aber – es ist eine Gewissensgeschichte – um eines strengeren Hintergrundes willen – in das Gebirg u. unter Charlemagne versetzt. *Den Gedanken der Gerechtigkeit als Hauptidee hebt Meyer mehrmals hervor. So an Landis (21. November 1885):* Es freut mich, daß Du die «Richterin» billigst. Hier rechtfertigt in der That die Grundabsicht die Mittel u. dieser Grundgedanke der immanenten Gerechtigkeit ist doch wohl nicht zu verkennen. *Und ähnlich an Lingg (30. Dezember 1885):* Unsere Zürcher, welche sonst sehr fürsichtig und züchtig sind, haben an der Richterin keinen Anstoß genommen, weil strenge Gerechtigkeit geübt wird, wovon sie ebenfalls große Liebhaber sind. *Daß allerdings nicht alle Zürcher Verständnis zeigten, beweist Fr. v. Wyß' Urteil (an Meyer, 7. Dezember 1885):* Ich müßte lügen, wenn ich sagen wollte, daß meiner zahmen unpoetischen Natur das Wilde und Phantastische in der Erzählung gerade sehr sympathisch wäre. *Wyß tadelt auch den Stil, der zu knapp und prägnant sei, ein Vorwurf, den Meyer auch von anderer Seite, z. B. von Bulthaupt (an Meyer, 11. Dezember 1885), hören mußte. Heyse war des Lobes voll, kritisierte jedoch einige Stellen (an Meyer, 4. November):* An zwei Punkten hab' ich Anstoß genommen: an dem Lied, das Peregrinus im Traum der Richterin singt – das mir nach Form und Inhalt unmöglich scheint (wie soll man glauben, daß Tatsachen, die der Träumer rekapituliert, sich zur Ballade kristallisieren!) – und an dem Bekenntnis der Frau vor dem Steinbild des toten Gatten, das die Tochter belauscht. In letzterem Falle kann ich mich nicht überzeugen, daß ein solches für den Fortgang der Entwicklung doch nicht unbedingt nötiges äußerliches Motiv psychologisch wahrscheinlich sei. Es sieht wie ein Notbehelf aus und zerstört die Illusion, die Sie bis dahin durch alle Phantastik hindurch siegreich festgehalten haben. Und wäre es nicht größer, tiefer, rührender, wenn die Richterin zu ihrer Selbstverdammung nur durch den inneren Zeugen, ihr Gewissen, und die Liebe zu ihrem Kinde, getrieben würde? *Die zweite von Heyse gerügte Stelle greift auch Felix Dahn heraus, der dem Werk sonst höchste Anerkennung zollt und daneben nur einige stilistische Einzelheiten bemängelt (an Meyer, 19. Dezember 1885):* Schwerer wiegt ein anderes Bedenken. Wird diese Frau, die nicht bloß solche Willenskraft, auch solch allen überlegene Klugheit erweist, im offenen Burghof, wo jeder lauschen kann, ihr Geheimnis an eine Steinfigur hin reden? – Das liegt ganz anders als der Traum S. 52. Viel natürlicher war, sie im Schlaf, im Traum sprechen zu lassen: freilich war es dann nicht das Horn, das sie zum Reden brachte. *Manche Leser stießen sich, wie schon Louise von François, an dem Thema der Geschwisterliebe, so R. Grimm und Lingg, der die fatale Geburtsgeschichte nicht glücklich gewählt fand (an Meyer, 27. Dezember 1885). Daß die Leserinnen die Richterin eher verstünden als die Leser, stellte der Dichter erstaunt fest (an Frau S. Girsberger, 13. Januar 1886):* Bei der Richterin tritt der seltene Fall ein, daß eine gefährliche Composition von den Männern angegriffen, von den Frauen dagegen verteidigt wird, was seinen Grund darin haben mag, daß die Richterin, telle quelle, eine große Natur ist und dem Geschlechte schließlich keine Schande macht.

Meyer hat auch später die Richterin stets besonders hoch geschätzt. Er nannte sie seinen Liebling (an Stiefel, 8. November 1889) und sein Bestes (an Weltrich, 27. März 1890). Noch 1892 dachte er daran, die Novelle zu dramatisieren (an Haessel, 25. Januar 1892).

QUELLEN

Folgende Werke, die als Quellen in Betracht kommen, werden im Anhang abgekürzt zitiert:

GUIZOT: Guizot, Cours d'histoire moderne, Histoire de la civilisation en France, Paris 1828–32, *6 Bände. Die Stellen über Karl in Bd. II.*

SOUVENIRS: L. Vulliemin, Souvenirs racontés à ses petits enfants, Lausanne 1871.

MOOR: Conradin v. Moor, Geschichte von Currätien und der Republik «gemeiner drei Bünde», *1. Bd.*, Chur 1870.

THIERRY: Augustin Thierry, Erzählungen aus den merovingischen Zeiten, Aus dem Französischen *(übers. von C. F. Meyer)*, Elberfeld 1855.

JECKLIN: Dietrich Jecklin, Volksthümliches aus Graubünden, Gesammelt und herausgegeben von D. J., Zürich 1874. Ders., Volksthümliches aus Graubünden *(II. Teil)*, Chur 1876.

HEFNER: J. H. von Hefner-Alteneck, Trachten des christlichen Mittelalters, Erste Abteilung, Von der ältesten Zeit bis zum Ende des dreizehnten Jahrhunderts, Frankfurt a. M./Darmstadt, 1840–54. *Meyer hatte Teile des Werks im Herbst 1885 von der Zentralbibliohthek Zürich entlehnt (vgl. Fritz Meyer an Meyer, 9. Sept. 1885 und Meyer an Fritz Meyer, 10. Sept. 1885).*

Meyer hat stets betont, daß Fabel und Figuren der Richterin frei ersonnen seien. Dies trifft zweifellos zu, und wenn von Quellen gesprochen wird, so beziehen sich diese fast ausschließlich auf den historischen Hintergrund und einzelne Motive. Für den früheren Plan, nach welchem die Erzählung unter Friedrich II. in Sizilien spielen sollte, dienten dem Dichter die geschichtlichen Werke, die er für die in Aussicht genommenen Hohenstaufen-Dichtungen benützte und die er zum Teil auch für den Mönch verwendete, also vor allem RAUMER, SCHIRRMACHER, BURCKHARDT *und* GREGOROVIUS. *In Bezug auf die Studien zur endgültigen Fassung sagt* FREY (S. 290): *Zu der «Richterin» las er nichts anderes als eine Arbeit über Karl den Großen. Welche Arbeit damit gemeint ist, weiß man nicht. Man kann an das Kapitel* Un rêve *in den* SOUVENIRS *denken. Meyer nennt die* SOUVENIRS *in seinem Aufsatz über Ludwig Vulliemin in der Neuen Zürcher Zeitung vom 16. und 18. März 1878 (siehe Bd. 15) und in einem Brief an Frau Vulliemin vom 6. Juli 1877:* Ich bin wieder daran, die Erinnerungen meines verehrten und lieben Freundes zu lesen. Als ich zum Abschnitt des «Traumes» kam, sagte ich laut zu mir selbst: Mein Carolus Magnus muß geschaffen werden! *In diesem Abschnitt führt Vulliemin aus, daß er eine Schrift über Karl den Großen habe verfassen wollen, und gibt dann eine Inhaltsangabe der geplanten Arbeit. Dabei zitiert er auch einige Fachliteratur, so* Gregorovius, Geschichte der Stadt Rom im Mittelalter; Waitz, Deutsche Verfassungsgeschichte; Doellinger, Das Kaisertum Karls des Großen *(Münchner historische Jahrbücher 1865). Von dieser Literatur ist für die Richterin jedoch nur* GREGOROVIUS *von einiger Bedeutung. Wenn im übrigen überhaupt von einer Hauptquelle die Rede sein kann, so ist am ehesten* GUIZOT *zu* nennen. *Die vorwiegende Benützung französischer Quellen (*SOUVENIRS *und* GUIZOT*)* *wird schon dadurch wahrscheinlich, daß Meyer in den Briefen unwillkürlich fast immer* *die französische Namensform Charlemagne setzt.* Auf GUIZOT *war Meyer schon bei der* *Übersetzung von* A. Thierrys *Récits des temps mérovingiens gestoßen, wo dessen* *Werk gewürdigt wird. Außerdem wird* GUIZOT *ausdrücklich genannt in* BETSY ERIN-NERUNG *S. 174. Über die Bedeutung Karls des Großen für Meyer äußert sich seine* *Schwester ausführlich (*BETSY ERINNERUNG *S. 57 und besonders 173 ff.):* In der «Richterin» ist Karl der Große der Verwalter göttlichen Rechts, dessen hohem Gericht sich die geängstigten Seelen übergeben, damit er entscheide. Karl der Große ist ein Kaiserbild, mit dem mein Bruder vertraut war, als er noch keine Weltgeschichte lesen konnte. Ist es doch hoch in der Nische des einen unserer beiden Großmünstertürme zu schauen! Uralt, die Krone auf dem Haupte, das Schwert über die Kniee gelegt, thront da in Stein gehauen seit vielen Jahrhunderten Carolus Magnus, weit erhaben über den wimmelnden Gassen und Brükken der Stadt. Dieser Kaiser Karl beschäftigte lebhaft unsere Kindergedanken. Erzählt doch die Sage, er habe auf der Hofstatt, wo später das Münster erbaut wurde, auf seinem Durchzuge nie versäumt, Gericht zu halten über alles Unrecht, das vor seinem heiligen Stuhle verklagt wurde. Nicht nur im Reiche der Menschen richtete er das gebeugte Recht wieder auf, auch Vertreter der geschädigten Tierwelt nahten sich den Stufen seines Thrones. *(Erinnert wird damit* *an die Sage von Karl und der Schlange, siehe* K. Wehrhan, *Die deutschen Sagen des* *Mittelalters, in: Deutsches Sagenbuch hg. von Friedrich von der Leyen, Mün-chen 1919, Bd. III. 1, S. 27. An die Sage gemahnt auch eine Reliefdarstellung über dem* *Eingang des Hauses «zum Loch», siehe Bd. 10, S. 382.)*

Wie gerne hätten wir Kinder gesehen, daß das wieder geschähe!

Später, am Gymnasium, im Unterrichte des Germanisten Ludwig Ettmüller, der selbst ein an die Karlssagen sich anlehnendes, wohl jetzt vergessenes Epos gedichtet hatte, gingen bei meinem Bruder die Wogen der Begeisterung hoch. Es klang bei uns das Haus von Kaiser Karl und Jung Roland, seinem Neffen. *(Man hat hier an Balladen zu denken, die Meyer aus Follens Bildersaal geläufig waren.)*

Wiederum viel später, als für meinen Bruder die Romantik verschwunden war und der Geschichte Raum gegeben hatte, freute sich C.F. Meyer, diese mächtige und klare Herrschergestalt als den Organisator und Gesetzgeber des Reiches durch Guizot näher kennen zu lernen, der sich in seiner «Histoire de la Civilisation en France» eingehend mit der Zeit Karls des Großen beschäftigt. Auch in Meyers Briefen an den Historiker Louis Vulliemin finden sich Spuren gemeinsamer großer Vorliebe für diesen, am Eingange unserer Landesgeschichte stehenden, durch die Jahrhunderte leuchtenden Namen. Aus Venedig schreibt der Dichter an seinen alten Freund: «Ihre Auffassung der Krönung Karls des Großen macht mir Eindruck. So und nicht anders muß sie sich zugetragen haben. Also auch hier, wie in allen anderen Stücken, ziehe ich den Hut vor der feinen Witterung und dem Scharfblick des geliebten Meisters.»

Mit Land und Geschichte Graubündens war Meyer besonders seit seinen Studien für
Jenatsch *gut vertraut. Es ist nicht ausgeschlossen, daß in der Figur der Stemma eine Er-*
innerung an eine Frauengestalt aus Campells *Rätischer Geschichte (über* Campell *siehe*
Bd. 10, S. 286) *lebendig geblieben ist.* CAMPELL *I, 60 f. schreibt über die Burg Hohen-*
rätien: Ohne Zweifel hängt der Name dieser Burg mit Rätus zusammen und
dem widerstreitet nicht die im Domlesk verbreitete Sage, daß einst ein König
oder Beherrscher dieser Gegend auf Hohenrätien gewohnt habe. Dieser sei entweder Rätus selbst oder einer seiner Nachfolger, Herrscher in Rätien gewesen.
Von demselben vielleicht stammte Aesopeia, Gräfin von Hohenrätien her. Sie
wurde die Gattin Paschals, Bischof von Cur und Präses in Rätien, Sohnes des
Grafen Vigilius v. Bregenz, und die Mutter Bischofs Victor von Cur, der seinem
Vater nachfolgte *(Ende 7., Anfang 8. Jh.).* Sie wird in vielen Aktenstücken genannt und unterschrieb sich selbst antistita curiensis. *In der Liste der Bischöfe von*
Chur erwähnt CAMPELL *(II, 29)* Aesopeia *nochmals:* Paschalis Graf von Bregenz,
Sohn des Vigilius, Präses in Rätien. Seine Gemahlin war Esopeya von Realta
oder Hohenrätien, deren in alten Urkunden Erwähnung geschieht. Sie unterschrieb sich Antistita Curiensis, – so in den Stiftungsurkunden des Klosters Ca-
zis, welches sie im Verein mit Paschal und ihrem Sohne Victor stiftete. *Auch*
MOOR *(S. 144 f.) spricht von* Aesopeia. *Ein Zusammenhang zwischen der Richterin*
und Aesopeia ist um so wahrscheinlicher, als dem Dichter bei der Burg Malmort sicher
die Burg Hohenrätien vorgeschwebt hat. Bei CAMPELL *wird übrigens auch Karl der*
Große erwähnt. So heißt es (II, 30 f.), Karl habe Constantius II. zum Bischof und Präses
Rätiens erhoben, und später habe er einmal einen Bischof von Reims zur Verwaltung
besonderer Angelegenheiten nach Currätien gesandt. *Auch* MOOR *weiß von diesen Be-*
ziehungen Karls zu Graubünden. Er berichtet (S. 159 f.) von Unruhen, welche Karl
d. Gr. veranlaßten, den Bischof Wolfhard von Reims im Jahr 807 dahin zu senden, um Recht zu sprechen, *und nennt (S. 156) eine Urkunde, laut welcher Karl* die
Provinz Rätien gegen Einhaltung der Treue seiner Person und seinem Hause
gegenüber dem Befehle jedes Zweiten entzog und dadurch gewissermaßen reichs-
unmittelbar erklärte. *Vielleicht empfing Meyer auch eine Anregung aus einem Auf-*
satz von Ed. Osenbrüggen *(1851–79 Professor an der Universität Zürich),* Karl der
Große in der Schweiz *(in: Zeitschrift f. dt. Kulturgeschichte, Jg. 1875, H. 3). Darin*
handelt ein Passus (S. 173) von Graubünden: Wie durch den von ihm *(Karl)* bestellten Grafen und in anderer Weise sein Regiment in die Verhältnisse des rätischen Gebirgslandes eingriff, ist urkundlich nachgewiesen, und vielleicht ist er
auch selbst in das Bündnerland gekommen, obgleich die nähere Angabe sehr
wenig Glauben verdient. Die Sage oder vielmehr Legende lautet: Als Karl in
Rom sich vom Papst Leo hatte krönen lassen, nahm er mit der Kaiserin den Rück-
weg durch das Veltlin und über den Umbrailpaß oder das Wormserjoch.

Zur Frage der Quellen vgl. Constanze El. Speyer, Zur Entstehungsgeschichte
von Conrad Ferdinand Meyers «Richterin», *in:* Archiv für das Studium der
neueren Sprachen und Literaturen, 66. Jg., 128. Bd., 1912, S. 273 ff.

Seite aus C. F. Meyers handschriftlichem Entwurf zur «Richterin». Vgl. die Wiedergabe des Textes auf S. 353 f.

HANDSCHRIFTEN UND DRUCKE

ÜBERSICHT

H^1 Eine große Sünderin. *Fragment eines Entwurfs, Spätjahr 1883.*

H^2 Die Richterin. *Fragment eines Entwurfs, Spätjahr 1883.*

H^3 *Entwurf einer Kapiteleinteilung, Anfang 1884.*

D^J Druck in der Deutschen Rundschau, *Oktober und November 1885.*

D^1 *Erste Buchausgabe, 1885 (erschienen im Dezember 1885).*

D^2 *Zweite Ausgabe, 1885 (Einzelausgabe).*

D^3 *Dritte Ausgabe in* Novellen II, *1885.*

D^4 *Vierte Ausgabe in* Novellen II, *2. Auflage, 1888.*

D^5 *Fünfte Ausgabe, 1889 (Einzelausgabe).*

D^6 *Sechste Ausgabe in* Novellen II, *3. Auflage, 1889.*

D^7 *Siebente Ausgabe in* Novellen II, *4. Auflage, 1891.*

D^8 *Achte Ausgabe in* Novellen II, *5. Auflage, 1892.*

H^1 *CFM 192.1 Entwurf von Meyers Hand. Einzelnes Quartblatt, beidseitig beschrieben, vom Herausgeber als S. 1–2 numeriert. Nach Schrift und Briefzeugnissen auf etwa Ende 1883 zu datieren.* H^1 *ist, wie auch* H^2, *offenbar von Meyer nur aufbewahrt worden, weil er die Stellen in der geplanten* Petrus Vinea-*Dichtung noch verwerten wollte (vgl.* FREY *S. 333 und* UNVOLL. PROSA *I, 56). Sonst pflegte er nach dem Druck einer Dichtung alle Entwürfe zu vernichten. Der Text lautet:*

(1)   Eine große Sünderin.   1

Novelle.

In einem ·· kleinen ··· engen aber· mit orientalischer Pracht ausgestatteten Thurmgemache des Castelles von Palermo, dessen einziges [Ogio ·n·] Fenster [den Hafen] ·das offene Meer u.· ‹den›· menschengefüllten· ‹Hafen› beherrschte, ohne daß ·die Brandg [des Meeres] der Wellen· ‹und› das Geräusch der tätigen [Mensch] Menge herauf[drang]· klang·, saß Kaiser Friedrich[,] ·mi] ein Pergament in den Händen. Er hatte es zweimal mit großer Sorgfalt durchgelesen und sann nun über dessen Inhalt mit schwerer Sorge und gefalteter Stirn; denn [er war allein u. niemand] es ‹war› [·nie‹mand›·] ·keiner da· der ihn beobachtete. Das Schreiben aber hatte den [Pa] heiligen Vater oder seine Kanzellei zum Verfasser u. enthielt einen Hirtenbrief des Pabstes an die gesammte Clerisei der christl. Welt[.], eine mit ·ihrem Sinne ·· wunderlich·· entfremdeten· Bibelsprüchen u. einer [wunderlichen] [·absond·] ·absurden· Symbolik geschmückte, aber sehr sachliche u. gefährl. [Ankla] Kriegserklärung [des Pabstes] und [eine] ·die· gegen den Kaiser ·leidensch· erhobene Beschuldigung

23   353   RICHTERIN

des [Atheis] **völligsten Unglaubens. Äußerungen, die dieser gegen seine Umgebung ⟨getan⟩ habe, cittirte der Brief, eine** [verwegener] *[u.]* **vermessener u. unchristl. als die andere, über welchem einem Gläubigen die Haare zu Berge** *(2)* [Trüger] [Wahngewalten] · **Eine Trug·** ‹**gewalt**› **habe er die Kirche genannt u. die Theologie + eine Wahnwissenschaft.** *(Das Zeichen + sollte offenbar nach* Wahnwissenschaft *stehen; es verweist auf eine Beifügung am obern Blattrand:* **Natur u. Vernunft seien die einzigen wahren Gewalten.***)* **Er habe von drei großen Betrügern gesprochen, Moses, Mah. und einem Dritten[,] – der Kaiser ergriff das Blatt und betrachtete die Stelle. Sie wollte sich nicht verändern. Die ungeheure Anklage war in die Welt geschleudert u.· der mutige· Friedr. ermaß ihre wahrsch. Wirkung mit** [scharfem u. unbestochenen Blicke] · **einem geheimen Entsetzen·. Hatte er, in irgend einer · aufgebrachten oder** [verwogenen] **mutwilligen· Stimmung** [viellei] [so geredet] **vielleicht mit einem seiner arabischen Gelehrten so gesprochen? Das frug er sich jetzt nicht; auch · nicht·** *[wie]* · **mit welchem Nachdruck·** er diese *(irrtümlich* diese *statt* wie *gestrichen)* **Anklage,** [· ab·] [welche er leugnete] [‹welche· · zu·] ‹**welche**› **abzuleugnen, gar nicht in Frage kommen konnte, ab· zu· wehren habe[n] – sondern er berechnete ihre Tragweite, ihre Macht, welche***[r]* **er einem Heer u. einer Flotte gleichschätzte. Aber mit seinem** [leich] [· den·] **elastischen** [· u.·] **Geiste[r],** [der ihm,] · **die Sorge Morgen überlassend, diesen Stein zu wälzen** *[bl]·* **wendete er den Blick auf die Vergleichungen u. Bilder des heiligen Vaters, sich im Voraus daran belustigend, mit welchem apocal. Thiere er seinerseits den heiligen Vater vergleichen wolle. Das Lächeln**

Der Titel von H[1] *steht in Beziehung zu* Plautus *(siehe Bd. 11, S. 276, Anm. zu 142.13) und* Page *(siehe Bd. 11, S. 342, Anm. zu 212.27). Der Abschnitt ist teilweise in den* Mönch *übernommen worden, z. B.* Natur und Vernunft …, Er habe von drei großen Betrügern gesprochen, Moses, Mah. und einem Dritten, – *u. a. (vgl.* Mönch *S. 41.4 ff. und Anmerkungen zu* Mönch *41.4, 41.7, 41.21, 41.29, 42.12, ferner* UNVOLL. PROSA *I, 173).*

H[2] *CFM 192.2 Entwurf, geschrieben von Fritz Meyer, vermutlich nach Diktat, mit Korrekturen von der Hand Meyers. Sieben Quartblätter, von Fritz Meyer als S. 1–14 numeriert. Aus inhaltlichen Gründen zu datieren auf Ende 1883 – spätestens Februar 1884. In der folgenden Textwiedergabe sind die Korrekturen Meyers zwischen + gesetzt.*

(1.) Die Richterin.
Novelle.

Erstes Kapitel.

Unter der luftigen Kuppel eines Rundsaales im Castell von Palermo waren die Barone von Sicilien zum Parlamente versammelt. Sie saßen in einem dünnen Halbkreise dem Kaiser gegenüber, welcher sie eher angelegentlich zu unterhalten, als mit ihnen den Zusammenhang einer Staatssache zu erwägen schien. Vor ihm, eine Stufe tiefer, stand, die Ruhe selbst, sein bärtiger Petrus de Vinea und hielt in der Rechten eine große Rolle. Neben dem Kanzler zuckte in röthlicher Flamme auf einem goldenen Dreifuße ein räthselhaftes Feuer, an welchem sich niemand wärmte, denn es war, nach der Sieste, eine schwüle Abendstunde eines südlichen Hochsommers.

«Herren», redete Friedrich der Staufe, «eine Verschwörung meiner natürlichen Unterthanen, meiner vereideten Beamten, meiner täglichen Hofleute in diesen meinen Erblanden durfte nicht ungeahndet bleiben. Petrus hat den Prozeß mit Gerechtigkeit geführt und ich habe seine [Todesurtheile] + Urtheile + (2.) nicht mildern dürfen. Den Aufgestifteten die Mordbulle des heiligen Vaters an die Stirne zu nageln, wie die Sentenz lautete, das hob ich auf, denn ich bin nicht unmenschlich. Verrath und Meineid betrüben mich ebenso sehr, als sie mich empören. [Die Unthat] [·Missethat·] + Das weitverästete Verbrechen + ist in dieser Rolle enthalten – er deutete auf das Pergament in der Hand des Kanzlers – mit den wörtlich verzeichneten Geständnissen der Schuldigen und dem Zeugniß ihrer aufgefangenen Briefschaften. Ihr erbleichet? Ihr zittert? Fasset euch! Fürchtet nichts! Nachdem ich euch durch den Tod eurer Verwandten in Trauer versenkt habe, werde ich die stärkern und schwächern Stapfen und Spuren eures Antheils an [dem] +[der] ‹dem› + gesühnten [Frevel] + [V] Hochverrat + nicht weiter verfolgen. Einmal von der Schuld der Empörer [mehr als genügend überzeugt] + überzeugt, quantum satis +, überließ ich es dem Kanzler, dessen Pflicht es war, [die Akten] [·das Verbrechen·] + den Frevel + bis in [ihre] ·seine· Schlupfwinkel hinein zu prüfen, denn mir ekelte und ich hatte Eile, von der Häßlichkeit eines solchen Verrathes [meinen Blick] mich abzuwenden. Ich will und darf mich nicht vergrämen, jetzt da das Alter schon meine Stirne zeichnet, und darf mir das Schlechte der Welt nicht zu (3.) nahe treten lassen, wenn ich mir einen reinen Blick in die menschlichen Dinge bewahren will. Soll ich ein Finsterer und Argwöhnischer werden? So spät als möglich. Mein Reich hätte es zu büßen.»

Die Barone hatten [mit] ·unter· den verschiedenen Masken eines schlechten Gewissens gelauscht. Jetzt erhob sich aus ihrer Mitte ein verworrenes Gestammel falscher Betheurungen. Aber der Staufe ließ das heuchlerische Gemurmel nicht zu Worten kommen. «Spart euch die Mühe», fuhr er fort. «Ich sage euch, daß ich meinem Kanzler den Mund verhalten habe, der mir [berichten] + enthüllen + wollte: du Fasanella, hättest deinem schuldigen Bruder Ernteberichte gesendet mit der Zahl deiner gespeicherten Garben oder anderer Vorräthe, du, Morra, deinem gerichteten Schwieger hundert Bögen für seine Jagden in Apulien oder für andere Ziele, du, Cigala, dich [besorglich] ·mit Besorgniß· nach einem schwer erkrankten Stuffa erkundigt, der vielleicht niemand anders ist, als der dem Meuchelmord entronnene Staufe Friedrich – behaltet eure Geheimnisse [, mich]! Mich gelüstet nicht danach. Petrus, verbrenne die Papiere!»

Der Kanzler hob mit einer gemessenen Geberde die Rolle, ohne sie jedoch in den Brand fallen zu lassen.

«Gehorche, Petrus!» gebot der Staufe und der Kanzler warf die Rolle in das auflodernde Feuer. Sie krümmte sich, ein schwarzer Rauch wirbelte und [das Leben der Barone war gesichert] ·die· ‹Barone› athmeten auf.

(4.) In [ihren Mienen] ihrer Miene wich die Furcht der Erwartung; denn, so völlig sie das kaiserliche Wort über ihr Leben und ihre Freiheit beruhigte, so wenig glaubte nicht einer von ihnen, allzu leichten Kaufes aus der schweren Verwicklung loszukommen. Sie sannen, mit welcher Waare und wie theuer der ebenso politische als menschliche Kaiser sich seine Großmuth werde vergüten lassen, und sie erriethen es, als zwei Edelknaben mit einem in weißes Pergament gebundenen Buche erschienen, auf dessen Deckel in großen goldenen Lettern «Statuta Siciliana» zu lesen war. Die Knaben bogen das Knie vor dem Herrscher und stellten sich neben ihn, der begann:

«Herren, schenket mir den Rest eurer Abendstunde zu einem vernünftigen Worte. In diesem Buche, welches ihr kennet, steht wortgetreu ·und Satz um Satz· die Verfassung aufgezeichnet, welche ich, mit Vorbehalt meiner [unb] unverminderten und [unberührten] ·unberührbaren· Souveränetät gründlich und allseitig mit euch in diesem Saale besprochen habe. Ihr gebet mir bestreitbare Ansprüche und unhaltbare von der Zeit zerfressene feudale Rechte und empfanget dafür die Wohltat eines Staates. Alles wurde von euch bewilligt bis auf einen Satz, mit welchem ihr Mühe hattet euch vertraut zu machen, und den ich in unserer letzten Sitzung eurer weitern Betrachtung und eurem natürlichen Rechtsinne dringend empfohlen habe. In Wahrheit, Barone, ich habe es Tag und Nacht herumgewälzt *(5.)* und kann mir schließlich doch keinen Staat und keine gerechte menschliche Gesellschaft denken ohne einen höchsten Gerichtshof in Sachen Lebens und des Todes. Ihr kennet meine Argumente, welche ich nicht wiederhole, denn ich bin überzeugt, euer eigenes Nachdenken hat ·auch· euch auf die von mir erkannte Wahrheit geführt. Dergestalt habe ich diesen unentbehrlichen Schlußstein von meinem Kanzler in das Staatsgebäude einfügen lassen, eurer Zustimmung vorgreifend, im Vertrauen auf eure gewonnene bessere Einsicht. Setzet eure Namen unter die Urkunde und sie besteht. Ich nöthige niemanden, ich ersuche jeden. Sehet zu, ob ihr eure Namen gebet oder eurem König verweigert.»

Auf seinen Wink giengen die ·zwei· Knaben, der eine mit dem Pergamentbande, der andere mit kostbarem Schreibzeug im Halbkreis der Barone herum, jedem derselben, der Reihe nach, das Buch haltend und die getunkte Feder bietend. Zuerst unterzeichnete mit [würdiger] ·ernster· Geberde der Greis Pandolfo, die schneeweiße Braue emporziehend. Seinem guten Beispiele folgten die Andern ohne Ausnahme. Diese widerwillige Bereitwilligkeit, welche ihre Komik hatte, lockte nicht den Schatten eines Lächelns auf das edle Antlitz des Kaisers, noch auf die undurchdringliche Miene seines Kanzlers, da plötzlich blitzte ein jäher Zorn durch jenes und diese verdüsterte sich. Vor den letzten, etwas zurückgeschobenen und verborgenen Sessel gekommen, hatten die Knaben, was sie trugen, geboten und eine wohllautende hohe Stimme geantwortet: «Ich, Herzogin von Enna, unter-*(6.)*zeichne nicht[!].» Zugleich erhob sich mit Grazie und Kraft die mittelgroße Gestalt eines [schönen] Weibes über den Köpfen der Barone, welche sich alle nach ihr umwendeten.

«[Erhabener] Herr», redete die schöne Erscheinung weiter, «dessen erhabenes Antlitz ich nach Jahren heute wieder erblicke, [ich habe es] zu wiederholten Malen habe ich · es· dir geschrieben und jetzt stelle ich mich selbst der Einladung deines Kanzlers, um dir es mündlich zu betheuern, daß ich dir das Blutgericht von Enna nicht bewillige. Zwar begreife ich nach meiner schwachen Einsicht» – und sie berührte mit dem Finger eine scharfsinnige Stirn, welche bleich schimmerte unter nächtlichen Flechten und einem gleißenden schlangenartigen Reife – «ich begreife, daß du deinen Staat vollendest mit einer gleichen Gerechtigkeit und einem allgemeinen Gesetze. Weder aus Grundsatz, noch weniger aus Laune verweigere ich dir das Gericht von Enna unter den Kastanien meines Hofes, sondern aus der Schwäche einer ein Jahrzehnt alten · Übung und· Gewöhnung. Früh verwittwet, · mit sechzehn Jahren· meine eigene Herrin und die Herrin meines Herzogthums, was begann ich in meiner Einsamkeit, in meinem grauen Enna mit seinen Tempeltrümmern, wenn ich [nicht Recht sprach und] · nicht· Gericht hielt und Recht sprach über meine Seelen, wie der Gott der Unterwelt, welchem jene Tempel gewidmet waren, über die seinigen? Ich lernte die Gerechtigkeit. Schicke den Großrichter, deinen Kanzler, und laß ihn in meinem Archive blättern, ob ich es nicht verstehe, das Gesicht · und den Umriß· eines verborgenen Verbrechens aus wenigen Zügen zu entdecken und mit behutsamen Fingern zu enthüllen! Ebenso gut oder *(7.)* besser als deine in Padua und Bologna geschulten Richter! Wer sich aber eine lange Zeit damit beschäftigt hat, unter der Lüge und dem Schein die Wahrheit der Dinge zu suchen, dessen Dasein würde [schal] schaal, wenn er fortan sich mit der Oberfläche begnügen und über Larven herrschen müßte.

Mein Fall ist ein anderer als dieser von Dir Begnadigten, welche Dir nur eine billige Lösung entrichten. Ich habe mich nicht gegen Dich verschworen noch mich je an Dir versündigt! Oder meinest Du, mein Kaiser?» Sie schlug dunkle, verwegene Augen auf, die sie bis jetzt gesenkt gehalten, und heftete sie fest auf die hellen und milden des Kaisers.

«Darin täuscht sich die Erlauchte», antwortete Petrus der Kanzler und zog aus dem Busen der Toga ein Blatt, welches der Vorsichtige der Flamme vorenthalten hatte. «Cigala und Fasanella», fuhr er · bedächtig· fort, auf die Schrift blickend, haben bekannt[, daß auf] ...

«Das heißt, auf der Folter und auf deine Frage», ergänzte die Herzogin.

– «bekannt, daß sie sich [vor] – [vor einem Monate] · unlängst,· ungefähr um die [letzte] Sonnenwende, bei der Erlauchten auf Enna eingefunden und derselben mit verdeckten Worten ihren [letzten] Anschlag mitgetheilt hätten. Diese habe geschwiegen und sie schweigend entlassen. Nun aber ist die Erlauchte so durchblickend – wie sie ·selbst· sich eben gerühmt und mir das verdiente Lob ihres Scharfsinns [aus dem Munde] ·von der Lippe· genommen hat – daß es für diesen keine verdeckten Worte giebt. Sie [verstand] errieth, sie verstand [und schwieg gegen ihren und meinen König] ·sie verschwieg· ihrem und meinem König die im [Dunkeln] [Dunkel] ·Verborgenen· nach seiner Krone und gegen *(8.)* sein Leben ausgestreckten, ihr aber sichtbaren Hände. Bei meiner unsterblichen Seele, das ist nicht [minder] ·weniger· Hochverrath und die Erlauchte ist nicht [minder] [·weniger·] ·minder·, nein, mehr eine*[r]* Begnadigte, um das ·eigene· Wort der Erlauchten zu wiederholen, als diese Herrschaften hier, und zahlt, recht und billig, Lösegeld wie die Übrigen.»

«Petrus», antwortete die Herzogin stolz und kalt, «dich würdige ich keiner Antwort, aber meinen Herrn und König frage ich, ob er [mit der Tücke] ·mitspielt?· Mein Kaiser, steckst Du hinter ihm? Dann empört sich Stemma!»

Friedrich machte mit der Hand eine verneinende Bewegung, als sagte er: Das sei ferne! Dann erhob er sich [rasch] ·leicht wie ein Jüngling·, beurlaubte die Barone, ihnen einen raschen Heimritt auf ihre Schlösser in der Nachtkühle wünschend, und gab dem Kanzler einen Wink, sie über die Pforte hinaus zu geleiten.

Jetzt schritt er durch den leeren Saal der Herzogin entgegen, welche vor ihrem Sessel regungslos stehen blieb. «Stemma», sagte er herzlich, «sei mir willkommen! Nach fünfzehn Jahren. Ich ergraue, Du bist jung geblieben. Verreise mir heute nicht! Geh in deinen Palast und ruhe dich aus. Ich würde dich dort besuchen, aber dein Haus liegt finster. Ich lade dich zu Früchten, Eis und einer Schaale Wein auf meine freie Zinne, wo der Himmel weit ist und Meerluft weht. Dort plaudern wir. Palermo [zu unsern Füßen hört uns nicht.] ·entschlummert· ‹zu unsern Füßen›. Sage nicht nein, ich bitte dich! Bei untergehender Sonne!

«Du erzeigst Deiner treuen Unterthanin eine Gnade», antwortete die Herzogin, welche den Blick wieder gesenkt hatte, und schied.

(9.)   Z w e i t e s K a p i t e l.

Der Staufe war in seine Gärten hinabgestiegen, in deren Abendschatten er lustwandelte, von einem gaukelnden Windspiel umsprungen. Er trat vor das vergitterte Falkenhaus, fütterte seine Lieblinge und gab einem noch unbenannten [noch] jungen Edelfalken von guten Anlagen den Namen «Velox». Dann schritt er an dem Käfig eines numidischen Löwen vorüber, der ihn mit heftigen Schlägen seines Schweifes begrüßte. Durch einen in der Richtung der [sinkenden] ·niedergehenden· Sonne [gelegenen] ·gepflanzten· Cypressengang ablenkend, [fand er auf] ·erreichte· ‹er› einen ovalen [Plan, wo] vom Spätlichte gerötheten Plan [,wo] [·auf welchem, wie in Blut schwimmend· elfenbeinerne Kugeln lagen, deren eine er ergriff und]. Hier lagen elfenbeinerne Kugeln, wie in Blute schwimmend. Der Kaiser ergriff eine, zielte und brachte mit sicherm Wurfe zwei andere ins Rollen. Zugleich aber lag ihm [die] Herzogin Stemma nahe und verließ ihn auch der mit einer phrygischen Mütze gekrönte verschmitzte griechische Kopf des Falkonieres nicht, welcher ihm eben beim Füttern Handreichung gethan hatte, denn er war ihm unbekannt, und der Kaiser prüfte jedes neue Gesicht in seinem Gesinde aufmerksam, wußte er sich ja, seit er im Banne war, vom Meuchelmorde umschlichen.

(10.) Friedrichs Phantasie war ein offenes blaues Meer, in welchem er wie Odysseus mit gelassenen starken Armen ruderte, bald ein auftauchendes Ungethüm betrachtend, bald an dem schlanken Wuchs einer spielenden Nereide sich erfreuend, ohne je zwischen den tiefen Farben des Himmels und der Fluth den zarten Umriß der erstrebten Bucht aus dem Blicke zu lassen.

Jetzt ergriff er rasch einen scheuen Knaben, welcher ihm entspringen wollte. Das Kind des Gärtners oder was es war trug um den braunen schlanken Hals ein bleiernes Medaillon, das ihm der Kaiser [rasch] ·flugs· über die kohlschwarzen Locken ·weg· hob, um es näher zu beschauen. «Wer ist das?» fragte er [freundlich] ·den Knaben·. «Gott Vater», antwortete dieser ehrfürchtig. Es war aber das nicht unähnliche Bildniß Innocenz' III, jenes großen gestorbenen Papstes, [der] ·welcher· den Staufen aus der Taufe gehoben und dann an dem Unmündigen Vaterstelle vertreten hatte. Er that aus dem Bedürfnisse des Gehens einige Schritte vorwärts, das selbst in gemeinem Stoffe und rohem Umriß noch majestätische Antlitz betrachtend, fühlte sich aber von dem Knaben am Gewande gezogen, welchem um seinen Gott Vater bange war. Friedrich wendete sich, warf dem Kinde die Schnur mit dem Me-*(11.)* daillon über den Hals auf die nackte Brust zurück und öffnete die kleine schmutzige Hand, um ein Goldstück hineinzulegen. Der kleine Sicilianer weigerte sich zuerst mit einem gewissen Stolz, schloß dann aber die Finger [mit] ·nach· einem Blick ins Dickicht, welchem der Staufe mit dem seinigen folgte. Dort stand ein altes Weib von abschreckender Häßlichkeit, wohl die Großmutter, [und krallte mit heftiger Pantomime die gelben Hände zu] ·nickte heftig mit dem Kopfe und krallte zweimal· ‹die gelben Hände zu›. Der Kaiser lachte herzlich über die [·drollige·] + tolle + Fratze.

Dann vertiefte er sich ·mit einer neuen Wendung· in einen stummen Lorbeerhain, durch dessen Stämme das Meer schimmerte. Dort stand ihm sein Lieblingssitz, eine kurze leuchtende Marmorbank, die zwei antike Sphinxe zu Armlehnen hatte. Die ·wiedererblickte· Gestalt des größten Pontifex, dessen dritten, gleichnamigen und unwürdigen Nachfolger der ·alternde· Kaiser jetzt erlebte und erduldete, ließ ihn nicht los und er sah sich, einen sechzehnjährigen Jüngling, vor der [erhabenen] ·heiligen· Erscheinung knieen, welche ihn zu seiner ersten Fahrt nach Deutschland einsegnete. Aber der Knabe erwog unter den ·feierlich· strahlenden Augen des erhabenen Alten in einem [frühreifen] ·tiefen und raschen· Geiste, daß der christliche Gott mit ihm spiele und ·nachdem er·

ihn als einen Vorräthigen neben zwei Andern für eine der Kirche botmäßige Kaiserkrone [·langeher·] ·langeher· in Bereitschaft gehalten [habe und] [·, ergreife er·] [·und·] ihn jetzt nach dem zeitweilig veränderten Bedürfnisse des Himmels und des Papstthums mit kalter Berechnung [begünstige. Von den] ·als ein gleichgültiges Werkzeug· ergreife. Von den *(12.)* Knieen erhob sich [unter blondem Jugendgelocke ein Ungläubiger] ·der frühreife Knabe· ‹unter blondem› Gelocke ·als· ‹ein Ungläubiger› und ein Schlauer, wenn auch mit unversehrten menschlichen Tugenden und ungetrübter jugendlicher Heiterkeit. Wie zwei Flügel eines Gefühles streiften ein Lächeln und ein Trauern über die früh verlorene Unschuld das beschattete Gesicht des geprüften Mannes.

Wozu das Alles? Traum oder Wahrheit? Willkür oder Nothwendigkeit? Der Kaiser warf sich in den Marmorsessel und versenkte sich zwischen den beiden Sphinxen in das Räthsel seines Daseins. Zwei Ziele, nein, ein Ziel in zwei Formen hatte er, ein Wollender und Müssender, verfolgt: den Staat über den Trümmern der Feudalherrschaft und frei von der Kirche. Aber dieser Staat war nicht [seine Heimat] ·sein Vaterland·, das gewaltige anarchische Germanien, sondern sein Muttererbe, eine schwimmende Insel, und in seinem gefährlichen Kampfe gegen die Priestermacht [blieb] ·wurde· er ·von· den noch frommen Völkern nicht verstanden und von seinen eifersüchtigen Mitfürsten verrathen. Und [wie eine] [·seine Waffe, jene·] ·sein höchster Besitz, jene· gewaltige Formel, das Kaiserthum, war es noch etwas Wirkliches und Lebendiges, war es nicht ein Gespenst, welches nur sein eigener mächtiger Geist und die Pulse seines starken Lebens mit einem ·flüchtigen· Schimmer von Blut färbten? Er, dessen Name die Welt erfüllte, wußte sich ohnmächtiger, als die mit ihren Völkern ver-*(13.)* wachsenen Könige von England und Frankreich ·, ohnmächtiger noch als die [deutschen heimischen] ‹heimischen deutschen› Fürsten, seine Vasallen·. Er fühlte sich [ver] einsam und verlassen auf seinem Eilande, abgerissen vom Körper der Zeit. Friedrich seufzte.

Aber der Staufe, der wie sein Nicola Pesce die unheimliche Tiefe besucht, strebte mit dem glücklichen Leichtsinne seiner [elastischen] ·freudigen· Natur wieder an die besonnte Oberfläche, und klüger als der sicilianische Fischer, ließ er sich an demselben Tage zu keinem zweiten Tauchen [verleiten] verlocken. *(Hier zuerst Alinea)* Er winkte [seinem] seinen Kanzler heran, welchen er schon lange durch die Gärten hatte irren sehen und der jetzt neben ihn trat.

Petrus schwieg und nach einer Weile redete der Staufe zuerst: «Kann man sich wirklich so sehr an das Untersuchen und Richten gewöhnen, fragte er seinen Großrichter scherzend, daß man dieser strengen Übung wie dem Saitenspiel und der Liebe nicht mehr entsagen kann?»

«Ja wohl», erwiderte Petrus [, «man]. «Man erscheint sich als ein Überlegener und Unbetrogener und, wie der Arzt unter den blühenden Farben den Tod, entdeckt man unter dem Scheine des Guten das Böse.»

«Und täuscht sich wie der Arzt», spottete der Staufe. *(Hier zuerst Alinea)* Petrus lächelte. «Wenn die Herzogin», fuhr er nach einer Pause fort, «ihr Blutgericht nicht fahren lassen will, [könnte] · kann· sie noch einen [zu] bessern Grund haben. Eine Muthmaßung: wenn sie selbst in ihrem Enna etwas Todwürdiges begangen hätte, dann wäre sie sehr unklug, ihre hohe Gerichts-(14.)barkeit aus den Händen zu geben.»

Friedrich sann. Dann fragte er: «Wurde mir gehorcht, als ich vor fünfzehn Jahren dir auftrug, den jähen Tod meines Seneschalls, des Wulfrin, an der Schwelle der Burg Enna in seinen nähern Umständen festzustellen?»

«Dir wird immer gehorcht, Herr, und jenes Mal bewog mich über deinen Willen hinaus die eigne juristische Neugierde [, nur]. Nur konnte natürlich bei den Rechten und der Stellung der Herzogin von einer gerichtlichen Untersuchung nicht die Rede sein. Dagegen hatte ich mir noch zu Lebzeiten des Dux Achilles, der, als ein Normanne fürstlichen Geblütes und als ein ehrgeiziger ·, verschlagener· und gewaltthätiger Mann für deine Krone eine Gefahr sein konnte, einen Mohren aus der Dienerschaft, einen Hämling, bestochen, welcher mich von der Hausgeschichte Ennas fortlaufend [,] und ich glaube sachlich unterrichtete. So kenne ich mein Enna ohne [je die] · je die· Stadt der Höllenfürstin, ich meine der Proserpina, betreten zu haben, wie du dein Palermo. Ich hätte dir über jenes plötzliche Ableben deines Seneschalls [zu] damals Bericht erstattet, aber dir, dessen Geist die Welt bewegt, traten tausend ·neue· Gestalten und Dinge dazwischen. Ich blieb unaufgefordert.»

«Wie war es denn?» «Einfach, ich glaube», sagte der [Kaiser] Kanzler. «Die Herzogin kredenzte [meinem ·nach Enna heimkehrenden· Wulfrin den Willkomm in vollen Zügen. Dieser, erhitzt wie] [meinem] dem nach Enna zu der Gattin heimkehrenden Wulfrin den Willkomm in vollen Zügen. Dieser, erhitzt vom Ritte wie er war, leerte den Becher auf den Grund und stürzte nieder, vom Schlag getroffen, in der hellen

Als besondere Quellen für H² haben von den beim Mönch *genannten vor allem zu gelten:* RAUMER, SCHIRRMACHER *und* BURCKHARDT. BURCKHARDT *lieferte den allgemeinen Charakter des Kaisers, während* RAUMER *mehr anschauliche Einzelheiten bot. Die Verschwörung der Barone fand Meyer bei* RAUMER *(IV, 133 ff.); die wichtigste Stelle lautet:*

Pandolfo von Fasanella, seit 1240 Statthalter in Tuscien und noch vor kurzem der eifrige Vollstrecker kaiserlicher Befehle, Jakob von Morra, vielgeltend an Friedrichs Hofe, Andreas von Cigala, Oberfeldherr im sizilischen Reiche, die Grafen von S. Severino, Theobald Francesco und andere apulische Barone verschwuren sich: sie wollten gegen den Kaiser Aufstand erheben, ihn aller Herrschaft berauben, ja ihn ermorden. Beleidigter Ehrgeiz und persönlicher Haß, eigennützige Hoffnungen und päpstliche Darstellungen wirkten so mächtig neben und durch einander, daß jene aller Dankbarkeit und Treue vergaßen und in Hochverrat und Mord ein Verdienst erblickten. Im Anfange des Jahres 1246,

RICHTERIN

während sich der Kaiser zu Grosseto aufhielt, war alles reif zur Ausführung jenes Vorhabens, und schon erzählte der Bischof Heinrich von Bamberg, welcher von Lyon zurückkehrte, unterwegs mit lauter Freude, binnen kurzem werde der Kaiser von seinen eigenen Vasallen ermordet werden. Da bekam die Gräfin von Caserta, Friedrichs würdige und hochgesinnte Freundin, Nachricht von den finsteren Planen, und noch einige andere bestätigten furchtsam oder reuevoll oder treu gesinnt die Wahrheit ihrer Anzeige. Mittlerweile hatten die übrigen Verschworenen, überzeugt daß die erste Hälfte ihres Planes in Grosseto gelungen sei, öffentlich in Apulien verkündet, der Kaiser sei tot. Andreas von Cigala besetzte, als Oberfeldherr, ungehindert mehre Burgen für die Empörer; der Kardinal Rainer, welcher von Perugia her mit einem in aller Stille gesammelten Hilfsheere nahte, zweifelte nicht, das ganze Reich werde binnen kurzer Frist für den Papst zu willkürlicher Vergabung erobert sein.

In diesem Augenblicke unbegrenzter Hoffnungen erhielten die apulischen Verschworenen auf einmal die Nachricht, ihre Plane seien entdeckt, Pandolf Fasanella und Jakob Morra zum Kardinal Rainer entflohen und der Kaiser selbst bereits in Apulien angelangt. Mit solcher Schnelligkeit und solchem Nachdruck ergriff er hier die nötigen Maßregeln, und mit solchem Eifer unterstützten ihn die den Verrat verabscheuenden Bewohner des ganzen Landes, daß die Empörer kaum Zeit behielten sich in zwei Schlösser, Scala und Capoccio, zu retten. Binnen kurzer Frist wurde das erste eingenommen und der Kardinal Rainer am 31. März 1246 durch den kaiserlichen Feldherrn Marin von Eboli bei Ascoli gänzlich geschlagen. Capoccio hingegen widerstand, bis Mauern und Türme durch die rastlose, Tag und Nacht nicht unterbrochene Tätigkeit der Belagerer niederstürzten und der Mangel an Lebensmitteln und Wasser aufs höchste stieg. Am 18. Julius ergaben sich Theobald Francesco, Wilhelm Graf von S. Severino, Gaufredo von Morra, Robert und Richard Fasanella und mehre andere Edle nebst 150 Mannen und Dienern. Ferner nahm man zwanzig hieher geflüchtete Mädchen, Frauen und Witwen gefangen; man fand endlich vierzig lombardische Geiseln, welche Theobald hatte befreien wollen.

Der Kaiser (welcher nach seinen Briefen jede Ungebühr im sizilischen Reiche dergestalt empfand, als beträfe sie seinen Augapfel) beschloß, den Hochverrat dieser vornehmen oder von ihm äußerst begünstigten Personen und Beamten so streng zu bestrafen, als Herkommen und Gesetze damals vorschrieben. Diese Ansicht siegte umso mehr ob, als die Gefangenen behaupteten, sie gehorchten nur den Befehlen des Papstes und führten die Sache der römischen Kirche, weil sie (nach Friedrichs Erzählung) frei und ohne allen Zwang bekannten, daß selbst seine Ermordung, unter Beistimmung des Papstes, in ihren Planen gelegen habe! – Die gefangenen Frauen wurden ins Gefängnis nach Palermo gebracht; man hat sie seitdem nie wieder gesehen. Die überführten Hauptverbrecher wollte der Kaiser anfangs, mit der päpstlichen Bulle vor der Stirn, in alle Länder umherführen lassen, zum abschreckenden Beispiele und zum Beweise seines gerechten

Hasses gegen den mordlustigen Statthalter Christi; dann zog man vor, die Strafe an den Schuldigeren schnell zu vollziehen. Sie wurden gerädert, nachdem man ihnen vorher die Augen geblendet, die rechte Hand abgehauen und die Nase abgeschnitten hatte.

Die Vorgänge sind auch bei Schirrmacher *(IV, 191–198) ausführlich dargestellt. Über Friedrichs Gesetzgebung bietet* Raumer *einen großen Abschnitt (III, 316ff.), ebenso* Schirrmacher *in dem Kapitel* Friderichs Gesetzgebung für das Königreich Sizilien *(II, 241ff.).*

Zu einzelnen Stellen in H² sei folgendes angemerkt:

355.11 Den Aufgestifteten—] *Vgl.* Raumer *IV, 136 (S. 362 angeführt) und* Schirrmacher *IV, 198:* Tibald und fünf Häupter wurden zum abschreckenden Beispiel, mit der päpstlichen Bulle vor der Stirne, im Reich herumgeführt, dann gerädert.

| 355.35 daß ich meinem Kanzler den Mund verhalten habe,] *Vgl. das Gedicht (180)* Das kaiserliche Schreiben, *V. 33f.:*

> Petrus, zeig mir, was du schreibest!
> Willst du mir den Mund verhalten?

356.13 Statuta Siciliana] *Diese Bezeichnung für die* Constitutiones regni Siciliarum *in den Quellen nicht gebraucht, wohl aber entsprechende Benennungen, z.B.* Statuta Pisana *(*Raumer *IV, 649).*

356.25 und kann mir schließlich—] *Über die Beschränkung der Gerichtsbarkeit des Adels durch Friedrich siehe* Raumer *III, 333:* Noch strenger verfuhr Friedrich in Hinsicht der peinlichen Gerichtsbarkeit, welche nach seiner Überzeugung schlechterdings nur von der höchsten Staatsgewalt auszuüben sei. Deshalb nahm er sie allen den Baronen ab, welche keinen bestimmten Erwerbstitel nachzuweisen imstande waren.

357.3f. «Ich, Herzogin von Enna—] *Ob die bei* Raumer *genannte Gräfin von Caserta Anregung zur Gestalt der Herzogin von Enna, und damit indirekt zu Stemma, gegeben habe, wie* Kalischer *(S. 65) annimmt, ist nicht auszumachen. Ein Passus bei* Raumer *(III, 617f.) klingt allerdings etwas an die vorliegende Stelle an:* Friedrich aber verlangte unbedingte Ergebung *(Mailands)* auf Gnade und Ungnade. Da trat die Gräfin von Caserta, welche bei ihm viel galt, kühn hervor und sprach: «Gnädigster Herr, Ihr habt ein so schönes Reich, Ihr habt alles was einen Menschen beglücken kann; um Gottes willen, warum stürzet Ihr Euch in diese neue Fehde?» *Daß Meyer die Heldin zu einer Herzogin von Enna machte, kann einen besonderen Grund haben, wie* Speyer *(S. 277) mit einiger Wahrscheinlichkeit nachweist. In dem S. 344 zitierten Briefe Meyers an Louise von François vom 7. November 1883 heißt es:* Szene: Enna in Sizilien (das Enna der Proserpina) aber das ist fast zu schaurig. *In unserm Text steht 357.19ff.:* ... was begann ich in meiner Einsamkeit, in meinem grauen Enna mit seinen Tempeltrümmern, wenn ich nicht Gericht hielt und

Recht sprach über meine Seelen, wie der Gott der Unterwelt, welchem jene Tempel gewidmet waren, über die seinigen? *In Enna ist nach antiker Sage Persephone von Hades geraubt worden; Hades kommt das Amt eines Unterweltsrichters zu. Es mag den Dichter gereizt haben, eine Beziehung zwischen dem Thema der Novelle, der Gerechtigkeit, und einem alten Ort, der mit Unterwelt und Jenseitsgericht zu tun hat, herzustellen. Enna wird auch im* Mönch *(S. 42.4) genannt.*

357.26f. Padua und Bologna] *Über die Universitäten von Bologna, deren älteste Fakultät die juristische war, und Padua siehe* RAUMER *VI, 508ff.*

358.15 Stemma] *Über den Namen siehe Anm. zu* Richterin 166.4.

| 358.25f. wo der Himmel weit ist und Meerluft weht] *Vgl. das Gedicht (181)* Kaiser Friedrich der Zweite, *V. 39:* Selig atm' ich Meer und Himmel ...

358.32 Der Staufe war in seine Gärten —] *Zur folgenden Schilderung des Gartens mit den Tieren vgl.* RAUMER *III, 423ff., im besonderen S. 426 (über Friedrichs Schrift von der Falkenjagd) und S. 427:* Auch war er der erste, welcher, seine freundschaftlichen Verhältnisse zu morgenländischen Herrschern benutzend, fremde Tiere behufs naturgeschichtlicher Zwecke kommen ließ und in eigenen Häusern und Gärten unterhielt. Er besaß Kamele, Leoparden, Tiger, Löwen, Giraffen u. dergl.

359.36 dessen dritten —] *Innocenz IV., reg. 1243–54.*

360.29 Nicola Pesce —] *Nicola, ein Sizilianer, war so gern im Wasser, daß ihm seine darüber zornige Mutter anwünschte, er möge nur dort Vergnügen finden und auf dem Lande nicht mehr ausdauern können. Auch geschah dies in immer steigendem Maße; er erhielt den Beinamen Fisch, und Kaiser Friedrich hörte von seinen Erzählungen über die Meerestiefen. Um die Wahrheit derselben zu prüfen und noch mehr zu erfahren, warf Friedrich vom Leuchtturme in Messina einen silbernen Becher hinab, und Nicola brachte ihn glücklich aus dem Meeresgrunde zurück. Aber Felsspitzen, Korallenriffe, Strudel und Meerungeheuer hatten ihn so erschreckt, daß er keinen zweiten Versuch wagen wollte, bis der Reiz einer doppelten Belohnung die Furcht überwog. Allein er wurde nicht wieder* | *gesehen (*RAUMER *III, 428). Vgl. das Gedicht (122)* Nicola Pesce.

361.22f. «Die Herzogin kredenzte —] *Entsprechend in der* Richterin 169.13f.

| H³ CFM 369 *Entwurf einer Kapiteleinteilung zur* Richterin, *von Meyers Hand. Einzelnes Blatt, auf der Rückseite eine Skizze Meyers, die Kaiserin Theodora (aus* HEFNER *abgezeichnet) darstellend. Nach Schrift und Inhalt etwa auf Anfang 1884 zu datieren. Die Einteilung entspricht ungefähr derjenigen der endgültigen Fassung. Die Zeilen lauten:*

fünf große Tabl.

I. Rom. –   Jagd. Flucht

II. Cur. Pellegrin. Verbrecherin. Lombarde. –

III.

| *In den Stichworten I. und II. ist der Inhalt der endgültigen Fassung leicht zu erkennen.*
| *Die nachträglich eingefügten Worte* Jagd. *Flucht weisen vielleicht auf ein später nicht verwendetes Motiv hin (Wulfrin auf einer Jagd, Versuch seiner Liebe zur vermeintlichen Schwester zu entfliehen?).*

D^J Die Richterin. Novelle von Conrad Ferdinand Meyer. *In:* Deutsche Rund-schau. Herausgegeben von Julius Rodenberg. Bd. XLV. *(Oktober und* November ber 1885*)*, Berlin Gebrüder Paetel. *S. 1–26 und 161–184.*

D^1 Die Richterin. Novelle von Conrad Ferdinand Meyer. Leipzig, Haessel, 1885.

D^2 *Titel wie* D^1. Zweite Auflage, 1885.

D^3 Novellen von Conrad Ferdinand Meyer. Zweiter Band. Leipzig, Haessel, 1885. *Der Band enthält:* Die Hochzeit des Mönchs, Das Leiden eines Knaben, Die Richterin.

D^4 *Titel wie* D^3. Zweite Auflage, 1888.

D^5 *Titel wie* D^1. Dritte Auflage, 1889 *(Taschenausgabe).*

D^6 *Titel wie* D^3. Dritte Auflage, 1889.

D^7 *Titel wie* D^3. Vierte Auflage, 1891.

D^8 *Titel wie* D^3. Fünfte Auflage, 1892.

Von D^1 *an ist der Text unverändert, außer 233.8 (der Punkt erst von* D^2 *an) und 167.25 und 169.24 f. (in* D^5 *beidemale Komma nach* Comes und Vater*). Die Änderungen zwischen* D^J *und* D^1 *betreffen nur stilistische Einzelheiten; nirgends ist ein neuer Ab-schnitt dazugekommen oder einer gestrichen worden. Das Streben nach präziserer und knapperer Ausdrucksweise ist deutlich. An etwa 130 Stellen ist ein Wort oder eine Wen-dung durch eine andere ersetzt. Etwa 50 mal sind einzelne Wörter oder Wortgruppen gestrichen, einigemale ein kleiner Satz; Beifügungen einzelner Wörter oder Wendungen sind dagegen selten (etwa 17 Fälle). 12 mal ist die bloße Wort- oder Satzstellung geändert. Änderungen in Tempus oder Numerus oder einer Wortform (*niedern *statt* niedrigen, erwacht *statt* erwachend, möchte *statt* mochte *usw.) betreffen etwa 15 Stellen. Er-weiterung eines Wortes durch ein Endungs-e (*Hofes *statt* Hof, stehen *statt* stehn, wehe statt* weh *usw.) ist etwa 16 mal zu treffen, während das Endungs-e nur dreimal gestrichen ist. Die Interpunktion ist wesentlich vereinfacht; über 100 mal ist ein Komma getilgt, oft Komma statt Strichpunkt gesetzt. In den Lesarten sind Änderungen in der Interpunktion nur ausnahmsweise vermerkt.*

LESARTEN

161.8f. Heute, am Vorabend seiner Abreise, gedachte er] Heute gedachte er, am Vorabend seiner Abreise, D^J

161.16 entkommen] entwischen D^J

161.26 Rechte segnet] Rechte verzeiht oder segnet D^J

161.32 «Wirklich —] *(Alinea:)* «Wirklich — D^J

162.30f. Höflinge achteten seiner nicht.] Höflinge nahmen keine Notiz von ihm. D^J

162.33 Günstling] Liebling D^J

163.5 Cur] Chur D^J *Haessel bat Meyer (2. November 1885)*, Chur *statt* Cur *einzusetzen, doch ging dieser darauf nicht ein.*

163.30 gegangen, mochte] geraten, möchte D^J

163.30f. dieser Stunde] dieser heutigen Stunde D^J

164.3f. Krauskopf, der, fast noch ein Knabe, aus südlichen Augen lachend mit Lust] Krauskopf mit lachenden südlichen Augen, der, fast noch ein Knabe, mit Lust D^J

164.8 Siehe] Sieh D^J

164.20 guten] rechten D^J

164.23 «Sei getrost»] «Folge mir» D^J

164.25 den Erlösten weg] den Befreiten hinweg D^J

164.28.f wenn auch nicht mehr Hand in Hand.] wenn auch ihre Hände sich gelöst hatten. D^J

164.32 «So,] «So! D^J

165.4 wenn dieses] wenn wenigstens dieses D^J

165.6 willkommen] lieb D^J

165.14 «Ja, es macht] «Es macht D^J

165.16 und ohne] Und ohne D^J

165.17f. eines klösterlichen Gebäudes] einer Kapelle D^J

165.24 sich im blauen Himmel fächerte] im blauen Himmel sich fächerte D^J

165.26 Pförtner] Küster D^J

165.32 Getauftes oder] Getauftes und D^J

165.33 nicht damit befaßt.] nicht darum gekümmert. D^J

166.9 konnte] könnte D^J

166.12 treuen] braven D^J

166.23 zwei] *fehlt* D^J

167.2 Gericht] Gerichte D^J

167.5 Eben wurde vom] Unversehens wurde jetzt vom D^J

168.1 schön und jung] jung und schön D^J

168.14 Lippen!] Lippen. D^J

168.26 Gedächtnis] Andenken D^J

168.35 Würfeln] Würfel D^J

169.32 pfui] Pfui D^J

170.2 ihr] Ihr D^J

170.20f. dringt durch] durchdringt D^J

170.22 einen Ruhm erworben,] einen solchen Ruf gemacht, D^J

170.22 fernher] ferneher D^J

170.28 noch in Blüte und Kraft steht.] noch jung und gesund ist. D^J

170.28-30 Vielleicht sorgt sie, wenn sie nicht mehr da wäre, könntest du deine
Schwester in Unglück stürzen –] Sie sorgt vielleicht, wenn sie nicht mehr da
sei, könntest du deine Schwester in Unglück bringen – D^J

170.31 «In Unglück?»] «Ich meiner Schwester Unglück bringen?» D^J

170.32 berauben und verjagen] *Die Stelle lautete im Druckmanuskript für D^J anders.*
Rodenberg an Meyer, 7. August 1885: Vielleicht – ich sage v i e l l e i c h t –
möchte sichs empfehlen, in der Unterhaltung zwischen Wulfrin u. Grazio-
sus (Cap. I, S. 18) das «Vergewaltigen» zu unterdrücken u. letzteren einfach
äußern zu lassen: «Deine Schwester berauben u. verjagen». Ich muß geste-
hen, daß dieses Wort («vergewaltigen») das einzige ist, welches mich ein
wenig schockiert hat, um so mehr, als hier jede Anspielung auf eine mögliche Schuld nach dieser Richtung hin verfrüht u. darum unverständlich ist.

170.34 will sie dich] will dich die Richterin D^J

171.6 Ringe?] Ringe, D^J

171.7 berichtigte] verbesserte D^J

171.12 anderm] anderem D^J

171.24 begünstigt mich] ist mir günstig D^J

171.25 heim] nach Malmort D^J

171.25 ein Wort mit ihr zu reden.] ihr auf den Zahn zu fühlen. D^J

172.1 Du] Und du D^J

172.9 willfahrte] gewährte D^J

172.25 mir von der Frau erzählt.] mir von ihr geredet. D^J

172.25 Alcuin —] *(Alinea:)* Alcuin — D^J

172.27 Karl] der Kaiser D^J

172.29f. Der kleine Abt fühlte sich durch Lob und Frage geschmeichelt, wendete
sich aber nicht] Wie sehr sich der kleine Abt durch Lob und Frage geschmeichelt fühlte, wendete er sich doch nicht D^J

172.32f. um den Kaiser versammelt stand.] den Herrn umstand. D^J

173.8 zu,] zu; D^J

173.12 kann nicht] kann doch nicht D^J

173.12 werden.] werden, das ist ihr Schmerz. D^J

174.3f. «Durchlauchtigster —] *(Alinea:)* «Durchlauchtigster — D^J

174.12 erinnerte] ergänzte D^J

174.23 Elk] Elb D^J *Meyer an Rodenberg, 5. Oktober 1885:* eben sehe ich, daß in der
Richterin ein Fehler stehen blieb, der einzige u. durch meine Schuld: Seite
10 Lin. 24: «Elb» Elk (Elendthier) muß es natürlich heißen u. es ist nur
Charlemagnes wegen, den ich ungern etwas Albernes gesagt haben lassen
möchte, daß ich bescheiden frage, ob sich der Fehler nicht auf eine an-
spruchslose Weise in der Rundschau anzeigen ließe, meinetwegen erst im
Dec.-Heft. Sie wissen, ich lasse laufen, aber in diesem besonderen kaiserlichen Falle wäre ich doch für ein Erratum dankbar. *Auf Rodenbergs Bitte ver-*
zichtete Meyer dann auf das Erratum.

174.27 von römischem] vom römischen D^J

174.31f. Malmort: du gehorchst?»] Malmort! Du gehorchst, Wulfrin?» D^J

174.33 Wulfrin.] dieser. D^J

175.16 der dritte folgte,] ein dritter folgte; D^J

175.24 buchstabierte] enträtselte D^J

176.1 Wulfenbecher] Wolfenbecher D^J

176.3 Erfreue dich am Wein!] Nun koste du den Wein! D^J

176.9 ging, rückwärts] ging; rückwärts D^J

176.11 lasse,] lasse; D^J

176.16 dem Mädchen und es] dem Kinde und sie D^J

176.25 niedern] niedrigen D^J

176.29 schmutzig-gelben] schmutzig gelben D^J

177.4 Hofes] Hofs D^J

177.6 gewappneter Mann] Gewappneter D^J

177.6 einem Weibe] *Die Stelle lautete im Druckmanuskript für D^J anders. Wille an Meyer, 15. August 1885:* Seite 28 sprechen Sie von einem «verwitterten Weibe» auf dem Steinsarg. Es schwebten Ihrer Phantasie die verwitterten Umrisse auf den Grabsteinplatten in unsern Kirchen vor, allein hier ist der Stein noch nicht so alt, daß er verwittern konnte.

177.8 neben] bei D^J

177.12 ungerne] ungern D^J

177.16 anderem] anderm D^J

177.23 «Nein, nein, sie ist] «Nein, nein», sagte das Mädchen, «sie ist D^J

177.34 eigenen] eignen D^J

178.4 Eigene] Eigne D^J

178.30 einem Horte] einem unerschöpflichen Horte D^J

179.1-3 mit dem Lobe des Kenners, nicht ohne ein bißchen Bosheit, die dem begeisterten Mädchen] mit einem Lobe, als Kenner und als boshafter Schelm, der dem begeisterten Mädchen D^J

179.8 wegfertig] reisefertig D^J

179.16 schwöre] schwör' D^J

179.23 aus Schonung für ihr ermüdetes Tier] ihrem ermüdeten Tiere zulieb D^J

180.4 «Ich —] *(Alinea:)* «Ich — D^J

180.15f. kaum glaublich] nicht wahrscheinlich D^J

180.18f. «Nein, nein, Mutter, so war es nicht!» rief Palma und erzählte den Vorgang.] «Nein, nein, Mutter», rief Palma, «so tat er nicht!» und erzählte den Vorgang. D^J

180.21 meinte] sagte D^J

180.32 sprach] sagte D^J

180.33f. Nimm das Zeug!» und Rachis war weg.] Nimm das Zeug da zusammen und lauf!» Rachis ließ es sich nicht zweimal sagen. D^J

181.2 so ungestüm] mit einem solchen Ungestüm D^J

181.6 die Richterin] die Mutter D^J

181.18f. enträtsle] enträtselte D^J

181.23f. Volk wandert, hat auch ihr Kind sein Bündel geschnürt und das muß]
Volk sein Bündel schnürt, wird sie ihr Kind verlieren und das muß D^J

181.28 ich,] ich; D^J

182.4 in den Eisenring und] in einen Eisenring an der Wand und D^J

182.9 mußtest] sollst D^J

182.10 ihr folgen?] sie begleiten? D^J

182.17 ermordete.] ermordete! D^J

182.21 ohne diese zu berühren.] jedoch ohne daß sie diese zu berühren wagte.
D^J

182.33 ab»,] ab»! D^J

182.34 Reue.] Reue! D^J

182.34 Und —] (Alinea:) Und — D^J

183.4 Die Richterin —] (Alinea:) Die Richterin — D^J

183.20 möglich», sagte sie.] möglich.» D^J

183.24 Blumen nickten] Daran nickten Blumen D^J

183.31f. seit er nach der großen Ebene wandernd im Gebirge unterging, wie sie
sagen, und das war] seit er, wie sie sagen, nach der großen Ebene wandern
wollte und im Gebirg unterging, und das war D^J

183.33 noch] fehlt D^J

184.1 gebot] sagte D^J

184.5 möchtest] mögest D^J

184.6 Und nun] Nun aber D^J

184.14 empört,] empört; D^J

184.14 du mußt es, oder ich schreie, daß alle Mauern tönen:] du mußt es oder
ich rufe, daß alle Mauern widerhallen: D^J

184.22 einer] einer D^J

184.25 auf!] auf: D^J

185.5 «Doch, du] «Doch! Du D^J

185.9 rechtschaffene] rechtschaffne D^J

185.13 befahl] gebot D^J

185.21f. milde! Dann aber gib dich zufrieden! Unterwirf dich ganz der Kirche:
sie vertritt dich und du hast] milde! Quäle deinen Leib! Dann gib dich zufrieden. Die Kirche vertritt dich, ihr gehorche, du hast D^J

185.25 nicht gehorche.] sich nicht unterwerfe. D^J

185.34 folgte wie] folgte geduldig wie D^J

186.7-11 Palma. Neben ihren tiefen Atemzügen glomm auf einem Dreifuß eine
hütende Flamme. Das Mädchen lag in ihrem ganzen Gewande auf dem Polster, die Hand über das Herz gelegt. Sie hatte das freudig pochende beruhigen wollen und war daran entschlummert. Die Mutter] Palma. Das Mädchen lag in ihrem ganzen Gewande auf dem Polster, die Hand auf das Herz

gelegt. Sie hatte das freudig pochende beruhigen wollen und war daran entschlummert. Neben ihren tiefen Atemzügen glomm eine hütende Flamme. Die Mutter D^J

186.19f. und der Reihe nach mit] und die einzelnen D^J

186.20 Lehensleute] Lehnsleute D^J

187.14 frühern] alten D^J

187.17 alten] *fehlt* D^J

188.17 geliehen.» Der] geliehen», und der D^J

188.28 leiseste] mindeste D^J

188.34 zeither] *fehlt* D^J

189.4 mäuschenstille» – Peregrin] mäuschenstille.» Peregrin D^J

189.28 Kristalle –] Kristalle ... D^J

189.35 Peregrin —] *(Alinea:)* Peregrin — D^J

191.12 zürnte] unterbrach D^J

191.15 stehen] stehn D^J

191.23 Erwacht] Erwachend D^J

191.27 Ich] ich D^J

192.34 mit den einfachen Worten:] mit einfachen Worten. D^J

192.34 Segen!»] Segen!» sagte sie. D^J

193.5f. Sie fügte sich zögernd.] Sie gehorchte. D^J

193.8 Stemma —] *(Alinea:)* Stemma — D^J

193.9 «Davon —] *(Alinea:)* «Davon — D^J

193.11 «Erfreue dich am Wein!] «Nun koste du den Wein! D^J

194.4-6 Es gibt deren, die in jedem Zufall einen Plan und in jedem Unfall eine Schuld wittern, doch das sind Betrogene oder selbst Betrüger.] Es gibt deren, die in den Würfeln des Zufalls einen Plan und in jedem Unheil eine Schuld wittern, doch das sind Wahnsinnige oder selbst falsche Spieler. D^J

194.9 Böse,] Böse und Schuldige, D^J

194.11 sich die Natur!] sich Vernunft und Natur! D^J

194.13 schüttert] erschüttert D^J

194.13 «Das —] *(Alinea:)* «Das — D^J

194.24 «Nicht ich. Hier] «Nicht ich!» sagte Stemma. «Hier D^J

194.34 dein Vater sterbend] dein sterbender Vater D^J

195.4 fuhr er auf, «doch] sagte Wulfrin. «Doch D^J

195.10f. Stemma, «doch wahrlich] Stemma, «wie wir Herrschenden es zu sein pflegen. Doch wahrlich D^J *Die Stelle lautete im Druckmanuskript für D^J zuerst anders. Wille an Meyer, 15. August 1885: Darf die Richterin gar so von den eisernen Banden der Weltanschauung dieser christlichsten Zeit halb gelöst sein, daß sie S. 58 reflektiert: Kirchlich treu wie wir Menschen es schon des Beispiels wegen sein sollten?*

195.12 an] mit D^J

195.15 bei vornehmen] bei frommen und vornehmen D^J

195.17 Wulfrin,] *fehlt* D*J*

195.25 lichtes Geschöpf] lichtes freudiges Geschöpf D*J*

195.25 dem klingenden] dem reinen klingenden D*J*

195.30 errettet] erlöst D*J*

195.33 sonneverbranntes] sonnverbranntes D*J*

195.34f. Dieser, die wieder zur Erde gestiegene Palma darunter erblickend,] Dieser, darunter die wieder zur Erde gestiegene Palma erblickend, D*J*

196.21 Was für einen hat dir da die Frau] Welchen Prachtsmann hat dir die Frau D*J* *Die Stelle lautete im Druckmanuskript für* D*J* *anders. Rodenberg an Meyer, 7. August 1885:* Ferner würde ich in den Reden der Sibylle (S. 64), wo sie sich über die Schönheit Wulfrins im Verhältnis zu Palma etwas gar zu sinnlich ausdrückt, ein wenig moderieren, namentlich den Satz: «das Wasser läuft Einem im Munde zusammen» ganz streichen – ebenso «frisches, dampfendes Backwerk».

196.23f. prächtige] saubere D*J*

196.28 gewaltiger stürmender] stürmender feuriger D*J*

196.33f. einen Halbkreis] einen dichten Halbkreis D*J*

197.3 welcher er wußte nicht wie an das] welcher – er wußte nicht wie – an das D*J*

197.6 Seine Blicke] Sein Auge D*J*

197.7 sang sie eifrig] blickte sie still und sang eifrig D*J*

197.14 Nur eine flüchtige Gebärde,] Eine flüchtige, schnell verschwundene Gebärde, D*J*

197.14f. ausströmend,] strömte daraus, D*J*

198.21 eine ernste, eine wichtige Tat!] eine wichtige Handlung! D*J*

198.33 unsers] unsres D*J*

200.17 ihr keinen] ihr aber keinen D*J*

200.18 Land] Erdreich D*J*

200.19 aber] jedoch D*J*

200.21 diese kommen] diese aber kommen D*J*

200.22 gepanzerte Hand] gepanzerte brüderliche Hand D*J*

201.1 Doch] Aber D*J*

201.3 ihm bereits] ihm ja bereits D*J*

201.8 in den Bügel] nach dem Bügel D*J*

201.10 «Dann —] *(Alinea:)* «Dann — D*J*

201.16 Doch] Aber D*J*

201.18 Ich will] Ich aber will D*J*

201.20 ist dir] ist mit dir D*J*

201.25 Ellbogen] Ellenbogen D*J*

201.35 wehe] weh D*J*

202.2 dir] *fehlt* D*J*

202.7 hier] dort D*J*

202.8 eine Sense] seine Sense D^J

202.28 trübe] trüb D^J

202.35 springende] hüpfende D^J

203.1f. Glänzende Falter umgaukelten ihr das Haupt und der Wind spielte mit
ihrem Blondhaar.] Glänzende Falter nippten ihr den Schweiß von der Stirn
und dem gebräunten Nacken und der Wind kräuselte ihr das Blondhaar. D^J
Die Änderung auf Veranlassung Haessels (an Meyer, 12. September 1885): Mir
fällt eine Stelle S. 69 auf, die auf unrichtiger Naturbetrachtung beruht und
die Sie vielleicht, auch in der Rundschau, ändern: Sie sagen «Der Berg hatte
an dem Kinde seine Freude. Glänzende Falter nippten ihr den Schweiß von
der Stirn und dem gebräunten Nacken und der Wind kräuselte ihr das
Blondhaar.» Beides ist unmöglich. Kein Falter nippt Schweiß und säße er
auf dem Nacken eines schönen Mädchens, und machte er es, so würde der
Racker von der Inhaberin des Schweißes totgeschlagen. Ebenso wenig kräu-
selt der Wind Blondhaar, wenn es nicht vorher schon gekräuselt ist. *Vgl.*
auch Lesart zu 212.26f.

203.22 Würde ihren Schimmer bis in dieses wilde Gebirge warf,] Würde selbst
dieses wilde Gebirge mit einem prophetischen Licht erfüllte, D^J

203.25 lieber hieße] lieber noch hieße D^J

204.7f. noch immer vor der schon hohen Sonne verbarg.] noch immer gegen die
schon hohe Sonne deckte. D^J

204.31 entlasse] entlasset D^J

204.31 Du wirst dich] Ihr werdet Euch D^J

204.33 siehst du] seht Ihr D^J

204.33 suche] suchet D^J

205.9 doch] aber D^J

205.11f. gebildet] gezeichnet D^J

206.1f. Feuer loderte vor seinen Augen ...] *Wille (an Meyer, 15. August 1885) riet*
die Stelle zu erweitern: Ich meine, Sie könnten S. 74 des Manuskripts die sinnliche Aufwallung, die den Wulfrin aufschreckt und aufklärt noch ein we-
niges mehr akzentuieren, z. B. nach: Feuer loderte vor seinen Augen: «Seine
Arme umschlossen sie und preßten sie an sich». *Meyer ging auf die Anregung*
nicht ein.

206.10 sprang er empor,] fuhr er auf, D^J

206.20 hält Frieden.] liebt den Frieden. D^J

206.20 Sei willkommen,] Ich habe dich ersehnt, D^J

207.3 Edelknecht] Edelknechte D^J

208.26 ließ –»] ließ.» D^J

209.3 berichten] beichten D^J

209.6 Der Höfling] Wulfrin D^J

209.11 Regine] Regina D^J

209.21 ihnen] *fehlt* D^J

209.28f. Leidenschaft, in der meinigen ein Muster von Tugend zu sein.] Leidenschaft, die meinige ohne einen Schatten von Vorwurf zu führen. D^J

209.30 führe nicht] hätte es nicht D^J

210.1 Hätte —] ohne *Alinea* D^J

210.8 wie] was D^J

210.10 «Sei nicht blöde und fackle] «sei nicht blöde», ermutigte Wulfrin, «und
fackle D^J

211.14 eurem] euerm D^J

211.14 stehen] stehn D^J

211.18 wurde es offenbar,] gingen die Augen auf, D^J

211.21-23 er seine Gäste die Wendeltreppe empor durch die Gelasse seines Turmes und auf] er die Gäste eine Wendeltreppe empor, durch die drei Gelasse
seines Turmes auf D^J

211.35 «Mit —] *(Alinea:)* «Mit — D^J

212.6 langeher] langher D^J

212.7 Jetzt gedachte er] Er gedachte D^J

212.11 reichte] gab D^J

212.22 allmählich] allmälig D^J

212.26f. betrachtete den] blickte auf den D^J *Die Stelle* 212.26-28 *muß im Druckmanuskript für* D^J *breiter ausgeführt gewesen sein. Rodenberg an Meyer, 7. August
1885:* Zwei Stellen sind mir aufgefallen, das einemal (S. 73), wo «glänzende
Falter den Schweiß von der Stirn u. dem gebräunten Nacken Palmas nippen»; das andremal (S. 89) wo Wulfrin «an dem braunen Nacken Palmas
einen hellen Schweißtropfen hangen» sieht u. ihn schlürft. Das erste ist sehr
hübsch; das zweite will mir weniger gefallen. – Endlich wo die Vögel von
der Wollust sprechen, die Tränen der Menschen zu trinken – eine an sich
reizende Idee u. mit der Bitterkeit am Ende vortrefflich durchgeführt, nur
(für mein Empfinden) etwas zu breit. Wie wär' es, wenn Sie den einen Satz:
«Und ich zwitscherte zärtlich – das prickelte auf der Zunge» fortließen?
Auch ist das Trinken, zuerst von Schweiß u. dann von Tränen zu dicht
nebeneinander, um nicht ein wenig zu stören; u. ich glaube, daß der Eindruck reiner wird, wenn Sie Wulfrin den Schweißtropfen nicht trinken
lassen, sondern beides, mehr ins Märchenhafte spielend, den Naturwesen,
Faltern u. Vögeln allein geben. *Auch Wille (an Meyer, 15. August 1885)* stieß
sich an der Stelle: ... ich meine S. 93 des Manuskripts «Zwischen den Steinblöcken – bis S. 94 Der Schwarm hob sich und verflog». Legen Sie auf meinen Rat Gewicht, so schreiben Sie nach Berlin, diese Stelle im Druck wegzulassen. So hübsch, geistreich, poetisch wie Sie wollen das Bild ist, hier ist
es eine Verzierung, die nicht am Orte ist. Ich begreife, daß der Künstler die
Verzierung gern anbringt, allein der S c h r i f t s t e l l e r tritt hervor, den man,
gefaßt von der Macht des P o e t e n, vergessen hatte. Bedenken Sie, alle die
andern Gemälde gaben die Stimmung des sie S c h a u e n d e n wieder, so die

gewaltige Halluzination des Gewissens, welche die Richterin mit Peregrin kämpfen läßt, die Erscheinung des Grausigen im Sturmbraus usw. Allein das Meisengezwitscher unterbricht die Stimmung. *Meyer antwortete Rodenberg (22. August 1885):* Die Vogel-Stelle habe ich gänzlich weggehoben, gewiß zum Besten der Novelle. *An Wille schrieb er am 30. August:* Die fragl. Stelle in der «Richterin» habe ich von Anfang zu Ende gestrichen, weniger aus persönl. Überzeugung als im Vertrauen auf die Richtigkeit Ihres Gefühls. *Und am 9. September an denselben:* Die letzten Tage habe ich die Buchform der Richterin gründlich revidirt und, wie für die Rundschau, das Vögelgespräch reinlich weggehoben. Auch Ihre andern Bedenken nach Möglichkeit berücksichtigt. *Vgl. Lesart zu* 203.1f.

212.28 mit den Lippen. Sie erwachte.] mit dem Munde. Palma erwachte. D^J

212.34 ungerne] ungern D^J

213.3 er] Wulfrin D^J

213.5 beschaute] betrachtete D^J

214.14 der lodernde] der rote D^J

214.19f. gewundenen] geflochtenen D^J

214.21 das Geflechte] Zweig und Blätter D^J

214.21f. zerrte es sich ab, riß es entzwei und warf es mit] zerrte sich den Kranz ab, riß ihn entzwei und warf ihn mit D^J

214.32 erfüllten] erfüllte D^J

215.2 Laufe] Lauf D^J

215.7 er] *fehlt* D^J

215.31f. Es jagte ihn auf und er floh] Er sprang empor und floh D^J

215.33-35 Von senkrechter Wand herab schlug ein mächtiger Block vor ihm nieder und sprang mit einem zweiten Satz in die aufspritzende Flut.] Von senkrechter Wand herabspringend schlug ein mächtiger Block vor seinen Füßen nieder und mit einem zweiten Satz in die spritzende Flut. D^J

216.4 gegen sich wandeln] auf sich zuwandeln D^J

216.4f. lag sie vor ihm und berührte seine Kniee.] lag sie zu seinen Knieen. D^J

216.29 «Da —] *(Alinea:)* «Da — D^J

217.1 Tage] Morgen D^J

217.6 Speerwurf] Speerwerfen D^J

217.18f. und schaute umher.] und ließ sie schweifen. D^J

217.22 Allmählich] Allmälig D^J

218.20 blutenden] durchbohrten D^J

218.29 leicht] gering D^J

218.33 Mählich] Schon D^J

218.33 wurde still] wurde ganz stille D^J

218.33 über] auf D^J

218.35f. sich erheben] sich willig erheben D^J

219.9f. «Warum bliebest du ferne? Dir ist bange für Palma?] «Warum entsprangst du gestern? Fürchtest du für Palma? *D^J*

219.19f. und berührte wiederum seine Schulter.] und ließ sie auf seiner Schulter ruhen. *D^J*

219.31 mit dem schöpferischen Feuer der Erde] *Wille bezweifelte die Möglichkeit so freien Denkens in jener Zeit (an Meyer, 15. August 1885):* ... darf sie *(die Richterin)* die Erbsünde, den Fluch des Fleisches «dem schöpferischen Feuer der Erde» vergleichen? *Meyer ging auf die Anregung nicht ein.*

220.8 warnte mich vor Malmort.] hat mich vor Malmort gewarnt. *D^J*

220.10 Warum hast du den Pfeil des Witigis gehemmt?] Was hemmtest du den Pfeil des Witigis? *D^J*

220.21 nicht zerstören] nicht verderben und zerstören *D^J*

220.30 sie und dich] dich und sie *D^J*

220.30f. umgaukelt] umgaukeln *D^J*

221.1 sprach] sagte *D^J*

221.7 Empörung, dann aber besänftigte sich] Empörung; dann aber erheiterte sich *D^J*

221.9 sagte sie.] *fehlt D^J*

221.23 sagte er,] *fehlt D^J*

222.1 im grünen] in grünem *D^J*

222.14 weiß] hell *D^J*

222.18 nahe] entgegen *D^J*

223.6 Gesinnung auf] Gesinnung wieder auf *D^J*

223.25 hergedrungen] herangeklungen *D^J*

224.20 Weib.] Weib: *D^J*

226.7 wieder] *fehlt D^J*

226.7 der jetzt im klarsten Mondenlichte lag.] auf den nun das klarste Mondenlicht fiel. *D^J*

227.7 die Ärmste] sie *D^J*

228.11 Mutter.»] Mutter», sagte das Mädchen. *D^J*

228.17 aus] mit *D^J*

228.21 Vater und] Vater Wulfrins und *D^J*

228.28 Ich] Ich *D^J*

229.21 vorhin] *fehlt D^J*

229.22 gezogen] zogest *D^J*

229.24 schnellte] fuhr *D^J*

230.6 weiß nicht] weiß es nicht *D^J*

230.7 verstehe] begreife *D^J*

230.9 Läge ich] Läge er *D^J*

230.29 Palma! Du] Palma, nein! Du *D^J*

230.33 kaum] nur noch schwach *D^J*

230.34f. Halbentseelte und] Halbentseelte auf die Bank und *D^J*

231.4 «Nimm, Kind, deiner] «Nimm, Kind, nimm deiner D^J

231.16 sagte] bat D^J

231.34 Gebirge] Gebirg D^J

232.4 sprach der Kaiser,] sagte Karl, D^J

232.20 Amtes», sagte er.] Amtes!» D^J

233.8 gemordet.» –] gemordet –» D^J D^1

233.31 mea ...»] mea.» D^J

234.29 mein] mein D^J

ANMERKUNGEN

161.1 «Precor sanctos apostolos —] *Teil des Staffelgebetes (Graduale), das am Anfang der Messe gesprochen wird:* Confiteor deo omnipotenti ..., quia peccavi nimis cogitatione, verbo et opere ..., ideo precor beatam Mariam semper virginem, beatum Michaelem archangelum, beatum Joannem Baptistam, sanctos apostolos Petrum et Paulum ...

161.5 unter der Kaiserkrone —] *Die viel diskutierte Frage des Vorgangs der Kaiserkrönung Karls beschäftigte Meyer sehr.* SOUVENIRS *S. 289 ff. wird das Problem eingehend besprochen. Meyers Darstellung erinnert auch an* GREGOROVIUS *4. Buch, 7. Kap., 3. Abschn.:* Karl lag am Weihnachtstage vor der Konfession des S. Peter im Gebet; als er sich erhob, setzte ihm Leo, als wäre er von göttlicher Eingebung ergriffen, eine goldene Krone aufs Haupt ... der wichtigste Augenblick, welchen Rom in Jahrhunderten erlebte, riß das Volk zu einem Sturm begeisterter Empfindungen hin ...

161.11 Alcuin] *Alcuins Anwesenheit in Rom bei Karls Krönung ist unhistorisch, vgl.* GUIZOT *II, 375.*

161.13 Palastschule] Alcuin fut à la tête d'une école intérieure, dite l'Ecole du Palais, qui suivait Charles partout où il se transportait, et à laquelle assistaient ceux qui se transportaient partout avec lui *(*GUIZOT *II, 359). Meyers Ausdruck* Palastschule *ist offenbar Übersetzung aus* GUIZOT*, denn sonst ist im Deutschen* Hofschule *gebräuchlich.*

161.16 Die vom Wirbel zur Zehe in Eisen gehüllten —] *Die Römer führten den König (Karl bei seinem Römer Besuch von 774) nach dem Lateran; sie selbst betrachteten mit Staunen die fast riesige Heldengestalt des Protektors der Kirche oder seine in Erz gehüllten barbarischen Paladine (*GREGOROVIUS *4. Buch, 4. Kap., 3. Abschn.).*

161.28 «Es ist nicht Constantin —] *Das Reiterstandbild Marc Aurels wurde das Mittelalter hindurch als Bildnis Constantins angesehen. Es stand ursprünglich auf dem lateranischen Feld und wurde erst 1538 auf das Kapitol versetzt. Kaiser Constans II. ließ nach der Plünderung Roms im Jahre 663 den Römern nur diese Statue zurück,* und nach dieser Zeit hat das unwissende Volk, zumal die Geistlichkeit, den Namen des großen Constantin auf die Reiterfigur jenes Kaisers im Lateran übertragen *(Gregorovius 3. Buch, 5. Kap., 3. Abschn. und 6. Buch, 3. Kap., 4. Abschn.).*

163.4f. des Bischofs Felix in Cur] *Einen Bischof dieses Namens gab es in Chur nicht. In Karls Regierungszeit fallen die Bischöfe Tello, Constans II. und Remigius.*

163.10 Ich bin der Sohn des Bischofs] *Vielleicht Reminiszenz an Bischof Victor, den Sohn des Bischofs Paschalis und der Aesopeia von Hohenrätien (siehe S. 352).*

163.13 «Concepit in iniquitatibus me mater mea!»] *Ecce enim in iniquitatibus conceptus sum et in peccatis concepit me mater mea (Vulgata, Ps. 50, 7).*

163.23f. das unvergleichliche Büchlein der Disputationen des Abtes Alcuin] *Il nous reste de cet enseignement de l'école du Palais un singulier échantillon: c'est une conversation, intitulée Disputatio, entre Alcuin et Pepin, second fils de Charlemagne (Guizot II, 360).*

164.6 «Jüngling», predigte —] Guizot *(II, 364) zitiert aus der genannten Disputatio:* A(lcuin). Comme tu es un jeune homme de bon caractère et doué d'esprit naturel, je te proposerai plusieurs autres choses extraordinaires; essaie si tu peux de les découvrir toi-même.

164.9 Was ist der Mensch?» —] *Das Folgende ebenfalls nach der Disputatio (Guizot II, 361):*

P(epin). Qu'est-ce que l'homme?

A(lcuin). L'esclave de la mort, un voyageur passager, hôte dans sa demeure ...

P. Comment l'homme est-il placé?

A. Comme une lanterne exposée au vent.

P. Où est-il placé?

A. Entre six parois.

P. Lesquelles?

A. Le dessus, le dessous, le devant, le derrière, la droite, la gauche ...

164.17f. die verschüttete Tarpeja] *Der Tarpejische Fels, rupes Tarpeia, am Kapitol, über den Missetäter hinuntergestürzt wurden, war im Mittelalter kaum mehr bekannt. In jener Zeit nannte man die Stelle Monte Caprino.*

165.1 Graciosus] *Erfundene Gestalt.*

165.4 Wulfrin] *Erfundene Gestalt.*

165.25f. ad palmam novellam] Gregorovius *(2. Buch, 2. Kap., 1. Abschn.) erwähnt einen Ort ad Palmam auf dem Forum.*

165.29 Palma novella] *Erfundene Gestalt. Den Namen fand Meyer bei* Raumer *(IV, 605, Stammtafel); dort wird eine Schwester Ezzelins mit Namen* Palma, *eine zweite mit Namen* Palma novella *aufgeführt.*

166.2 Judicatrix] *Judices als Beamte bei* Gregorovius *oft erwähnt, bei* Moor *(S. 163) für Rätien bezeugt. Daß je einer Frau das Amt zukam, ist nicht nachzuweisen.*

166.3 Malmort] *Erfundener Name. Der zweite Teil deutet selbstverständlich auf das Todesgeschehen in der Burg. Den ersten Teil bringt* Speyer *mit Mâl = Gerichtsstätte in Zusammenhang. Wahrscheinlicher ist eine Anspielung auf* Viamala. *Die*

Burg Hohenrätien, auf die Meyers Schilderung von Malmort hinweist, liegt auf steiler Anhöhe am Eingang der Viamala-Schlucht. Natürlich wahrt sich der Dichter in der Darstellung der Örtlichkeiten alle poetische Freiheit. Malemort wollte übrigens Meyer im Heiligen als Personennamen verwenden: im Druckmanuskript für die Rundschauausgabe (1879) stand an Stelle von Gui Malherbe zuerst Malemort.

166.4 Stemma] *Der Name aus* RAUMER *(IV, 599, Stammtafel der Hohenstaufen); Stemma, Gräfin von Vintimiglia, war eine uneheliche Tochter Friedrichs II.*

166.12 Pertusa] *Nicht nachweisbarer Ortsname. Vielleicht Latinisierung von Pertuis?*

167.1 Harschhorn] *Kriegshorn. Harsch = Harst, Kriegerschar.*

167.7 «Dies irae —] *Meyer kannte den Gesang schon aus einer Übersetzung in* Follens Bildersaal *(II,184 Das Weltgericht).*

167.25 Comes] *Das Amt eines* Comes, *wie solches in Gallien seit der fränkischen Eroberung galt, entsprach nach den politischen Ideen der Eroberer jener Magistratur, die sie in ihrer Sprache Graf hießen, welcher Graf in Kriminalfällen in jedem germanischen Kanton mit Zuzug der Familienhäupter und bedeutenden Männer desselben das Recht handhabte (*THIERRY *S. 358f.). Noch vor dem Jahre 814 nahm jenes anomale Verhältnis, das einen kirchlichen Würdenträger zu politischen Funktionen berief, ein Ende und wir sehen die Grafen von Cur unter der offiziellen Benennung von «Comites, seu Marchiones Curienses» … sich an die Spitze des weltlichen Regiments in Currätien stellen (*MOOR *S. 167). Vgl. auch* MOOR *S. 140: Sie (die Victoriden, Inhaber der höchsten Gewalt in Rätien) führten den Titel Praesides … Die späteren Grafen von Cur, die sich auch «Marchiones Curienses» nannten … das älteste von den Victoriden herstammende Dokument, ein Grabstein … Vgl. ferner* RAUMER *V, 57ff. «Von den Grafen».*

169.4 Der Räzünser] *Räzüns, Schloß und Herrschaft am Eingange zum Domleschg. Die mächtigen Freiherren von Räzüns traten erst im Hochmittelalter in die Geschichte ein.*

172.18 Witigis] *Der Name des Ostgotenkönigs Witigis hier auf eine erfundene Gestalt übertragen.*

173.7 die Schlangenkönigin —] *Vermutlich nach* JECKLIN *II,54f.: Der Schlangenbanner. Ein Schlangenbanner hatte schon eine Masse Schlangen gezwungen, ihm zu folgen. Da kam die Königin, eine milchweiße, riesige Otter, mit dem goldenen Krönlein auf dem Kopfe … In derselben Alpe sog eine Schlange einen ganzen Sommer hindurch eine Kuh. Diese Kuh ging zur Melkzeit zu einem großen Steine hin, unter dem die Schlange hervorkroch und ihr die Milch aussog.*

173.8f. aus einem finstern Borne, taucht die Fei —] *Vielleicht Anspielung auf die Sage Der letzte Edle von Remüs (*JECKLIN *II, 89f.): Ein junger Freiherr von Remüs hatte ein Liebesverhältnis zu einer Fee. Als dies seine Frau entdeckte, entsagte er der Geliebten. Da stieg die Fee in die Höhle hinab, in deren Tiefe man sie* noch lange Zeit weinen hörte und aus welcher ihre Tränen dringen zur Stunde, wo der Geliebte zu kommen pflegte.

173.22 Peregrin] *Erfundene Gestalt.*

176.28 Es war ein Lombarde —] *Bei der Schilderung des Lombarden Rachis verwertet Meyer* HEFNER *Tafel 19 und S. 25 ff. Die Tafel zeigt:* Alt longobardische Tracht aus dem IX ten Jahrh. *In der Erklärung zur Tafel heißt es:* Über dem Könige liest man die Aufschrift: RACHIS REX. Rachis war König der Longobarden in der Mitte des VIII. Jahrhunderts. ... Höchst merkwürdig und charakteristisch sind die Nestelverknüpfungen, womit die Beinbekleidung – Strümpfe – so wie die Ärmel verziert sind ... die Strümpfe gelb mit roten und weißen Schnüren besetzt ... die Beinkleider rot mit gelben Bändern. *Auch Tafel 76 zeigt eine* Longobardische Tracht, *und in der Erklärung dazu S. 95 steht:* Beinbekleidung blau mit roten und weißen Schnüren besetzt.

183.22 Silvretta] *Bergmassiv im Unterengadin; der willkürlich gewählte Name jedoch nicht als bestimmte Ortsangabe gemeint.*

190.8f. warest du ein Mann] *Statt:* wärest du ein Mann gewesen. *Vgl. Bd.* 11, *S.* 276, *Anm. zu* 142.21. *Entsprechend auch* 225.4f.

200.18f. und der besitzt das Land, nach der Verheißung, als ein Sanftmütiger] Selig sind die Sanftmütigen; denn sie werden das Erdreich besitzen *(Matth. 5. 5)*

201.5 Mons Maurus] *Willkürlich gewählter Name, vielleicht Anklang an den Monte Moro im Wallis.*

201.12 Pratum] *Das lat.* pratum *ist in manchen Orts- und Flurnamen enthalten. Johannes von Müller* (Geschichten Schweizerischer Eidgenossenschaft, 1786¹, I. Buch, 10. Kap.) *nennt solche Ortsnamen aus Graubünden:* Das pratum Naulo lag an der Nolla, diese fällt bei Thusis in den hintern Rhein. An eben diesem Arm des Flusses ist Praz, unter so vielen pratis nicht unterscheidbar. *Müller meint wohl das Dorf Präz am Heinzenberg, und auf dieses spielt vermutlich Meyer an. Überhaupt mag er bei dem Schauplatz des 3. Kapitels an den Heinzenberg gedacht haben.*

204.4f. eine ernsthafte Felswand —] *Bei der Schilderung des Bergsees mochte sich Meyer an den Tomasee, die Quelle des Vorderrheins, erinnert haben.* BETSY ER-INNERUNG *(S. 40 ff.) beschreibt einen Ausflug mit ihrem Bruder dahin. Ihre Darstellung stimmt weitgehend mit der Stelle in der Richterin überein; das Echo und die ins Wasser gestürzten Steine fehlen auch nicht. Möglicherweise hat Meyer mit dem Tomasee den Lüscher-See auf dem Heinzenberg verquickt:* Dieser kleine See ist in seiner lieblichen Umgebung ein Bild der Ruhe; vor einem nahen Ungewitter aber, noch ehe schwarze Wolken den Himmel rings umnachten – wenn der Föhn sich wilder erhebt und grausam pfeift, werfen die eigentümlich geformten Bodengestaltungen einen Widerhall zurück, der fernem Brüllen ähnlich ist und weithin gehört wird *(*JECKLIN *I, 32* Das Ungeheuer im Lüscher-See*)*.

204.26 Alp Grun] *Erfundener Name; Anklang an Alp Grüm im Puschlav?*

207.12 Pelagianer] *Anhänger der Lehre des Pelagius (5. Jh.). Über den Pelagianismus gibt* RAUMER *(VI, 288 f.) eine Notiz:* Die Pelagianer behaupten: die Gnade wird nur durch vorhergegangenes Verdienst und im Verhältnis desselben zu Teil. Die ursprüngliche, uns ohne unser Verdienst erwiesene Gnade ist der freie Wille, vermöge dessen wir, dem Gesetze gemäß, das Rechte erkennen und wählen. Hingegen lehrt die katholische Kirche: der freie Wille ist so beschaffen, daß wir zum Heile stets der Hilfe Gottes bedürfen. *Hauptgegner der Pelagianer war Augustinus. Mit dem Pelagianismus war Meyer vertraut durch die Lektüre von* Sainte-Beuve, Port-Royal. *Auch* GUIZOT *(I, 214 ff.) spricht über die Pelagianer.*

208.6 ‹Bischof, segne mich!›] *Anregung zu der Szene aus* RAUMER *(VI, 431):* Am ärgsten ging es indessen wohl in Italien her. So verbrannten Übeltäter im Jahre 1106 die Saaten des Klosters Farfa, plünderten dasselbe, machten aus den heiligen Gewändern Soldatenhosen, setzten einem Esel die Abtsmütze auf und redeten ihn spottend an: «Gebt den Segen, Herr Abt.»

209.7 «Welch ein Mann!» —] *Das Lob Karls im Geiste* GUIZOTS, *z. B.* II, 262: C'est lui cependant qui a donné son nom à la seconde dynastie, et dès qu'on en parle, dès qu'on y pense, c'est Charlemagne qui se présente à l'esprit comme son fondateur et son chef. Glorieux privilège d'un grand homme! Nul ne s'en étonne, nul ne conteste à Charlemagne le droit de nommer sa race et son siècle.

209.11 Regine] GUIZOT *(II, 413) gibt eine nach Eginhards Aufzeichnungen zusammengestellte Tabelle der Frauen und Kinder Karls; darin wird* Régina *als eine seiner Konkubinen genannt.*

209.16 Karlstöchter —] *In der in voranstehender Anm. erwähnten Tabelle sind folgende Namen von Töchtern Karls aufgezählt:* Rotrude, Berthe, Gisla, Thédrade, Hildrude, Rothaide, Rothilde, Adelrude. *Meyer läßt* Thédrade *und* Rothilde *weg und setzt dafür den Namen der Konkubine* Himiltrude *ein.*

213.7 ‹Byblis.› —] Ovid, Metam. IX, 450–665. *Byblis ist in leidenschaftlicher Liebe zu ihrem Bruder Caunus entbrannt und folgt diesem, der der sündigen Liebe entgehen will, durch viele Länder, bis sie zusammenbricht und, Tränen vergießend, in eine Quelle verwandelt wird.*

NACHTRÄGE

248.₃₁ *zu ergänzen*

Ebenso Meyer an L. v. François, 3. Oktober 1883: Ich shakespearisire darin ein bischen, nach Kräften, versteht sich. *Mit derselben Wendung charakterisierte er sein Verfahren im Heiligen (am 12. Dezember 1879 an F. Th. Vischer, zitiert Band 13, S. 290). Der Ausdruck bezeichnet die von ihm und seinen Zeitgenossen gerühmte Objectivität Shakespeares, das Zurücktreten des Autors hinter sein Werk, die erzählerische Enthaltung expliziter Stellungnahme gegenüber den Figuren und dem Geschehen.*

249.₁₇ *Präzisierung:*

Am 5. November 1883 beauftragte Meyer seinen Vetter Fritz, L. von François die Correcturbögen e r s t e H ä l f t e d e s M ö n c h s, so gut als möglich corrigirt, *(…)* zu schicken.

249.₄₁–250.₁ *Der die Darstellung in der ersten Auflage korrigierende Kontext ist folgender:*

Haessel hatte am 1. Dezember 1883 nach der flüchtigen Lektüre der ersten Hälfte der Novelle in der Rundschau *geschrieben:* Ich bin erstaunt mit welcher Energie Sie die Dinge zusammenfassen, *er hätte aber gewünscht, Meyer hätte die eine oder andere Szene weitläufiger erzählt; am 11. Dezember:* Die Komposition ist bewunderungswürdig, *und tags darauf:* Ich sage Ihnen die Wahrheit, wie ich mit Arbeit gefunden, Ihre Hochzeit d. Mönchs ist vielleicht die bedeutendste Ihrer Arbeiten. Da ist auch nicht ein Ansatz von Phrase, das hat Alles Körper, Kraft und Ziel. *Meyer erwiderte am 11. und 12. Dezember:* Ihr Urteil ist mir immer sehr wertvoll, sagen Sie mir immer Ihre Gedanken unverhohlen. *(…)* Ich bin ganz glücklich, daß Sie sich mit dem Mönch befreunden. Es ist eben eine n e u e Manier.

251.₁₆ *zu ergänzen*

Vgl. Heyses schärfere Urteile in den Briefen am Storm vom 21. November 1884: Was aber sagst D u zu C. F. Meyers «Hochzeit des Mönchs», mit der erkünstelten, noch dazu historisch sehr bedenklichen Rahmen-Erfindung? Die Novelle an sich ist so höchst eigentümlich, daß ich wahrhaft erbost bin auf den affektierten Vortrag, der zwischen Altertümelei und modernstem Raffinement hin und her schwankt, *und an G. Keller vom 3. Dezember 1884:* Betrüblich war mir auch Deines Kilchberger Nachbarn neuestes Büchlein. Die prachtvolle Novelle hat er durch seinen verkünstelten Rahmen und die nach Edelrost schmeckende Schnörkelrede fast ungenießbar gemacht. Mich dünkt, er lebt zu einsam, er hört immer nur s i c h reden, auch nirgend einen Widerspruch kritischer Freunde. Diesmal habe ich mich geopfert und ihm meine Bedenken nicht verhehlt. *Keller erwiderte Heyse am 12. Dezember:* M. hat meines Bedünkens sich von der Höhe der reinen Form zum Berge des Manierismus hinübergeschwungen. *Auch F. Th. Vischer warnte in seinem Brief an Meyer vom 28. Oktober 1884 vor zuviel Künstlichkeit, besonders im Rahmen,* vielleicht an der Grenze, wo eine zu bemühende Kunst anfienge.

252.₃ *hinzufügen*
Die Formulierung ist ein indirektes Zitat der in der vorhergehenden Anmerkung mitgeteilten Warnung F. Th. Vischers.

252.₃₄ *zu ergänzen*
Am 9. Juli 1884 bat Meyer den Bildhauer C. A. Bermann, ihm den Mönch *sofort zurückzusenden,* da ich morgen dessen Redaction in Buchform beginne.

253.₃ *hinzufügen*
Auf Meyers Vorschlag, dem Haessel sogleich lebhaft zustimmte, wurde das Buch dem am 1. August verstorbenen Heinrich Laube gewidmet (vergleiche S. 272.₈).

254.₁₆ *zu ergänzen*
Zur Bedeutung Dantes und zu Dante als Figur in Meyers Werken vergleiche Gedicht Nr. 731 Euer Haus, *Band 7, S. 311 und S. 714.*

254.₂₀
st. Strofen *lies:* Strophen

255.₂₈ *hinzufügen*
Macchiavellis Schriften als Quellen von Werken Meyers und Äußerungen Meyers über Macchiavelli sind verzeichnet in Band 6, S. 530–531 zu Gedicht Nr. 320 Macchiavelli.

256.₄ *hinzufügen*
Schirrmacher diente Meyer auch als Quelle für andere Werke, siehe Band 4, S. 501, 515.

256.₄₀ *hinzufügen*
Burckhardts Werk befindet sich in dieser Auflage in Meyers Bibliothek. Zur Bedeutung Burckhardts für Meyer siehe Band 3, S. 239–241.

257.₂ *hinzufügen*
*Das Werk von Gregorovius benützte Meyer auch als Quelle für andere Werke, siehe Band 13, S. 382f. (*Pescara*), Band 14, S. 170 (*Angela Borgia*), Band 5, S. 124f. (*Gedicht Nr. 207 Cäsar Borjas Ohnmacht*).*

271.₂₂ *hinzufügen*
Die Handschrift H³ ist reproduziert in der Zürichsee-Zeitung *(Stäfa) vom 10. Oktober 1975.*

272.₂
st. Bd. XXXVII *lies: Jahrgang 10,* Bd. XXXVII

272.₉ *zu ergänzen*
D¹ erschien Mitte Oktober 1884.

275.₁₆₋₁₇ *zu ergänzen*
Es war Alexander Schweizer, der im Brief an Meyer vom 31. Dezember 1883 bedauert hatte, daß die Braut in nassen Kleidern dastehen müsse.

316.₃₇
st. sie   lies: sie.

319.₂₄ *zu ergänzen*
Über Meyers Beschäftigung mit Pascal und Anregungen durch diesen siehe Band 3, S. 227, Band 5, S. 398, Band 7, S. 476, 581, Band 15, S. 750f. und FREY *S. 78.*

322.₂₂ *hinzufügen*
Auslieferung am 7. November 1883 (Haessel an Meyer, 6. November 1883).

322.₃₆
Die Stellenangabe 124.₂₃ ist wegzulassen.

331.₁₅
st. S. 228.   lies: S. 228 und Band 5, S. 292, 303–304.

333, *nach Z. 21 einzufügen*
102.₂₂ alles hat seine Grenzen] *Nach Horaz, Satiren I 1, 106:* Sunt certi denique fines.

102.₂₅₋₂₆ hat keine Schönheit und Gestalt] *Nach Jesaias 53, 2, wo es vom* Knecht Gottes *heißt:* Er hatte keine Gestalt noch Schöne.

337.₁₀ *zu ergänzen*
Zur Figur des Mouton hat Meyer sehr wahrscheinlich sowohl literarische wie biographische Anregungen empfangen. Literarische durch die Hauptfigur in Jean Pauls Leben Fibels *(siehe Peter Sprengel:* Echo aus weiter Ferne. Jean-Paul-Spuren bei Freytag, Meyer, Hamerling, Hauptmann, in: *Jahrbuch der Jean-Paul-Gesellschaft 31, 1996, S. 103–140, hier S. 109–115), biographische durch den Tiermaler Gottfried Mind (Bern 1768–1814 Bern), genannt Katzen-Raffael, einen schwachsinnigen, marginalisierten Krüppel, der fast nur im Umgang mit Katzen lebte und in meisterlicher Weise Tiere und Kinder zeichnete und malte. Seine Werke waren im 19. Jahrhundert hoch geschätzt. Die Darstellung von Franz Wiedemann,* Der Katzenraphael. Lebensbild eines seltsamen Künstlers, *erschien 1887 in zweiter Auflage.*

337, *nach Z. 23 einfügen*
128.₁₉ in Euerm Garten] *Jardin des Plantes, früher Jardin du Roi. Fagon spielte bei dessen Ausgestaltung eine wesentliche Rolle.*

337.₃₄₋₃₇ *zu ergänzen*
Zur Bedeutung der Werke Gleyres für Meyer siehe Band 4, S. 280–284.

Nachträge

338, nach Z. 22 einfügen

147.6 Wir alle sind es ein bißchen] *Nach Pascals* Pensées: omnis homo jesuita, *von Meyer zitiert auch in seinem Essay über J. G. Zimmermann (1881), Band 15, S. 198.9 (dazu ebenda S. 679).*

344, in Z. 37 nach «schaurig ...» einfügen
Der Schwester teilte er am 10. Dezember 1883 mit: Ich werde die Magna Peccatrix, mit der ich jetzt umgehe, in eine sehr frühe und wilde Zeit setzen müssen.

347.23 nach «am 22.» ist zu ergänzen:
, den Rest am 30.

347.34 nach «Teil.» einfügen
Haessel meldete am 11. September den Empfang des Druckmanuskripts, er gebe es sogleich in die Druckerei.

350.10 hinzufügen
Zu Meyers Übersetzung dieses Werks und zu seiner Verwendung als Quelle für seine Werke siehe Band 4, S. 373 f.

350.17
st. Zentralbibliohthek lies: Zentralbibliothek

350.30
st. Bd. 15 lies: Bd. 15, S. 142–151, hier 142.17

351.6
st. 174 lies: 174 und namentlich S. 71

363.14
st. Gedicht (180) lies: Gedicht Nr. 180

364.10
st. Gedicht (181) lies: Gedicht Nr. 181

364.29
st. Gedicht (122) lies: Gedicht Nr. 122

364.31
st. CFM 369 lies: CFM 369.2.3

365.1
st. Stichworten lies: Stichwörtern

365.2–4 zu berichtigen
Jagd. Flucht *ist als Fortsetzung des II. Tableaus zu lesen; die Stichwörter beziehen sich vermutlich auf die Heimkehr Wulfrins und seine Verfolgung durch die Lombarden.*

372.16 zu ergänzen
Das Motiv im Rundschau-*Druck ist die Weiterentwicklung einer Stelle in* Engelberg *VI, 141–144, Band 9, S. 44.*

373.₂₅₋₂₇ *zu ergänzen*
Meyer hat das Motiv 1890 in Gedicht Nr. 36 Das bittere Trünklein wieder aufge-
nommen und weiter ausgeführt; siehe Band 2, S. 301–303.

376, *nach Z.* 14 *zu ergänzen*
161.₂ Ara Coeli] *Der Beiname Ara Coeli für die Kirche auf dem Capitol erscheint erst*
im 14. Jahrhundert. Früher hieß sie S. Maria in Capitolio.

377.₁₇ff. *zu ergänzen*
Es handelt sich um eine Art Parodie auf Alcuins Unterricht nach der Tradition der ioci
monachorum.

377.₃₀ *hinzufügen*
Vgl. das Gedicht Nr. 112 Tarpeja, Band 1, S. 171f. und Band 3, S. 256–265.

379.₃₀₋₄₁ *zu ergänzen*
Die aufgeführten Motive finden sich in den Sagen zu vielen Bergseen in den Alpen.
Der Nachweis persönlicher Erlebnisse und besonderer Quellen erübrigt sich.

380, *nach Z.* 32 *hinzufügen*
218.₁₈₋₂₀ Ein tödlicher Schauer – auf dem Schlachtfelde] *Nach dem Vorbild der*
Statue im Museo Capitolino in Rom, genannt «Der sterbende Fechter». Vgl. Meyers
Erwähnung der Statue im Brief aus Rom vom 19. April 1858 an Friedrich von Wyß,
Briefe I, *S. 59 und sein von 1846 datiertes Gedicht Nr. 719 Der sterbende Fechter*
in Band 7, S. 296f. und 700.
224.₁₃₋₁₇ ein gewaltiges Weib – Mund] *Nach dem Vorbild von Michelangelos Fres-*
ken der Sibyllen in der Sixtinischen Kapelle.
231.₂ brach und tunkte den Bissen] *Nach Joh. 13, 26.*

H.Z.

INHALT

—

NOVELLEN II

ANHANG

ABBILDUNGEN

(Wiedergabe in Originalgröße)